JN219438

JILPT　調査シリーズ　No.179
2018年3月

企業の多様な採用に関する調査

独立行政法人　労働政策研究・研修機構
The Japan Institute for Labour Policy and Training

ま　え　が　き

本調査シリーズは、労働政策研究・研修機構が多様な選考・採用機会の拡大に向けた雇用政策の検討に資することを目的に実施した「企業の多様な採用に関する調査」について、基礎的な集計結果をまとめたものである。

近年、完全失業率の低下や有効求人倍率の上昇など雇用関連指標は改善している。しかし一方で、有効求人倍率の高い業種が偏在し、人手不足の問題が深刻化している。このような労働市場のミスマッチの問題に対し、労働力需給のマッチング効率を高めて必要な労働力をいかに確保するかが喫緊の課題であることは言うまでもない。

多様な選考・採用機会の拡大に向けた雇用政策を検討するためには、本調査のように企業の新規学卒・中途採用のポートフォリオ、多様な正社員制度および秋季・通年採用に関する実態を把握することが必要である。

雇用政策の企画・立案に、また、企業の労働力需要に関する分析の基礎資料として、本調査シリーズを広く活用していただければ幸いである。

2018 年 3 月

独立行政法人　労働政策研究・研修機構
理事長　　菅　野　和　夫

執筆担当者（担当章順）

氏名	所属	担当章
中野　諭（なかの　さとし）	労働政策研究・研修機構　副主任研究員	第１章、第２章第１～４節、第３章第１～３節（下記以外）、第４章
浅尾　裕（あさお　ゆたか）	労働政策研究・研修機構　特任研究員	第２章第５節
関家ちさと（せきや）	労働政策研究・研修機構　アシスタントフェロー	第３章第２節A～F社レコード

目　　次

※当機構の調査シリーズでは、アンケート調査の属性別集計表を巻末に掲載しているが、本調査では表の数が多いため、本書には掲載せず、Web サイト上で提供することとした。ご関心のある方は、以下の URL を参照いただきたい。
（http://www.jil.go.jp/institute/research/2018/179.html）

第 1 章　調査の目的と方法

第 1 節　調査の目的

本調査の目的は、企業等（以下、企業）の新規学卒・中途採用のポートフォリオ、多様な正社員制度および秋季・通年採用に関する実態を把握することによって、政府の「働き方改革実行計画」に掲げられる多様な選考・採用機会の拡大に向けた検討を行う際の基礎資料を提供することである。なお、本調査は厚生労働省職業安定局雇用政策課および同省人材開発統括官付若年者・キャリア形成支援担当参事官室の要請に基づく調査研究の一環として実施したものである。

第 2 節　調査の方法

調査名：「企業の多様な採用に関する調査」

調査方法：調査票を人事担当者に送付・回収

調査対象：全国の常用労働者 30 人以上を雇用している民営法人のうち、農林漁業および公務を除く産業（業種）に属する 20,000 社。総務省「平成 26 年経済センサス基礎調査」の産業・従業者規模分布を参考に割り付けを行い、帝国データバンクの保有する企業データベースから産業・従業者規模別に抽出。

調査期間：2017 年 7 月 11 日～7 月 28 日

回収状況：回収数 4,366（回収率：21.8%）

主な質問項目：新卒採用重視か中途採用重視かの方針、採用の担当部署、学歴別・職種別の新卒採用状況、新卒採用の対象に含まれる既卒者の卒業年、新卒採用の対象となる雇用区分・形態、海外留学帰国者に対する配慮、平成 30 年度春卒業の新規大卒者の採用予定（スケジュール、採用予定人員、地域拠点の採用決定権限の有無）、平成 28 年度の中途採用（実施状況、採用人員、地域拠点の採用決定権限の有無）、中途採用を行う理由、中途採用で求める人材像・イメージ、中途採用を実施する上での工夫・取り組み、中途採用の主な募集・採用方法、正社員採用に占める中途採用の割合（詳しくは巻末の調査票を参照のこと）

第2章　調査結果の概要

第1節　回答企業の概要

回答企業の主な設立年（図表2－1）は、「1949年以前」（約16.9%）、「1960年代」（約14.8%）および「1980年代」（約13.8%）となっている。

図表2－1　回答企業の設立年（単位：%）

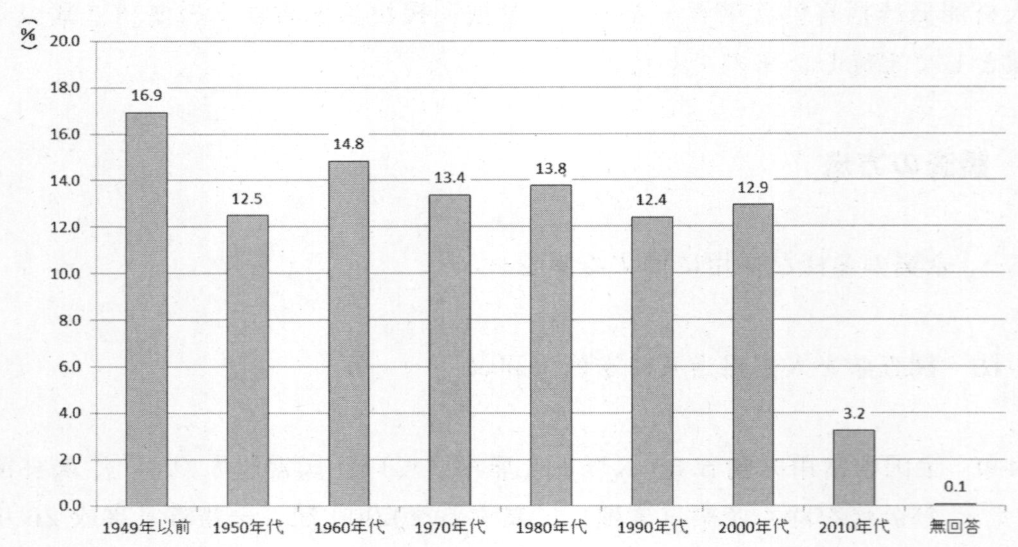

主な本社所在地（図表2－2）は、「東京都」（約24.3%）、「大阪府」（約9.5%）、「愛知県」（約7.8%）、「神奈川県」（約4.1%）および「福岡県」（約3.8%）である。

図表2－2　回答企業の本社所在地（単位：%）

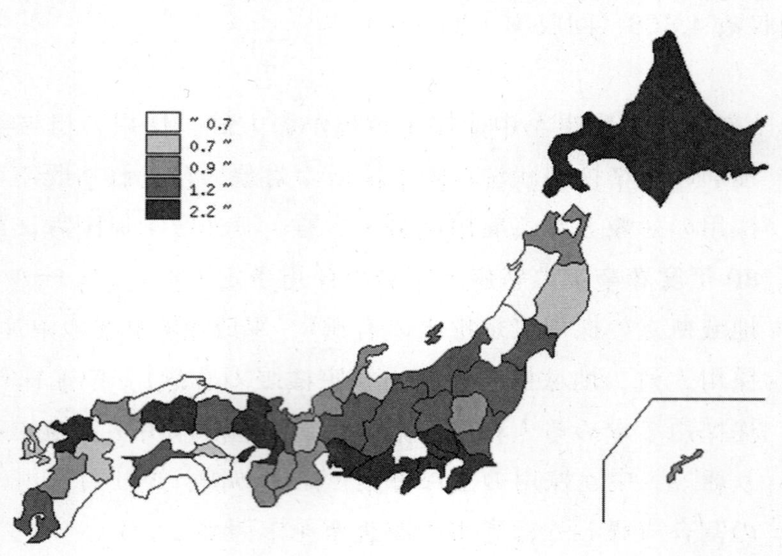

企業の地域展開別（図表 2－3）に見ると、「全国的に展開している企業」（2 つ以上の地域ブロックに展開している企業）が約 30.4%、「1 事業所 1 企業」（1 つの事業所しかない企業）が約 23.1%、「1 都道府県のみに展開している企業」が約 21.9%、「1 つの地域ブロックのみ展開している企業」が約 13.9%、「海外展開もしている企業」が約 9.5%である。

図表 2－3　回答企業の地域展開（単位：%）

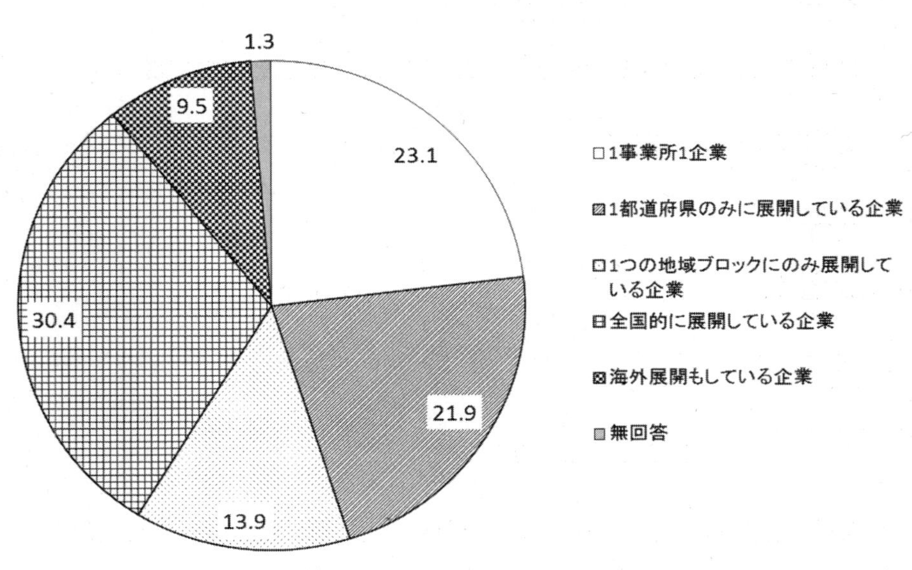

回答企業の主な業種（図表 2－4）は、「製造業」（約 20.8%）、「卸売、小売業」（約 17.7%）、「医療、福祉」（約 15.8%）、「その他のサービス業」（約 10.0%）および「建設業」（約 7.7%）である。

図表 2－4　回答企業の業種（単位：%）

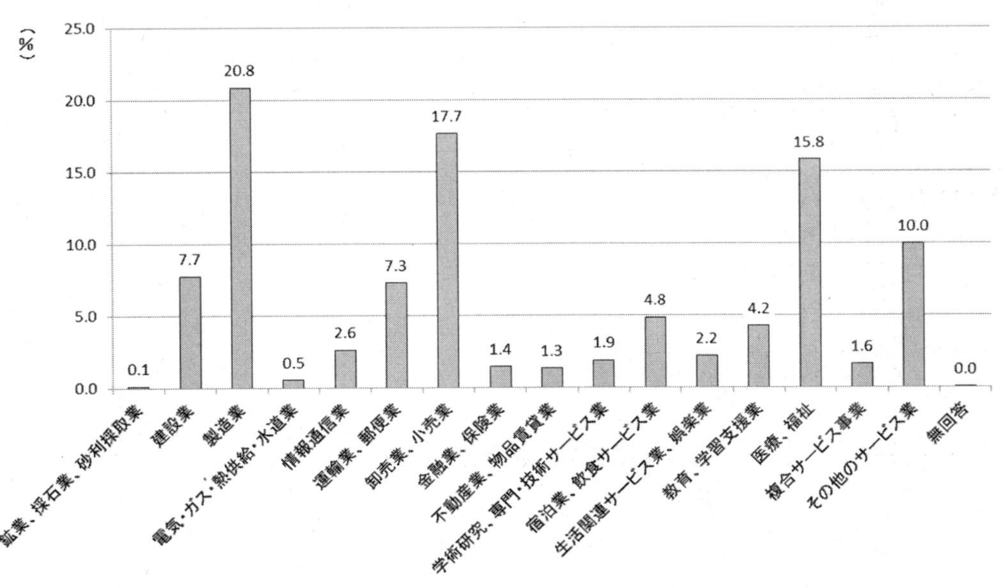

従業員数（2017 年 5 月 30 日現在）で見た企業規模（図表 2－5）では、「30～99 人」（約 34.6%）、「100～299 人」（約 19.7%）および「1,000 人以上」（約 12.3%）の構成比が相対的に高い。

図表 2－5　回答企業の規模（従業員数、単位：%）

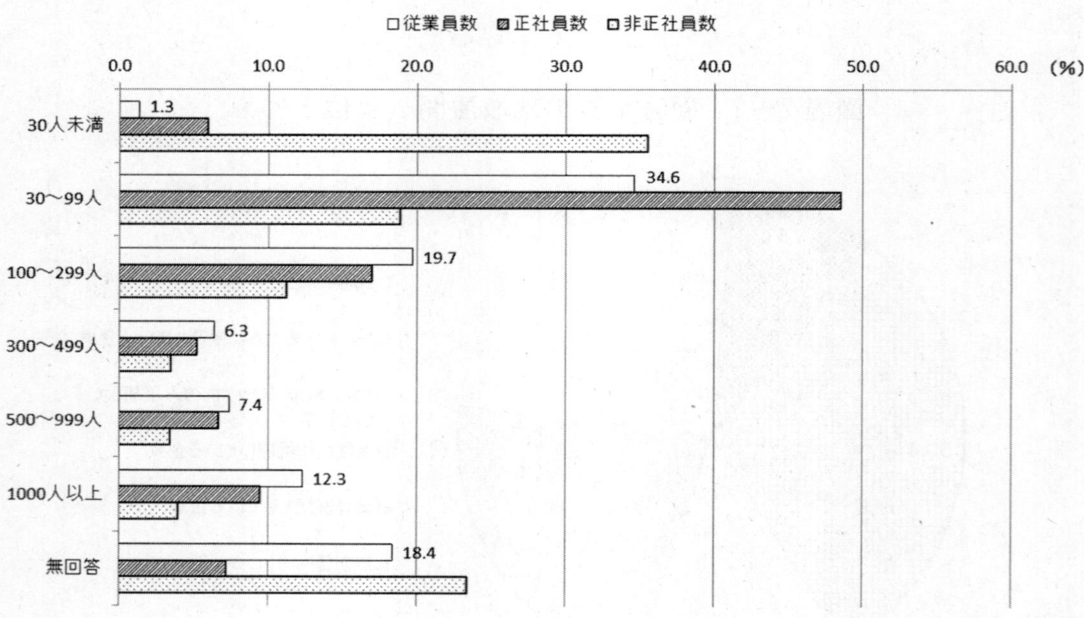

非正社員の女性比率（図表 2－6）は、「80%以上」（約 24.2%）および「60～80%未満」（約 15.2%）の構成比が相対的に高い。また、正社員では、「20%未満」（約 38.5%）および「20～40%未満」（約 24.6%）の構成比が高くなっている。

図表 2－6　回答企業の女性社員比率（単位：%）

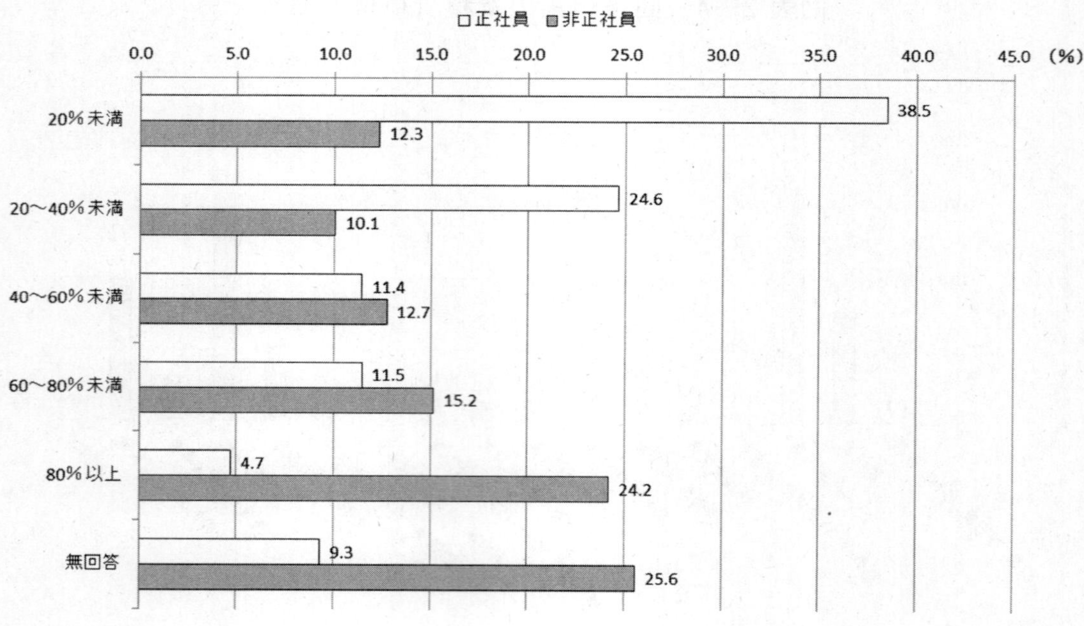

最近 3 年間の従業員数の増減傾向（図表 2－7）は、「±5%の範囲のほぼ横ばい」（約54.8%）および「5～19%程度増えた」（約 21.6%）の構成比が相対的に高い。

図表 2－7　回答企業における最近 3 年間の従業員数の増減傾向（単位：%）

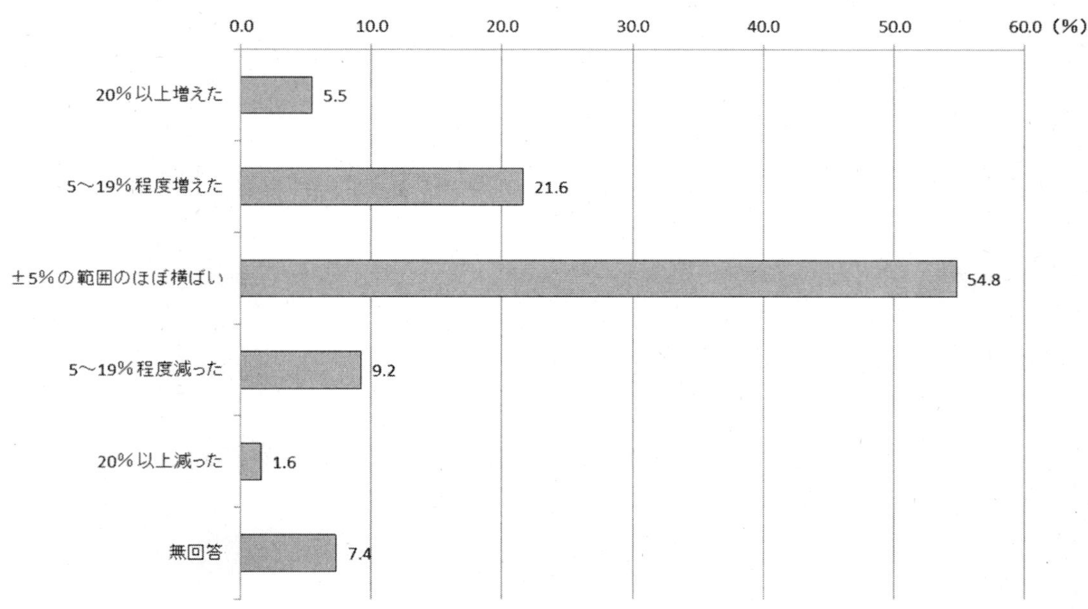

今後 3 年間の従業員数の増減見込み（図表 2－8）は、過去 3 年間の傾向と同様、「±5%の範囲のほぼ横ばい」（約 48.9%）および「5～19%程度増える」（約 19.8%）の構成比が相対的に高い。

図表 2－8　回答企業における今後 3 年間の従業員数の増減見込み（単位：%）

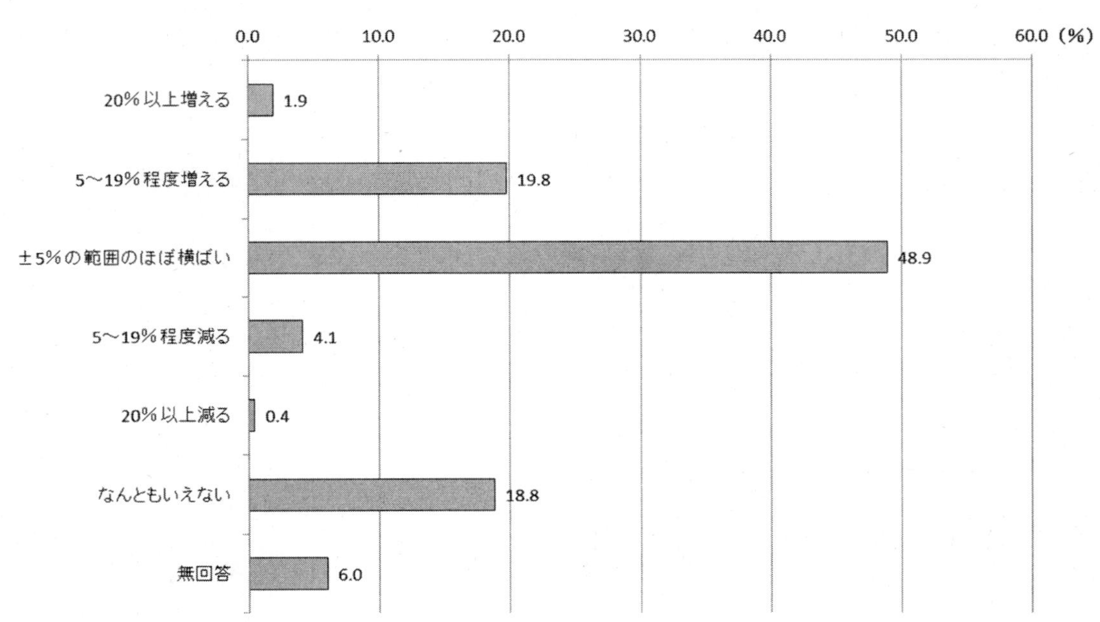

平成 28（2016）年度の売上高（図表 2－9）は、「30 億円以上」の企業が約 38.6%である。ただし、無回答・非該当の割合が高い点には注意が必要である。

図表 2－9　回答企業における平成 28（2016）年度の売上高（単位：%）

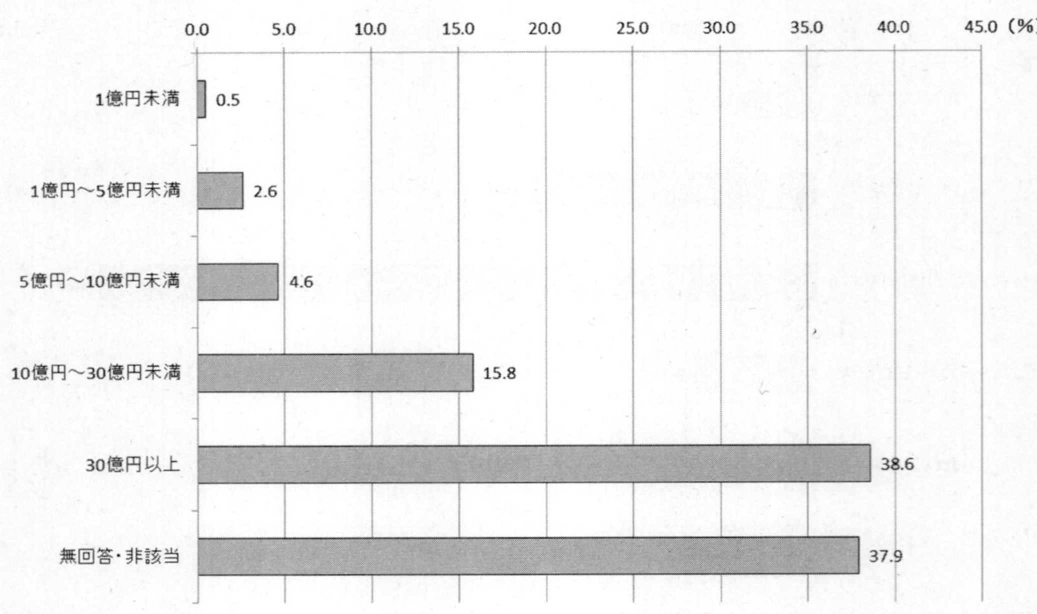

平成 28（2016）年度の経常利益（図表 2－10）は、「5,000 万円～1 億円未満」の企業が約 7.7%である。ただし、経常利益についても、無回答・非該当の割合が高い点に注意が必要である。

図表 2－10　回答企業における平成 28（2016）年度の経常利益（単位：%）

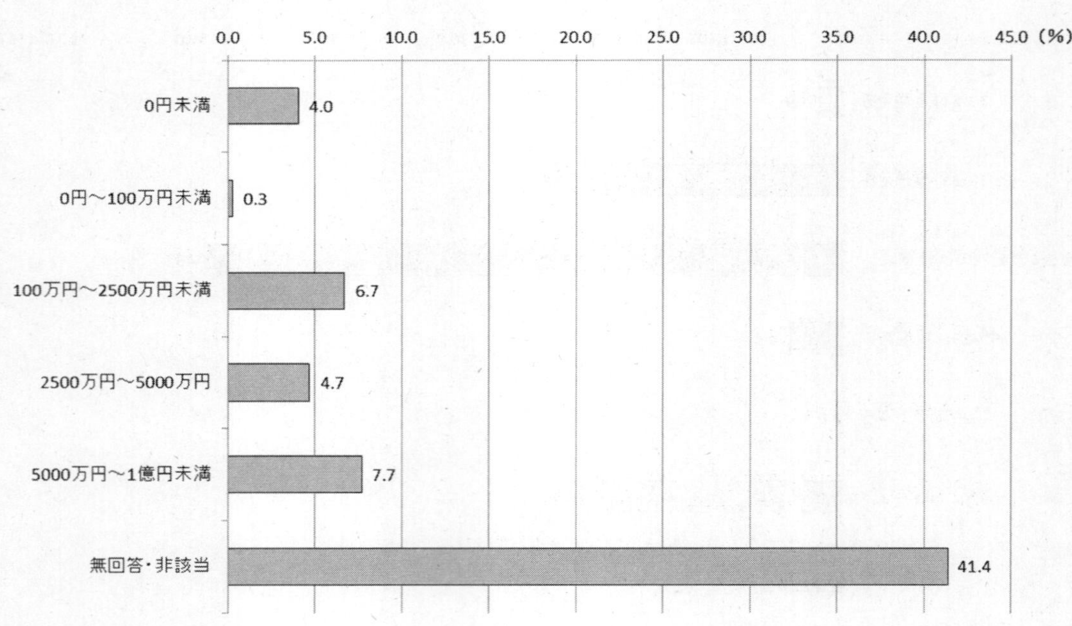

無回答・非該当を除くと、平成 25（2013）～28（2016）年の間に売上高（図表 2－11）が、「5～20％未満増えた」（16.5％）および「±5％の範囲のほぼ横ばい」（15.6％）の構成比が高い。経常利益については、「20％以上増えた」（24.9％）および「20％以上減った」（19.1％）企業が多い。

図表 2－11　回答企業における平成 25～28 年度の売上高・経常利益の増減傾向（単位：%）

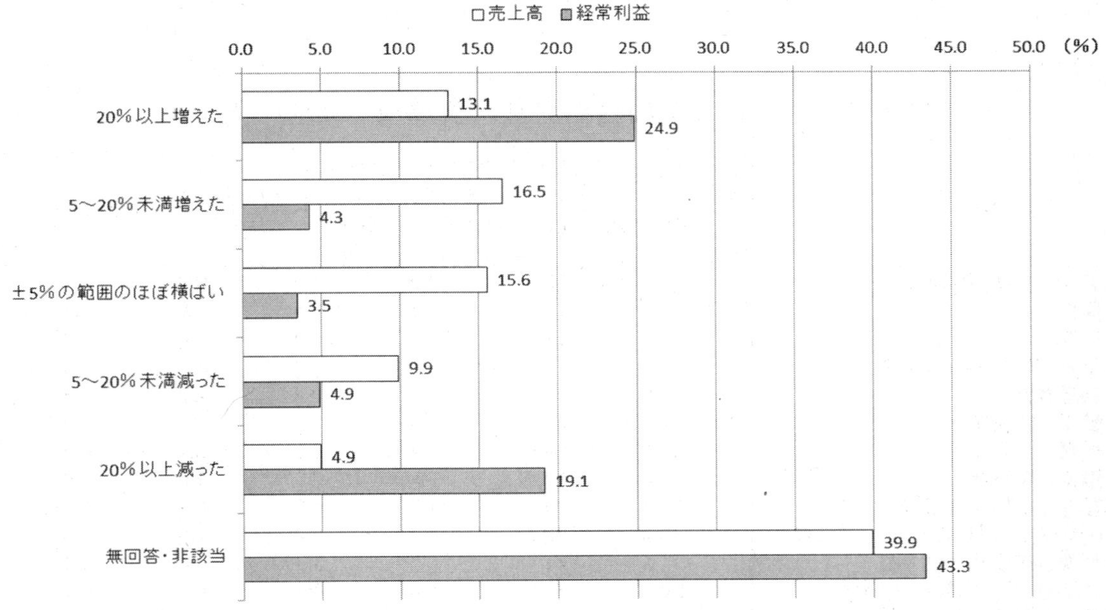

第 2 節　採用の実施状況について

1　正社員の採用方針

企業合計（図表 2－12）で見ると、新規学卒採用に重点を置く企業数（約 33.2％）が中途採用に重点を置く企業数（約 27.4％）をやや上回る。ただし、両者をほぼ同じ程度に重点を置く企業も約 32.0％存在する。企業の地域展開の状況別に見ると、全国、海外というようにより広域に展開する企業ほど新規学卒採用に重点を置き、事業所が 1 箇所や 1 地域で展開する企業ほど中途採用に重点を置く傾向がある。

図表 2－12　正社員の採用方針（地域展開別、単位：%）

		新規学卒採用に重点を置いている	中途採用に重点を置いている	ほぼ同じ程度に重点を置いている	しばらく従業員の採用はしていない	なんともいえない	無回答	N
地域展開	1事業所1企業	25.0	32.2	33.0	2.7	6.8	0.4	1010
	1都道府県のみに展開している企業	29.4	27.8	36.5	1.9	3.9	0.5	956
	1つの地域ブロックにのみ展開している企業	32.6	29.9	28.8	2.6	5.1	1.0	605
	全国的に展開している企業	35.1	27.7	30.2	2.8	3.5	0.7	1327
	海外展開もしている企業	56.4	10.2	30.3	1.2	1.7	0.2	413
	無回答	38.2	29.1	27.3	1.8	1.8	1.8	55
合計		33.2	27.4	32.0	2.4	4.4	0.6	4366

業種別（図表２－13）に見ると、金融業、保険業（約72.6%）、複合サービス事業（約61.4%）、電気・ガス・熱供給・水道業（約60.9%）では、新規学卒採用に重点を置く割合が相対的に高い。一方、運輸業、郵便業（約41.0%）、医療、福祉（約37.5%）、その他のサービス業（約32.1%）では、中途採用に重点を置く割合が相対的に高い。なお、医療、福祉は、新規学卒採用と中途採用をほぼ同じ程度に重点を置く割合（約43.0%）も高い。他には、宿泊業、飲食サービス業（約40.3%）、教育、学習支援業（約39.5%）で、両者をほぼ同じ程度に重点を置く割合が高くなっている。

図表２－13　正社員の採用方針（業種別、単位：%）

		新規学卒採用に重点を置いている	中途採用に重点を置いている	ほぼ同じ程度に重点を置いている	しばらく従業員の採用はしていない	なんともいえない	無回答	N
業種	鉱業、採石業、砂利採取業	20.0	60.0	20.0	0.0	0.0	0.0	5
	建設業	42.9	17.8	35.5	0.6	3.0	0.3	338
	製造業	38.7	22.3	31.6	3.0	4.0	0.4	910
	電気・ガス・熱供給・水道業	60.9	8.7	26.1	4.3	0.0	0.0	23
	情報通信業	41.6	17.7	33.6	0.9	4.4	1.8	113
	運輸業、郵便業	24.3	41.0	24.3	3.5	5.7	1.3	317
	卸売業、小売業	41.1	26.6	25.4	3.8	2.7	0.4	771
	金融業、保険業	72.6	11.3	14.5	0.0	1.6	0.0	62
	不動産業、物品賃貸業	29.3	29.3	31.0	5.2	3.4	1.7	58
	学術研究、専門・技術サービス業	35.8	25.9	30.9	2.5	4.9	0.0	81
	宿泊業、飲食サービス業	31.8	21.8	40.3	1.4	3.3	1.4	211
	生活関連サービス業、娯楽業	36.2	31.9	26.6	1.1	4.3	0.0	94
	教育、学習支援業	21.6	24.3	39.5	2.2	11.4	1.1	185
	医療、福祉	12.4	37.5	43.0	0.6	5.9	0.6	691
	複合サービス事業	61.4	12.9	20.0	2.9	2.9	0.0	70
	その他のサービス業	31.2	32.1	28.7	3.2	4.4	0.5	436
	無回答	0.0	100.0	0.0	0.0	0.0	0.0	1
	合計	33.2	27.4	32.0	2.4	4.4	0.6	4366

企業規模（平成29年５月30日現在の従業員数）（図表２－14）で見ると、規模が大きい企業ほど新規学卒採用に重点を置き、規模が小さい企業ほど中途採用に重点を置く傾向がある。 ただし、500人以上という相対的に規模の大きな企業であっても、新規学卒採用と中途採用にほぼ同じ程度に重点を置いている割合は約３割である。

図表 2－14　正社員の採用方針（企業規模別、単位：%）

		新規学卒採用に重点を置いている	中途採用に重点を置いている	ほぼ同じ程度に重点を置いている	しばらく従業員の採用はしていない	なんともいえない	無回答	N
従業員数	30人未満(a)	5.3	50.9	17.5	17.5	8.8	0.0	57
	30～99人(b)	22.6	37.9	30.3	2.7	6.0	0.5	1509
	100～299人	32.6	27.1	34.4	2.1	3.0	0.8	861
	300～499人(c)	39.0	18.8	35.7	3.2	2.2	1.1	277
	500～999人(d)	46.4	14.3	35.2	0.9	2.8	0.3	321
	1000人以上	58.0	7.4	31.0	0.7	2.4	0.4	538
	無回答	31.9	28.1	31.8	2.4	5.1	0.7	803
	合計	33.2	27.4	32.0	2.4	4.4	0.6	4366
	100人未満(a+b)	22.0	38.4	29.8	3.3	6.1	0.4	1566
	300～999人(c+d)	43.0	16.4	35.5	2.0	2.5	0.7	598

2　採用の担当部署

企業合計（図表 2－15）で見ると、「主に採用を担当する部署や担当者がいるが、そこでは採用以外の業務も担当している」企業が約 65.5%あり、ついで「主に採用を担当する部署や担当者はいないが、特定の部署で採用業務を担当している」企業が約 17.3%ある。

企業の地域展開の状況別に見ると、その状況によらず「主に採用を担当する部署や担当者がいるが、そこでは採用以外の業務も担当している」企業が約 6、7 割で多い。ただし、全国、海外というようにより広域に展開する企業ほど「専ら採用を担当する部署や担当がいる」、事業所が 1 箇所や 1 地域で展開する企業ほど「主に採用を担当する部署や担当者はいないが、特定の部署で採用業務を担当している」傾向がある。

図表 2－15　採用の担当部署（地域展開別、単位：%）

		専ら採用を担当する部署や担当がいる	主に採用を担当する部署や担当者がいるが、そこでは採用以外の業務も担当している	主に採用を担当する部署や担当者はいないが、特定の部署で採用業務を担当している	特に部署や担当者はおらず、採用が必要となった都度担当を決めている	その他	無回答	N
地域展開	1事業所1企業	7.1	64.4	21.4	4.5	2.0	0.7	1,010
	1都道府県のみに展開している企業	9.3	69.4	16.6	4.3	0.2	0.2	956
	1つの地域ブロックにのみ展開している企業	9.9	63.8	17.9	7.1	1.2	0.2	605
	全国的に展開している企業	11.8	65.0	17.6	3.7	1.1	0.8	1,327
	海外展開もしている企業	27.1	65.1	6.5	0.7	0.2	0.2	413
	無回答	9.1	56.4	21.8	10.9	0.0	1.8	55
	合計	11.3	65.5	17.3	4.3	1.0	0.5	4366

業種別（図表 2－16）に見ると、業種によらず「主に採用を担当する部署や担当者

がいるが、そこでは採用以外の業務も担当している」企業が約 6、7 割で多い。ただし、不動産業、物品賃貸業（約 50.0%）および電気・ガス・熱供給・水道業（約 56.5%）でややその割合がやや低い。金融業、保険業（約 27.4%）、電気・ガス・熱供給・水道業（約 26.1%）および情報通信業（約 24.8%）では、「専ら採用を担当する部署や担当がいる」割合が高い。一方、不動産業、物品賃貸業（約 24.1%）、建設業（約 20.1%）および卸売業、小売業（約 19.6%）では、「主に採用を担当する部署や担当者はいないが、特定の部署で採用業務を担当している」割合が高い。

図表 2−16　採用の担当部署（業種別、単位：%）

		専ら採用を担当する部署や担当がいる	主に採用を担当する部署や担当者がいるが、そこでは採用以外の業務も担当している	主に採用を担当する部署や担当者はいないが、特定の部署で採用業務を担当している	特に部署や担当者はおらず、採用が必要となった都度担当を決めている	その他	無回答	N
業種	鉱業、採石業、砂利採取業	40.0	60.0	0.0	0.0	0.0	0.0	5
	建設業	9.2	66.6	20.1	3.0	0.6	0.6	338
	製造業	11.1	64.5	18.5	4.2	1.4	0.3	910
	電気・ガス・熱供給・水道業	26.1	56.5	17.4	0.0	0.0	0.0	23
	情報通信業	24.8	60.2	11.5	3.5	0.0	0.0	113
	運輸業、郵便業	7.3	64.0	19.2	6.6	1.9	0.9	317
	卸売業、小売業	11.8	62.5	19.6	4.5	1.2	0.4	771
	金融業、保険業	27.4	69.4	3.2	0.0	0.0	0.0	62
	不動産業、物品賃貸業	22.4	50.0	24.1	1.7	1.7	0.0	58
	学術研究、専門・技術サービス業	13.6	70.4	9.9	3.7	2.5	0.0	81
	宿泊業、飲食サービス業	12.3	64.9	18.0	2.8	0.5	1.4	211
	生活関連サービス業、娯楽業	12.8	61.7	16.0	8.5	1.1	0.0	94
	教育、学習支援業	5.9	70.3	17.8	4.3	1.6	0.0	185
	医療、福祉	10.4	70.0	15.3	3.0	0.3	0.9	691
	複合サービス事業	8.6	77.1	10.0	4.3	0.0	0.0	70
	その他のサービス業	10.3	66.1	15.4	6.4	1.1	0.7	436
	無回答	0.0	0.0	0.0	100.0	0.0	0.0	1
	合計	11.3	65.5	17.3	4.3	1.0	0.5	4366

企業規模別（図表 2−17）に見ると、規模によらず「主に採用を担当する部署や担当者がいるが、そこでは採用以外の業務も担当している」企業が 6 割以上と多い。規模が大きい企業ほど「専ら採用を担当する部署や担当がいる」、規模の小さい企業ほど「主に採用を担当する部署や担当者はいないが、特定の部署で採用業務を担当している」および「特に部署や担当者はおらず、採用が必要となった都度担当を決めている」傾向がある。

図表 2－17　採用の担当部署（企業規模別、単位：％）

		専ら採用を担当する部署や担当がいる	主に採用を担当する部署や担当者がいるが、そこでは採用以外の業務も担当している	主に採用を担当する部署や担当者はいないが、特定の部署で採用業務を担当している	特に部署や担当者はおらず、採用が必要となった都度担当を決めている	その他	無回答	N
従業員数	30人未満(a)	5.3	61.4	24.6	8.8	0.0	0.0	57
	30～99人(b)	5.1	62.0	24.7	6.6	1.2	0.5	1509
	100～299人	6.9	70.8	17.4	2.7	1.5	0.7	861
	300～499人(c)	7.9	81.9	7.2	2.2	0.4	0.4	277
	500～999人(d)	19.3	69.2	9.0	1.6	0.9	0.0	321
	1000人以上	30.7	66.2	2.2	0.2	0.2	0.6	538
	無回答	13.3	59.3	19.7	6.0	1.1	0.6	803
	合計	11.3	65.5	17.3	4.3	1.0	0.5	4366
	100人未満(a+b)	5.1	61.9	24.6	6.6	1.1	0.5	1566
	300～999人(c+d)	14.0	75.1	8.2	1.8	0.7	0.2	598

第 3 節　新規学卒採用について

1　平成 28（2016）年春卒業の新規学卒者の募集・採用状況

企業合計（図表 2－18）で見ると、平成 28（2016）年春卒業の新規学卒者のうち大卒・大学院修了者を募集した企業は約 55.6％である。少なからず本社以外の事業所が国内に存在している企業の約 5～6 割が大卒・大学院修了者を募集しており、本社のみの企業では約 39.4％、海外展開もしている企業では約 83.1％が大卒・大学院修了者を募集している。

図表 2－18　平成 28（2016）年春卒業の新規学卒者の募集（地域展開別、単位：％）

		高卒	高専卒	短大卒	大卒・大学院修了	N
地域展開	1事業所1企業	34.4	20.4	24.2	39.4	1010
	1都道府県のみに展開している企業	41.9	31.1	41.7	57.9	956
	1つの地域ブロックにのみ展開している企業	37.5	24.8	32.4	54.4	605
	全国的に展開している企業	36.4	24.3	25.9	58.6	1327
	海外展開もしている企業	51.3	40.0	33.4	83.1	413
	無回答	45.5	23.6	25.5	45.5	55
合計		38.8	26.4	30.6	55.6	4366

業種別（図表 2－19）に見ると、金融業、保険業（約 88.7％）、複合サービス事業（約 78.6％）および電気・ガス・熱供給・水道業（約 78.3％）では、大卒・大学院修了者を募集した割合が高い。一方、運輸業、郵便業（約 39.1％）、宿泊業、飲食サービス業（約 50.7％）および医療、福祉（約 51.4％）では、大卒・大学院修了者を募集した割合が低い。

図表 2－19　平成 28（2016）年春卒業の新規学卒者の募集（業種別、単位：%）

		高卒	高専卒	短大卒	大卒・大学院修了	N
業種	鉱業、採石業、砂利採取業	40.0	0.0	0.0	0.0	5
	建設業	53.8	44.1	32.8	65.1	338
	製造業	56.5	25.8	18.6	51.8	910
	電気・ガス・熱供給・水道業	43.5	34.8	21.7	78.3	23
	情報通信業	14.2	29.2	23.9	76.1	113
	運輸業、郵便業	31.2	18.9	19.6	39.1	317
	卸売業、小売業	29.6	21.9	35.0	58.6	771
	金融業、保険業	35.5	17.7	58.1	88.7	62
	不動産業、物品賃貸業	10.3	5.2	20.7	51.7	58
	学術研究、専門・技術サービス業	23.5	39.5	29.6	74.1	81
	宿泊業、飲食サービス業	62.1	30.8	46.9	50.7	211
	生活関連サービス業、娯楽業	38.3	29.8	42.6	57.4	94
	教育、学習支援業	9.7	10.8	21.1	62.2	185
	医療、福祉	34.0	31.3	39.1	51.4	691
	複合サービス事業	57.1	37.1	65.7	78.6	70
	その他のサービス業	31.4	22.5	28.7	51.6	436
	無回答	0.0	0.0	0.0	0.0	1
	合計	38.8	26.4	30.6	55.6	4366

企業規模別（図表 2－20）に見ると、いずれの学歴においても、規模が大きい企業ほど新規学卒者を募集している。とりわけ 500 人以上規模の企業の約 9 割が、大卒・大学院修了者を募集している。

図表 2－20　平成 28（2016）年春卒業の新規学卒者の募集（企業規模別、単位：%）

		高卒	高専卒	短大卒	大卒・大学院修了	N
従業員数	30人未満	12.3	8.8	8.8	17.5	57
	30～99人	28.9	17.8	20.8	37.4	1509
	100～299人	40.1	22.9	28.7	54.0	861
	300～499人	43.0	29.6	37.2	72.6	277
	500～999人	52.3	38.6	49.8	86.3	321
	1000人以上	60.4	49.6	54.3	91.1	538
	無回答	36.7	26.0	26.7	52.2	803
	合計	38.8	26.4	30.6	55.6	4366

企業合計（図表 2－21）で見ると、平成 28（2016）年春卒業の新規学卒者のうち大卒・大学院修了者を採用した企業は約 45.8%である。

企業の地域展開の状況別に見た傾向は、新規学卒者の募集の傾向と同様である。

図表 2－21　平成 28（2016）年春卒業の新規学卒者の採用（地域展開別、単位：%）

		高卒	高専卒	短大卒	大卒・大学院修了	N
地域展開	1事業所1企業	27.5	12.2	11.1	29.7	1010
	1都道府県のみに展開している企業	32.1	15.3	21.1	43.2	956
	1つの地域ブロックにのみ展開している企業	29.3	9.3	12.2	41.8	605
	全国的に展開している企業	30.2	10.1	10.7	51.2	1327
	海外展開もしている企業	47.5	25.9	17.2	81.6	413
	無回答	36.4	10.9	10.9	34.5	55
合計		31.6	13.1	13.9	45.8	4366

業種別（図表 2－22）に見ると、金融業、保険業（約 87.1%）、複合サービス事業（約 74.3%）、情報通信業（約 73.5%）では、大卒・大学院修了者を採用した割合が高い。一方、運輸業、郵便業（約 33.1%）、医療、福祉（約 36.9%）および宿泊業、飲食サービス業（約 37.0%）では、大卒・大学院修了者を採用した割合が低い。

図表 2－22　平成 28（2016）年春卒業の新規学卒者の採用（業種別、単位：%）

		高卒	高専卒	短大卒	大卒・大学院修了	N
業種	鉱業、採石業、砂利採取業	20.0	0.0	0.0	20.0	5
	建設業	37.0	17.5	10.4	42.0	338
	製造業	50.7	11.6	7.0	43.0	910
	電気・ガス・熱供給・水道業	30.4	21.7	0.0	69.6	23
	情報通信業	8.0	13.3	8.8	73.5	113
	運輸業、郵便業	25.9	8.8	7.9	33.1	317
	卸売業、小売業	23.1	9.2	16.2	49.3	771
	金融業、保険業	33.9	4.8	35.5	87.1	62
	不動産業、物品賃貸業	10.3	5.2	12.1	53.4	58
	学術研究、専門・技術サービス業	14.8	21.0	12.3	66.7	81
	宿泊業、飲食サービス業	56.9	16.1	21.3	37.0	211
	生活関連サービス業、娯楽業	27.7	8.5	14.9	51.1	94
	教育、学習支援業	5.4	5.4	13.0	62.7	185
	医療、福祉	25.6	22.9	21.3	36.9	691
	複合サービス事業	55.7	11.4	42.9	74.3	70
	その他のサービス業	24.1	10.8	11.2	44.7	436
	無回答	0.0	0.0	0.0	0.0	1
合計		31.6	13.1	13.9	45.8	4366

企業規模別（図表 2－23）に見ると、いずれの学歴においても、規模が大きい企業ほど新規学卒者を採用している。とりわけ 1,000 人以上規模の企業の約 90.0%が、大卒・大学院修了者を採用している。

図表 2－23　平成 28（2016）年春卒業の新規学卒者の採用（企業規模別、単位：％）

		高卒	高専卒	短大卒	大卒・大学院修了	N
従業員数	30人未満	3.5	1.8	0.0	5.3	57
	30～99人	20.1	6.8	7.0	24.5	1509
	100～299人	32.8	10.5	10.9	42.2	861
	300～499人	37.9	19.5	20.2	63.9	277
	500～999人	48.0	21.2	26.5	79.4	321
	1000人以上	56.1	28.6	32.9	90.0	538
	無回答	28.8	12.8	11.1	43.5	803
合計		31.6	13.1	13.9	45.8	4366

企業合計（図表 2－24）で見ると、新規大卒・大学院修了者の正社員採用人員が 0 人である企業が約 32.0%、10 人未満である企業が約 29.6%である。また、新規大卒・大学院修了者の非正社員採用人員が 0 人である企業が約 73.9%であり、大半が非正社員として採用されていない。

企業の地域展開の状況別に見ると、その状況によらず新規大卒・大学院修了者の正社員採用人員が 10 人未満である企業が約 2～3 割である。ただし、海外展開もしている企業では、同採用人員が 10～30 人未満である企業が約 25.4%、80 人以上である企業が約 12.3%となっている。

図表 2－24　平成 28（2016）年春卒業の新規大卒・大学院修了者の採用人員
（地域展開別、単位：％）

（正社員）

		0人	10人未満	10～30人未満	30～50人未満	50～80人未満	80人以上	無回答	N
地域展開	1事業所1企業	40.1	24.1	2.8	1.1	0.1	0.1	31.8	1010
	1都道府県のみに展開している企業	36.1	31.6	6.6	1.8	0.8	0.9	22.2	956
	1つの地域ブロックにのみ展開している企業	35.4	30.9	6.0	2.1	1.0	1.5	23.1	605
	全国的に展開している企業	28.6	32.9	9.7	3.2	2.9	1.3	21.5	1327
	海外展開もしている企業	9.0	27.8	25.4	7.0	5.8	12.3	12.6	413
	無回答	29.1	18.2	5.5	5.5	1.8	0.0	40.0	55
合計		32.0	29.6	8.3	2.6	1.8	2.0	23.6	4366

（非正社員）

		0人	10人未満	10～30人未満	30～50人未満	50～80人未満	80人以上	無回答	N
地域展開	1事業所1企業	65.4	2.0	0.4	0.0	0.0	0.0	32.2	1010
	1都道府県のみに展開している企業	74.1	1.7	0.7	0.1	0.0	0.1	23.3	956
	1つの地域ブロックにのみ展開している企業	75.2	0.3	0.3	0.0	0.0	0.0	24.1	605
	全国的に展開している企業	76.8	0.8	0.3	0.0	0.0	0.0	22.1	1327
	海外展開もしている企業	85.0	1.2	0.2	0.0	0.5	0.0	13.1	413
	無回答	56.4	1.8	0.0	0.0	0.0	0.0	41.8	55
合計		73.9	1.3	0.4	0.0	0.0	0.0	24.4	4366

業種別（図表2－25）に見ると、新規大卒・大学院修了者の正社員採用人員が80人以上である割合は金融業、保険業で約21.0%と突出しており、ついで電気・ガス・熱供給・水道業で約8.7%である。50～80人未満である割合は、金融業、保険業で約11.3%、情報通信業で約8.0%および学術研究、専門・技術サービス業で約7.4%である。30～50人未満では、金融業、保険業で約19.4%、情報通信業で約14.2%および複合サービス事業で約7.1%である。

図表2－25　平成28（2016）年春卒業の新規大卒・大学院修了者の採用人員（業種別、単位：%）

（正社員）

		0人	10人未満	10～30人未満	30～50人未満	50～80人未満	80人以上	無回答	N
業種	鉱業、採石業、砂利採取業	40.0	20.0	0.0	0.0	0.0	0.0	40.0	5
	建設業	37.9	27.2	7.7	1.2	2.1	2.7	21.3	338
	製造業	33.6	25.1	9.8	2.3	2.1	2.7	24.4	910
	電気・ガス・熱供給・水道業	21.7	52.2	4.3	4.3	0.0	8.7	8.7	23
	情報通信業	18.6	29.2	12.4	14.2	8.0	4.4	13.3	113
	運輸業、郵便業	36.3	27.1	2.8	0.9	0.3	1.6	30.9	317
	卸売業、小売業	28.5	34.1	9.3	2.1	1.2	1.6	23.2	771
	金融業、保険業	11.3	16.1	14.5	19.4	11.3	21.0	6.5	62
	不動産業、物品賃貸業	25.9	29.3	19.0	1.7	1.7	1.7	20.7	58
	学術研究、専門・技術サービス業	24.7	38.3	18.5	2.5	7.4	0.0	8.6	81
	宿泊業、飲食サービス業	39.3	28.4	4.3	0.9	1.4	0.0	25.6	211
	生活関連サービス業、娯楽業	28.7	38.3	8.5	2.1	0.0	1.1	21.3	94
	教育、学習支援業	30.8	40.0	7.0	2.2	1.1	2.2	16.8	185
	医療、福祉	35.9	25.9	5.4	2.5	1.0	1.3	28.1	691
	複合サービス事業	12.9	38.6	22.9	7.1	2.9	1.4	14.3	70
	その他のサービス業	30.7	33.0	8.0	2.1	1.1	0.0	25.0	436
	無回答	0.0	0.0	0.0	0.0	0.0	0.0	100.0	1
合計		32.0	29.6	8.3	2.6	1.8	2.0	23.6	4366

（非正社員）

		0人	10人未満	10～30人未満	30～50人未満	50～80人未満	80人以上	無回答	N
業種	鉱業、採石業、砂利採取業	60.0	0.0	0.0	0.0	0.0	0.0	40.0	5
	建設業	77.5	0.3	0.0	0.0	0.3	0.0	21.9	338
	製造業	74.9	0.4	0.2	0.0	0.1	0.0	24.3	910
	電気・ガス・熱供給・水道業	91.3	0.0	0.0	0.0	0.0	0.0	8.7	23
	情報通信業	85.0	1.8	0.0	0.0	0.0	0.0	13.3	113
	運輸業、郵便業	67.2	0.3	0.0	0.0	0.0	0.0	32.5	317
	卸売業、小売業	75.9	0.0	0.1	0.0	0.0	0.0	24.0	771
	金融業、保険業	93.5	0.0	0.0	0.0	0.0	0.0	6.5	62
	不動産業、物品賃貸業	79.3	0.0	0.0	0.0	0.0	0.0	20.7	58
	学術研究、専門・技術サービス業	88.9	2.5	0.0	0.0	0.0	0.0	8.6	81
	宿泊業、飲食サービス業	71.6	1.4	0.5	0.0	0.0	0.0	26.5	211
	生活関連サービス業、娯楽業	76.6	1.1	0.0	0.0	0.0	0.0	22.3	94
	教育、学習支援業	61.1	15.7	4.3	0.5	0.0	0.5	17.8	185
	医療、福祉	68.7	1.3	0.7	0.0	0.0	0.0	29.2	691
	複合サービス事業	82.9	1.4	0.0	0.0	0.0	0.0	15.7	70
	その他のサービス業	72.9	0.5	0.2	0.0	0.0	0.0	26.4	436
	無回答	0.0	0.0	0.0	0.0	0.0	0.0	100.0	1
合計		73.9	1.3	0.4	0.0	0.0	0.0	24.4	4366

企業規模（図表 2－26）で見ると、自然なことではあるが、規模が大きい企業ほど新規大卒・大学院修了者の正社員・非正社員採用人員が多い。

図表 2－26　平成 28（2016）年春卒業の新規大卒・大学院修了者の採用人員
（企業規模別、単位：%）

（正社員）

		0人	10人未満	10～30人未満	30～50人未満	50～80人未満	80人以上	無回答	N
従業員数	30人未満	54.4	5.3	0.0	0.0	0.0	0.0	40.4	57
	30～99人	44.9	24.1	0.1	0.0	0.0	0.0	30.9	1509
	100～299人	36.7	38.6	2.1	0.0	0.0	0.0	22.6	861
	300～499人	26.7	49.5	10.5	1.1	0.0	0.0	12.3	277
	500～999人	16.5	40.2	29.9	4.0	2.5	0.0	6.9	321
	1000人以上	5.4	21.7	28.8	15.4	9.3	12.3	7.1	538
	無回答	26.9	26.4	8.1	2.0	2.5	2.6	31.5	803
合計		32.0	29.6	8.3	2.6	1.8	2.0	23.6	4366

（非正社員）

		0人	10人未満	10～30人未満	30～50人未満	50～80人未満	80人以上	無回答	N
従業員数	30人未満	59.6	0.0	0.0	0.0	0.0	0.0	40.4	57
	30～99人	68.0	0.7	0.0	0.0	0.0	0.0	31.3	1509
	100～299人	74.9	1.2	0.3	0.0	0.0	0.0	23.6	861
	300～499人	84.5	2.5	0.4	0.0	0.0	0.0	12.6	277
	500～999人	87.5	4.0	0.6	0.0	0.0	0.0	7.8	321
	1000人以上	86.6	2.0	2.2	0.2	0.2	0.2	8.6	538
	無回答	67.1	0.5	0.0	0.0	0.1	0.0	32.3	803
合計		73.9	1.3	0.4	0.0	0.0	0.0	24.4	4366

2　平成 28（2016）年春卒業の新規学卒正社員採用の職種別内訳

企業合計（図表 2－27）で見ると、平成 28（2016）年春卒業の新規学卒の正社員採用者のうち、専門的・技術的、事務的職業を 10 人未満採用した企業は約 2 割、販売、サービス、生産工程の職業を 10 人未満採用した企業は約 1 割である。これら以外の職業については、約 7 割の企業が 1 人も採用していない。

企業の地域展開の状況別に見ると、専門的・技術的職業では、1 事業所 1 企業もしくは 1 都道府県のみのように狭い地域に展開する企業、あるいは海外のように非常に広い地域に展開する企業において、国内で広域展開する企業より多く採用される傾向がある。販売、生産工程の職業については、より広域に展開する企業ほど多くの人数を採用する傾向がある。事務的職業も同様の傾向であるが、1 都道府県のみに展開している企業で多くの人数を採用している点で異なる。一方、サービスの職業については、概してより狭い地域で展開する企業ほど 1 人も採用しないという企業は少ない。

図表 2−27　平成 28（2016）年春卒業の新規学卒正社員採用の職種別採用人員（地域展開別、単位：%）

（管理的職業）

		0人	10人未満	10～30人未満	30～50人未満	50～80人未満	80人以上	無回答・非該当	N
地域展開	1事業所1企業	68.9	1.2	0.1	0.0	0.0	0.0	29.8	1010
	1都道府県のみに展開している企業	74.4	1.0	0.1	0.0	0.0	0.1	24.4	956
	1つの地域ブロックにのみ展開している企業	71.2	3.0	0.3	0.0	0.2	0.0	25.3	605
	全国的に展開している企業	72.0	1.9	0.8	0.0	0.2	0.1	25.2	1327
	海外展開もしている企業	67.8	7.0	2.4	1.0	0.0	0.2	21.5	413
	無回答	56.4	1.8	0.0	0.0	0.0	0.0	41.8	55
合計		71.1	2.2	0.5	0.1	0.1	0.1	26.0	4366

（専門的・技術的職業）

		0人	10人未満	10～30人未満	30～50人未満	50～80人未満	80人以上	無回答・非該当	N
地域展開	1事業所1企業	49.4	17.3	2.3	0.6	0.4	0.3	29.7	1010
	1都道府県のみに展開している企業	51.0	17.6	4.2	0.6	1.0	1.2	24.4	956
	1つの地域ブロックにのみ展開している企業	57.9	13.6	1.3	0.8	0.3	0.8	25.3	605
	全国的に展開している企業	53.4	14.8	3.6	1.3	1.2	0.6	25.1	1327
	海外展開もしている企業	38.0	19.6	10.9	3.6	1.5	5.1	21.3	413
	無回答	41.8	14.5	1.8	0.0	0.0	0.0	41.8	55
合計		51.0	16.3	3.8	1.1	0.9	1.1	25.9	4366

（事務的職業）

		0人	10人未満	10～30人未満	30～50人未満	50～80人未満	80人以上	無回答・非該当	N
地域展開	1事業所1企業	57.8	12.1	0.3	0.0	0.1	0.0	29.7	1010
	1都道府県のみに展開している企業	53.7	18.8	2.0	0.7	0.3	0.1	24.4	956
	1つの地域ブロックにのみ展開している企業	55.7	16.0	2.1	0.5	0.2	0.2	25.3	605
	全国的に展開している企業	54.3	17.5	1.8	0.8	0.1	0.2	25.2	1327
	海外展開もしている企業	37.0	30.3	6.8	1.7	0.7	2.2	21.3	413
	無回答	47.3	9.1	0.0	1.8	0.0	0.0	41.8	55
合計		53.5	17.4	2.0	0.7	0.2	0.3	25.9	4366

（販売の職業）

		0人	10人未満	10～30人未満	30～50人未満	50～80人未満	80人以上	無回答・非該当	N
地域展開	1事業所1企業	64.8	4.7	0.5	0.3	0.0	0.0	29.8	1010
	1都道府県のみに展開している企業	63.6	10.0	1.9	0.1	0.0	0.0	24.4	956
	1つの地域ブロックにのみ展開している企業	60.5	10.6	2.3	0.7	0.3	0.3	25.3	605
	全国的に展開している企業	59.5	11.8	2.4	0.5	0.2	0.4	25.2	1327
	海外展開もしている企業	50.8	18.9	4.8	1.9	0.5	1.5	21.5	413
	無回答	49.1	5.5	0.0	1.8	1.8	0.0	41.8	55
合計		60.8	10.2	2.0	0.5	0.2	0.3	26.0	4366

（サービスの職業）

		0人	10人未満	10～30人未満	30～50人未満	50～80人未満	80人以上	無回答・非該当	N
地域展開	1事業所1企業	60.6	8.5	0.7	0.3	0.1	0.0	29.8	1010
	1都道府県のみに展開している企業	61.3	12.6	1.4	0.4	0.0	0.0	24.4	956
	1つの地域ブロックにのみ展開している企業	66.8	5.3	2.3	0.2	0.0	0.2	25.3	605
	全国的に展開している企業	65.9	6.3	2.0	0.4	0.1	0.2	25.2	1327
	海外展開もしている企業	74.6	2.7	0.7	0.0	0.0	0.5	21.5	413
	無回答	49.1	9.1	0.0	0.0	0.0	0.0	41.8	55
合計		64.4	7.7	1.4	0.3	0.0	0.1	26.0	4366

図表 2－27（続） 平成 28（2016）年春卒業の新規学卒正社員採用の職種別採用人員（地域展開別、単位：%）

（保安の職業）

		0人	10人未満	10～30人未満	30～50人未満	50～80人未満	80人以上	無回答・非該当	N
地域展開	1事業所1企業	70.1	0.1	0.0	0.0	0.0	0.0	29.8	1010
	1都道府県のみに展開している企業	75.4	0.1	0.0	0.1	0.0	0.0	24.4	956
	1つの地域ブロックにのみ展開している企業	74.2	0.3	0.2	0.0	0.0	0.0	25.3	605
	全国的に展開している企業	74.2	0.2	0.1	0.2	0.1	0.1	25.2	1327
	海外展開もしている企業	78.5	0.0	0.0	0.0	0.0	0.0	21.5	413
	無回答	58.2	0.0	0.0	0.0	0.0	0.0	41.8	55
	合計	73.7	0.1	0.0	0.1	0.0	0.0	26.0	4366

（農林漁業の職業）

		0人	10人未満	10～30人未満	30～50人未満	50～80人未満	80人以上	無回答・非該当	N
地域展開	1事業所1企業	70.0	0.2	0.0	0.0	0.0	0.0	29.8	1010
	1都道府県のみに展開している企業	75.4	0.2	0.0	0.0	0.0	0.0	24.4	956
	1つの地域ブロックにのみ展開している企業	74.5	0.2	0.0	0.0	0.0	0.0	25.3	605
	全国的に展開している企業	74.5	0.2	0.0	0.0	0.0	0.0	25.2	1327
	海外展開もしている企業	78.2	0.2	0.0	0.0	0.0	0.0	21.5	413
	無回答	58.2	0.0	0.0	0.0	0.0	0.0	41.8	55
	合計	73.8	0.2	0.0	0.0	0.0	0.0	26.0	4366

（生産工程の職業）

		0人	10人未満	10～30人未満	30～50人未満	50～80人未満	80人以上	無回答・非該当	N
地域展開	1事業所1企業	61.4	8.3	0.4	0.0	0.0	0.1	29.8	1010
	1都道府県のみに展開している企業	70.5	4.5	0.5	0.0	0.0	0.1	24.4	956
	1つの地域ブロックにのみ展開している企業	67.9	6.4	0.2	0.0	0.0	0.2	25.3	605
	全国的に展開している企業	64.5	8.6	1.1	0.3	0.1	0.2	25.2	1327
	海外展開もしている企業	53.0	12.6	7.3	2.9	0.5	2.2	21.5	413
	無回答	47.3	10.9	0.0	0.0	0.0	0.0	41.8	55
	合計	64.3	7.7	1.3	0.4	0.1	0.3	26.0	4366

（輸送・機械運転の職業）

		0人	10人未満	10～30人未満	30～50人未満	50～80人未満	80人以上	無回答・非該当	N
地域展開	1事業所1企業	69.1	1.1	0.0	0.0	0.0	0.0	29.8	1010
	1都道府県のみに展開している企業	74.9	0.7	0.0	0.0	0.0	0.0	24.4	956
	1つの地域ブロックにのみ展開している企業	73.2	0.8	0.3	0.2	0.0	0.2	25.3	605
	全国的に展開している企業	73.5	1.0	0.2	0.1	0.0	0.0	25.2	1327
	海外展開もしている企業	76.3	1.5	0.0	0.0	0.2	0.5	21.5	413
	無回答	58.2	0.0	0.0	0.0	0.0	0.0	41.8	55
	合計	72.8	1.0	0.1	0.0	0.0	0.1	26.0	4366

（建設・掘削の職業）

		0人	10人未満	10～30人未満	30～50人未満	50～80人未満	80人以上	無回答・非該当	N
地域展開	1事業所1企業	69.4	0.8	0.0	0.0	0.0	0.0	29.8	1010
	1都道府県のみに展開している企業	74.8	0.8	0.0	0.0	0.0	0.0	24.4	956
	1つの地域ブロックにのみ展開している企業	71.4	3.1	0.2	0.0	0.0	0.0	25.3	605
	全国的に展開している企業	73.1	1.2	0.3	0.1	0.0	0.1	25.2	1327
	海外展開もしている企業	77.2	0.5	0.5	0.2	0.0	0.0	21.5	413
	無回答	58.2	0.0	0.0	0.0	0.0	0.0	41.8	55
	合計	72.6	1.2	0.2	0.0	0.0	0.0	26.0	4366

図表 2－27（続）　平成 28（2016）年春卒業の新規学卒正社員採用の職種別採用人員（地域展開別、単位：％）

（運搬・清掃・包装等の職業）

		0人	10人未満	10～30人未満	30～50人未満	50～80人未満	80人以上	無回答・非該当	N
地域展開	1事業所1企業	70.1	0.1	0.0	0.0	0.0	0.0	29.8	1010
	1都道府県のみに展開している企業	75.0	0.6	0.0	0.0	0.0	0.0	24.4	956
	1つの地域ブロックにのみ展開している企業	74.2	0.5	0.0	0.0	0.0	0.0	25.3	605
	全国的に展開している企業	74.1	0.7	0.0	0.0	0.0	0.0	25.2	1327
	海外展開もしている企業	77.5	1.0	0.0	0.0	0.0	0.0	21.5	413
	無回答	58.2	0.0	0.0	0.0	0.0	0.0	41.8	55
合計		73.5	0.5	0.0	0.0	0.0	0.0	26.0	4366

（その他）

		0人	10人未満	10～30人未満	30～50人未満	50～80人未満	80人以上	無回答・非該当	N
地域展開	1事業所1企業	68.5	1.7	0.0	0.0	0.0	0.0	29.8	1010
	1都道府県のみに展開している企業	73.6	1.5	0.5	0.0	0.0	0.0	24.4	956
	1つの地域ブロックにのみ展開している企業	72.9	1.7	0.2	0.0	0.0	0.0	25.3	605
	全国的に展開している企業	72.7	1.2	0.5	0.2	0.0	0.2	25.2	1327
	海外展開もしている企業	75.1	1.2	1.0	0.7	0.0	0.5	21.5	413
	無回答	52.7	3.6	1.8	0.0	0.0	0.0	41.8	55
合計		71.9	1.5	0.4	0.1	0.0	0.1	26.0	4366

業種別（図表 2－28）に見ると、専門的・技術的職業を 80 人以上採用した割合が高いのは、金融業、保険業（約 8.1%）、情報通信業（約 4.4%）および電気・ガス・熱供給・水道業（約 4.3%）である。50～80 人未満採用した割合が高いのは、学術研究、専門・技術サービス業（約 4.9%）および情報通信業（約 4.4%）である。30～50 人未満では、情報通信業（約 8.0%）および学術研究、専門・技術サービス業（約 3.7%）の割合が相対的に高い。

事務的職業については、80 人以上、50～80 人未満および 30～50 人未満採用した割合が高いのは、金融業、保険業（約 8.1%、約 4.8%、および約 8.1%）および複合サービス事業（約 2.9%、約 2.9%、および約 7.1%）である。

販売の職業では、80 人以上および 50～80 人未満の割合が高いのは、金融業、保険業(約 4.8%および約 4.8%)である。30～50 人未満では、複合サービス事業(約 2.9%)、金融業、保険業（約 1.6%）および卸売業、小売業（約 1.6%）の割合が相対的に高い。

サービスの職業を 80 人以上採用した割合が高いのは、生活関連サービス業、娯楽業（約 1.1%）、50～80 人未満を採用した割合が高いのは、金融業、保険業（約 1.6%）および情報通信業（約 0.9%）である。30～50 人未満では、宿泊業、飲食サービス業（約 2.4%）および金融業、保険業（約 1.6%）の割合が相対的に高い。

生産工程の職業を採用する人数は製造業がもっとも多く、80 人以上、50～80 人未満、30～50 人未満採用した割合は、それぞれ約 1.4%、約 0.3%、および約 1.6%である。

図表 2−28　平成 28（2016）年春卒業の新規学卒正社員採用の職種別採用人員（業種別、単位：%）

（管理的職業）

		0人	10人未満	10〜30人未満	30〜50人未満	50〜80人未満	80人以上	無回答・非該当	N
業種	鉱業、採石業、砂利採取業	60.0	0.0	0.0	0.0	0.0	0.0	40.0	5
	建設業	67.5	3.6	1.2	0.3	0.0	0.3	27.2	338
	製造業	70.7	3.5	0.7	0.2	0.1	0.0	24.8	910
	電気・ガス・熱供給・水道業	91.3	0.0	0.0	0.0	0.0	4.3	4.3	23
	情報通信業	78.8	2.7	0.9	0.0	0.0	0.0	17.7	113
	運輸業、郵便業	63.4	4.7	1.3	0.0	0.0	0.0	30.6	317
	卸売業、小売業	71.3	0.8	0.0	0.1	0.1	0.0	27.6	771
	金融業、保険業	85.5	1.6	3.2	0.0	0.0	0.0	9.7	62
	不動産業、物品賃貸業	70.7	1.7	3.4	0.0	0.0	0.0	24.1	58
	学術研究、専門・技術サービス業	79.0	1.2	1.2	0.0	0.0	0.0	18.5	81
	宿泊業、飲食サービス業	75.4	0.5	0.0	0.0	0.0	0.0	24.2	211
	生活関連サービス業、娯楽業	74.5	1.1	0.0	0.0	0.0	0.0	24.5	94
	教育、学習支援業	78.4	1.6	0.0	0.0	0.0	0.5	19.5	185
	医療、福祉	70.5	0.6	0.1	0.0	0.0	0.0	28.8	691
	複合サービス事業	75.7	2.9	0.0	0.0	0.0	0.0	21.4	70
	その他のサービス業	68.1	3.0	0.7	0.0	0.2	0.0	28.0	436
	無回答	0.0	0.0	0.0	0.0	0.0	0.0	100.0	1
	合計	71.1	2.2	0.5	0.1	0.1	0.1	26.0	4366

（専門的・技術的職業）

		0人	10人未満	10〜30人未満	30〜50人未満	50〜80人未満	80人以上	無回答・非該当	N
業種	鉱業、採石業、砂利採取業	40.0	20.0	0.0	0.0	0.0	0.0	40.0	5
	建設業	38.2	26.3	4.4	2.1	0.9	1.2	26.9	338
	製造業	45.1	21.5	5.6	1.1	0.5	1.4	24.7	910
	電気・ガス・熱供給・水道業	82.6	8.7	0.0	0.0	0.0	4.3	4.3	23
	情報通信業	31.9	22.1	11.5	8.0	4.4	4.4	17.7	113
	運輸業、郵便業	63.7	4.1	1.3	0.0	0.0	0.3	30.6	317
	卸売業、小売業	61.6	8.3	2.1	0.3	0.1	0.0	27.6	771
	金融業、保険業	74.2	1.6	3.2	1.6	1.6	8.1	9.7	62
	不動産業、物品賃貸業	72.4	1.7	1.7	0.0	0.0	0.0	24.1	58
	学術研究、専門・技術サービス業	25.9	34.6	11.1	3.7	4.9	1.2	18.5	81
	宿泊業、飲食サービス業	69.2	5.7	0.5	0.0	0.0	0.5	24.2	211
	生活関連サービス業、娯楽業	70.2	5.3	0.0	0.0	0.0	0.0	24.5	94
	教育、学習支援業	60.0	17.3	1.1	0.5	1.1	0.5	19.5	185
	医療、福祉	35.7	23.3	6.1	1.7	2.2	2.3	28.7	691
	複合サービス事業	61.4	17.1	0.0	0.0	0.0	0.0	21.4	70
	その他のサービス業	53.0	15.6	2.1	0.9	0.5	0.0	28.0	436
	無回答	0.0	0.0	0.0	0.0	0.0	0.0	100.0	1
	合計	51.0	16.3	3.8	1.1	0.9	1.1	25.9	4366

（事務的職業）

		0人	10人未満	10〜30人未満	30〜50人未満	50〜80人未満	80人以上	無回答・非該当	N
業種	鉱業、採石業、砂利採取業	60.0	0.0	0.0	0.0	0.0	0.0	40.0	5
	建設業	53.6	17.5	1.5	0.3	0.3	0.0	26.9	338
	製造業	53.0	19.2	2.3	0.2	0.2	0.1	24.9	910
	電気・ガス・熱供給・水道業	56.5	30.4	4.3	4.3	0.0	0.0	4.3	23
	情報通信業	67.3	15.0	0.0	0.0	0.0	0.0	17.7	113
	運輸業、郵便業	43.8	23.0	1.9	0.3	0.0	0.3	30.6	317
	卸売業、小売業	52.5	17.5	1.6	0.4	0.0	0.4	27.6	771
	金融業、保険業	50.0	12.9	6.5	8.1	4.8	8.1	9.7	62
	不動産業、物品賃貸業	43.1	27.6	5.2	0.0	0.0	0.0	24.1	58
	学術研究、専門・技術サービス業	69.1	7.4	3.7	1.2	0.0	0.0	18.5	81
	宿泊業、飲食サービス業	70.1	5.2	0.5	0.0	0.0	0.0	24.2	211
	生活関連サービス業、娯楽業	64.9	9.6	0.0	1.1	0.0	0.0	24.5	94
	教育、学習支援業	47.0	29.7	3.2	0.5	0.0	0.0	19.5	185
	医療、福祉	54.6	15.6	0.9	0.1	0.0	0.1	28.7	691
	複合サービス事業	31.4	20.0	14.3	7.1	2.9	2.9	21.4	70
	その他のサービス業	52.3	15.6	2.1	1.6	0.2	0.2	28.0	436
	無回答	0.0	0.0	0.0	0.0	0.0	0.0	100.0	1
	合計	53.5	17.4	2.0	0.7	0.2	0.3	25.9	4366

図表 2－28（続）　平成 28（2016）年春卒業の新規学卒正社員採用の職種別採用人員（業種別、単位：%）

（販売の職業）

		0人	10人未満	10～30人未満	30～50人未満	50～80人未満	80人以上	無回答・非該当	N
業種	鉱業、採石業、砂利採取業	60.0	0.0	0.0	0.0	0.0	0.0	40.0	5
	建設業	67.5	4.4	0.3	0.0	0.3	0.3	27.2	338
	製造業	61.6	11.1	1.6	0.5	0.1	0.1	24.8	910
	電気・ガス・熱供給・水道業	69.6	21.7	4.3	0.0	0.0	0.0	4.3	23
	情報通信業	63.7	13.3	3.5	0.9	0.0	0.9	17.7	113
	運輸業、郵便業	68.5	0.9	0.0	0.0	0.0	0.0	30.6	317
	卸売業、小売業	31.8	31.1	6.7	1.6	0.3	0.9	27.6	771
	金融業、保険業	67.7	8.1	3.2	1.6	4.8	4.8	9.7	62
	不動産業、物品賃貸業	58.6	10.3	6.9	0.0	0.0	0.0	24.1	58
	学術研究、専門・技術サービス業	76.5	4.9	0.0	0.0	0.0	0.0	18.5	81
	宿泊業、飲食サービス業	73.9	1.4	0.0	0.5	0.0	0.0	24.2	211
	生活関連サービス業、娯楽業	62.8	9.6	2.1	1.1	0.0	0.0	24.5	94
	教育、学習支援業	78.9	1.1	0.5	0.0	0.0	0.0	19.5	185
	医療、福祉	70.8	0.1	0.1	0.1	0.0	0.0	28.8	691
	複合サービス事業	64.3	7.1	4.3	2.9	0.0	0.0	21.4	70
	その他のサービス業	64.2	7.1	0.7	0.0	0.0	0.0	28.0	436
	無回答	0.0	0.0	0.0	0.0	0.0	0.0	100.0	1
合計		60.8	10.2	2.0	0.5	0.2	0.3	26.0	4366

（サービスの職業）

		0人	10人未満	10～30人未満	30～50人未満	50～80人未満	80人以上	無回答・非該当	N
業種	鉱業、採石業、砂利採取業	60.0	0.0	0.0	0.0	0.0	0.0	40.0	5
	建設業	71.6	1.2	0.0	0.0	0.0	0.0	27.2	338
	製造業	73.8	1.1	0.1	0.0	0.0	0.0	24.9	910
	電気・ガス・熱供給・水道業	91.3	4.3	0.0	0.0	0.0	0.0	4.3	23
	情報通信業	78.8	1.8	0.9	0.0	0.9	0.0	17.7	113
	運輸業、郵便業	66.6	2.5	0.0	0.0	0.0	0.3	30.6	317
	卸売業、小売業	66.4	3.9	1.2	0.5	0.0	0.4	27.6	771
	金融業、保険業	83.9	1.6	1.6	1.6	1.6	0.0	9.7	62
	不動産業、物品賃貸業	69.0	3.4	3.4	0.0	0.0	0.0	24.1	58
	学術研究、専門・技術サービス業	81.5	0.0	0.0	0.0	0.0	0.0	18.5	81
	宿泊業、飲食サービス業	19.4	46.0	8.1	2.4	0.0	0.0	24.2	211
	生活関連サービス業、娯楽業	35.1	26.6	11.7	1.1	0.0	1.1	24.5	94
	教育、学習支援業	78.4	1.1	0.5	0.5	0.0	0.0	19.5	185
	医療、福祉	54.8	15.5	0.9	0.0	0.0	0.0	28.8	691
	複合サービス事業	51.4	20.0	7.1	0.0	0.0	0.0	21.4	70
	その他のサービス業	61.9	7.8	2.1	0.2	0.0	0.0	28.0	436
	無回答	0.0	0.0	0.0	0.0	0.0	0.0	100.0	1
合計		64.4	7.7	1.4	0.3	0.0	0.1	26.0	4366

（保安の職業）

		0人	10人未満	10～30人未満	30～50人未満	50～80人未満	80人以上	無回答・非該当	N
業種	鉱業、採石業、砂利採取業	60.0	0.0	0.0	0.0	0.0	0.0	40.0	5
	建設業	72.8	0.0	0.0	0.0	0.0	0.0	27.2	338
	製造業	75.1	0.0	0.0	0.0	0.0	0.0	24.9	910
	電気・ガス・熱供給・水道業	91.3	4.3	0.0	0.0	0.0	0.0	4.3	23
	情報通信業	82.3	0.0	0.0	0.0	0.0	0.0	17.7	113
	運輸業、郵便業	69.1	0.3	0.0	0.0	0.0	0.0	30.6	317
	卸売業、小売業	72.4	0.0	0.0	0.0	0.0	0.0	27.6	771
	金融業、保険業	90.3	0.0	0.0	0.0	0.0	0.0	9.7	62
	不動産業、物品賃貸業	75.9	0.0	0.0	0.0	0.0	0.0	24.1	58
	学術研究、専門・技術サービス業	81.5	0.0	0.0	0.0	0.0	0.0	18.5	81
	宿泊業、飲食サービス業	75.8	0.0	0.0	0.0	0.0	0.0	24.2	211
	生活関連サービス業、娯楽業	75.5	0.0	0.0	0.0	0.0	0.0	24.5	94
	教育、学習支援業	80.5	0.0	0.0	0.0	0.0	0.0	19.5	185
	医療、福祉	71.2	0.0	0.0	0.0	0.0	0.0	28.8	691
	複合サービス事業	78.6	0.0	0.0	0.0	0.0	0.0	21.4	70
	その他のサービス業	69.5	0.9	0.5	0.7	0.2	0.2	28.0	436
	無回答	0.0	0.0	0.0	0.0	0.0	0.0	100.0	1
合計		73.7	0.1	0.0	0.1	0.0	0.0	26.0	4366

図表 2－28（続） 平成 28（2016）年春卒業の新規学卒正社員採用の職種別採用人員

（業種別、単位：%）

（農林漁業の職業）

		0人	10人未満	10～30人未満	30～50人未満	50～80人未満	80人以上	無回答・非該当	N
業種	鉱業、採石業、砂利採取業	60.0	0.0	0.0	0.0	0.0	0.0	40.0	5
	建設業	72.8	0.0	0.0	0.0	0.0	0.0	27.2	338
	製造業	74.7	0.3	0.0	0.0	0.0	0.0	24.9	910
	電気・ガス・熱供給・水道業	95.7	0.0	0.0	0.0	0.0	0.0	4.3	23
	情報通信業	82.3	0.0	0.0	0.0	0.0	0.0	17.7	113
	運輸業、郵便業	69.1	0.3	0.0	0.0	0.0	0.0	30.6	317
	卸売業、小売業	72.2	0.1	0.0	0.0	0.0	0.0	27.6	771
	金融業、保険業	88.7	1.6	0.0	0.0	0.0	0.0	9.7	62
	不動産業、物品賃貸業	75.9	0.0	0.0	0.0	0.0	0.0	24.1	58
	学術研究、専門・技術サービス業	81.5	0.0	0.0	0.0	0.0	0.0	18.5	81
	宿泊業、飲食サービス業	75.8	0.0	0.0	0.0	0.0	0.0	24.2	211
	生活関連サービス業、娯楽業	74.5	1.1	0.0	0.0	0.0	0.0	24.5	94
	教育、学習支援業	80.5	0.0	0.0	0.0	0.0	0.0	19.5	185
	医療、福祉	71.2	0.0	0.0	0.0	0.0	0.0	28.8	691
	複合サービス事業	77.1	1.4	0.0	0.0	0.0	0.0	21.4	70
	その他のサービス業	71.8	0.2	0.0	0.0	0.0	0.0	28.0	436
	無回答	0.0	0.0	0.0	0.0	0.0	0.0	100.0	1
	合計	73.8	0.2	0.0	0.0	0.0	0.0	26.0	4366

（生産工程の職業）

		0人	10人未満	10～30人未満	30～50人未満	50～80人未満	80人以上	無回答・非該当	N
業種	鉱業、採石業、砂利採取業	60.0	0.0	0.0	0.0	0.0	0.0	40.0	5
	建設業	70.4	2.4	0.0	0.0	0.0	0.0	27.2	338
	製造業	35.9	30.5	5.2	1.6	0.3	1.4	24.9	910
	電気・ガス・熱供給・水道業	87.0	4.3	4.3	0.0	0.0	0.0	4.3	23
	情報通信業	82.3	0.0	0.0	0.0	0.0	0.0	17.7	113
	運輸業、郵便業	68.1	0.9	0.3	0.0	0.0	0.0	30.6	317
	卸売業、小売業	69.4	2.3	0.4	0.1	0.0	0.1	27.6	771
	金融業、保険業	87.1	3.2	0.0	0.0	0.0	0.0	9.7	62
	不動産業、物品賃貸業	75.9	0.0	0.0	0.0	0.0	0.0	24.1	58
	学術研究、専門・技術サービス業	80.2	1.2	0.0	0.0	0.0	0.0	18.5	81
	宿泊業、飲食サービス業	75.4	0.5	0.0	0.0	0.0	0.0	24.2	211
	生活関連サービス業、娯楽業	69.1	6.4	0.0	0.0	0.0	0.0	24.5	94
	教育、学習支援業	80.5	0.0	0.0	0.0	0.0	0.0	19.5	185
	医療、福祉	71.1	0.1	0.0	0.0	0.0	0.0	28.8	691
	複合サービス事業	72.9	5.7	0.0	0.0	0.0	0.0	21.4	70
	その他のサービス業	67.9	3.4	0.7	0.0	0.0	0.0	28.0	436
	無回答	0.0	0.0	0.0	0.0	0.0	0.0	100.0	1
	合計	64.3	7.7	1.3	0.4	0.1	0.3	26.0	4366

（輸送・機械運転の職業）

		0人	10人未満	10～30人未満	30～50人未満	50～80人未満	80人以上	無回答・非該当	N
業種	鉱業、採石業、砂利採取業	60.0	0.0	0.0	0.0	0.0	0.0	40.0	5
	建設業	72.8	0.0	0.0	0.0	0.0	0.0	27.2	338
	製造業	74.5	0.5	0.0	0.0	0.0	0.0	24.9	910
	電気・ガス・熱供給・水道業	95.7	0.0	0.0	0.0	0.0	0.0	4.3	23
	情報通信業	82.3	0.0	0.0	0.0	0.0	0.0	17.7	113
	運輸業、郵便業	56.5	10.1	0.9	0.6	0.3	0.9	30.6	317
	卸売業、小売業	72.1	0.3	0.0	0.0	0.0	0.0	27.6	771
	金融業、保険業	90.3	0.0	0.0	0.0	0.0	0.0	9.7	62
	不動産業、物品賃貸業	75.9	0.0	0.0	0.0	0.0	0.0	24.1	58
	学術研究、専門・技術サービス業	81.5	0.0	0.0	0.0	0.0	0.0	18.5	81
	宿泊業、飲食サービス業	75.8	0.0	0.0	0.0	0.0	0.0	24.2	211
	生活関連サービス業、娯楽業	75.5	0.0	0.0	0.0	0.0	0.0	24.5	94
	教育、学習支援業	80.5	0.0	0.0	0.0	0.0	0.0	19.5	185
	医療、福祉	71.2	0.0	0.0	0.0	0.0	0.0	28.8	691
	複合サービス事業	78.6	0.0	0.0	0.0	0.0	0.0	21.4	70
	その他のサービス業	71.1	0.7	0.2	0.0	0.0	0.0	28.0	436
	無回答	0.0	0.0	0.0	0.0	0.0	0.0	100.0	1
	合計	72.8	1.0	0.1	0.0	0.0	0.1	26.0	4366

図表 2－28（続）　平成 28（2016）年春卒業の新規学卒正社員採用の職種別採用人員（業種別、単位：%）

（建設・掘削の職業）

		0人	10人未満	10～30人未満	30～50人未満	50～80人未満	80人以上	無回答・非該当	N
業種	鉱業、採石業、砂利採取業	60.0	0.0	0.0	0.0	0.0	0.0	40.0	5
	建設業	57.4	12.4	2.1	0.6	0.0	0.3	27.2	338
	製造業	74.6	0.4	0.0	0.0	0.0	0.0	24.9	910
	電気・ガス・熱供給・水道業	87.0	8.7	0.0	0.0	0.0	0.0	4.3	23
	情報通信業	82.3	0.0	0.0	0.0	0.0	0.0	17.7	113
	運輸業、郵便業	68.8	0.6	0.0	0.0	0.0	0.0	30.6	317
	卸売業、小売業	72.4	0.0	0.0	0.0	0.0	0.0	27.6	771
	金融業、保険業	90.3	0.0	0.0	0.0	0.0	0.0	9.7	62
	不動産業、物品賃貸業	75.9	0.0	0.0	0.0	0.0	0.0	24.1	58
	学術研究、専門・技術サービス業	81.5	0.0	0.0	0.0	0.0	0.0	18.5	81
	宿泊業、飲食サービス業	75.8	0.0	0.0	0.0	0.0	0.0	24.2	211
	生活関連サービス業、娯楽業	75.5	0.0	0.0	0.0	0.0	0.0	24.5	94
	教育、学習支援業	80.5	0.0	0.0	0.0	0.0	0.0	19.5	185
	医療、福祉	71.2	0.0	0.0	0.0	0.0	0.0	28.8	691
	複合サービス事業	77.1	1.4	0.0	0.0	0.0	0.0	21.4	70
	その他のサービス業	71.6	0.5	0.0	0.0	0.0	0.0	28.0	436
	無回答	0.0	0.0	0.0	0.0	0.0	0.0	100.0	1
合計		72.6	1.2	0.2	0.0	0.0	0.0	26.0	4366

（運搬・清掃・包装等の職業）

		0人	10人未満	10～30人未満	30～50人未満	50～80人未満	80人以上	無回答・非該当	N
業種	鉱業、採石業、砂利採取業	60.0	0.0	0.0	0.0	0.0	0.0	40.0	5
	建設業	72.5	0.3	0.0	0.0	0.0	0.0	27.2	338
	製造業	74.6	0.4	0.0	0.0	0.0	0.0	24.9	910
	電気・ガス・熱供給・水道業	95.7	0.0	0.0	0.0	0.0	0.0	4.3	23
	情報通信業	82.3	0.0	0.0	0.0	0.0	0.0	17.7	113
	運輸業、郵便業	66.2	3.2	0.0	0.0	0.0	0.0	30.6	317
	卸売業、小売業	72.1	0.3	0.0	0.0	0.0	0.0	27.6	771
	金融業、保険業	90.3	0.0	0.0	0.0	0.0	0.0	9.7	62
	不動産業、物品賃貸業	74.1	1.7	0.0	0.0	0.0	0.0	24.1	58
	学術研究、専門・技術サービス業	81.5	0.0	0.0	0.0	0.0	0.0	18.5	81
	宿泊業、飲食サービス業	75.4	0.5	0.0	0.0	0.0	0.0	24.2	211
	生活関連サービス業、娯楽業	75.5	0.0	0.0	0.0	0.0	0.0	24.5	94
	教育、学習支援業	80.5	0.0	0.0	0.0	0.0	0.0	19.5	185
	医療、福祉	70.9	0.3	0.0	0.0	0.0	0.0	28.8	691
	複合サービス事業	78.6	0.0	0.0	0.0	0.0	0.0	21.4	70
	その他のサービス業	71.6	0.5	0.0	0.0	0.0	0.0	28.0	436
	無回答	0.0	0.0	0.0	0.0	0.0	0.0	100.0	1
合計		73.5	0.5	0.0	0.0	0.0	0.0	26.0	4366

（その他）

		0人	10人未満	10～30人未満	30～50人未満	50～80人未満	80人以上	無回答・非該当	N
業種	鉱業、採石業、砂利採取業	40.0	20.0	0.0	0.0	0.0	0.0	40.0	5
	建設業	72.2	0.6	0.0	0.0	0.0	0.0	27.2	338
	製造業	73.6	0.8	0.3	0.1	0.0	0.2	24.9	910
	電気・ガス・熱供給・水道業	91.3	4.3	0.0	0.0	0.0	0.0	4.3	23
	情報通信業	79.6	2.7	0.0	0.0	0.0	0.0	17.7	113
	運輸業、郵便業	65.9	2.5	0.3	0.3	0.0	0.3	30.6	317
	卸売業、小売業	70.7	1.0	0.5	0.0	0.0	0.1	27.6	771
	金融業、保険業	87.1	0.0	3.2	0.0	0.0	0.0	9.7	62
	不動産業、物品賃貸業	75.9	0.0	0.0	0.0	0.0	0.0	24.1	58
	学術研究、専門・技術サービス業	80.2	1.2	0.0	0.0	0.0	0.0	18.5	81
	宿泊業、飲食サービス業	74.9	0.9	0.0	0.0	0.0	0.0	24.2	211
	生活関連サービス業、娯楽業	75.5	0.0	0.0	0.0	0.0	0.0	24.5	94
	教育、学習支援業	79.5	1.1	0.0	0.0	0.0	0.0	19.5	185
	医療、福祉	69.3	1.7	0.1	0.0	0.0	0.0	28.8	691
	複合サービス事業	75.7	1.4	1.4	0.0	0.0	0.0	21.4	70
	その他のサービス業	66.3	3.7	1.4	0.7	0.0	0.0	28.0	436
	無回答	0.0	0.0	0.0	0.0	0.0	0.0	100.0	1
合計		71.9	1.5	0.4	0.1	0.0	0.1	26.0	4366

企業規模（図表 2－29）で見ると、自然なことではあるが、いずれの職種についても規模が大きい企業ほど正社員採用人員が多い。

図表 2－29　平成 28（2016）年春卒業の新規学卒正社員採用の職種別採用人員（企業規模別、単位：%）

（管理的職業）

		0人	10人未満	10～30人未満	30～50人未満	50～80人未満	80人以上	無回答・非該当	N
従業員数	30人未満	56.1	0.0	0.0	0.0	0.0	0.0	43.9	57
	30～99人	67.5	1.3	0.0	0.0	0.0	0.0	31.2	1509
	100～299人	78.2	1.2	0.0	0.0	0.0	0.0	20.7	861
	300～499人	80.5	2.2	0.4	0.0	0.0	0.0	17.0	277
	500～999人	81.0	5.9	0.9	0.3	0.0	0.0	11.8	321
	1000人以上	74.0	3.7	2.6	0.4	0.2	0.6	18.6	538
	無回答	62.1	2.6	0.7	0.1	0.2	0.0	34.1	803
合計		71.1	2.2	0.5	0.1	0.1	0.1	26.0	4366

（専門的・技術的職業）

		0人	10人未満	10～30人未満	30～50人未満	50～80人未満	80人以上	無回答・非該当	N
従業員数	30人未満	56.1	0.0	0.0	0.0	0.0	0.0	43.9	57
	30～99人	54.9	13.9	0.1	0.0	0.0	0.0	31.2	1509
	100～299人	54.6	23.5	1.4	0.0	0.0	0.0	20.6	861
	300～499人	50.5	24.2	7.6	0.4	0.4	0.0	17.0	277
	500～999人	47.7	19.9	15.0	3.4	1.6	0.6	11.8	321
	1000人以上	41.8	12.1	10.6	5.2	5.0	6.9	18.4	538
	無回答	47.1	12.8	3.2	1.1	0.6	1.1	34.0	803
合計		51.0	16.3	3.8	1.1	0.9	1.1	25.9	4366

（事務的職業）

		0人	10人未満	10～30人未満	30～50人未満	50～80人未満	80人以上	無回答・非該当	N
従業員数	30人未満	52.6	3.5	0.0	0.0	0.0	0.0	43.9	57
	30～99人	58.1	10.7	0.0	0.0	0.0	0.0	31.2	1509
	100～299人	61.1	17.9	0.5	0.0	0.0	0.0	20.6	861
	300～499人	57.0	23.5	2.5	0.0	0.0	0.0	17.0	277
	500～999人	54.5	27.4	4.7	1.2	0.0	0.0	12.1	321
	1000人以上	37.7	27.5	8.9	4.1	1.7	1.7	18.4	538
	無回答	45.6	17.7	1.6	0.4	0.0	0.6	34.1	803
合計		53.5	17.4	2.0	0.7	0.2	0.3	25.9	4366

（販売の職業）

		0人	10人未満	10～30人未満	30～50人未満	50～80人未満	80人以上	無回答・非該当	N
従業員数	30人未満	54.4	1.8	0.0	0.0	0.0	0.0	43.9	57
	30～99人	59.5	9.3	0.0	0.0	0.0	0.0	31.2	1509
	100～299人	67.7	10.7	0.9	0.0	0.0	0.0	20.7	861
	300～499人	65.7	15.2	1.8	0.4	0.0	0.0	17.0	277
	500～999人	65.4	15.0	6.5	0.9	0.0	0.0	12.1	321
	1000人以上	59.5	9.5	6.5	3.0	0.9	2.0	18.6	538
	無回答	53.7	8.8	2.5	0.5	0.2	0.2	34.0	803
合計		60.8	10.2	2.0	0.5	0.2	0.3	26.0	4366

図表 2−29（続）　平成 28（2016）年春卒業の新規学卒正社員採用の職種別採用人員（企業規模別、単位：%）

（サービスの職業）

		0人	10人未満	10～30人未満	30～50人未満	50～80人未満	80人以上	無回答・非該当	N
従業員数	30人未満	54.4	1.8	0.0	0.0	0.0	0.0	43.9	57
	30～99人	62.2	6.4	0.2	0.0	0.0	0.0	31.2	1509
	100～299人	67.8	10.8	0.6	0.1	0.0	0.0	20.7	861
	300～499人	69.7	11.2	2.2	0.0	0.0	0.0	17.0	277
	500～999人	70.7	11.2	5.3	0.6	0.0	0.0	12.1	321
	1000人以上	70.6	4.5	4.1	1.5	0.2	0.6	18.6	538
	無回答	57.0	7.0	1.2	0.2	0.1	0.2	34.1	803
合計		64.4	7.7	1.4	0.3	0.0	0.1	26.0	4366

（保安の職業）

		0人	10人未満	10～30人未満	30～50人未満	50～80人未満	80人以上	無回答・非該当	N
従業員数	30人未満	56.1	0.0	0.0	0.0	0.0	0.0	43.9	57
	30～99人	68.7	0.1	0.0	0.0	0.0	0.0	31.2	1509
	100～299人	79.3	0.0	0.0	0.0	0.0	0.0	20.7	861
	300～499人	83.0	0.0	0.0	0.0	0.0	0.0	17.0	277
	500～999人	86.3	0.6	0.6	0.3	0.0	0.0	12.1	321
	1000人以上	80.5	0.4	0.0	0.4	0.0	0.2	18.6	538
	無回答	65.6	0.1	0.0	0.0	0.1	0.0	34.1	803
合計		73.7	0.1	0.0	0.1	0.0	0.0	26.0	4366

（農林漁業の職業）

		0人	10人未満	10～30人未満	30～50人未満	50～80人未満	80人以上	無回答・非該当	N
従業員数	30人未満	56.1	0.0	0.0	0.0	0.0	0.0	43.9	57
	30～99人	68.7	0.1	0.0	0.0	0.0	0.0	31.2	1509
	100～299人	79.1	0.2	0.0	0.0	0.0	0.0	20.7	861
	300～499人	83.0	0.0	0.0	0.0	0.0	0.0	17.0	277
	500～999人	87.2	0.6	0.0	0.0	0.0	0.0	12.1	321
	1000人以上	81.0	0.4	0.0	0.0	0.0	0.0	18.6	538
	無回答	65.6	0.2	0.0	0.0	0.0	0.0	34.1	803
合計		73.8	0.2	0.0	0.0	0.0	0.0	26.0	4366

（生産工程の職業）

		0人	10人未満	10～30人未満	30～50人未満	50～80人未満	80人以上	無回答・非該当	N
従業員数	30人未満	56.1	0.0	0.0	0.0	0.0	0.0	43.9	57
	30～99人	62.5	6.3	0.0	0.0	0.0	0.0	31.2	1509
	100～299人	67.5	11.4	0.5	0.0	0.0	0.0	20.7	861
	300～499人	71.8	11.2	0.0	0.0	0.0	0.0	17.0	277
	500～999人	76.9	8.7	2.2	0.0	0.0	0.0	12.1	321
	1000人以上	63.2	6.5	6.7	2.8	0.6	1.7	18.6	538
	無回答	57.8	6.4	1.0	0.1	0.0	0.6	34.1	803
合計		64.3	7.7	1.3	0.4	0.1	0.3	26.0	4366

図表 2－29（続）　平成 28（2016）年春卒業の新規学卒正社員採用の職種別採用人員
（企業規模別、単位：%）

（輸送・機械運転の職業）

		0人	10人未満	10～30人未満	30～50人未満	50～80人未満	80人以上	無回答・非該当	N
従業員数	30人未満	56.1	0.0	0.0	0.0	0.0	0.0	43.9	57
	30～99人	67.9	0.9	0.0	0.0	0.0	0.0	31.2	1509
	100～299人	78.0	1.3	0.0	0.0	0.0	0.0	20.7	861
	300～499人	80.9	2.2	0.0	0.0	0.0	0.0	17.0	277
	500～999人	86.9	0.6	0.0	0.3	0.0	0.0	12.1	321
	1000人以上	79.4	0.7	0.6	0.0	0.2	0.6	18.6	538
	無回答	64.9	0.7	0.1	0.1	0.0	0.0	34.1	803
合計		72.8	1.0	0.1	0.0	0.0	0.1	26.0	4366

（建設・掘削の職業）

		0人	10人未満	10～30人未満	30～50人未満	50～80人未満	80人以上	無回答・非該当	N
従業員数	30人未満	56.1	0.0	0.0	0.0	0.0	0.0	43.9	57
	30～99人	67.1	1.7	0.0	0.0	0.0	0.0	31.2	1509
	100～299人	77.9	1.2	0.2	0.0	0.0	0.0	20.7	861
	300～499人	82.7	0.4	0.0	0.0	0.0	0.0	17.0	277
	500～999人	87.9	0.0	0.0	0.0	0.0	0.0	12.1	321
	1000人以上	80.1	0.4	0.4	0.4	0.0	0.2	18.6	538
	無回答	63.6	1.9	0.4	0.0	0.0	0.0	34.1	803
合計		72.6	1.2	0.2	0.0	0.0	0.0	26.0	4366

（運搬・清掃・包装等の職業）

		0人	10人未満	10～30人未満	30～50人未満	50～80人未満	80人以上	無回答・非該当	N
従業員数	30人未満	56.1	0.0	0.0	0.0	0.0	0.0	43.9	57
	30～99人	68.5	0.3	0.0	0.0	0.0	0.0	31.2	1509
	100～299人	79.0	0.3	0.0	0.0	0.0	0.0	20.7	861
	300～499人	82.3	0.7	0.0	0.0	0.0	0.0	17.0	277
	500～999人	87.5	0.3	0.0	0.0	0.0	0.0	12.1	321
	1000人以上	79.9	1.5	0.0	0.0	0.0	0.0	18.6	538
	無回答	65.4	0.5	0.0	0.0	0.0	0.0	34.1	803
合計		73.5	0.5	0.0	0.0	0.0	0.0	26.0	4366

（その他）

		0人	10人未満	10～30人未満	30～50人未満	50～80人未満	80人以上	無回答・非該当	N
従業員数	30人未満	54.4	1.8	0.0	0.0	0.0	0.0	43.9	57
	30～99人	67.3	1.5	0.0	0.0	0.0	0.0	31.2	1509
	100～299人	77.2	2.0	0.1	0.0	0.0	0.0	20.7	861
	300～499人	79.1	3.2	0.7	0.0	0.0	0.0	17.0	277
	500～999人	85.7	0.9	0.9	0.3	0.0	0.0	12.1	321
	1000人以上	78.3	0.9	1.7	0.4	0.0	0.2	18.6	538
	無回答	64.0	0.9	0.4	0.2	0.0	0.4	34.1	803
合計		71.9	1.5	0.4	0.1	0.0	0.1	26.0	4366

3　平成 29（2017）年春卒業の新規学卒者の募集・採用状況

企業合計（図表 2－30）で見ると、平成 29（2017）年春卒業の新規学卒者のうち大卒・大学院修了者を募集した企業は約 56.3%である。少なからず本社以外の事業所が国内に存在している企業の約5～6割が大卒・大学院修了者を募集しており、本社のみの企業では約41.0%、海外展開もしている企業では約83.5%が大卒・大学院修了者を募集している。

図表2－30　平成29（2017）年春卒業の新規学卒者の募集（地域展開別、単位：%）

		高卒	高専卒	短大卒	大卒・大学院修了	N
地域展開	1事業所1企業	36.2	21.2	25.5	41.0	1010
	1都道府県のみに展開している企業	42.8	30.3	41.2	58.6	956
	1つの地域ブロックにのみ展開している企業	38.0	25.0	33.2	54.9	605
	全国的に展開している企業	37.4	24.6	27.7	59.1	1327
	海外展開もしている企業	51.1	41.2	33.9	83.5	413
	無回答	49.1	21.8	25.5	43.6	55
合計		39.8	26.7	31.5	56.3	4366

業種別（図表2－31）に見ると、金融業、保険業（約90.3%）、複合サービス事業（約80.0%）および電気・ガス・熱供給・水道業（約78.3%）では、大卒・大学院修了者を募集した割合が高い。一方、運輸業、郵便業（約40.7%）、不動産業、物品賃貸業（約50.0%）および製造業（約52.1%）では、大卒・大学院修了者を募集した割合が低い。

図表2－31　平成29（2017）年春卒業の新規学卒者の募集（業種別、単位：%）

		高卒	高専卒	短大卒	大卒・大学院修了	N
業種	鉱業、採石業、砂利採取業	40.0	0.0	0.0	0.0	5
	建設業	56.2	43.8	32.2	64.5	338
	製造業	57.7	26.6	20.1	52.1	910
	電気・ガス・熱供給・水道業	43.5	34.8	21.7	78.3	23
	情報通信業	11.5	28.3	23.9	75.2	113
	運輸業、郵便業	34.7	19.9	22.1	40.7	317
	卸売業、小売業	31.0	22.3	35.4	60.2	771
	金融業、保険業	37.1	17.7	59.7	90.3	62
	不動産業、物品賃貸業	10.3	6.9	24.1	50.0	58
	学術研究、専門・技術サービス業	23.5	39.5	29.6	72.8	81
	宿泊業、飲食サービス業	64.0	32.7	50.7	52.6	211
	生活関連サービス業、娯楽業	39.4	31.9	46.8	57.4	94
	教育、学習支援業	9.2	11.4	19.5	60.0	185
	医療、福祉	34.0	30.2	40.8	52.4	691
	複合サービス事業	55.7	34.3	61.4	80.0	70
	その他のサービス業	31.9	22.7	27.5	53.4	436
	無回答	0.0	0.0	0.0	0.0	1
合計		39.8	26.7	31.5	56.3	4366

企業規模別（図表2－32）に見ると、いずれの学歴においても、規模が大きい企業ほど新規学卒者を募集している。とりわけ500人以上規模の企業の約9割が、大卒・大学院修了者を募集している。

図表２－32　平成 29（2017）年春卒業の新規学卒者の募集（企業規模別、単位：%）

		高卒	高専卒	短大卒	大卒・大学院修了	N
従業員数	30人未満	15.8	8.8	10.5	19.3	57
	30～99人	29.4	17.9	20.7	37.3	1509
	100～299人	41.2	24.5	30.0	58.4	861
	300～499人	47.7	30.7	41.5	71.8	277
	500～999人	51.4	38.3	51.4	85.7	321
	1000人以上	62.1	48.7	55.4	91.6	538
	無回答	37.5	25.9	27.3	51.7	803
合計		39.8	26.7	31.5	56.3	4366

企業合計（図表２－33）で見ると、平成 29（2017）年春卒業の新規学卒者のうち大卒・大学院修了者を採用した企業は約 45.9％である。

企業の地域展開の状況別に見た傾向は、新規学卒者の募集の傾向とほぼ同様である。

図表２－33　平成 29（2017）年春卒業の新規学卒者の採用（地域展開別、単位：%）

		高卒	高専卒	短大卒	大卒・大学院修了	N
地域展開	1事業所1企業	26.9	10.3	11.7	28.4	1010
	1都道府県のみに展開している企業	31.0	15.3	20.8	44.7	956
	1つの地域ブロックにのみ展開している企業	29.6	8.8	13.7	43.1	605
	全国的に展開している企業	31.7	9.6	12.2	51.4	1327
	海外展開もしている企業	47.2	25.7	18.6	80.4	413
	無回答	30.9	5.5	10.9	30.9	55
合計		31.6	12.4	14.8	45.9	4366

業種別（図表２－34）に見ると、金融業、保険業（約 90.3％）、複合サービス事業（約 75.7％）および情報通信業（約 73.5％）では、大卒・大学院修了者を採用した割合が高い。一方、運輸業、郵便業（約 33.1％）、宿泊業、飲食サービス業（約 34.6％）および医療、福祉（約 37.6％）では、大卒・大学院修了者を採用した割合が低い。

図表 2－34　平成 29（2017）年春卒業の新規学卒者の採用（業種別、単位：%）

		高卒	高専卒	短大卒	大卒・大学院修了	N
業種	鉱業、採石業、砂利採取業	40.0	0.0	0.0	0.0	5
	建設業	37.9	18.3	10.9	44.4	338
	製造業	50.8	11.8	7.8	42.4	910
	電気・ガス・熱供給・水道業	43.5	21.7	4.3	60.9	23
	情報通信業	8.0	8.8	8.0	73.5	113
	運輸業、郵便業	28.1	8.2	9.8	33.1	317
	卸売業、小売業	23.7	8.7	16.9	49.7	771
	金融業、保険業	33.9	3.2	32.3	90.3	62
	不動産業、物品賃貸業	10.3	3.4	12.1	50.0	58
	学術研究、専門・技術サービス業	18.5	13.6	13.6	69.1	81
	宿泊業、飲食サービス業	52.1	13.7	26.5	34.6	211
	生活関連サービス業、娯楽業	27.7	9.6	21.3	46.8	94
	教育、学習支援業	4.3	4.9	13.0	60.5	185
	医療、福祉	24.6	21.9	22.3	37.6	691
	複合サービス事業	48.6	10.0	37.1	75.7	70
	その他のサービス業	24.5	9.9	11.0	46.3	436
	無回答	0.0	0.0	0.0	0.0	1
合計		31.6	12.4	14.8	45.9	4366

企業規模別（図表 2－35）に見ると、いずれの学歴においても、規模が大きい企業ほど新規学卒者を採用する傾向がある。とりわけ 1,000 人以上規模の企業の約 89.6%が、大卒・大学院修了者を採用している。

図表 2－35　平成 29（2017）年春卒業の新規学卒者の採用（企業規模別、単位：%）

		高卒	高専卒	短大卒	大卒・大学院修了	N
従業員数	30人未満	5.3	0.0	1.8	3.5	57
	30～99人	19.0	5.8	6.2	23.4	1509
	100～299人	31.7	11.1	11.6	46.7	861
	300～499人	43.0	18.4	24.5	65.0	277
	500～999人	47.7	17.8	25.9	78.2	321
	1000人以上	59.1	29.2	36.4	89.6	538
	無回答	28.4	11.5	12.8	41.8	803
合計		31.6	12.4	14.8	45.9	4366

企業合計（図表 2－36）で見ると、新規大卒・大学院修了者の正社員採用人員が 0 人である企業が約 29.9%、10 人未満である企業が約 29.7%である。また、新規大卒・大学院修了者の非正社員採用人員が 0 人である企業が約 71.2%であり、大半が非正社員として採用されていない。

企業の地域展開の状況別に見ると、その状況によらず新規大卒・大学院修了者の正社員採用人員が 10 人未満である企業が約 2～3 割である。ただし、海外展開もしている企業では、同採用人員が10～30人未満である企業が約24.5%、80人以上である企業が約12.3%となっている。

図表2－36　平成29（2017）年春卒業の新規大卒・大学院修了者の採用人員（地域展開別、単位：%）

（正社員）

		0人	10人未満	10～30人未満	30～50人未満	50～80人未満	80人以上	無回答	N
地域展開	1事業所1企業	38.4	23.0	3.1	0.8	0.4	0.2	34.2	1010
	1都道府県のみに展開している企業	32.0	33.2	7.2	0.9	1.0	0.8	24.8	956
	1つの地域ブロックにのみ展開している企業	33.4	31.6	6.1	2.3	1.0	1.7	24.0	605
	全国的に展開している企業	26.8	33.1	9.0	3.8	2.4	1.6	23.3	1327
	海外展開もしている企業	9.9	25.9	24.5	7.7	7.3	12.3	12.3	413
	無回答	21.8	20.0	3.6	1.8	3.6	0.0	49.1	55
合計		29.9	29.7	8.2	2.6	1.9	2.1	25.5	4366

（非正社員）

		0人	10人未満	10～30人未満	30～50人未満	50～80人未満	80人以上	無回答	N
地域展開	1事業所1企業	63.1	1.7	0.2	0.0	0.2	0.0	34.9	1010
	1都道府県のみに展開している企業	69.8	3.2	0.6	0.0	0.1	0.1	26.2	956
	1つの地域ブロックにのみ展開している企業	73.6	1.0	0.2	0.0	0.0	0.0	25.3	605
	全国的に展開している企業	74.3	0.9	0.3	0.0	0.0	0.0	24.5	1327
	海外展開もしている企業	84.0	1.5	0.0	0.2	0.0	0.0	14.3	413
	無回答	49.1	0.0	0.0	0.0	0.0	0.0	50.9	55
合計		71.2	1.6	0.3	0.0	0.1	0.0	26.7	4366

業種別（図表2－37）に見ると、新規大卒・大学院修了者の正社員採用人員が80人以上である割合は金融業、保険業で約22.6%と突出しており、ついで電気・ガス・熱供給・水道業で約8.7%および情報通信業で約7.1%である。50～80人未満である割合は、金融業、保険業で約16.1%、情報通信業で約7.1%および学術研究、専門・技術サービス業で約6.2%である。30～50人未満では、金融業、保険業で約14.5%および情報通信業で約13.3%である。

図表2－37　平成29（2017）年春卒業の新規大卒・大学院修了者の採用人員（業種別、単位：%）

（正社員）

		0人	10人未満	10～30人未満	30～50人未満	50～80人未満	80人以上	無回答	N
業種	鉱業、採石業、砂利採取業	80.0	0.0	0.0	0.0	0.0	0.0	20.0	5
	建設業	31.4	31.4	5.3	2.1	2.1	2.7	25.1	338
	製造業	32.0	25.3	8.5	2.6	2.3	2.9	26.5	910
	電気・ガス・熱供給・水道業	30.4	39.1	4.3	4.3	4.3	8.7	8.7	23
	情報通信業	16.8	30.1	13.3	13.3	7.1	7.1	12.4	113
	運輸業、郵便業	34.4	25.9	4.4	0.3	0.6	1.6	32.8	317
	卸売業、小売業	27.2	33.7	9.9	2.2	1.6	1.2	24.3	771
	金融業、保険業	6.5	21.0	11.3	14.5	16.1	22.6	8.1	62
	不動産業、物品賃貸業	27.6	20.7	20.7	3.4	1.7	1.7	24.1	58
	学術研究、専門・技術サービス業	22.2	40.7	17.3	3.7	6.2	0.0	9.9	81
	宿泊業、飲食サービス業	37.4	26.5	3.8	1.9	0.9	0.5	28.9	211
	生活関連サービス業、娯楽業	27.7	34.0	7.4	2.1	0.0	1.1	27.7	94
	教育、学習支援業	28.6	40.0	7.0	1.1	1.6	2.2	19.5	185
	医療、福祉	33.9	26.5	6.1	2.2	0.9	1.4	29.1	691
	複合サービス事業	7.1	44.3	22.9	5.7	1.4	1.4	17.1	70
	その他のサービス業	28.2	32.6	9.2	2.1	1.1	0.2	26.6	436
	無回答	0.0	0.0	0.0	0.0	0.0	0.0	100.0	1
合計		29.9	29.7	8.2	2.6	1.9	2.1	25.5	4366

（非正社員）

		0人	10人未満	10～30人未満	30～50人未満	50～80人未満	80人以上	無回答	N
業種	鉱業、採石業、砂利採取業	80.0	0.0	0.0	0.0	0.0	0.0	20.0	5
	建設業	72.8	0.3	0.0	0.0	0.0	0.0	26.9	338
	製造業	72.6	0.4	0.2	0.1	0.0	0.0	26.6	910
	電気・ガス・熱供給・水道業	91.3	0.0	0.0	0.0	0.0	0.0	8.7	23
	情報通信業	85.8	0.9	0.0	0.0	0.0	0.0	13.3	113
	運輸業、郵便業	65.3	0.3	0.0	0.0	0.0	0.0	34.4	317
	卸売業、小売業	73.4	0.9	0.1	0.0	0.0	0.0	25.6	771
	金融業、保険業	91.9	0.0	0.0	0.0	0.0	0.0	8.1	62
	不動産業、物品賃貸業	72.4	3.4	0.0	0.0	0.0	0.0	24.1	58
	学術研究、専門・技術サービス業	82.7	2.5	0.0	0.0	1.2	0.0	13.6	81
	宿泊業、飲食サービス業	69.7	0.5	0.5	0.0	0.0	0.0	29.4	211
	生活関連サービス業、娯楽業	67.0	3.2	0.0	0.0	0.0	0.0	29.8	94
	教育、学習支援業	56.8	17.8	2.7	0.0	0.5	0.5	21.6	185
	医療、福祉	66.7	2.2	0.4	0.0	0.1	0.0	30.5	691
	複合サービス事業	80.0	0.0	0.0	0.0	0.0	0.0	20.0	70
	その他のサービス業	70.9	0.5	0.2	0.0	0.0	0.0	28.4	436
	無回答	0.0	0.0	0.0	0.0	0.0	0.0	100.0	1
合計		71.2	1.6	0.3	0.0	0.1	0.0	26.7	4366

企業規模（図表2－38）で見ると、自然なことではあるが、規模が大きい企業ほど新規大卒・大学院修了者の正社員・非正社員採用人員が多い。

図表 2－38　平成 29（2017）年春卒業の新規大卒・大学院修了者の採用人員
（企業規模別、単位：%）

（正社員）

		0人	10人未満	10～30人未満	30～50人未満	50～80人未満	80人以上	無回答	N
従業員数	30人未満	56.1	3.5	0.0	0.0	0.0	0.0	40.4	57
	30～99人	42.5	22.8	0.3	0.0	0.0	0.0	34.4	1509
	100～299人	32.6	42.4	2.6	0.0	0.0	0.0	22.4	861
	300～499人	22.7	49.8	11.6	0.4	0.4	0.0	15.2	277
	500～999人	16.2	38.6	29.6	5.0	2.5	0.3	7.8	321
	1000人以上	6.1	22.3	27.9	13.0	11.0	12.5	7.2	538
	無回答	25.0	25.4	7.1	3.5	2.0	3.0	34.0	803
合計		29.9	29.7	8.2	2.6	1.9	2.1	25.5	4366

（非正社員）

		0人	10人未満	10～30人未満	30～50人未満	50～80人未満	80人以上	無回答	N
従業員数	30人未満	59.6	0.0	0.0	0.0	0.0	0.0	40.4	57
	30～99人	64.1	0.6	0.0	0.0	0.0	0.0	35.3	1509
	100～299人	73.5	2.3	0.3	0.0	0.0	0.0	23.8	861
	300～499人	80.5	2.9	0.7	0.0	0.0	0.0	15.9	277
	500～999人	85.7	5.3	0.3	0.0	0.0	0.0	8.7	321
	1000人以上	85.3	3.0	1.3	0.0	0.6	0.2	9.7	538
	無回答	64.4	0.2	0.0	0.1	0.0	0.0	35.2	803
合計		71.2	1.6	0.3	0.0	0.1	0.0	26.7	4366

4　新規大卒採用における既卒者の扱い

企業合計（図表 2－39、図表 2－40）で見ると、3 年程度前卒までを新規大卒採用の対象とすると回答した企業が約 17.2%（非該当を除くと約 25.4%）、前年度卒のみとする企業が約 11.9%（非該当を除くと約 17.5%）である。そもそも、既卒者を新規大卒採用の対象としない企業が約 18.9%（非該当を除くと約 27.9%）ある。

企業の地域展開の状況別に見ると、概して広域に展開する企業ほど 1～3 年程度前卒までは新規大卒採用の対象とすると回答した割合が高い傾向にある。ただし、概して広域に展開する企業ほど既卒者を新規大卒採用の対象としない割合が高まる。

図表 2－39　新規大卒採用において何年前までの既卒者を対象とするか
（地域展開別、単位：%）

		前年度卒のみ	2年程度前卒まで	3年程度前卒まで	5年程度前卒まで	5年程度前超卒まで	既卒者は対象としていない	無回答・非該当	N
地域展開	1事業所1企業	10.3	6.0	9.0	1.6	2.5	15.0	55.5	1010
	1都道府県のみに展開している企業	12.7	6.3	17.2	1.6	5.8	16.7	39.9	956
	1つの地域ブロックにのみ展開している企業	11.9	8.4	22.5	1.3	1.7	14.7	39.5	605
	全国的に展開している企業	12.3	8.0	18.1	1.9	1.9	22.2	35.7	1327
	海外展開もしている企業	13.3	11.1	28.1	1.7	2.7	28.6	14.5	413
	無回答	9.1	9.1	10.9	0.0	1.8	23.6	45.5	55
合計		11.9	7.5	17.2	1.6	2.9	18.9	39.9	4366

図表 2－40　新規大卒採用において何年前までの既卒者を対象とするか
（非該当を除く、地域展開別、単位：%）

		前年度卒のみ	2年程度前卒まで	3年程度前卒まで	5年程度前卒まで	5年程度超前卒まで	既卒者は対象としていない	無回答	N
地域展開	1事業所1企業	18.8	11.0	16.5	2.9	4.5	27.5	18.8	553
	1都道府県のみに展開している企業	18.3	9.1	24.8	2.3	8.3	24.2	12.9	660
	1つの地域ブロックにのみ展開している企業	17.6	12.4	33.2	2.0	2.4	21.7	10.7	410
	全国的に展開している企業	17.4	11.3	25.7	2.7	2.7	31.4	8.8	935
	海外展開もしている企業	14.8	12.4	31.3	1.9	3.0	31.8	4.9	371
	無回答	13.9	13.9	16.7	0.0	2.8	36.1	16.7	36
合計		17.5	11.1	25.4	2.4	4.3	27.9	11.4	2965

注：図表 2－39 から非該当（新規大卒採用を行っていない企業）を除いて構成比を算出。

業種別（図表 2－41）に見ると、5 年程度超前卒まで新規大卒採用の対象とすると回答した割合が高いのは、教育、学習支援業（約 12.4%）、学術研究、専門・技術サービス業（約 8.6%）および医療、福祉（約 8.6%）である。3 年程度前卒までを対象とすると回答した割合が高いのは、金融業、保険業（約 48.4%）、電気・ガス・熱供給・水道業（約 34.8%）および複合サービス事業（約 30.0%）である。なお、既卒者は対象としていない割合が高いのは、情報通信業（約 33.6%）、学術研究、専門・技術サービス業（約 27.2%）および電気・ガス・熱供給・水道業（約 26.1%）であり、同じ業種でも方針が異なる。

図表 2－41　新規大卒採用において何年前までの既卒者を対象とするか
（業種別、単位：%）

		前年度卒のみ	2年程度前卒まで	3年程度前卒まで	5年程度前卒まで	5年程度超前卒まで	既卒者は対象としていない	無回答・非該当	N
業種	鉱業、採石業、砂利採取業	20.0	0.0	0.0	0.0	0.0	0.0	80.0	5
	建設業	8.6	10.9	26.0	2.1	1.8	15.7	34.9	338
	製造業	11.0	7.5	14.6	0.7	1.5	22.2	42.5	910
	電気･ガス･熱供給･水道業	13.0	4.3	34.8	0.0	0.0	26.1	21.7	23
	情報通信業	10.6	7.1	23.0	2.7	2.7	33.6	20.4	113
	運輸業、郵便業	7.9	7.3	15.5	0.9	2.8	13.2	52.4	317
	卸売業、小売業	13.1	7.1	17.9	2.1	1.4	22.6	35.8	771
	金融業、保険業	12.9	11.3	48.4	0.0	1.6	16.1	9.7	62
	不動産業、物品賃貸業	10.3	13.8	10.3	0.0	1.7	22.4	41.4	58
	学術研究、専門･技術サービス業	8.6	7.4	23.5	0.0	8.6	27.2	24.7	81
	宿泊業、飲食サービス業	11.8	8.1	14.2	2.4	1.4	14.2	47.9	211
	生活関連サービス業、娯楽業	17.0	10.6	17.0	1.1	2.1	13.8	38.3	94
	教育、学習支援業	16.2	3.2	15.7	3.2	12.4	18.9	30.3	185
	医療、福祉	13.9	8.0	13.2	2.0	4.3	12.0	46.6	691
	複合サービス事業	11.4	5.7	30.0	4.3	8.6	21.4	18.6	70
	その他のサービス業	12.2	5.5	15.8	1.6	2.5	20.6	41.7	436
	無回答	0.0	0.0	0.0	0.0	0.0	0.0	100.0	1
合計		11.9	7.5	17.2	1.6	2.9	18.9	39.9	4366

企業規模（図表 2－42、図表 2－43）で見ると、規模が大きい企業ほど 3 年程度前卒までを新規大卒採用の対象とすると回答した企業の割合が高い。しかし、一方で規模が大きい企業ほど既卒者は対象としていない割合も高い。

図表 2－42　新規大卒採用において何年前までの既卒者を対象とするか

（企業規模別、単位：%）

		前年度卒のみ	2年程度前卒まで	3年程度前卒まで	5年程度前卒まで	5年程度超前卒まで	既卒者は対象としていない	無回答・非該当	N
従業員数	30人未満	10.5	1.8	5.3	1.8	0.0	3.5	77.2	57
	30～99人	9.0	6.0	11.6	1.6	1.9	13.5	56.5	1509
	100～299人	14.4	9.2	14.9	0.6	1.7	20.1	39.1	861
	300～499人	17.7	9.4	17.3	2.2	3.6	27.1	22.7	277
	500～999人	16.8	9.7	26.2	2.5	5.0	26.8	13.1	321
	1000人以上	12.3	9.1	32.9	1.5	7.2	29.0	8.0	538
	無回答	10.6	6.6	17.2	2.4	2.4	16.2	44.7	803
合計		11.9	7.5	17.2	1.6	2.9	18.9	39.9	4366

図表 2－43　新規大卒採用において何年前までの既卒者を対象とするか

（非該当を除く、企業規模別、単位：%）

		前年度卒のみ	2年程度前卒まで	3年程度前卒まで	5年程度前卒まで	5年程度超前卒まで	既卒者は対象としていない	無回答	N
従業員数	30人未満(a)	35.3	5.9	17.6	5.9	0.0	11.8	23.5	17
	30～99人(b)	17.0	11.3	21.9	3.0	3.5	25.6	17.7	798
	100～299人	20.5	13.1	21.2	0.8	2.5	28.6	13.2	604
	300～499人(c)	21.4	11.4	21.0	2.6	4.4	32.8	6.6	229
	500～999人(d)	18.4	10.6	28.7	2.7	5.5	29.4	4.8	293
	1000人以上	12.9	9.6	34.6	1.6	7.6	30.5	3.3	512
	無回答	16.6	10.4	27.0	3.7	3.7	25.4	13.3	512
	合計	17.5	11.1	25.4	2.4	4.3	27.9	11.4	2965
	100人未満(a+b)	17.4	11.2	21.8	3.1	3.4	25.3	17.8	815
	300～999人(c+d)	19.7	10.9	25.3	2.7	5.0	30.8	5.6	522

注：図表 2－42 から非該当（新規大卒採用を行っていない企業）を除いて構成比を算出。

5　新規大卒採用において募集している雇用区分・雇用形態

企業合計（図表 2－44、図表 2－45）で見ると、新規大卒採用において限定のない一般の正社員の募集を行っている企業が約 41.4%（非該当を除くと約 61.0%）である。新規大卒採用で職務限定正社員の募集を行っている企業は約 13.0%（非該当を除くと約 19.1%）、地域限定正社員の募集では約 7.4%（非該当を除くと約 11.0%）である。なお、各社員の定義は次のとおりである。

地域限定正社員：就業する地域が特定されているか一定の範囲内にあらかじめ決められている働き方の正社員

職務限定正社員：従事する職務（職種）が特定されているか一定の範囲内にあらかじめ決められている働き方の正社員

勤務時間限定正社員：所定の勤務時間を超えた勤務はないか、あっても一定の場合の限られた時間にあらかじめ決められている働き方の正社員
契約社員：一定の業務に就くことを前提に、期間の定めのある契約で採用する社員

企業の地域展開の状況別に見ると、広域に展開する企業ほど新規大卒採用において限定のない一般の正社員および地域限定正社員の募集を行っている傾向がある。職務限定正社員についても同様の傾向であるが、1 都道府県のみに展開している企業で募集を行っている割合が高くなっている。

図表 2－44　新規大卒採用において募集している雇用区分・雇用形態（複数回答可、地域展開別、単位：%）

		地域限定正社員	職務限定正社員	勤務時間限定正社員	契約社員	限定のない一般の正社員	無回答・非該当	N
地域展開	1事業所1企業	2.5	11.7	1.1	2.4	30.0	55.1	1010
	1都道府県のみに展開している企業	4.7	16.0	2.5	4.3	39.4	40.1	956
	1つの地域ブロックにのみ展開している企業	6.1	12.9	1.3	3.1	43.5	39.2	605
	全国的に展開している企業	10.1	11.7	0.7	2.5	45.9	35.1	1327
	海外展開もしている企業	19.1	14.8	0.5	2.9	56.7	13.6	413
	無回答	9.1	3.6	1.8	3.6	41.8	45.5	55
合計		7.4	13.0	1.3	3.0	41.4	39.5	4366

図表 2－45　新規大卒採用において募集している雇用区分・雇用形態（非該当を除く、複数回答可、地域展開別、単位：%）

		地域限定正社員	職務限定正社員	勤務時間限定正社員	契約社員	限定のない一般の正社員	無回答	N
地域展開	1事業所1企業	4.5	21.3	2.0	4.3	54.8	18.1	553
	1都道府県のみに展開している企業	6.8	23.2	3.6	6.2	57.1	13.2	660
	1つの地域ブロックにのみ展開している企業	9.0	19.0	2.0	4.6	64.1	10.2	410
	全国的に展開している企業	14.3	16.6	1.0	3.5	65.1	7.9	935
	海外展開もしている企業	21.3	16.4	0.5	3.2	63.1	3.8	371
	無回答	13.9	5.6	2.8	5.6	63.9	16.7	36
合計		11.0	19.1	1.9	4.4	61.0	10.9	2965

注：図表 2－44 から非該当（新規大卒採用を行っていない企業）を除いて構成比を算出。

業種別（図表 2－46）に見ると、新規大卒採用において限定のない一般の正社員の募集を行っている割合が高いのは、複合サービス事業（約 65.7%）、情報通信業（約 61.1%）および学術研究、専門・技術サービス業（約 58.0%）である。地域限定正社員の募集を行っている割合が高いのは、金融業、保険業（約 29.0%）、宿泊業、飲食サービス業（約 11.8%）および卸売業、小売業（約 10.2%）である。職務限定正社員については、医療、福祉（約 20.8%）、建設業（約 18.0%）および不動産業、物品賃貸業（約 17.2%）などで募集を実施する割合が高い。

図表2－46　新規大卒採用において募集している雇用区分・雇用形態

（複数回答可、業種別、単位：%）

		地域限定正社員	職務限定正社員	勤務時間限定正社員	契約社員	限定のない一般の正社員	無回答・非該当	N
業種	鉱業、採石業、砂利採取業	0.0	20.0	0.0	0.0	0.0	80.0	5
	建設業	7.7	18.0	0.6	1.5	41.7	35.5	338
	製造業	6.4	9.0	1.0	1.4	44.4	41.3	910
	電気・ガス・熱供給・水道業	8.7	13.0	0.0	0.0	56.5	21.7	23
	情報通信業	7.1	9.7	1.8	1.8	61.1	22.1	113
	運輸業、郵便業	4.4	10.7	0.9	2.8	33.8	51.4	317
	卸売業、小売業	10.2	12.2	0.8	2.9	44.4	35.9	771
	金融業、保険業	29.0	12.9	1.6	1.6	53.2	11.3	62
	不動産業、物品賃貸業	5.2	17.2	1.7	0.0	41.4	41.4	58
	学術研究、専門・技術サービス業	4.9	14.8	1.2	3.7	58.0	23.5	81
	宿泊業、飲食サービス業	11.8	10.4	2.4	4.3	34.6	46.0	211
	生活関連サービス業、娯楽業	9.6	17.0	2.1	6.4	38.3	36.2	94
	教育、学習支援業	4.9	16.8	4.3	21.6	37.3	28.6	185
	医療、福祉	4.8	20.8	1.9	1.6	30.1	46.7	691
	複合サービス事業	7.1	1.4	1.4	2.9	65.7	21.4	70
	その他のサービス業	7.3	8.5	0.2	1.8	45.2	41.5	436
	無回答	0.0	0.0	0.0	0.0	0.0	100.0	1
合計		7.4	13.0	1.3	3.0	41.4	39.5	4366

企業規模別（図表 2－47、図表 2－48）に見ると、概して規模が大きくなるほど、新規大卒採用において限定のない一般の正社員、地域限定正社員、職務限定正社員の募集を行っている割合が高くなる。

図表2－47　新規大卒採用において募集している雇用区分・雇用形態

（複数回答可、企業規模別、単位：%）

		地域限定正社員	職務限定正社員	勤務時間限定正社員	契約社員	限定のない一般の正社員	無回答・非該当	N
従業員数	30人未満	3.5	10.5	3.5	0.0	10.5	78.9	57
	30～99人	4.1	9.7	0.7	1.4	31.5	55.9	1509
	100～299人	5.2	14.6	1.2	3.7	41.5	39.3	861
	300～499人	9.0	15.2	2.2	4.7	53.1	22.0	277
	500～999人	11.2	15.9	2.2	5.6	61.1	12.5	321
	1000人以上	18.0	19.9	0.7	4.8	59.3	7.1	538
	無回答	7.2	11.0	1.9	2.6	38.4	44.7	803
合計		7.4	13.0	1.3	3.0	41.4	39.5	4366

図表 2－48　新規大卒採用において募集している雇用区分・雇用形態
（非該当を除く、複数回答可、企業規模別、単位：%）

		地域限定正社員	職務限定正社員	勤務時間限定正社員	契約社員	限定のない一般の正社員	無回答	N
従業員数	30人未満	11.8	35.3	11.8	0.0	35.3	29.4	17
	30～99人	7.8	18.4	1.4	2.6	59.6	16.5	798
	100～299人	7.5	20.9	1.7	5.3	59.1	13.4	604
	300～499人	10.9	18.3	2.6	5.7	64.2	5.7	229
	500～999人	12.3	17.4	2.4	6.1	66.9	4.1	293
	1000人以上	18.9	20.9	0.8	5.1	62.3	2.3	512
	無回答	11.3	17.2	2.9	4.1	60.2	13.3	512
合計		11.0	19.1	1.9	4.4	61.0	10.9	2965

注：図表 2－47 から非該当（新規大卒採用を行っていない企業）を除いて構成比を算出。

6　海外留学を終えて帰国した学生の就職活動についての配慮

企業合計（図表 2－49、図表 2－50）で見ると、海外留学を終えた学生の就職活動への配慮として、「応募の締め切りを複数設けている、あるいは定めていない」企業が約 19.7%（非該当を除くと約 29.1%）ある。

企業の地域展開の状況別に見ると、概して広域に展開する企業ほど何らかの配慮をしている傾向がある。自然なことではあるが、海外展開もしている企業では、「応募の締め切りを複数設けている、あるいは定めていない」企業が約 42.9%（非該当を除くと約 47.7%）、「勤務を開始する時期を複数設けている、あるいは定めていない」企業が約 9.9%（非該当を除くと約 11.1%）と回答割合が突出している。

図表 2－49　海外留学を終えて帰国した学生の就職活動についての考慮
（複数回答可、地域展開別、単位：%）

		応募の締め切りを複数設けている、あるいは定めていない	勤務を開始する時期を複数設けている、あるいは定めていない	海外留学生向けの採用枠を別に設けている	海外拠点で採用を行っている	その他	特にない	無回答・非該当	N
地域展開	1事業所1企業	11.1	3.7	0.3	0.0	7.4	6.2	73.5	1010
	1都道府県のみに展開している企業	17.9	4.5	0.4	0.0	7.5	6.8	66.0	956
	1つの地域ブロックにのみ展開している企業	17.4	3.6	0.3	0.2	8.4	5.0	66.9	605
	全国的に展開している企業	21.9	4.7	0.4	0.6	7.2	5.5	63.1	1327
	海外展開もしている企業	42.9	9.9	2.4	2.2	9.4	4.1	39.0	413
	無回答	10.9	3.6	0.0	0.0	9.1	5.5	74.5	55
合計		19.7	4.8	0.5	0.4	7.7	5.7	64.5	4366

注：表頭の「特にない」は、「その他」の自由記述に基づき、「その他」の一部を別掲したものである。「無回答」にも「特にない」が含まれている可能性があることに注意が必要である。

図表 2－50　海外留学を終えて帰国した学生の就職活動についての考慮
（非該当を除く、複数回答可、地域展開別、単位：％）

		応募の締め切りを複数設けている、あるいは定めていない	勤務を開始する時期を複数設けている、あるいは定めていない	海外留学生向けの採用枠を別に設けている	海外拠点で採用を行っている	その他	特にない	無回答	N
地域展開	1事業所1企業	20.3	6.7	0.5	0.0	13.6	11.4	51.5	553
	1都道府県のみに展開している企業	25.9	6.5	0.6	0.0	10.9	9.8	50.8	660
	1つの地域ブロックにのみ展開している企業	25.6	5.4	0.5	0.2	12.4	7.3	51.2	410
	全国的に展開している企業	31.1	6.7	0.5	0.9	10.3	7.8	47.7	935
	海外展開もしている企業	47.7	11.1	2.7	2.4	10.5	4.6	32.1	371
	無回答	16.7	5.6	0.0	0.0	13.9	8.3	61.1	36
合計		29.1	7.0	0.8	0.6	11.4	8.5	47.8	2965

注：図表 2－49 から非該当（新規大卒採用を行っていない企業）を除いて構成比を算出。

業種別（図表 2－51）に見ると、海外留学を終えた学生の就職活動への配慮として、「応募の締め切りを複数設けている、あるいは定めていない」割合が高いのは、情報通信業（約 30.0%）、電気・ガス・熱供給・水道業（約 26.1%）および金融業、保険業（約 25.8%）である。「勤務を開始する時期を複数設けている、あるいは定めていない」割合が高いのは、学術研究、専門・技術サービス業（約 9.9%）、宿泊業、飲食サービス業（約 8.5%）および生活関連サービス業、娯楽業（約 8.5%）である。

図表 2－51　海外留学を終えて帰国した学生の就職活動についての考慮
（複数回答可、業種別、単位：％）

		応募の締め切りを複数設けている、あるいは定めていない	勤務を開始する時期を複数設けている、あるいは定めていない	海外留学生向けの採用枠を別に設けている	海外拠点で採用を行っている	その他	特にない	無回答・非該当	N
業種	鉱業、採石業、砂利採取業	0.0	0.0	0.0	0.0	20.0	0.0	80.0	5
	建設業	25.4	3.6	0.3	0.0	7.7	4.1	62.1	338
	製造業	20.0	5.7	0.8	1.2	8.9	4.5	63.7	910
	電気・ガス・熱供給・水道業	26.1	0.0	0.0	0.0	8.7	21.7	43.5	23
	情報通信業	30.1	5.3	1.8	1.8	8.0	6.2	54.0	113
	運輸業、郵便業	15.5	2.8	0.6	0.0	6.9	2.8	72.9	317
	卸売業、小売業	21.0	4.5	0.5	0.4	7.3	6.2	63.4	771
	金融業、保険業	25.8	3.2	1.6	0.0	8.1	16.1	48.4	62
	不動産業、物品賃貸業	17.2	0.0	3.4	0.0	8.6	5.2	65.5	58
	学術研究、専門・技術サービス業	17.3	9.9	1.2	1.2	9.9	8.6	58.0	81
	宿泊業、飲食サービス業	21.8	8.5	0.0	0.0	6.6	3.8	64.5	211
	生活関連サービス業、娯楽業	23.4	8.5	1.1	1.1	4.3	5.3	62.8	94
	教育、学習支援業	10.3	3.2	0.0	0.0	8.6	15.7	63.2	185
	医療、福祉	16.5	4.9	0.4	0.0	6.7	6.2	68.3	691
	複合サービス事業	24.3	0.0	0.0	0.0	15.7	2.9	57.1	70
	その他のサービス業	19.5	4.1	0.0	0.0	7.3	4.6	67.2	436
	無回答	0.0	0.0	0.0	0.0	0.0	0.0	100.0	1
合計		19.7	4.8	0.5	0.4	7.7	5.7	64.5	4366

注：表頭の「特にない」は、「その他」の自由記述に基づき、「その他」の一部を別掲したものである。「無回答」にも「特にない」が含まれている可能性があることに注意が必要である。

企業規模別（図表 2－52、図表 2－53）に見ると、概して規模が大きくなるほど海外留学を終えた学生の就職活動へ何らかの配慮をしている割合が高くなる。

図表 2－52　海外留学を終えて帰国した学生の就職活動についての考慮（複数回答可、企業規模別、単位：%）

		応募の締め切りを複数設けている、あるいは定めていない	勤務を開始する時期を複数設けている、あるいは定めていない	海外留学生向けの採用枠を別に設けている	海外拠点で採用を行っている	その他	特にない	無回答・非該当	N
従業員数	30人未満	8.8	0.0	1.8	0.0	7.0	0.0	82.5	57
	30～99人	12.6	3.8	0.2	0.1	6.8	4.6	73.9	1509
	100～299人	17.4	4.3	0.3	0.3	8.6	6.2	65.7	861
	300～499人	24.2	6.1	0.4	0.4	5.1	9.0	59.2	277
	500～999人	33.3	6.9	0.6	0.6	13.4	5.9	46.1	321
	1000人以上	32.9	7.6	1.5	1.1	9.9	9.3	45.5	538
	無回答	20.7	4.2	0.7	0.5	6.0	4.4	66.4	803
	合計	19.7	4.8	0.5	0.4	7.7	5.7	64.5	4366

注：表頭の「特にない」は、「その他」の自由記述に基づき、「その他」の一部を別掲したものである。「無回答」にも「特にない」が含まれている可能性があることに注意が必要である。

図表 2－53　海外留学を終えて帰国した学生の就職活動についての考慮（非該当を除く、複数回答可、企業規模別、単位：%）

		応募の締め切りを複数設けている、あるいは定めていない	勤務を開始する時期を複数設けている、あるいは定めていない	海外留学生向けの採用枠を別に設けている	海外拠点で採用を行っている	その他	特にない	無回答	N
従業員数	30人未満(a)	29.4	0.0	5.9	0.0	23.5	0.0	41.2	17
	30～99人(b)	23.8	7.1	0.4	0.3	12.8	8.6	50.6	798
	100～299人	24.8	6.1	0.5	0.5	12.3	8.8	51.2	604
	300～499人(c)	29.3	7.4	0.4	0.4	6.1	10.9	50.7	229
	500～999人(d)	36.5	7.5	0.7	0.7	14.7	6.5	41.0	293
	1000人以上	34.6	8.0	1.6	1.2	10.4	9.8	42.8	512
	無回答	32.4	6.6	1.2	0.8	9.4	6.8	47.3	512
	合計	29.1	7.0	0.8	0.6	11.4	8.5	47.8	2965
	100人未満(a+b)	23.9	7.0	0.5	0.2	13.0	8.5	50.4	815
	300～999人(c+d)	33.3	7.5	0.6	0.6	10.9	8.4	45.2	522

注：図表 2－52 から非該当（新規大卒採用を行っていない企業）を除いて構成比を算出

7　平成 30（2018）年春の新規大卒採用の手順・スケジュール

7.1　応募（エントリー）の締め切り

企業合計（図表 2－54、図表 2－55）で見ると、平成 30（2018）年春の新規大卒者の採用について、応募（エントリー）の「締め切りを定めていない」企業が約 31.7%（非該当を除くと約 58.9%）、「締め切り日を 1 つ定めている」企業が約 12.6%（非該当を除くと約 23.4%）、「締切日が複数ある」企業が約 9.0%（非該当を除くと約 16.6%）である。企業属性によって非該当の割合が大きく異なるため、解釈には注意が必要である。

企業の地域展開の状況別に見ると、その状況によらず「締め切り日は定めていない」割合が高い。ただし、海外展開もしている企業では、「締め切り日が複数ある」割合（約 28.8%（非該当を除くと約 34.1%））が高い。非該当を除くと、概して広域に展開する企業ほど「締め切り日を定めていない」割合は低くなる傾向がある。

図表 2－54　平成 30（2018）年春の新規大卒採用における応募の締め切り
（地域展開別、単位：%）

		締め切り日を一つ定めている	締め切り日が複数ある	締め切り日は定めていない	無回答・非該当	N
地域展開	1事業所1企業	7.7	4.3	24.3	63.8	1010
	1都道府県のみに展開している企業	12.1	8.4	32.3	47.2	956
	1つの地域ブロックにのみ展開している企業	12.2	5.0	34.9	47.9	605
	全国的に展開している企業	14.9	8.8	34.4	41.8	1327
	海外展開もしている企業	18.9	28.8	36.6	15.7	413
	無回答	14.5	3.6	23.6	58.2	55
合計		12.6	9.0	31.7	46.7	4366

図表 2－55　平成 30（2018）年春の新規大卒採用における応募の締め切り
（非該当を除く、地域展開別、単位：%）

		締め切り日を一つ定めている	締め切り日が複数ある	締め切り日は定めていない	無回答	N
地域展開	1事業所1企業	20.7	11.4	65.2	2.7	376
	1都道府県のみに展開している企業	22.8	15.7	60.8	0.6	508
	1つの地域ブロックにのみ展開している企業	23.3	9.4	66.4	0.9	318
	全国的に展開している企業	25.4	15.0	58.5	1.2	781
	海外展開もしている企業	22.3	34.1	43.3	0.3	349
	無回答	34.8	8.7	56.5	0.0	23
合計		23.4	16.6	58.9	1.1	2355

注：図表 2－54 から非該当（平成 28（2018）年春の新規大卒採用を考えていない企業）を除いて構成比を算出。

業種別（図 2－56）に見ると、応募の「締め切り日が複数ある」割合が高いのは、金融業、保険業（約 33.9%）、複合サービス事業（約 22.9%）および電気・ガス・熱供給・水道業（約 17.4%）である。「締め切り日は定めていない」割合が高いのは、建設業（約 47.6%）、生活関連サービス業、娯楽業（約 40.4%）および電気・ガス・熱供給・水道業（約 39.1%）である。

図表 2－56　平成 30（2018）年春の新規大卒採用における応募の締め切り
（業種別、単位：%）

		締め切り日を一つ定めている	締め切り日が複数ある	締め切り日は定めていない	無回答・非該当	N
業種	鉱業、採石業、砂利採取業	0.0	0.0	20.0	80.0	5
	建設業	6.8	7.7	47.6	37.9	338
	製造業	10.8	11.2	28.6	49.5	910
	電気・ガス・熱供給・水道業	17.4	17.4	39.1	26.1	23
	情報通信業	31.9	11.5	29.2	27.4	113
	運輸業、郵便業	10.1	5.0	24.9	59.9	317
	卸売業、小売業	11.5	8.7	37.2	42.5	771
	金融業、保険業	25.8	33.9	30.6	9.7	62
	不動産業、物品賃貸業	20.7	6.9	24.1	48.3	58
	学術研究、専門・技術サービス業	19.8	14.8	34.6	30.9	81
	宿泊業、飲食サービス業	11.8	5.7	29.9	52.6	211
	生活関連サービス業、娯楽業	11.7	4.3	40.4	43.6	94
	教育、学習支援業	29.2	12.4	16.8	41.6	185
	医療、福祉	5.1	5.6	33.6	55.7	691
	複合サービス事業	38.6	22.9	15.7	22.9	70
	その他のサービス業	17.0	7.3	27.5	48.2	436
	無回答	0.0	0.0	0.0	100.0	1
合計		12.6	9.0	31.7	46.7	4366

企業規模別（図表 2－57、図表 2－58）に見ると、規模の大きな企業ほど応募の「締め切り日を 1 つ定めている」、また概して「締め切り日が複数ある」傾向がある。非該当を除くと、規模の大きな企業ほど「締め切り日を定めていない」割合は低くなる。

図表 2－57　平成 30（2018）年春の新規大卒採用における応募の締め切り

（企業規模別、単位：％）

		締め切り日を一つ定めている	締め切り日が複数ある	締め切り日は定めていない	無回答・非該当	N
従業員数	30人未満	0.0	1.8	12.3	86.0	57
	30～99人	5.7	1.6	27.4	65.3	1509
	100～299人	12.1	6.6	33.9	47.4	861
	300～499人	20.6	12.6	36.5	30.3	277
	500～999人	23.7	17.8	41.4	17.1	321
	1000人以上	28.1	26.8	35.3	9.9	538
	無回答	9.7	9.1	31.1	50.1	803
合計		12.6	9.0	31.7	46.7	4366

図表 2－58　平成 30（2018）年春の新規大卒採用における応募の締め切り

（非該当を除く、企業規模別、単位：％）

		締め切り日を一つ定めている	締め切り日が複数ある	締め切り日は定めていない	無回答	N
従業員数	30人未満(a)	0.0	12.5	87.5	0.0	8
	30～99人(b)	16.1	4.5	77.3	2.1	534
	100～299人	22.6	12.4	63.5	1.5	460
	300～499人(c)	29.4	18.0	52.1	0.5	194
	500～999人(d)	28.6	21.4	50.0	0.0	266
	1000人以上	30.9	29.4	38.9	0.8	489
	無回答	19.3	18.1	61.9	0.7	404
	合計	23.4	16.6	58.9	1.1	2355
	100人未満(a+b)	15.9	4.6	77.5	2.0	542
	300～999人(c+d)	28.9	20.0	50.9	0.2	460

注：図表 2－57 から非該当（平成 28（2018）年春の新規大卒採用を考えていない企業）を除いて構成比を算出。

企業合計（図表 2－59）で見ると、平成 30（2018）年春の新規大卒者の採用について、応募の締め切り日を一つ定めている場合の締め切り月は、4 月～6 月（約 2～3%、無回答・非該当を除くと約 2 割）が多い。

業種別に見ると、情報通信業や複合サービス事業のように特定の月に集中する業種もあるが、概していずれの業種も 4 月～6 月の範囲で締め切り日が分散している。

図表 2－59　平成 30（2018）年春の新規大卒採用において 応募の締め切り日を一つ定めている場合の締め切り月（業種別、単位：%）

		1月	2月	3月	4月	5月	6月	7月	8月	9月	10月	11月	12月	無回答・非該当	N
業種	鉱業、採石業、砂利採取業	0.0	0.0	0.0	0.0	0.0	0.0	0.0	0.0	0.0	0.0	0.0	0.0	100.0	5
	建設業	0.0	0.0	0.3	1.8	1.5	0.3	1.2	0.3	0.9	0.0	0.3	0.3	93.2	338
	製造業	0.0	0.0	0.9	2.0	2.0	2.3	1.4	0.8	0.4	0.3	0.1	0.0	89.8	910
	電気・ガス・熱供給・水道業	0.0	0.0	0.0	4.3	4.3	4.3	0.0	0.0	0.0	0.0	0.0	4.3	82.6	23
	情報通信業	0.0	0.0	0.9	12.4	7.1	1.8	4.4	0.9	1.8	0.9	0.9	0.0	69.0	113
	運輸業、郵便業	0.0	0.0	0.3	2.8	2.5	1.6	1.3	0.9	0.3	0.0	0.0	0.0	90.2	317
	卸売業、小売業	0.1	0.3	0.6	1.9	3.1	1.9	1.4	0.5	0.6	0.1	0.1	0.0	89.1	771
	金融業、保険業	0.0	0.0	0.0	4.8	6.5	6.5	4.8	3.2	0.0	0.0	0.0	0.0	74.2	62
	不動産業、物品賃貸業	0.0	0.0	0.0	6.9	8.6	1.7	0.0	0.0	1.7	1.7	0.0	0.0	79.3	58
	学術研究、専門・技術サービス業	0.0	0.0	3.7	3.7	3.7	3.7	1.2	2.5	0.0	0.0	0.0	0.0	81.5	81
	宿泊業、飲食サービス業	0.0	0.5	0.5	1.9	2.8	0.9	1.9	0.5	1.9	0.5	0.0	0.0	88.6	211
	生活関連サービス業、娯楽業	0.0	0.0	0.0	1.1	3.2	3.2	2.1	1.1	0.0	1.1	0.0	0.0	88.3	94
	教育、学習支援業	0.0	0.0	0.0	2.7	9.2	7.6	2.7	3.2	1.1	0.5	0.5	0.0	72.4	185
	医療、福祉	0.0	0.1	0.1	0.9	0.3	0.7	0.4	0.7	0.4	0.4	0.3	0.1	95.4	691
	複合サービス事業	0.0	0.0	1.4	5.7	12.9	7.1	5.7	0.0	2.9	1.4	0.0	0.0	62.9	70
	その他のサービス業	0.0	0.0	0.5	4.4	4.4	3.4	1.6	1.4	0.7	0.5	0.0	0.0	83.3	436
	無回答	0.0	0.0	0.0	0.0	0.0	0.0	0.0	0.0	0.0	0.0	0.0	0.0	100.0	1
	合計	0.0	0.1	0.5	2.6	3.0	2.2	1.5	0.9	0.7	0.3	0.2	0.1	87.9	4366

平成 30（2018）年春の新規大卒者の採用について、応募の締め切り日が複数ある場合（図表 2－60）では、締め切り月を 4 月～6 月とする企業が多く、それを中心にして 3 月、7 月と回答する企業も多い。

図表 2－60　平成 30（2018）年春の新規大卒採用において 応募の締め切り日が複数ある場合の締め切り月（複数回答可、業種別、単位：%）

		1月	2月	3月	4月	5月	6月	7月	8月	9月	10月	11月	12月	無回答・非該当	N
業種	鉱業、採石業、砂利採取業	0.0	0.0	0.0	0.0	0.0	0.0	0.0	0.0	0.0	0.0	0.0	0.0	100.0	5
	建設業	0.0	0.0	4.1	5.3	4.1	4.4	2.7	1.5	0.3	0.0	0.0	0.3	92.3	338
	製造業	0.0	0.0	4.0	7.9	7.7	5.9	3.5	1.0	0.5	0.1	0.2	0.0	89.3	910
	電気・ガス・熱供給・水道業	0.0	0.0	4.3	17.4	13.0	4.3	0.0	0.0	0.0	0.0	0.0	0.0	82.6	23
	情報通信業	0.0	0.0	5.3	7.1	6.2	7.1	1.8	0.9	0.0	0.0	0.0	0.0	90.3	113
	運輸業、郵便業	0.0	0.0	1.3	3.2	2.5	3.2	1.6	0.9	0.3	0.0	0.0	0.0	95.0	317
	卸売業、小売業	0.3	0.3	2.1	5.4	4.5	3.9	2.3	1.4	0.8	0.5	0.3	0.5	91.6	771
	金融業、保険業	0.0	0.0	9.7	24.2	21.0	24.2	6.5	11.3	0.0	0.0	0.0	0.0	67.7	62
	不動産業、物品賃貸業	0.0	0.0	1.7	3.4	5.2	3.4	3.4	0.0	0.0	0.0	0.0	0.0	93.1	58
	学術研究、専門・技術サービス業	0.0	0.0	9.9	12.3	9.9	3.7	2.5	0.0	1.2	1.2	2.5	0.0	85.2	81
	宿泊業、飲食サービス業	0.0	0.5	0.5	1.9	1.9	1.9	2.8	1.9	0.9	0.0	0.0	0.0	94.8	211
	生活関連サービス業、娯楽業	0.0	0.0	0.0	1.1	2.1	2.1	2.1	2.1	0.0	0.0	0.0	0.0	95.7	94
	教育、学習支援業	0.5	1.1	0.5	2.2	4.9	4.3	4.9	2.2	2.7	2.7	1.1	1.1	89.2	185
	医療、福祉	0.0	0.6	0.3	0.7	1.4	2.2	3.2	2.7	2.3	1.6	0.7	1.0	94.8	691
	複合サービス事業	1.4	0.0	0.0	12.9	8.6	8.6	5.7	2.9	8.6	1.4	1.4	0.0	78.6	70
	その他のサービス業	0.0	0.5	1.6	3.2	2.8	2.3	3.2	1.6	1.4	0.7	0.0	0.2	92.9	436
	無回答	0.0	0.0	0.0	0.0	0.0	0.0	0.0	0.0	0.0	0.0	0.0	0.0	100.0	1
	合計	0.1	0.3	2.4	5.0	4.7	4.2	3.0	1.7	1.1	0.6	0.3	0.3	91.5	4366

7.2　内定が出るまでの企業への平均訪問回数

企業合計（図表 2－61）で見ると、平成 30（2018）年春の新規大卒者の採用について、内定が出るまでの企業への平均訪問回数は、2 回超 3 回以下（約 16.7%）である企業が最も多く、ついで 1 回超 2 回以下（約 14.4%）となっている。

企業の地域展開の状況別に見ると、より広域に展開する企業ほど内定が出るまでの企業への平均訪問回数が 2 回超 3 回以下、3 回超 5 回以下である割合が高く、1 回、1 回超 2 回以下である割合が低くなる。

図表２－61　平成 30（2018）年春の新規大卒採用における
内定が出るまでの企業への平均訪問回数（地域展開別、単位：％）

		0回	1回	1～2回	2～3回	3～5回	5回超	無回答・非該当	N
地域展開	1事業所1企業	0.3	7.8	12.8	7.4	3.7	0.3	67.7	1010
	1都道府県のみに展開している企業	0.9	9.2	17.6	13.0	6.1	0.9	52.3	956
	1つの地域ブロックにのみ展開している企業	0.2	5.0	16.4	15.0	11.9	0.7	50.9	605
	全国的に展開している企業	0.1	3.7	13.1	21.7	15.0	0.8	45.6	1327
	海外展開もしている企業	0.5	0.7	12.6	35.1	29.5	2.2	19.4	413
	無回答	0.0	5.5	12.7	12.7	3.6	0.0	65.5	55
合計		0.4	5.8	14.4	16.7	11.2	0.8	50.7	4366

業種別（図表２－62）に見ると、内定が出るまでの企業への平均訪問回数が３回超５回以下である割合が高いのは、金融業、保険業（約 46.8%）、情報通信業（約 31.9%）および電気・ガス・熱供給・水道業（約 21.7%）である。２回超３回以下である割合が高いのは、学術研究、専門・技術サービス業（約 28.4%）、金融業、保険業（約 27.4%）および複合サービス事業（約 27.1%）である。１回超２回以下である割合が高いのは、建設業（約 21.9%）、電気・ガス・熱供給・水道業（約 21.7%）および複合サービス事業（約 21.4%）である。

図表２－62　平成 30（2018）年春の新規大卒採用における
内定が出るまでの企業への平均訪問回数（業種別、単位：％）

		0回	1回	1～2回	2～3回	3～5回	5回超	無回答・非該当	N
業種	鉱業、採石業、砂利採取業	0.0	0.0	0.0	0.0	0.0	0.0	100.0	5
	建設業	0.3	7.1	21.9	19.8	8.6	0.9	41.4	338
	製造業	0.2	3.1	13.8	19.0	10.8	0.8	52.3	910
	電気・ガス・熱供給・水道業	0.0	4.3	21.7	13.0	21.7	0.0	39.1	23
	情報通信業	0.0	0.9	8.0	26.5	31.9	0.9	31.9	113
	運輸業、郵便業	0.0	3.5	10.7	13.9	8.8	0.3	62.8	317
	卸売業、小売業	0.0	4.3	12.7	18.3	16.6	1.9	46.2	771
	金融業、保険業	0.0	0.0	4.8	27.4	46.8	3.2	17.7	62
	不動産業、物品賃貸業	0.0	5.2	5.2	12.1	19.0	5.2	53.4	58
	学術研究、専門・技術サービス業	2.5	9.9	19.8	28.4	3.7	0.0	35.8	81
	宿泊業、飲食サービス業	0.9	5.7	16.1	13.3	7.6	0.5	55.9	211
	生活関連サービス業、娯楽業	1.1	2.1	16.0	17.0	17.0	0.0	46.8	94
	教育、学習支援業	1.1	3.2	16.2	13.0	13.0	0.5	53.0	185
	医療、福祉	0.4	14.3	15.9	7.1	1.2	0.0	61.1	691
	複合サービス事業	4.3	7.1	21.4	27.1	14.3	0.0	25.7	70
	その他のサービス業	0.0	4.4	13.1	20.4	11.2	0.5	50.5	436
	無回答	0.0	0.0	0.0	0.0	0.0	0.0	100.0	1
合計		0.4	5.8	14.4	16.7	11.2	0.8	50.7	4366

企業規模別（図表 ２－63）に見ると、概して規模の大きな企業ほど内定が出るまでの企業への平均訪問回数が２回超３回以下および３回超５回以下の割合が高い傾向がある。

図表 2－63　平成 30（2018）年春の新規大卒採用における
内定が出るまでの企業への平均訪問回数（企業規模別、単位：%）

		0回	1回	1～2回	2～3回	3～5回	5回超	無回答・非該当	N
従業員数	30人未満	0.0	3.5	3.5	1.8	1.8	0.0	89.5	57
	30～99人	0.4	5.0	12.7	10.7	3.2	0.2	67.8	1509
	100～299人	0.2	7.0	17.3	15.3	9.3	0.5	50.4	861
	300～499人	0.7	11.9	16.2	17.7	18.1	0.7	34.7	277
	500～999人	0.3	7.8	20.2	27.7	20.2	2.5	21.2	321
	1000人以上	0.4	5.0	12.8	32.3	29.4	1.7	18.4	538
	無回答	0.4	3.7	13.4	15.3	10.8	1.2	55.0	803
	合計	0.4	5.8	14.4	16.7	11.2	0.8	50.7	4366

7.3　勤務を開始する時期

企業合計（図表 2－64、図表 2－65）で見ると、平成 30（2018）年春の新規大卒者の採用について、勤務を開始する時期が「4 月又は 3 月の定められた日のみ」である企業が約 44.0%（非該当を除くと約 81.5%）、「採用が決定する都度、通年的に勤務を開始することとしている」企業が約 7.2%（非該当を除くと約 13.4%）ある。

企業の地域展開の状況別に見ると、より広域に展開する企業ほど勤務を開始する時期が「4 月又は 3 月の定められた日のみ」である割合が高く、「採用が決定する都度、通年的に勤務を開始することとしている」割合が低くなっている。

図表 2－64　平成 30（2018）年春の新規大卒採用における勤務を開始する時期
（地域展開別、単位：%）

		4月又は3月の定められた日のみ	4月又は3月に限らず複数設定している	採用が決定する都度、通年的に勤務を開始することとしている	無回答・非該当	N
地域展開	1事業所1企業	26.5	0.6	8.5	64.4	1010
	1都道府県のみに展開している企業	42.5	1.6	8.5	47.5	956
	1つの地域ブロックにのみ展開している企業	41.7	1.8	8.4	48.1	605
	全国的に展開している企業	50.0	2.0	6.0	42.1	1327
	海外展開もしている企業	75.3	5.1	3.9	15.7	413
	無回答	34.5	0.0	5.5	60.0	55
	合計	44.0	1.8	7.2	47.0	4366

図表 2－65　平成 30（2018）年春の新規大卒採用における勤務を開始する時期

（非該当を除く、地域展開別、単位：％）

		4月又は3月の定められた日のみ	4月又は3月に限らず複数設定している	採用が決定する都度、通年的に勤務を開始することとしている	無回答	N
地域展開	1事業所1企業	71.3	1.6	22.9	4.3	376
	1都道府県のみに展開している企業	79.9	3.0	15.9	1.2	508
	1つの地域ブロックにのみ展開している企業	79.2	3.5	16.0	1.3	318
	全国的に展開している企業	84.9	3.3	10.1	1.7	781
	海外展開もしている企業	89.1	6.0	4.6	0.3	349
	無回答	82.6	0.0	13.0	4.3	23
合計		81.5	3.4	13.4	1.7	2355

注：図表 2－64 から非該当（平成 28（2018）年春の新規大卒採用を考えていない企業）を除いて構成比を算出。

業種別（図表 2－66）に見ると、勤務を開始する時期が「4 月又は 3 月の定められた日のみ」である割合が高いのは、金融業、保険業（約 85.5%）、複合サービス事業（約 77.1%）および情報通信業（約 67.3%）である。「採用が決定する都度、通年的に勤務を開始することとしている」割合が高いのは、医療、福祉（約 13.6%）、学術研究、専門・技術サービス業（約 11.1%）および宿泊業、飲食サービス業（約 10.9%）である。

図表 2－66　平成 30（2018）年春の新規大卒採用における勤務を開始する時期（業種別、単位：%）

		4月又は3月の定められた日のみ	4月又は3月に限らず複数設定している	採用が決定する都度、通年的に勤務を開始することとしている	無回答・非該当	N
業種	鉱業、採石業、砂利採取業	20.0	0.0	0.0	80.0	5
	建設業	50.0	2.1	9.5	38.5	338
	製造業	44.1	2.1	3.8	50.0	910
	電気・ガス・熱供給・水道業	65.2	4.3	4.3	26.1	23
	情報通信業	67.3	3.5	1.8	27.4	113
	運輸業、郵便業	31.5	1.3	7.3	59.9	317
	卸売業、小売業	49.3	1.6	6.6	42.5	771
	金融業、保険業	85.5	0.0	4.8	9.7	62
	不動産業、物品賃貸業	51.7	0.0	0.0	48.3	58
	学術研究、専門・技術サービス業	55.6	2.5	11.1	30.9	81
	宿泊業、飲食サービス業	35.5	0.5	10.9	53.1	211
	生活関連サービス業、娯楽業	44.7	2.1	8.5	44.7	94
	教育、学習支援業	49.2	3.2	5.9	41.6	185
	医療、福祉	28.4	1.6	13.6	56.4	691
	複合サービス事業	77.1	1.4	0.0	21.4	70
	その他のサービス業	43.8	2.1	5.5	48.6	436
	無回答	0.0	0.0	0.0	100.0	1
合計		44.0	1.8	7.2	47.0	4366

企業規模別（図表 2－67、図表 2－68）に見ると、概して規模の大きな企業ほど「勤務を開始する時期が 4 月又は 3 月の定められた日のみ」である割合が高く、「採用が決定する都度、通年的に勤務を開始することとしている」割合が低くなっている。

図表 2－67　平成 30（2018）年春の新規大卒採用における勤務を開始する時期（企業規模別、単位：%）

		4月又は3月の定められた日のみ	4月又は3月に限らず複数設定している	採用が決定する都度、通年的に勤務を開始することとしている	無回答・非該当	N
従業員数	30人未満	5.3	3.5	5.3	86.0	57
	30～99人	25.1	0.8	8.3	65.8	1509
	100～299人	43.6	1.0	8.1	47.3	861
	300～499人	60.3	1.1	8.3	30.3	277
	500～999人	75.7	1.2	5.0	18.1	321
	1000人以上	81.6	5.4	3.5	9.5	538
	無回答	39.0	2.5	7.5	51.1	803
合計		44.0	1.8	7.2	47.0	4366

図表 2－68　平成 30（2018）年春の新規大卒採用における勤務を開始する時期（非該当を除く、企業規模別、単位：%）

		4月又は3月の定められた日のみ	4月又は3月に限らず複数設定している	採用が決定する都度、通年的に勤務を開始することとしている	無回答	N
従業員数	30人未満(a)	37.5	25.0	37.5	0.0	8
	30～99人(b)	71.0	2.2	23.4	3.4	534
	100～299人	81.5	2.0	15.2	1.3	460
	300～499人(c)	86.1	1.5	11.9	0.5	194
	500～999人(d)	91.4	1.5	6.0	1.1	266
	1000人以上	89.8	5.9	3.9	0.4	489
	無回答	77.5	5.0	14.9	2.7	404
	合計	81.5	3.4	13.4	1.7	2355
	100人未満(a+b)	70.5	2.6	23.6	3.3	542
	300～999人(c+d)	89.1	1.5	8.5	0.9	460

注：図表 2－67 から非該当（平成 28（2018）年春の新規大卒採用を考えていない企業）を除いて構成比を算出。

平成 30（2018）年春の新規大卒者の採用について、勤務を開始する時期を 4 月又は 3 月に限らず複数設定している場合（図表 2－69）では、開始月を 4 月または 10 月とする企業が多い。

図表 2－69　平成 30（2018）年春の新規大卒採用において勤務を開始する時期が複数ある場合の開始月（複数回答可、業種別、単位：%）

		1月	2月	3月	4月	5月	6月	7月	8月	9月	10月	11月	12月	無回答・非該当	N
業種	鉱業、採石業、砂利採取業	0.0	0.0	0.0	0.0	0.0	0.0	0.0	0.0	0.0	0.0	0.0	0.0	100.0	5
	建設業	0.0	0.0	0.3	0.9	0.0	0.0	0.0	0.0	0.3	1.5	0.0	0.0	98.2	338
	製造業	0.1	0.0	0.0	0.7	0.1	0.3	0.1	0.0	0.4	1.1	0.1	0.0	98.4	910
	電気・ガス・熱供給・水道業	0.0	0.0	0.0	4.3	0.0	0.0	0.0	0.0	0.0	4.3	0.0	0.0	95.7	23
	情報通信業	0.0	0.0	0.0	1.8	0.0	0.0	0.0	0.0	0.0	3.5	0.0	0.0	96.5	113
	運輸業、郵便業	0.0	0.0	0.0	0.6	0.0	0.0	0.0	0.0	0.0	0.9	0.0	0.3	98.7	317
	卸売業、小売業	0.0	0.0	0.3	0.8	0.3	0.4	0.0	0.0	0.5	0.4	0.0	0.0	98.7	771
	金融業、保険業	0.0	0.0	0.0	0.0	0.0	0.0	0.0	0.0	0.0	0.0	0.0	0.0	100.0	62
	不動産業、物品賃貸業	0.0	0.0	0.0	0.0	0.0	0.0	0.0	0.0	0.0	0.0	0.0	0.0	100.0	58
	学術研究、専門・技術サービス業	0.0	0.0	0.0	1.2	0.0	0.0	0.0	0.0	0.0	2.5	0.0	0.0	97.5	81
	宿泊業、飲食サービス業	0.5	0.0	0.5	0.5	0.0	0.0	0.0	0.0	0.0	0.0	0.0	0.0	99.5	211
	生活関連サービス業、娯楽業	0.0	0.0	0.0	1.1	0.0	0.0	0.0	0.0	1.1	1.1	0.0	0.0	97.9	94
	教育、学習支援業	0.5	0.0	0.0	1.6	0.0	0.0	0.5	0.0	0.0	1.1	0.0	0.0	97.8	185
	医療、福祉	0.1	0.0	0.3	0.3	0.3	0.1	0.0	0.0	0.0	0.1	0.0	0.1	99.4	691
	複合サービス事業	0.0	0.0	0.0	0.0	0.0	0.0	0.0	0.0	0.0	1.4	0.0	0.0	98.6	70
	その他のサービス業	0.2	0.2	0.2	0.7	0.7	0.5	0.0	0.2	0.2	0.9	0.0	0.0	97.9	436
	無回答	0.0	0.0	0.0	0.0	0.0	0.0	0.0	0.0	0.0	0.0	0.0	0.0	100.0	1
	合計	0.1	0.0	0.2	0.7	0.2	0.2	0.0	0.0	0.3	0.8	0.0	0.0	98.6	4366

企業合計（図表 2－70、図表 2－71）で見ると、平成 30（2018）年春の新規大卒採用において複数回の採用や通年採用を実施しない理由として、「春季採用のみで必要な人材をおおむね確保できるため必要がないから」（約 14.9%（非該当を除くと約 33.9%））が最も割合が高く、「秋季採用や通年採用では中途採用のみを対象としているから」（約 12.5%（非該当を除くと約 28.3%））、「採用のために追加的な人員や

費用を割けないから」(約 10.5%(非該当を除くと約 23.8%))といった理由が続く。

企業の地域展開の状況別に見ると、より広域に展開する企業ほど、複数回の採用や通年採用を実施しない理由として「春季採用のみで必要な人材をおおむね確保できるため必要がないから」や「採用のために追加的な人員や費用を割けないから」といった理由を回答する傾向がある。

図表 2－70　平成 30（2018）年春の新規大卒採用において複数回の採用や通年採用を実施しない理由（複数回答可、地域展開別、単位：%）

		採用のために追加的な人員や費用を割けないから	秋季採用や通年採用では中途採用のみを対象としているから	秋季採用や通年採用のメリットを感じないから	春季採用のみで必要な人材を概ね確保できるため必要がないから	卒業時点から間をおかずに採用したいから	それほどニーズがあるとは思えないから	その他	無回答・非該当	N
地域展開	1事業所1企業	5.5	6.2	2.0	7.3	7.0	5.3	2.4	75.0	1010
	1都道府県のみに展開している企業	7.4	11.6	3.3	12.3	9.6	8.1	4.7	58.8	956
	1つの地域ブロックにのみ展開している企業	10.7	13.9	3.3	14.0	9.4	6.9	3.1	59.7	605
	全国的に展開している企業	12.8	14.8	6.0	16.7	11.7	7.5	5.0	52.1	1327
	海外展開もしている企業	22.5	20.6	9.0	35.4	12.3	8.5	7.3	27.1	413
	無回答	3.6	7.3	3.6	9.1	10.9	3.6	3.6	65.5	55
合計		10.5	12.5	4.4	14.9	9.9	7.1	4.3	57.7	4366

図表 2－71　平成 30（2018）年春の新規大卒採用において複数回の採用や通年採用を実施しない理由（非該当を除く、複数回答可、地域展開別、単位：%）

		採用のために追加的な人員や費用を割けないから	秋季採用や通年採用では中途採用のみを対象としているから	秋季採用や通年採用のメリットを感じないから	春季採用のみで必要な人材を概ね確保できるため必要がないから	卒業時点から間をおかずに採用したいから	それほどニーズがあるとは思えないから	その他	無回答	N
地域展開	1事業所1企業	20.9	23.5	7.5	27.6	26.5	20.1	9.0	6.0	268
	1都道府県のみに展開している企業	17.5	27.3	7.9	29.1	22.7	19.0	11.1	3.0	406
	1つの地域ブロックにのみ展開している企業	25.8	33.3	7.9	33.7	22.6	16.7	7.5	3.2	252
	全国的に展開している企業	25.6	29.7	12.1	33.5	23.4	15.1	10.0	4.2	663
	海外展開もしている企業	29.9	27.3	11.9	46.9	16.4	11.3	9.6	3.2	311
	無回答	10.5	21.1	10.5	26.3	31.6	10.5	10.5	0.0	19
合計		23.8	28.3	10.0	33.9	22.5	16.2	9.7	3.9	1919

注：図表 2－70 から非該当（平成 28（2018）年春の新規大卒採用を考えていない企業、平成 30（2018）年春の新規大卒採用において複数回の採用や通年採用を実施する企業）を除いて構成比を算出。

業種別（図表 2－72）に見ると、平成 30（2018）年春の新規大卒採用において複数回の採用や通年採用を実施しない理由として、「春季採用のみで必要な人材をおおむね確保できるため必要がないから」の割合が高いのは、金融業、保険業（約 54.8%）、複合サービス事業（約 37.1%）および電気・ガス・熱供給・水道業（約 34.8%）である。「秋季採用や通年採用では中途採用のみを対象としているから」の割合が高いのは、情報通信業（約 22.1%）、不動産業、物品賃貸業（約 17.2%）および金融業、保険業（約 16.1%）である。「採用のために追加的な人員や費用を割けないから」の割合が高いのは、情報通信業（約 23.0%）、電気・ガス・熱供給・水道業（約 21.7%）および金融業、保険業（約 21.0%）である。

図表 2－72　平成 30（2018）年春の新規大卒採用において
複数回の採用や通年採用を実施しない理由（複数回答可、業種別、単位：%）

		採用のために追加的な人員や費用を割けないから	秋季採用や通年採用では中途採用のみを対象としているから	秋季採用や通年採用のメリットを感じないから	春季採用のみで必要な人材を概ね確保できるため必要がないから	卒業時点から間をおかずに採用したいから	それほどニーズがあるとは思えないから	その他	無回答・非該当	N
業種	鉱業、採石業、砂利採取業	0.0	0.0	0.0	0.0	0.0	0.0	0.0	100.0	5
	建設業	13.3	12.7	5.9	11.2	18.9	10.9	3.8	51.5	338
	製造業	10.9	12.1	4.7	16.6	8.2	7.3	3.4	58.1	910
	電気・ガス・熱供給・水道業	21.7	13.0	8.7	34.8	17.4	4.3	0.0	34.8	23
	情報通信業	23.0	22.1	10.6	27.4	10.6	9.7	11.5	32.7	113
	運輸業、郵便業	6.0	10.4	3.2	11.4	6.6	4.7	2.8	69.1	317
	卸売業、小売業	13.2	14.5	5.1	14.0	11.2	9.3	4.5	53.0	771
	金融業、保険業	21.0	16.1	9.7	54.8	12.9	3.2	9.7	16.1	62
	不動産業、物品賃貸業	15.5	17.2	12.1	24.1	12.1	6.9	8.6	48.3	58
	学術研究、専門・技術サービス業	13.6	11.1	9.9	21.0	19.8	14.8	4.9	45.7	81
	宿泊業、飲食サービス業	7.1	10.4	4.3	9.0	9.5	6.6	2.8	65.9	211
	生活関連サービス業、娯楽業	10.6	14.9	4.3	10.6	11.7	4.3	7.4	56.4	94
	教育、学習支援業	10.3	8.1	2.7	24.9	8.1	3.8	6.5	52.4	185
	医療、福祉	2.5	10.1	1.0	6.5	6.9	4.5	4.2	73.4	691
	複合サービス事業	15.7	15.7	10.0	37.1	15.7	7.1	2.9	24.3	70
	その他のサービス業	12.8	13.1	2.8	15.4	7.8	6.7	3.2	57.6	436
	無回答	0.0	0.0	0.0	0.0	0.0	0.0	0.0	100.0	1
合計		10.5	12.5	4.4	14.9	9.9	7.1	4.3	57.7	4366

企業規模別（図表 2－73、図表 2－74）に見ると、概して規模が大きくなるほど、平成 30（2018）年春の新規大卒採用において複数回の採用や通年採用を実施しない理由として「春季採用のみで必要な人材をおおむね確保できるため必要がないから」、「秋季採用や通年採用では中途採用のみを対象としているから」、「採用のために追加的な人員や費用を割けないから」といった理由を回答する傾向がある。

図表 2－73　平成 30（2018）年春の新規大卒採用において複数回の採用や通年採用を実施しない理由（複数回答可、企業規模別、単位：%）

		採用のために追加的な人員や費用を割けないから	秋季採用や通年採用では中途採用のみを対象としているから	秋季採用や通年採用のメリットを感じないから	春季採用のみで必要な人材を概ね確保できるため必要がないから	卒業時点から間をおかずに採用したいから	それほどニーズがあるとは思えないから	その他	無回答・非該当	N
従業員数	30人未満	0.0	0.0	0.0	0.0	1.8	1.8	0.0	96.5	57
	30～99人	6.0	5.4	2.3	5.8	7.0	5.4	2.8	76.2	1509
	100～299人	10.1	13.0	4.1	13.4	10.3	8.4	3.1	58.4	861
	300～499人	13.4	18.4	5.8	24.5	13.0	8.7	6.1	40.4	277
	500～999人	17.8	22.1	9.7	26.2	17.8	8.4	10.6	27.1	321
	1000人以上	21.6	26.6	9.1	36.2	15.4	9.7	7.4	20.4	538
	無回答	8.6	10.7	3.2	12.6	7.6	6.5	3.2	62.8	803
合計		10.5	12.5	4.4	14.9	9.9	7.1	4.3	57.7	4366

図表 2－74　平成 30（2018）年春の新規大卒採用において複数回の採用や通年採用を実施しない理由（非該当を除く、複数回答可、企業規模別、単位：%）

		採用のために追加的な人員や費用を割けないから	秋季採用や通年採用では中途採用のみを対象としているから	秋季採用や通年採用のメリットを感じないから	春季採用のみで必要な人材を概ね確保できるため必要がないから	卒業時点から間をおかずに採用したいから	それほどニーズがあるとは思えないから	その他	無回答	N
従業員数	30人未満(a)	0.0	0.0	0.0	0.0	33.3	33.3	0.0	33.3	3
	30～99人(b)	24.0	21.4	9.0	23.0	27.7	21.6	11.1	5.3	379
	100～299人	23.2	29.9	9.3	30.7	23.7	19.2	7.2	4.5	375
	300～499人(c)	22.2	30.5	9.6	40.7	21.6	14.4	10.2	1.2	167
	500～999人(d)	23.5	29.2	12.8	34.6	23.5	11.1	14.0	3.7	243
	1000人以上	26.4	32.6	11.2	44.4	18.9	11.8	9.1	2.5	439
	無回答	22.0	27.5	8.3	32.3	19.5	16.6	8.3	4.5	313
	合計	23.8	28.3	10.0	33.9	22.5	16.2	9.7	3.9	1919
	100人未満(a+b)	23.8	21.2	8.9	22.8	27.7	21.7	11.0	5.5	382
	300～999人(c+d)	22.9	29.8	11.5	37.1	22.7	12.4	12.4	2.7	410

注：図表 2－73 から非該当（平成 28（2018）年春の新規大卒採用を考えていない企業、平成 30（2018）年春の新規大卒採用において複数回の採用や通年採用を実施する企業）を除いて構成比を算出。

8　平成 30（2018）年春の新規大卒採用の正社員の採用予定人員

8.1　一括（1 回）募集

企業合計（図表 2－75）で見ると、平成 30 年春の新規大卒の正社員採用において、一括（1 回）募集する人員が 10 人未満である企業は約 6.7%、10～30 人未満が約 3.0%である（無回答・非該当を除くと、それぞれ約 56.1%および約 25.6%）。企業の地域展開の状況別に見ると、より広域に展開する企業ほど一括（1 回）募集する人員は多くなる。

図表 2－75　平成 30（2018）年春の新規大卒採用における一括（1 回）募集による正社員の採用予定人数（地域展開別、単位：%）

		0人	10人未満	10～30人未満	30～50人未満	50～80人未満	80人以上	無回答・非該当	N
地域展開	1事業所1企業	－	5.3	1.3	0.3	0.1	0.1	92.9	1010
	1都道府県のみに展開している企業	－	7.2	2.6	0.7	0.5	0.2	88.7	956
	1つの地域ブロックにのみ展開している企業	－	7.6	3.1	0.3	0.2	0.7	88.1	605
	全国的に展開している企業	－	7.9	3.4	1.3	0.8	0.6	86.0	1327
	海外展開もしている企業	－	3.1	7.0	2.9	2.9	1.9	82.1	413
	無回答	－	7.3	3.6	1.8	0.0	0.0	87.3	55
	合計	－	6.7	3.0	1.0	0.7	0.5	88.1	4366

業種別（図表 2－76）に見ると、一括（1 回）募集する人員が 80 人以上である割合が高いのは、金融業、保険業（約 4.8%）である。50～80 人未満では、情報通信業（約 4.4%）、電気・ガス・熱供給・水道業（約 4.3%）および複合サービス事業（約 4.3%）である。10 人未満である割合が高いのは、教育、学習支援業（約 19.5%）、情報通信業（約 15.9%）および複合サービス事業（約 14.3%）である。10～30 人未満の割合が高いのは、複合サービス事業（約 12.9%）および不動産業、物品賃貸業（約 10.3%）である。

図表 2－76　平成 30（2018）年春の新規大卒採用における一括（1 回）募集による正社員の採用予定人数（業種別、単位：%）

		0人	10人未満	10～30人未満	30～50人未満	50～80人未満	80人以上	無回答・非該当	N
業種	鉱業、採石業、砂利採取業	－	0.0	0.0	0.0	0.0	0.0	100.0	5
	建設業	－	2.7	1.8	1.2	0.6	0.6	93.2	338
	製造業	－	5.6	2.7	1.0	0.8	0.5	89.3	910
	電気・ガス・熱供給・水道業	－	13.0	0.0	0.0	4.3	0.0	82.6	23
	情報通信業	－	15.9	4.4	3.5	4.4	1.8	69.9	113
	運輸業、郵便業	－	6.0	2.8	0.0	0.0	0.6	90.5	317
	卸売業、小売業	－	6.6	3.0	0.9	0.1	0.3	89.1	771
	金融業、保険業	－	9.7	3.2	4.8	3.2	4.8	74.2	62
	不動産業、物品賃貸業	－	6.9	10.3	1.7	0.0	0.0	81.0	58
	学術研究、専門・技術サービス業	－	11.1	3.7	2.5	1.2	0.0	81.5	81
	宿泊業、飲食サービス業	－	5.7	3.3	0.0	0.9	0.0	90.0	211
	生活関連サービス業、娯楽業	－	6.4	2.1	2.1	0.0	0.0	89.4	94
	教育、学習支援業	－	19.5	4.9	0.0	0.5	0.5	74.6	185
	医療、福祉	－	2.3	1.3	0.1	0.4	0.4	95.4	691
	複合サービス事業	－	14.3	12.9	4.3	4.3	0.0	64.3	70
	その他のサービス業	－	9.4	4.1	1.4	0.5	0.7	83.9	436
	無回答	－	0.0	0.0	0.0	0.0	0.0	100.0	1
	合計	－	6.7	3.0	1.0	0.7	0.5	88.1	4366

企業規模別（図表 2－77）に見ると、自然ではあるが、規模が大きくなるほど一括（1 回）募集する人員は多くなる。

図表 2－77　平成 30（2018）年春の新規大卒採用における
一括（1 回）募集による正社員の採用予定人数（企業規模別、単位：%）

		0人	10人未満	10～30人未満	30～50人未満	50～80人未満	80人以上	無回答・非該当	N
従業員数	30人未満	－	0.0	0.0	0.0	0.0	0.0	100.0	57
	30～99人	－	5.2	0.1	0.0	0.0	0.0	94.7	1509
	100～299人	－	9.3	1.6	0.0	0.1	0.0	89.0	861
	300～499人	－	12.6	6.5	0.4	0.0	0.0	80.5	277
	500～999人	－	9.7	10.0	2.8	0.9	0.0	76.6	321
	1000人以上	－	5.0	9.5	4.8	4.3	3.2	73.2	538
	無回答	－	5.0	2.0	0.7	0.4	0.7	91.2	803
合計		－	6.7	3.0	1.0	0.7	0.5	88.1	4366

8.2　複数回募集

企業合計（図表 2－78）で見ると、平成 30 年春の新規大卒の正社員採用において、複数回募集のうち一括（1 回）募集と同じスケジュールで募集する人員が 10 人未満である企業は約 1.0%、10～30 人未満が約 0.6%である（無回答・非該当を除くと、それぞれ約 41.2%および約 25.5%）。複数回募集のうち一括（1 回）募集以外のスケジュールで募集する人員が 0 人である企業は約 1.1%、10 人未満が約 0.7%となっている（無回答・非該当を除くと、それぞれ約 49.0%および約 30.0%）。複数回募集する人員合計では、10～30 人未満である企業が約 2.7%、10 人未満が約 2.5%である（無回答・非該当を除くと、それぞれ約 32.6%および約 29.9%）。

企業の地域展開の状況別に見ると、概してより広域に展開する企業ほど複数回募集する人員は多くなる。ただし、1 都道府県のみに展開している企業で複数回募集する人員が相対的に多くなっている。

図表 2－78　平成 30（2018）年春の新規大卒採用における
複数回募集による正社員の採用予定人数（地域展開別、単位：%）
（複数回募集・うち一括（1 回）募集と同じスケジュールで募集）

		0人	10人未満	10～30人未満	30～50人未満	50～80人未満	80人以上	無回答・非該当	N
地域展開	1事業所1企業	0.2	0.7	0.0	0.0	0.1	0.0	99.0	1010
	1都道府県のみに展開している企業	0.7	0.9	0.7	0.2	0.0	0.1	97.3	956
	1つの地域ブロックにのみ展開している企業	0.3	0.5	0.5	0.0	0.0	0.2	98.5	605
	全国的に展開している企業	0.2	1.4	0.4	0.3	0.2	0.1	97.5	1327
	海外展開もしている企業	1.0	1.2	2.4	0.2	0.5	0.2	94.4	413
	無回答	0.0	0.0	1.8	0.0	0.0	0.0	98.2	55
合計		0.4	1.0	0.6	0.2	0.1	0.1	97.7	4366

図表2－78（続）　平成30（2018）年春の新規大卒採用における複数回募集による正社員の採用予定人数（地域展開別、単位：%）

（複数回募集・うち一括（1回）募集以外のスケジュールで募集）

		0人	10人未満	10～30人未満	30～50人未満	50～80人未満	80人以上	無回答・非該当	N
地域展開	1事業所1企業	0.5	0.2	0.2	0.0	0.0	0.0	99.1	1010
	1都道府県のみに展開している企業	1.0	0.5	0.3	0.2	0.3	0.3	97.3	956
	1つの地域ブロックにのみ展開している企業	0.7	0.7	0.2	0.0	0.0	0.0	98.5	605
	全国的に展開している企業	1.5	0.8	0.2	0.0	0.0	0.0	97.5	1327
	海外展開もしている企業	2.2	2.2	0.7	0.0	0.0	0.2	94.7	413
	無回答	1.8	0.0	0.0	0.0	0.0	0.0	98.2	55
合計		1.1	0.7	0.3	0.0	0.1	0.1	97.7	4366

（複数回募集・合計（内訳までは決めていない場合を含む））

		0人	10人未満	10～30人未満	30～50人未満	50～80人未満	80人以上	無回答・非該当	N
地域展開	1事業所1企業	－	2.1	1.0	0.3	0.3	0.2	96.1	1010
	1都道府県のみに展開している企業	－	2.3	2.7	0.8	0.7	1.4	92.1	956
	1つの地域ブロックにのみ展開している企業	－	1.8	1.2	0.5	0.2	0.8	95.5	605
	全国的に展開している企業	－	3.0	2.7	0.8	0.8	1.1	91.5	1327
	海外展開もしている企業	－	3.6	9.7	3.4	1.9	8.2	73.1	413
	無回答	－	1.8	1.8	0.0	0.0	0.0	96.4	55
合計		－	2.5	2.7	0.9	0.7	1.6	91.6	4366

業種別（図表2－79）に見ると、複数回募集のうち一括（1回）募集と同じスケジュールで募集する人員が10人未満である割合が高いのは、電気・ガス・熱供給・水道業（約8.7%）、学術研究、専門・技術サービス業（約2.5%）および教育、学習支援業（約2.2%）である。複数回募集のうち一括（1回）募集以外のスケジュールで募集する人員が10人未満である割合が高いのは、電気・ガス・熱供給・水道業（約4.3%）、不動産業、物品賃貸業（約1.7%）および複合サービス事業（約1.4%）である。複数回募集する人員合計では、80人以上および50～80人未満である割合が高いのは、金融業、保険業（約16.1%および約11.3%）であり、10～30人未満である割合が高いのは、複合サービス事業（約11.4%）および学術研究、専門・技術サービス業（約6.2%）である。

図表 2－79　平成 30（2018）年春の新規大卒採用における複数回募集による正社員の採用予定人数（業種別、単位：%）

（複数回募集・うち一括（1 回）募集と同じスケジュールで募集）

		0人	10人未満	10～30人未満	30～50人未満	50～80人未満	80人以上	無回答・非該当	N
業種	鉱業、採石業、砂利採取業	0.0	0.0	0.0	0.0	0.0	0.0	100.0	5
	建設業	0.3	2.1	0.0	0.0	0.0	0.0	97.6	338
	製造業	0.3	0.7	1.0	0.0	0.2	0.1	97.7	910
	電気・ガス・熱供給・水道業	0.0	8.7	0.0	0.0	0.0	0.0	91.3	23
	情報通信業	0.0	0.0	0.0	0.0	0.0	0.0	100.0	113
	運輸業、郵便業	0.3	1.3	0.0	0.0	0.0	0.3	98.1	317
	卸売業、小売業	0.5	1.0	0.8	0.4	0.1	0.0	97.1	771
	金融業、保険業	0.0	0.0	0.0	1.6	1.6	1.6	95.2	62
	不動産業、物品賃貸業	0.0	1.7	1.7	0.0	0.0	0.0	96.6	58
	学術研究、専門・技術サービス業	0.0	2.5	0.0	0.0	1.2	0.0	96.3	81
	宿泊業、飲食サービス業	0.0	0.5	0.5	0.0	0.0	0.0	99.1	211
	生活関連サービス業、娯楽業	0.0	0.0	1.1	0.0	0.0	0.0	98.9	94
	教育、学習支援業	1.1	2.2	1.1	0.0	0.5	0.0	95.1	185
	医療、福祉	0.4	0.3	0.7	0.0	0.0	0.1	98.4	691
	複合サービス事業	4.3	1.4	0.0	2.9	0.0	0.0	91.4	70
	その他のサービス業	0.0	0.9	0.2	0.2	0.0	0.0	98.6	436
	無回答	0.0	0.0	0.0	0.0	0.0	0.0	100.0	1
合計		0.4	1.0	0.6	0.2	0.1	0.1	97.7	4366

（複数回募集・うち一括（1 回）募集以外のスケジュールで募集）

		0人	10人未満	10～30人未満	30～50人未満	50～80人未満	80人以上	無回答・非該当	N
業種	鉱業、採石業、砂利採取業	0.0	0.0	0.0	0.0	0.0	0.0	100.0	5
	建設業	1.5	0.6	0.3	0.0	0.0	0.0	97.6	338
	製造業	1.2	0.8	0.3	0.0	0.0	0.0	97.7	910
	電気・ガス・熱供給・水道業	4.3	4.3	0.0	0.0	0.0	0.0	91.3	23
	情報通信業	0.0	0.0	0.0	0.0	0.0	0.0	100.0	113
	運輸業、郵便業	0.6	1.3	0.0	0.0	0.0	0.0	98.1	317
	卸売業、小売業	1.2	1.0	0.4	0.0	0.0	0.1	97.3	771
	金融業、保険業	3.2	0.0	0.0	1.6	0.0	0.0	95.2	62
	不動産業、物品賃貸業	1.7	1.7	0.0	0.0	0.0	0.0	96.6	58
	学術研究、専門・技術サービス業	2.5	1.2	0.0	0.0	0.0	0.0	96.3	81
	宿泊業、飲食サービス業	0.9	0.0	0.0	0.0	0.0	0.0	99.1	211
	生活関連サービス業、娯楽業	1.1	0.0	0.0	0.0	0.0	0.0	98.9	94
	教育、学習支援業	2.2	0.5	0.5	0.0	0.5	1.1	95.1	185
	医療、福祉	1.0	0.0	0.3	0.0	0.1	0.1	98.4	691
	複合サービス事業	1.4	1.4	2.9	1.4	1.4	0.0	91.4	70
	その他のサービス業	0.2	0.9	0.0	0.0	0.0	0.0	98.9	436
	無回答	0.0	0.0	0.0	0.0	0.0	0.0	100.0	1
合計		1.1	0.7	0.3	0.0	0.1	0.1	97.7	4366

図表 2－79（続） 平成 30（2018）年春の新規大卒採用における複数回募集による正社員の採用予定人数（業種別、単位：%）

（複数回募集・合計（内訳までは決めていない場合を含む））

		0人	10人未満	10～30人未満	30～50人未満	50～80人未満	80人以上	無回答・非該当	N
業種	鉱業、採石業、砂利採取業	－	0.0	0.0	0.0	0.0	0.0	100.0	5
	建設業	－	2.7	1.8	0.9	0.3	2.1	92.3	338
	製造業	－	2.6	3.8	0.8	1.0	2.3	89.5	910
	電気・ガス・熱供給・水道業	－	8.7	0.0	0.0	0.0	8.7	82.6	23
	情報通信業	－	4.4	2.7	0.9	0.0	3.5	88.5	113
	運輸業、郵便業	－	2.5	0.6	0.3	0.3	1.3	95.0	317
	卸売業、小売業	－	2.9	3.1	1.6	0.3	0.5	91.7	771
	金融業、保険業	－	1.6	1.6	1.6	11.3	16.1	67.7	62
	不動産業、物品賃貸業	－	1.7	3.4	1.7	0.0	0.0	93.1	58
	学術研究、専門・技術サービス業	－	6.2	6.2	0.0	2.5	0.0	85.2	81
	宿泊業、飲食サービス業	－	2.8	2.4	0.5	0.0	0.0	94.3	211
	生活関連サービス業、娯楽業	－	1.1	2.1	0.0	0.0	0.0	96.8	94
	教育、学習支援業	－	4.9	1.6	1.1	1.1	1.6	89.7	185
	医療、福祉	－	1.0	1.6	0.6	0.3	1.6	94.9	691
	複合サービス事業	－	2.9	11.4	4.3	2.9	1.4	77.1	70
	その他のサービス業	－	1.8	3.0	0.7	0.5	0.5	93.6	436
	無回答	－	0.0	0.0	0.0	0.0	0.0	100.0	1
合計		－	2.5	2.7	0.9	0.7	1.6	91.6	4366

企業規模別（図表 2－80）に見ると、自然ではあるが、規模が大きくなるほど複数回募集する人員は多くなる。

図表 2－80 平成 30（2018）年春の新規大卒採用における複数回募集による正社員の採用予定人数（企業規模別、単位：%）

（複数回募集・うち一括（1回）募集と同じスケジュールで募集）

		0人	10人未満	10～30人未満	30～50人未満	50～80人未満	80人以上	無回答・非該当	N
従業員数	30人未満	0.0	0.0	0.0	0.0	0.0	0.0	100.0	57
	30～99人	0.0	0.5	0.0	0.0	0.0	0.0	99.5	1509
	100～299人	0.5	1.7	0.1	0.0	0.0	0.0	97.7	861
	300～499人	0.7	2.9	1.4	0.0	0.0	0.0	94.9	277
	500～999人	1.2	0.9	1.9	0.6	0.0	0.0	95.3	321
	1000人以上	0.9	1.1	2.0	0.7	0.9	0.7	93.5	538
	無回答	0.2	0.4	0.5	0.1	0.1	0.0	98.6	803
合計		0.4	1.0	0.6	0.2	0.1	0.1	97.7	4366

（複数回募集・うち一括（1回）募集以外のスケジュールで募集）

		0人	10人未満	10～30人未満	30～50人未満	50～80人未満	80人以上	無回答・非該当	N
従業員数	30人未満	0.0	0.0	0.0	0.0	0.0	0.0	100.0	57
	30～99人	0.3	0.2	0.0	0.0	0.0	0.0	99.5	1509
	100～299人	1.5	0.5	0.2	0.0	0.0	0.0	97.8	861
	300～499人	1.8	2.5	0.7	0.0	0.0	0.0	94.9	277
	500～999人	2.2	1.2	0.9	0.3	0.0	0.0	95.3	321
	1000人以上	2.6	1.9	0.6	0.2	0.6	0.7	93.5	538
	無回答	0.7	0.2	0.2	0.0	0.0	0.0	98.8	803
合計		1.1	0.7	0.3	0.0	0.1	0.1	97.7	4366

図表 2－80（続）　平成 30（2018）年春の新規大卒採用における
複数回募集による正社員の採用予定人数（企業規模別、単位：%）

（複数回募集・合計（内訳までは決めていない場合を含む））

		0人	10人未満	10～30人未満	30～50人未満	50～80人未満	80人以上	無回答・非該当	N
従業員数	30人未満	－	1.8	0.0	0.0	0.0	0.0	98.2	57
	30～99人	－	1.4	0.1	0.0	0.0	0.0	98.5	1509
	100～299人	－	4.6	1.4	0.0	0.0	0.0	94.0	861
	300～499人	－	3.6	8.3	0.4	0.0	0.0	87.7	277
	500～999人	－	3.4	9.3	3.7	0.6	0.3	82.6	321
	1000人以上	－	1.9	6.5	3.5	4.1	9.5	74.5	538
	無回答	－	2.1	2.2	0.9	0.7	2.1	91.9	803
合計		－	2.5	2.7	0.9	0.7	1.6	91.6	4366

平成 30 年春に新規大卒採用を考えている企業のうち応募の締め切り日が複数ある企業合計（図表 2－81）で見ると、採用予定人数に占める一括募集とは異なるスケジュールでの平均採用割合は約 29.9%である。

図表 2－81　平成 30（2018）年春の新規大卒採用における採用予定人数に占める
「一括募集とは異なるスケジュール」での平均採用割合（企業規模別、単位：%）

		N	平均	標準偏差
従業員数	30人未満(a)	0		
	30～99人(b)	7	20.0	25.2
	100～299人	19	23.0	41.3
	300～499人(c)	14	38.3	35.4
	500～999人(d)	15	36.4	44.0
	1000人以上	35	29.8	37.9
	無回答	10	29.0	41.8
	合計	100	29.9	38.4
	100人未満(a+b)	7	20.0	25.2
	300～999人(c+d)	29	37.3	39.4

注：無回答・非該当（平成 30 年春の新規大卒採用を考えていない企業、平成 30 年春の新規大卒採用において複数回募集を実施しない企業）を除く。

8.3　通年募集

企業合計（図表 2－82）で見ると、平成 30 年春の新規大卒の正社員採用において、通年募集する人員が 10 人未満である企業は約 19.0%、10～30 人未満が約 5.9%である（無回答・非該当を除くと、それぞれ約 66.3%および約 20.6%）。企業の地域展開の状況別に見ると、より広域に展開する企業ほど一括（1 回）募集する人員は多くなる傾向がある。

図表 2－82　平成 30（2018）年春の新規大卒採用における通年募集による正社員の採用予定人数（地域展開別、単位：%）

		0人	10人未満	10～30人未満	30～50人未満	50～80人未満	80人以上	無回答・非該当	N
地域展開	1事業所1企業	－	16.8	2.7	0.2	0.4	0.2	79.7	1010
	1都道府県のみに展開している企業	－	20.0	6.2	1.2	0.5	0.3	71.9	956
	1つの地域ブロックにのみ展開している企業	－	23.5	5.3	1.3	1.2	0.7	68.1	605
	全国的に展開している企業	－	19.8	7.2	1.8	1.7	1.8	67.6	1327
	海外展開もしている企業	－	13.6	10.4	4.1	3.4	3.1	65.4	413
	無回答	－	12.7	0.0	1.8	0.0	3.6	81.8	55
	合計	－	19.0	5.9	1.4	1.2	1.1	71.4	4366

業種別（図表 2－83）に見ると、通年募集する人員が 10 人未満である企業が多いのは、建設業（約 35.5%）、電気・ガス・熱供給・水道業（約 34.8%）および卸売業、小売業（約 22.8%）である。10～30 人未満の割合が高いのは、生活関連サービス業、娯楽業（約 14.9%）および不動産業、物品賃貸業（約 10.3%）である。

図表 2－83　平成 30（2018）年春の新規大卒採用における通年募集による正社員の採用予定人数（業種別、単位：%）

		0人	10人未満	10～30人未満	30～50人未満	50～80人未満	80人以上	無回答・非該当	N
業種	鉱業、採石業、砂利採取業	－	20.0	0.0	0.0	0.0	0.0	80.0	5
	建設業	－	35.5	3.8	3.3	1.5	0.3	55.6	338
	製造業	－	18.7	4.6	1.2	1.0	0.9	73.6	910
	電気・ガス・熱供給・水道業	－	34.8	4.3	0.0	0.0	0.0	60.9	23
	情報通信業	－	2.7	7.1	5.3	8.0	5.3	71.7	113
	運輸業、郵便業	－	16.4	4.1	0.0	0.0	0.0	79.5	317
	卸売業、小売業	－	22.8	7.4	1.6	1.0	1.6	65.6	771
	金融業、保険業	－	8.1	4.8	0.0	9.7	8.1	69.4	62
	不動産業、物品賃貸業	－	8.6	10.3	1.7	1.7	1.7	75.9	58
	学術研究、専門・技術サービス業	－	19.8	4.9	1.2	3.7	1.2	69.1	81
	宿泊業、飲食サービス業	－	18.0	4.7	1.4	0.5	1.9	73.5	211
	生活関連サービス業、娯楽業	－	19.1	14.9	1.1	0.0	1.1	63.8	94
	教育、学習支援業	－	9.2	2.2	0.0	0.0	0.0	88.6	185
	医療、福祉	－	17.9	6.8	1.6	1.2	0.6	71.9	691
	複合サービス事業	－	10.0	2.9	0.0	0.0	1.4	85.7	70
	その他のサービス業	－	15.8	7.6	1.4	0.7	0.9	73.6	436
	無回答	－	0.0	0.0	0.0	0.0	0.0	100.0	1
	合計	－	19.0	5.9	1.4	1.2	1.1	71.4	4366

企業規模別（図表 2－84）に見ると、自然ではあるが、規模が大きくなるほど通年募集する人員は多くなる。

図表2－84　平成30（2018）年春の新規大卒採用における
通年募集による正社員の採用予定人数（企業規模別、単位：%）

		0人	10人未満	10～30人未満	30～50人未満	50～80人未満	80人以上	無回答・非該当	N
従業員数	30人未満	－	10.5	0.0	0.0	0.0	0.0	89.5	57
	30～99人	－	22.9	0.9	0.0	0.0	0.0	76.3	1509
	100～299人	－	24.5	5.6	0.2	0.0	0.0	69.7	861
	300～499人	－	20.9	11.6	0.4	0.4	0.4	66.4	277
	500～999人	－	11.5	19.0	3.7	3.4	1.2	61.1	321
	1000人以上	－	5.0	11.9	5.9	6.5	5.4	65.2	538
	無回答	－	18.1	4.9	2.0	0.7	1.7	72.6	803
合計		－	19.0	5.9	1.4	1.2	1.1	71.4	4366

8.4　春季一括勤務開始

企業合計（図表2－85）で見ると、平成30年春の新規大卒の正社員採用において、春季一括して勤務を開始する人員が10人未満である企業は約22.8%、10～30人未満が約10.4%である（無回答・非該当を除くと、それぞれ約54.9%および約25.1%）。企業の地域展開の状況別に見ると、概してより広域に展開する企業ほど春季一括して勤務を開始する人員は多くなる。

図表2－85　平成30（2018）年春の新規大卒採用における
春季一括勤務開始の正社員の採用予定人数（地域展開別、単位：%）

		0人	10人未満	10～30人未満	30～50人未満	50～80人未満	80人以上	無回答・非該当	N
地域展開	1事業所1企業	－	18.4	4.0	0.7	0.8	0.5	75.6	1010
	1都道府県のみに展開している企業	－	23.7	9.6	2.6	1.7	1.8	60.6	956
	1つの地域ブロックにのみ展開している企業	－	25.8	8.4	2.0	1.5	2.0	60.3	605
	全国的に展開している企業	－	26.1	12.2	3.9	3.1	2.8	51.9	1327
	海外展開もしている企業	－	16.9	25.9	9.9	7.7	11.1	28.3	413
	無回答	－	18.2	5.5	3.6	0.0	1.8	70.9	55
合計		－	22.8	10.4	3.2	2.4	2.7	58.5	4366

業種別（図表2－86）に見ると、春季一括して勤務を開始する人員が80人以上および50～80人未満である割合が高いのは、金融業（約27.4%および約24.2%）、情報通信業（約9.7%および約12.4%）である。10人未満である割合が高いのは、電気・ガス・熱供給・水道業（約47.8%）、建設業（約31.1%）、教育、学習支援業（約29.7%）である。10～30人未満の割合が高いのは、複合サービス事業（約27.1%）、不動産業、物品賃貸業（約24.1%）である。

図表 2－86　平成 30（2018）年春の新規大卒採用における
春季一括勤務開始の正社員の採用予定人数（業種別、単位：%）

		0人	10人未満	10～30人未満	30～50人未満	50～80人未満	80人以上	無回答・非該当	N
業種	鉱業、採石業、砂利採取業	－	20.0	0.0	0.0	0.0	0.0	80.0	5
	建設業	－	31.1	7.1	4.7	2.4	2.4	52.4	338
	製造業	－	23.3	10.4	3.0	2.6	2.9	57.8	910
	電気・ガス・熱供給・水道業	－	47.8	4.3	0.0	4.3	8.7	34.8	23
	情報通信業	－	22.1	11.5	9.7	12.4	9.7	34.5	113
	運輸業、郵便業	－	21.1	6.9	0.3	0.3	1.9	69.4	317
	卸売業、小売業	－	27.1	12.6	3.9	1.6	1.8	53.0	771
	金融業、保険業	－	17.7	8.1	6.5	24.2	27.4	16.1	62
	不動産業、物品賃貸業	－	17.2	24.1	5.2	1.7	1.7	50.0	58
	学術研究、専門・技術サービス業	－	29.6	13.6	3.7	6.2	1.2	45.7	81
	宿泊業、飲食サービス業	－	19.4	8.5	1.9	0.9	1.9	67.3	211
	生活関連サービス業、娯楽業	－	20.2	14.9	3.2	0.0	1.1	60.6	94
	教育、学習支援業	－	29.7	7.0	0.5	1.6	2.2	58.9	185
	医療、福祉	－	12.6	7.4	2.2	1.6	2.0	74.2	691
	複合サービス事業	－	27.1	27.1	8.6	7.1	2.9	27.1	70
	その他のサービス業	－	22.7	13.3	3.4	0.9	1.6	58.0	436
	無回答	－	0.0	0.0	0.0	0.0	0.0	100.0	1
合計		－	22.8	10.4	3.2	2.4	2.7	58.5	4366

企業規模別（図表 2－87）に見ると、自然ではあるが、規模が大きくなるほど春季一括して勤務を開始する人員は多くなる。

図表 2－87　平成 30（2018）年春の新規大卒採用における
春季一括勤務開始の正社員の採用予定人数（企業規模別、単位：%）

		0人	10人未満	10～30人未満	30～50人未満	50～80人未満	80人以上	無回答・非該当	N
従業員数	30人未満	－	5.3	0.0	0.0	0.0	0.0	94.7	57
	30～99人	－	22.4	0.9	0.0	0.0	0.0	76.7	1509
	100～299人	－	33.0	7.2	0.2	0.1	0.0	59.5	861
	300～499人	－	31.4	24.2	1.1	0.4	0.4	42.6	277
	500～999人	－	23.1	34.9	10.0	4.4	1.2	26.5	321
	1000人以上	－	9.5	25.7	14.1	14.1	15.6	21.0	538
	無回答	－	19.7	7.8	3.2	1.7	3.6	63.9	803
合計		－	22.8	10.4	3.2	2.4	2.7	58.5	4366

8.5　複数回勤務開始

企業合計（図表 2－88）で見ると、平成 30 年春の新規大卒の正社員採用において、複数回にわたって勤務を開始する企業のうち 4 月又は 3 月の定められた日に勤務を開始する人員が 10 人未満である企業は約 0.3%、10～30 人未満が約 0.1%である（無回答・非該当を除くと、それぞれ約 64.7%および約 17.6%）。複数回にわたって勤務を開始する企業のうち 4 月又は 3 月の定められた日以外に勤務を開始する人員が 10 人未満である企業は、約 0.2%となっている（無回答・非該当を除くと、約 56.2%）。

複数回にわたって勤務を開始する人員合計では、10 人未満である企業が約 0.7%、10～30 人未満および 80 人以上が約 0.3%である（無回答・非該当を除くと、それぞれ約 44.1%、約 22.1%および約 22.1%）。

企業の地域展開の状況別に見ると、概してより広域に展開する企業ほど複数回にわたって勤務を開始する人員は多くなる。

図表 2－88　平成 30（2018）年春の新規大卒採用における
複数回勤務開始の正社員の採用予定人数（地域展開別、単位：%）

（複数回勤務開始・うち 4 月又は 3 月の定められた日に勤務開始）

		0人	10人未満	10～30人未満	30～50人未満	50～80人未満	80人以上	無回答・非該当	N
地域展開	1事業所1企業	0.0	0.3	0.0	0.0	0.0	0.0	99.7	1010
	1都道府県のみに展開している企業	0.0	0.1	0.0	0.0	0.0	0.0	99.9	956
	1つの地域ブロックにのみ展開している企業	0.0	0.3	0.2	0.0	0.0	0.0	99.5	605
	全国的に展開している企業	0.0	0.2	0.0	0.0	0.0	0.0	99.8	1327
	海外展開もしている企業	0.5	0.5	0.5	0.0	0.2	0.0	98.3	413
	無回答	0.0	0.0	0.0	0.0	0.0	0.0	100.0	55
合計		0.0	0.3	0.1	0.0	0.0	0.0	99.6	4366

（複数回勤務開始・うち 4 月又は 3 月の定められた日以外に勤務開始）

		0人	10人未満	10～30人未満	30～50人未満	50～80人未満	80人以上	無回答・非該当	N
地域展開	1事業所1企業	0.2	0.0	0.0	0.0	0.0	0.0	99.8	1010
	1都道府県のみに展開している企業	0.0	0.1	0.0	0.0	0.0	0.0	99.9	956
	1つの地域ブロックにのみ展開している企業	0.2	0.3	0.0	0.0	0.0	0.0	99.5	605
	全国的に展開している企業	0.1	0.2	0.0	0.0	0.0	0.0	99.8	1327
	海外展開もしている企業	0.2	1.0	0.0	0.0	0.0	0.5	98.3	413
	無回答	0.0	0.0	0.0	0.0	0.0	0.0	100.0	55
合計		0.1	0.2	0.0	0.0	0.0	0.0	99.6	4366

（複数回勤務開始・合計（内訳までは決めていない場合を含む））

		0人	10人未満	10～30人未満	30～50人未満	50～80人未満	80人以上	無回答・非該当	N
地域展開	1事業所1企業	－	0.3	0.0	0.0	0.0	0.0	99.7	1010
	1都道府県のみに展開している企業	－	0.7	0.3	0.0	0.1	0.1	98.7	956
	1つの地域ブロックにのみ展開している企業	－	1.2	0.5	0.0	0.0	0.0	98.3	605
	全国的に展開している企業	－	0.7	0.5	0.0	0.2	0.4	98.3	1327
	海外展開もしている企業	－	1.0	0.7	0.7	0.2	2.2	95.2	413
	無回答	－	0.0	0.0	0.0	0.0	0.0	100.0	55
合計		－	0.7	0.3	0.1	0.1	0.3	98.4	4366

業種別（図表 2－89）に見ると、複数回にわたって勤務を開始する企業のうち 4 月又は3月の定められた日に勤務を開始する人員が 10 人未満である割合が高いのは、運輸業、郵便業（約 0.6%）、建設業（約 0.6%）である。複数回にわたって勤務を開始する企業のうち4月又は3月の定められた日以外に勤務を開始する人員が 10 人未満である割合が高いのは、情報通信業（約 0.9%）、製造業（約 0.4%）である。複数回にわたって勤務を開始する人員合計では、10 人未満である割合が高いのは、電気・ガス・熱供給・水道業（約 4.3%）、教育、学習支援業（約 1.6%）である。

図表2－89　平成30（2018）年春の新規大卒採用における複数回勤務開始の正社員の採用予定人数（業種別、単位：%）

（複数回勤務開始・うち４月又は３月の定められた日に勤務開始）

		0人	10人未満	10～30人未満	30～50人未満	50～80人未満	80人以上	無回答・非該当	N
業種	鉱業、採石業、砂利採取業	0.0	0.0	0.0	0.0	0.0	0.0	100.0	5
	建設業	0.0	0.6	0.0	0.0	0.0	0.0	99.4	338
	製造業	0.1	0.2	0.2	0.0	0.1	0.0	99.3	910
	電気・ガス・熱供給・水道業	0.0	0.0	0.0	0.0	0.0	0.0	100.0	23
	情報通信業	0.0	0.0	0.9	0.0	0.0	0.0	99.1	113
	運輸業、郵便業	0.0	0.6	0.0	0.0	0.0	0.0	99.4	317
	卸売業、小売業	0.1	0.1	0.0	0.0	0.0	0.0	99.7	771
	金融業、保険業	0.0	0.0	0.0	0.0	0.0	0.0	100.0	62
	不動産業、物品賃貸業	0.0	0.0	0.0	0.0	0.0	0.0	100.0	58
	学術研究、専門・技術サービス業	0.0	0.0	0.0	0.0	0.0	0.0	100.0	81
	宿泊業、飲食サービス業	0.0	0.5	0.0	0.0	0.0	0.0	99.5	211
	生活関連サービス業、娯楽業	0.0	0.0	0.0	0.0	0.0	0.0	100.0	94
	教育、学習支援業	0.0	0.5	0.0	0.0	0.0	0.0	99.5	185
	医療、福祉	0.0	0.1	0.0	0.0	0.0	0.0	99.9	691
	複合サービス事業	0.0	0.0	0.0	0.0	0.0	0.0	100.0	70
	その他のサービス業	0.0	0.2	0.0	0.0	0.0	0.0	99.8	436
	無回答	0.0	0.0	0.0	0.0	0.0	0.0	100.0	1
	合計	0.0	0.3	0.1	0.0	0.0	0.0	99.6	4366

（複数回勤務開始・うち４月又は３月の定められた日以外に勤務開始）

		0人	10人未満	10～30人未満	30～50人未満	50～80人未満	80人以上	無回答・非該当	N
業種	鉱業、採石業、砂利採取業	0.0	0.0	0.0	0.0	0.0	0.0	100.0	5
	建設業	0.3	0.3	0.0	0.0	0.0	0.0	99.4	338
	製造業	0.1	0.4	0.0	0.0	0.0	0.1	99.3	910
	電気・ガス・熱供給・水道業	0.0	0.0	0.0	0.0	0.0	0.0	100.0	23
	情報通信業	0.0	0.9	0.0	0.0	0.0	0.0	99.1	113
	運輸業、郵便業	0.3	0.3	0.0	0.0	0.0	0.0	99.4	317
	卸売業、小売業	0.0	0.1	0.0	0.0	0.0	0.1	99.7	771
	金融業、保険業	0.0	0.0	0.0	0.0	0.0	0.0	100.0	62
	不動産業、物品賃貸業	0.0	0.0	0.0	0.0	0.0	0.0	100.0	58
	学術研究、専門・技術サービス業	0.0	0.0	0.0	0.0	0.0	0.0	100.0	81
	宿泊業、飲食サービス業	0.5	0.0	0.0	0.0	0.0	0.0	99.5	211
	生活関連サービス業、娯楽業	0.0	0.0	0.0	0.0	0.0	0.0	100.0	94
	教育、学習支援業	0.5	0.0	0.0	0.0	0.0	0.0	99.5	185
	医療、福祉	0.0	0.1	0.0	0.0	0.0	0.0	99.9	691
	複合サービス事業	0.0	0.0	0.0	0.0	0.0	0.0	100.0	70
	その他のサービス業	0.0	0.0	0.0	0.0	0.0	0.0	100.0	436
	無回答	0.0	0.0	0.0	0.0	0.0	0.0	100.0	1
	合計	0.1	0.2	0.0	0.0	0.0	0.0	99.6	4366

図表 2－89（続）　平成 30（2018）年春の新規大卒採用における複数回勤務開始の正社員の採用予定人数（業種別、単位：%）

（複数回勤務開始・合計（内訳までは決めていない場合を含む））

		0人	10人未満	10～30人未満	30～50人未満	50～80人未満	80人以上	無回答・非該当	N
業種	鉱業、採石業、砂利採取業	－	0.0	0.0	0.0	0.0	0.0	100.0	5
	建設業	－	0.9	0.3	0.3	0.0	0.3	98.2	338
	製造業	－	0.4	0.4	0.1	0.1	0.8	98.1	910
	電気・ガス・熱供給・水道業	－	4.3	0.0	0.0	0.0	0.0	95.7	23
	情報通信業	－	0.0	1.8	0.0	0.0	0.9	97.3	113
	運輸業、郵便業	－	1.3	0.0	0.0	0.0	0.0	98.7	317
	卸売業、小売業	－	0.5	0.3	0.0	0.0	0.5	98.7	771
	金融業、保険業	－	0.0	0.0	0.0	0.0	0.0	100.0	62
	不動産業、物品賃貸業	－	0.0	0.0	0.0	0.0	0.0	100.0	58
	学術研究、専門・技術サービス業	－	1.2	0.0	0.0	1.2	0.0	97.5	81
	宿泊業、飲食サービス業	－	0.5	0.0	0.0	0.0	0.0	99.5	211
	生活関連サービス業、娯楽業	－	0.0	2.1	0.0	0.0	0.0	97.9	94
	教育、学習支援業	－	1.6	0.5	0.5	0.0	0.0	97.3	185
	医療、福祉	－	0.4	0.3	0.0	0.1	0.3	98.8	691
	複合サービス事業	－	1.4	0.0	0.0	0.0	0.0	98.6	70
	その他のサービス業	－	1.1	0.2	0.0	0.5	0.0	98.2	436
	無回答	－	0.0	0.0	0.0	0.0	0.0	100.0	1
合計		－	0.7	0.3	0.1	0.1	0.3	98.4	4366

企業規模別（図表 2－90）に見ると、自然ではあるが、概して規模が大きくなるほど複数回募集する人員は多くなる。

図表 2－90　平成 30（2018）年春の新規大卒採用における複数回勤務開始の正社員の採用予定人数（企業規模別、単位：%）

（複数回勤務開始・うち４月又は３月の定められた日に勤務開始）

		0人	10人未満	10～30人未満	30～50人未満	50～80人未満	80人以上	無回答・非該当	N
従業員数	30人未満	0.0	0.0	0.0	0.0	0.0	0.0	100.0	57
	30～99人	0.0	0.3	0.0	0.0	0.0	0.0	99.7	1509
	100～299人	0.0	0.5	0.0	0.0	0.0	0.0	99.5	861
	300～499人	0.0	0.0	0.4	0.0	0.0	0.0	99.6	277
	500～999人	0.0	0.0	0.3	0.0	0.0	0.0	99.7	321
	1000人以上	0.4	0.0	0.2	0.0	0.2	0.0	99.3	538
	無回答	0.0	0.4	0.0	0.0	0.0	0.0	99.6	803
合計		0.0	0.3	0.1	0.0	0.0	0.0	99.6	4366

（複数回勤務開始・うち４月又は３月の定められた日以外に勤務開始）

		0人	10人未満	10～30人未満	30～50人未満	50～80人未満	80人以上	無回答・非該当	N
従業員数	30人未満	0.0	0.0	0.0	0.0	0.0	0.0	100.0	57
	30～99人	0.1	0.2	0.0	0.0	0.0	0.0	99.7	1509
	100～299人	0.1	0.2	0.0	0.0	0.0	0.0	99.7	861
	300～499人	0.0	0.4	0.0	0.0	0.0	0.0	99.6	277
	500～999人	0.0	0.3	0.0	0.0	0.0	0.0	99.7	321
	1000人以上	0.2	0.2	0.0	0.0	0.0	0.4	99.3	538
	無回答	0.2	0.1	0.0	0.0	0.0	0.0	99.6	803
合計		0.1	0.2	0.0	0.0	0.0	0.0	99.6	4366

図表 2－90（続）　平成 30（2018）年春の新規大卒採用における
複数回勤務開始の正社員の採用予定人数（企業規模別、単位：%）

（複数回勤務開始・合計（内訳までは決めていない場合を含む））

		0人	10人未満	10～30人未満	30～50人未満	50～80人未満	80人以上	無回答・非該当	N
従業員数	30人未満	－	3.5	0.0	0.0	0.0	0.0	96.5	57
	30～99人	－	0.7	0.0	0.0	0.0	0.0	99.3	1509
	100～299人	－	0.7	0.1	0.0	0.0	0.0	99.2	861
	300～499人	－	0.4	0.4	0.0	0.0	0.0	99.3	277
	500～999人	－	0.0	0.9	0.0	0.3	0.0	98.8	321
	1000人以上	－	1.1	1.3	0.4	0.6	1.9	94.8	538
	無回答	－	0.5	0.4	0.1	0.1	0.6	98.3	803
	合計	－	0.7	0.3	0.1	0.1	0.3	98.4	4366

8.6　通年勤務開始

企業合計（図表 2－91）で見ると、平成 30 年春の新規大卒の正社員採用において、通年で勤務を開始する人員が 10 人未満である企業は約 4.6%、10～30 人未満が約 0.9%である（無回答・非該当を除くと、それぞれ約 79.7%および約 15.1%）。企業の地域展開の状況別に見ると、概してより広域に展開する企業ほど一括（1 回）募集する人員は多くなる傾向がある。

図表 2－91　平成 30（2018）年春の新規大卒採用における
通年勤務開始の正社員の採用予定人数（地域展開別、単位：%）

		0人	10人未満	10～30人未満	30～50人未満	50～80人未満	80人以上	無回答・非該当	N
地域展開	1事業所1企業	－	5.6	1.0	0.1	0.0	0.0	93.3	1010
	1都道府県のみに展開している企業	－	4.9	1.4	0.1	0.1	0.0	93.5	956
	1つの地域ブロックにのみ展開している企業	－	5.8	0.7	0.3	0.0	0.2	93.1	605
	全国的に展開している企業	－	3.8	0.7	0.0	0.1	0.3	95.1	1327
	海外展開もしている企業	－	2.2	0.5	0.0	0.2	0.0	97.1	413
	無回答	－	1.8	0.0	0.0	0.0	1.8	96.4	55
	合計	－	4.6	0.9	0.1	0.1	0.1	94.3	4366

業種別（図表 2－92）に見ると、通年で勤務を開始する人員が 10 人未満である企業が多いのは、建設業（約 8.6%）および医療、福祉（約 8.2%）である。10～30 人未満の割合が高いのは、生活関連サービス業、娯楽業（約 2.1%）、宿泊業、飲食サービス業（約 1.9%）および医療、福祉（約 1.9%）である。

図表 2－92　平成 30（2018）年春の新規大卒採用における通年勤務開始の正社員の採用予定人数（業種別、単位：%）

		0人	10人未満	10～30人未満	30～50人未満	50～80人未満	80人以上	無回答・非該当	N
業種	鉱業、採石業、砂利採取業	－	0.0	0.0	0.0	0.0	0.0	100.0	5
	建設業	－	8.6	0.0	0.3	0.0	0.3	90.8	338
	製造業	－	3.0	0.3	0.0	0.0	0.0	96.7	910
	電気・ガス・熱供給・水道業	－	4.3	0.0	0.0	0.0	0.0	95.7	23
	情報通信業	－	0.9	0.9	0.0	0.0	0.0	98.2	113
	運輸業、郵便業	－	2.5	0.6	0.0	0.0	0.0	96.8	317
	卸売業、小売業	－	4.7	0.6	0.1	0.0	0.0	94.6	771
	金融業、保険業	－	1.6	1.6	0.0	0.0	1.6	95.2	62
	不動産業、物品賃貸業	－	0.0	0.0	0.0	0.0	0.0	100.0	58
	学術研究、専門・技術サービス業	－	6.2	1.2	0.0	0.0	0.0	92.6	81
	宿泊業、飲食サービス業	－	6.2	1.9	0.5	0.5	0.0	91.0	211
	生活関連サービス業、娯楽業	－	5.3	2.1	0.0	0.0	0.0	92.6	94
	教育、学習支援業	－	2.2	1.1	0.0	0.0	0.0	96.8	185
	医療、福祉	－	8.2	1.9	0.1	0.1	0.3	89.3	691
	複合サービス事業	－	0.0	0.0	0.0	0.0	0.0	100.0	70
	その他のサービス業	－	3.0	0.9	0.0	0.2	0.5	95.4	436
	無回答	－	0.0	0.0	0.0	0.0	0.0	100.0	1
合計		－	4.6	0.9	0.1	0.1	0.1	94.3	4366

企業規模別（図表 2－93）に見ると、自然ではあるが、規模が大きくなるほど通年で勤務を開始する人員は多くなる。

図表 2－93　平成 30（2018）年春の新規大卒採用における通年勤務開始の正社員の採用予定人数（企業規模別、単位：%）

		0人	10人未満	10～30人未満	30～50人未満	50～80人未満	80人以上	無回答・非該当	N
従業員数	30人未満	－	3.5	0.0	0.0	0.0	0.0	96.5	57
	30～99人	－	6.0	0.3	0.0	0.0	0.0	93.7	1509
	100～299人	－	5.1	1.3	0.0	0.0	0.0	93.6	861
	300～499人	－	5.4	1.8	0.0	0.0	0.0	92.8	277
	500～999人	－	1.2	1.9	0.3	0.3	0.3	96.0	321
	1000人以上	－	1.3	0.9	0.2	0.2	0.6	96.8	538
	無回答	－	4.6	0.9	0.2	0.1	0.2	93.9	803
合計		－	4.6	0.9	0.1	0.1	0.1	94.3	4366

9　平成 30（2018）年春の新規大卒採用の正社員の採用予定人員（雇用区分・形態別）

9.1　採用予定人数

企業合計（図表 2－94）で見ると、平成 30 年春の新規大卒採用において、正社員（限定されない）の採用予定人数が 10 人未満である企業は約 25.1％であり、10～30 人未満では約 10.4％である（無回答・非該当を除くと、それぞれ約 52.0％および約 21.6％）。地域限定正社員の採用予定人数では、0 人である企業が約 43.0％、10 人未満が約 2.3％である（無回答・非該当を除くと、それぞれ約 92.3％および約 5.0％）。職務限定正社員では、0 人である企業が約 40.9％、10 人未満が約 3.9％となっている（無回答・非該当を除くと、それぞれ約 87.9%および約 8.4%）。勤務時間限定正社員では、0 人である企業が約 46.2%、10 人未満が約 0.1%である（無回答・非該当を除くと、それぞれ約 99.8%および約 0.2%）。

企業の地域展開の状況別に見ると、正社員（限定されない）、地域限定正社員、職務限定正社員については、概してより広域に展開する企業ほど採用予定人数が多くなる。ただし、1 都道府県のみに展開している企業でのこれらの正社員の採用予定人数が相対的に多い。勤務時間限定正社員については、ほとんど採用実績がないため、参考までに図表を掲載するに留める。

図表 2－94　平成 30（2018）年春の新規大卒採用における正社員の雇用区分・形態別採用予定人数（地域展開別、単位：%）

（正社員（限定されない））

		0人	10人未満	10～30人未満	30～50人未満	50～80人未満	80人以上	無回答・非該当	N
地域展開	1事業所1企業	5.9	20.7	3.9	0.8	0.2	0.3	68.2	1010
	1都道府県のみに展開している企業	6.6	25.1	10.1	2.2	0.9	1.6	53.5	956
	1つの地域ブロックにのみ展開している企業	5.3	29.3	9.1	1.8	1.2	2.1	51.2	605
	全国的に展開している企業	4.3	28.3	12.1	3.8	2.3	2.7	46.5	1327
	海外展開もしている企業	2.9	19.9	24.7	10.9	8.0	10.9	22.8	413
	無回答	1.8	21.8	5.5	3.6	0.0	1.8	65.5	55
	合計	5.2	25.1	10.4	3.1	1.9	2.6	51.7	4366

（地域限定正社員）

		0人	10人未満	10～30人未満	30～50人未満	50～80人未満	80人以上	無回答・非該当	N
地域展開	1事業所1企業	29.3	0.6	0.1	0.2	0.0	0.0	69.8	1010
	1都道府県のみに展開している企業	42.7	1.2	0.3	0.2	0.1	0.0	55.5	956
	1つの地域ブロックにのみ展開している企業	44.3	2.3	0.3	0.0	0.0	0.0	53.1	605
	全国的に展開している企業	47.3	3.2	0.7	0.3	0.3	0.4	47.8	1327
	海外展開もしている企業	63.0	6.5	2.4	0.7	1.0	1.2	25.2	413
	無回答	30.9	1.8	0.0	0.0	0.0	0.0	67.3	55
	合計	43.0	2.3	0.6	0.3	0.2	0.2	53.4	4366

（職務限定正社員）

		0人	10人未満	10～30人未満	30～50人未満	50～80人未満	80人以上	無回答・非該当	N
地域展開	1事業所1企業	24.8	4.1	0.8	0.5	0.1	0.2	69.6	1010
	1都道府県のみに展開している企業	37.0	5.0	1.6	0.3	0.5	0.2	55.3	956
	1つの地域ブロックにのみ展開している企業	41.0	5.1	0.7	0.0	0.0	0.0	53.2	605
	全国的に展開している企業	47.7	2.6	0.8	0.3	0.2	0.2	48.2	1327
	海外展開もしている企業	68.0	3.9	1.2	0.7	0.0	0.7	25.4	413
	無回答	32.7	0.0	0.0	0.0	0.0	0.0	67.3	55
	合計	40.9	3.9	1.0	0.3	0.2	0.2	53.5	4366

（勤務時間限定正社員）

		0人	10人未満	10～30人未満	30～50人未満	50～80人未満	80人以上	無回答・非該当	N
地域展開	1事業所1企業	30.2	0.1	0.0	0.0	0.0	0.0	69.7	1010
	1都道府県のみに展開している企業	44.2	0.3	0.0	0.0	0.0	0.0	55.4	956
	1つの地域ブロックにのみ展開している企業	46.4	0.0	0.0	0.0	0.0	0.0	53.6	605
	全国的に展開している企業	51.7	0.0	0.0	0.0	0.0	0.0	48.3	1327
	海外展開もしている企業	74.1	0.0	0.0	0.0	0.0	0.0	25.9	413
	無回答	32.7	0.0	0.0	0.0	0.0	0.0	67.3	55
	合計	46.2	0.1	0.0	0.0	0.0	0.0	53.7	4366

平成 30 年春の新規大卒採用を考えている企業合計（図表 2－95）で見ると、平均採用予定人数は、地域限定正社員では約 1.7 人、職務限定正社員では約 1.9 人である。

全国的に展開している企業では、地域限定正社員の平均採用予定人数は約 2.0 人、職務限定正社員の平均採用予定人数は約 1.2 人である。また、海外展開もしている企業では、地域限定正社員の平均採用予定人数は約 5.7 人、職務限定正社員の平均採用予定人数は約 3.1 人である。

図表 2－95　平成 30（2018）年春の新規大卒採用における平均採用予定人数（地域展開別、単位：人）

正社員（限定されない）		N	平均	標準偏差
地域展開	1事業所1企業	321	6.5	16.2
	1都道府県のみに展開している企業	445	12.8	31.8
	1つの地域ブロックにのみ展開している企業	295	13.9	35.6
	全国的に展開している企業	710	17.6	37.2
	海外展開もしている企業	319	45.4	94.4
	無回答	19	13.7	23.6
	合計	2109	18.6	48.8
地域限定正社員		**N**	**平均**	**標準偏差**
地域展開	1事業所1企業	305	0.3	3.4
	1都道府県のみに展開している企業	425	0.5	4.1
	1つの地域ブロックにのみ展開している企業	284	0.2	1.3
	全国的に展開している企業	693	2.0	13.4
	海外展開もしている企業	309	5.7	37.4
	無回答	18	0.2	0.9
	合計	2034	1.7	16.8
職務限定正社員		**N**	**平均**	**標準偏差**
地域展開	1事業所1企業	307	2.3	10.4
	1都道府県のみに展開している企業	427	2.7	15.2
	1つの地域ブロックにのみ展開している企業	283	0.6	2.3
	全国的に展開している企業	687	1.2	8.0
	海外展開もしている企業	308	3.1	29.1
	無回答	18	0.0	0.0
	合計	2030	1.9	14.7
勤務時間限定正社員		**N**	**平均**	**標準偏差**
地域展開	1事業所1企業	306	0.0	0.1
	1都道府県のみに展開している企業	426	0.0	0.1
	1つの地域ブロックにのみ展開している企業	281	0.0	0.0
	全国的に展開している企業	686	0.0	0.0
	海外展開もしている企業	306	0.0	0.0
	無回答	18	0.0	0.0
	合計	2023	0.0	0.1

注：無回答・非該当（平成 30 年春の新規大卒採用を考えていない企業）を除く。

平成 30 年春の新規大卒採用を考えている企業合計（図表 2－96）で見ると、正社員採用予定人数に占める地域限定正社員の平均比率は約 3.2%、職務限定正社員の平均比率は約 9.6%である。

全国的に展開している企業では、地域限定正社員の平均比率は約 3.9%、職務限定正社員の平均比率は約 6.4%である。また、海外展開もしている企業では、地域限定正社員の平均比率は約 4.2%、職務限定正社員の平均比率は約 4.3%である。なお、全国的に展開している企業および海外展開もしている企業を集計してみると、地域限定正社員の平均比率は約 4.0%、職務限定正社員の平均比率は約 5.7%となっている。

図表 2－96　平成 30（2018）年春の正社員の新規大卒採用における平均限定正社員比率（地域展開別、単位：%）

地域限定正社員		N	平均	標準偏差
地域展開	1事業所1企業	299	2.1	13.7
	1都道府県のみに展開している企業	417	2.5	13.5
	1つの地域ブロックにのみ展開している企業	280	3.1	15.8
	全国的に展開している企業	677	3.9	15.5
	海外展開もしている企業	305	4.2	14.0
	無回答	17	0.9	3.9
	合計	1995	3.2	14.6
職務限定正社員		**N**	**平均**	**標準偏差**
地域展開	1事業所1企業	299	16.8	36.8
	1都道府県のみに展開している企業	417	14.2	33.5
	1つの地域ブロックにのみ展開している企業	280	9.6	28.6
	全国的に展開している企業	677	6.4	23.4
	海外展開もしている企業	305	4.3	18.5
	無回答	17	0.0	0.0
	合計	1995	9.6	28.4
勤務時間限定正社員		**N**	**平均**	**標準偏差**
地域展開	1事業所1企業	299	0.1	1.2
	1都道府県のみに展開している企業	417	0.2	2.7
	1つの地域ブロックにのみ展開している企業	280	0.0	0.0
	全国的に展開している企業	677	0.0	0.0
	海外展開もしている企業	305	0.0	0.0
	無回答	17	0.0	0.0
	合計	1995	0.1	1.3

注：無回答・非該当（平成 30 年春の新規大卒採用を考えていない企業）を除く。

業種別（図表 2－97）に見ると、正社員（限定されない）の採用予定人数が 80 人以上である割合が高いのは、金融業、保険業（約 22.6%）および情報通信業（約 8.0%）である。50～80 人未満および 30～50 人未満の割合が高いのは、金融業、保険業（約 17.7%および約 14.5%）、情報通信業（約 8.8%および約 8.8%）および複合サービス事業（約 7.1%および約 7.1%）である。地域限定正社員の採用予定人数が 80 人以上、50～80 人未満および 30～50 人未満の割合が高いのは、金融業、保険業（約 4.8%、約 3.2%、約 3.2%）および複合サービス事業（いずれも約 1.4%）である。職務限定正社員の採用予定人数が 80 人以上である割合が高いのは、不動産業、物品賃貸業（約 1.7%）および金融業、保険業（約 1.6%）である。50～80 人未満の割合が高いのが、情報通信業（約 1.8%）および金融業、保険業（約 1.6%）である。

図表 2－97　平成 30（2018）年春の新規大卒採用における正社員の雇用区分・形態別採用予定人数（業種別、単位：%）

（正社員（限定されない））

		0人	10人未満	10～30人未満	30～50人未満	50～80人未満	80人以上	無回答・非該当	N
業種	鉱業、採石業、砂利採取業	20.0	0.0	0.0	0.0	0.0	0.0	80.0	5
	建設業	8.9	32.5	6.2	5.3	2.4	2.4	42.3	338
	製造業	3.1	24.1	10.4	2.9	2.6	3.4	53.5	910
	電気・ガス・熱供給・水道業	0.0	56.5	4.3	4.3	0.0	4.3	30.4	23
	情報通信業	6.2	21.2	14.2	8.8	8.8	8.0	32.7	113
	運輸業、郵便業	2.5	25.9	5.7	0.0	0.3	1.9	63.7	317
	卸売業、小売業	4.4	29.2	13.5	3.1	0.8	1.9	47.1	771
	金融業、保険業	0.0	19.4	11.3	14.5	17.7	22.6	14.5	62
	不動産業、物品賃貸業	6.9	15.5	19.0	3.4	1.7	0.0	53.4	58
	学術研究、専門・技術サービス業	7.4	30.9	14.8	3.7	4.9	2.5	35.8	81
	宿泊業、飲食サービス業	2.8	25.6	10.4	2.4	0.5	1.4	56.9	211
	生活関連サービス業、娯楽業	6.4	23.4	17.0	3.2	0.0	0.0	50.0	94
	教育、学習支援業	8.6	27.0	6.5	2.2	0.0	2.2	53.5	185
	医療、福祉	9.7	16.5	6.9	1.9	0.7	1.7	62.5	691
	複合サービス事業	2.9	27.1	27.1	7.1	7.1	1.4	27.1	70
	その他のサービス業	2.3	27.1	12.4	3.2	1.4	1.6	52.1	436
	無回答	0.0	0.0	0.0	0.0	0.0	0.0	100.0	1
合計		5.2	25.1	10.4	3.1	1.9	2.6	51.7	4366

（地域限定正社員）

		0人	10人未満	10～30人未満	30～50人未満	50～80人未満	80人以上	無回答・非該当	N
業種	鉱業、採石業、砂利採取業	20.0	0.0	0.0	0.0	0.0	0.0	80.0	5
	建設業	50.6	2.7	0.3	0.3	0.0	0.6	45.6	338
	製造業	42.2	2.9	0.4	0.1	0.0	0.0	54.4	910
	電気・ガス・熱供給・水道業	60.9	4.3	4.3	0.0	0.0	0.0	30.4	23
	情報通信業	63.7	2.7	0.0	0.0	0.0	0.0	33.6	113
	運輸業、郵便業	31.9	2.2	0.0	0.0	0.0	0.0	65.9	317
	卸売業、小売業	46.0	3.1	0.8	0.4	0.5	0.1	49.0	771
	金融業、保険業	67.7	0.0	6.5	3.2	3.2	4.8	14.5	62
	不動産業、物品賃貸業	39.7	3.4	0.0	0.0	0.0	0.0	56.9	58
	学術研究、専門・技術サービス業	60.5	0.0	0.0	0.0	1.2	0.0	38.3	81
	宿泊業、飲食サービス業	35.5	4.3	1.4	0.0	0.0	0.5	58.3	211
	生活関連サービス業、娯楽業	44.7	2.1	0.0	0.0	0.0	0.0	53.2	94
	教育、学習支援業	43.2	1.6	1.1	0.0	0.0	0.0	54.1	185
	医療、福祉	34.0	1.0	0.3	0.1	0.1	0.1	64.3	691
	複合サービス事業	65.7	1.4	0.0	1.4	1.4	1.4	28.6	70
	その他のサービス業	42.9	1.8	0.5	0.5	0.0	0.2	54.1	436
	無回答	0.0	0.0	0.0	0.0	0.0	0.0	100.0	1
合計		43.0	2.3	0.6	0.3	0.2	0.2	53.4	4366

図表2－97（続）　平成30（2018）年春の新規大卒採用における正社員の雇用区分・形態別採用予定人数（業種別、単位：%）

（職務限定正社員）

		0人	10人未満	10～30人未満	30～50人未満	50～80人未満	80人以上	無回答・非該当	N
業種	鉱業、採石業、砂利採取業	0.0	20.0	0.0	0.0	0.0	0.0	80.0	5
	建設業	45.3	8.0	1.2	0.0	0.0	0.0	45.6	338
	製造業	41.8	2.9	0.3	0.2	0.0	0.0	54.8	910
	電気・ガス・熱供給・水道業	69.6	0.0	0.0	0.0	0.0	0.0	30.4	23
	情報通信業	61.1	0.9	0.9	0.9	1.8	0.9	33.6	113
	運輸業、郵便業	29.7	2.5	1.6	0.0	0.0	0.3	65.9	317
	卸売業、小売業	46.0	3.8	0.5	0.5	0.1	0.0	49.0	771
	金融業、保険業	72.6	1.6	3.2	1.6	1.6	1.6	17.7	62
	不動産業、物品賃貸業	37.9	0.0	3.4	0.0	0.0	1.7	56.9	58
	学術研究、専門・技術サービス業	54.3	7.4	0.0	0.0	0.0	0.0	38.3	81
	宿泊業、飲食サービス業	38.9	0.5	0.0	0.5	0.0	0.5	59.7	211
	生活関連サービス業、娯楽業	38.3	7.4	1.1	0.0	0.0	0.0	53.2	94
	教育、学習支援業	37.3	7.0	1.1	0.0	0.5	0.0	54.1	185
	医療、福祉	25.8	6.4	2.3	0.7	0.4	0.7	63.7	691
	複合サービス事業	71.4	0.0	0.0	0.0	0.0	0.0	28.6	70
	その他のサービス業	43.8	1.6	0.5	0.2	0.0	0.0	53.9	436
	無回答	0.0	0.0	0.0	0.0	0.0	0.0	100.0	1
	合計	40.9	3.9	1.0	0.3	0.2	0.2	53.5	4366

（勤務時間限定正社員）

		0人	10人未満	10～30人未満	30～50人未満	50～80人未満	80人以上	無回答・非該当	N
業種	鉱業、採石業、砂利採取業	20.0	0.0	0.0	0.0	0.0	0.0	80.0	5
	建設業	54.1	0.0	0.0	0.0	0.0	0.0	45.9	338
	製造業	45.3	0.0	0.0	0.0	0.0	0.0	54.7	910
	電気・ガス・熱供給・水道業	69.6	0.0	0.0	0.0	0.0	0.0	30.4	23
	情報通信業	66.4	0.0	0.0	0.0	0.0	0.0	33.6	113
	運輸業、郵便業	34.1	0.0	0.0	0.0	0.0	0.0	65.9	317
	卸売業、小売業	50.6	0.0	0.0	0.0	0.0	0.0	49.4	771
	金融業、保険業	82.3	0.0	0.0	0.0	0.0	0.0	17.7	62
	不動産業、物品賃貸業	43.1	0.0	0.0	0.0	0.0	0.0	56.9	58
	学術研究、専門・技術サービス業	60.5	1.2	0.0	0.0	0.0	0.0	38.3	81
	宿泊業、飲食サービス業	40.3	0.0	0.0	0.0	0.0	0.0	59.7	211
	生活関連サービス業、娯楽業	46.8	0.0	0.0	0.0	0.0	0.0	53.2	94
	教育、学習支援業	45.9	0.0	0.0	0.0	0.0	0.0	54.1	185
	医療、福祉	35.5	0.4	0.0	0.0	0.0	0.0	64.1	691
	複合サービス事業	71.4	0.0	0.0	0.0	0.0	0.0	28.6	70
	その他のサービス業	45.9	0.0	0.0	0.0	0.0	0.0	54.1	436
	無回答	0.0	0.0	0.0	0.0	0.0	0.0	100.0	1
	合計	46.2	0.1	0.0	0.0	0.0	0.0	53.7	4366

平成30年春の新規大卒採用における正社員採用予定人数に占める地域限定正社員の平均比率を業種別（図表2－98）に見ると、金融業、保険業（約6.4%）および宿泊業、飲食サービス業（約5.5%）で相対的に高い。

職務限定正社員の平均比率は、医療、福祉（約26.3%）、教育、学習支援業（約17.7%）、生活関連サービス、娯楽業（約14.4%）および建設業（約14.4%）で相対的に高くなっている。

図表２－98　平成30（2018）年春の正社員の新規大卒採用における平均限定正社員比率（業種別、単位：％）

		地域限定正社員			職務限定正社員			勤務時間限定正社員		
		N	平均	標準偏差	N	平均	標準偏差	N	平均	標準偏差
業種	鉱業、採石業、砂利採取業	1	0.0	.	1	100.0	.	1	0.0	.
	建設業	183	2.4	13.5	183	14.4	34.7	183	0.0	0.0
	製造業	410	2.5	13.3	410	5.4	21.7	410	0.0	0.0
	電気･ガス･熱供給･水道業	16	2.5	7.2	16	0.0	0.0	16	0.0	0.0
	情報通信業	73	1.5	11.7	73	5.5	22.9	73	0.0	0.0
	運輸業、郵便業	107	2.1	9.1	107	8.4	25.5	107	0.0	0.0
	卸売業、小売業	381	4.0	15.6	381	6.6	22.9	381	0.0	0.0
	金融業、保険業	51	6.4	16.5	51	4.0	13.2	51	0.0	0.0
	不動産業、物品賃貸業	25	5.1	20.5	25	12.0	33.2	25	0.0	0.0
	学術研究、専門･技術サービス業	49	2.0	14.3	49	10.7	29.8	49	1.0	7.1
	宿泊業、飲食サービス業	84	5.5	18.5	84	3.5	18.3	84	0.0	0.0
	生活関連サービス業、娯楽業	43	1.3	7.6	43	14.4	33.3	43	0.0	0.0
	教育、学習支援業	83	3.0	13.5	83	17.7	37.8	83	0.0	0.0
	医療、福祉	240	2.6	13.3	240	26.3	43.2	240	0.2	2.0
	複合サービス事業	50	7.4	25.5	50	0.0	0.0	50	0.0	0.0
	その他のサービス業	199	3.7	15.9	199	3.8	18.2	199	0.0	0.0
	無回答	0			0			0		
合計		1995	3.2	14.6	1995	9.6	28.4	1995	0.1	1.3

注：無回答・非該当（平成30年春の新規大卒採用を考えていない企業）を除く。

図表２－98を全国あるいは海外に展開している企業（図表２－99）に絞って見ると、平成30年春の新規大卒採用における正社員採用予定人数に占める地域限定正社員の平均比率は約4.0％、職務限定正社員の平均比率は約5.7％である。

地域限定正社員の平均比率は、金融業、保険業（約11.9％）および宿泊業、飲食サービス業（約10.8％）で相対的に高い。職務限定正社員の平均比率は、医療、福祉（約17.4％）、生活関連サービス、娯楽業（約16.8％）、不動産業、物品賃貸業（約12.5％）および建設業（約11.7％）で相対的に高くなっている。

図表２－99　平成30（2018）年春の正社員の新規大卒採用における平均限定正社員比率（全国あるいは海外に展開している企業のみ、業種別、単位：％）

		地域限定正社員			職務限定正社員			勤務時間限定正社員		
		N	平均	標準偏差	N	平均	標準偏差	N	平均	標準偏差
業種	鉱業、採石業、砂利採取業	0			0			0		
	建設業	96	2.5	11.9	96	11.7	31.4	96	0.0	0.0
	製造業	290	1.9	9.8	290	3.4	16.6	290	0.0	0.0
	電気･ガス･熱供給･水道業	8	4.9	9.9	8	0.0	0.0	8	0.0	0.0
	情報通信業	54	0.2	1.1	54	7.4	26.4	54	0.0	0.0
	運輸業、郵便業	63	3.6	11.6	63	6.6	22.1	63	0.0	0.0
	卸売業、小売業	172	5.5	17.2	172	4.4	17.5	172	0.0	0.0
	金融業、保険業	26	11.9	21.6	26	1.3	6.8	26	0.0	0.0
	不動産業、物品賃貸業	16	6.3	25.0	16	12.5	34.2	16	0.0	0.0
	学術研究、専門･技術サービス業	30	3.3	18.3	30	6.7	25.4	30	0.0	0.0
	宿泊業、飲食サービス業	31	10.8	23.6	31	6.2	24.1	31	0.0	0.0
	生活関連サービス業、娯楽業	19	2.9	11.5	19	16.8	37.3	19	0.0	0.0
	教育、学習支援業	17	5.8	13.0	17	0.0	0.0	17	0.0	0.0
	医療、福祉	30	7.4	25.5	30	17.4	37.8	30	0.0	0.0
	複合サービス事業	19	4.1	17.8	19	0.0	0.0	19	0.0	0.0
	その他のサービス業	111	5.2	18.2	111	4.4	20.3	111	0.0	0.0
	無回答	0			0			0		
合計		982	4.0	15.0	982	5.7	22.0	982	0.0	0.0

注：図表２－98のうち全国あるいは海外に展開している企業について算出。

企業規模別（図表2－100）に見ると、正社員（限定されない）、地域限定正社員、職務限定正社員については、概してより規模が大きい企業ほど採用予定人数が多くなる。

図表2－100　平成30（2018）年春の新規大卒採用における
正社員の雇用区分・形態別採用予定人数（企業規模別、単位：％）

（正社員（限定されない））

		0人	10人未満	10～30人未満	30～50人未満	50～80人未満	80人以上	無回答・非該当	N
従業員数	30人未満	3.5	8.8	0.0	0.0	0.0	0.0	87.7	57
	30～99人	4.3	26.2	1.0	0.0	0.0	0.0	68.5	1509
	100～299人	7.1	33.3	6.7	0.1	0.1	0.0	52.6	861
	300～499人	7.2	33.2	21.3	0.4	0.4	0.4	37.2	277
	500～999人	6.9	21.5	36.4	8.1	3.4	1.9	21.8	321
	1000人以上	5.2	12.3	25.8	15.1	11.2	14.1	16.4	538
	無回答	3.4	22.7	8.5	3.5	1.1	3.7	57.2	803
合計		5.2	25.1	10.4	3.1	1.9	2.6	51.7	4366

（地域限定正社員）

		0人	10人未満	10～30人未満	30～50人未満	50～80人未満	80人以上	無回答・非該当	N
従業員数	30人未満	8.8	3.5	0.0	0.0	0.0	0.0	87.7	57
	30～99人	28.1	1.5	0.1	0.0	0.0	0.0	70.3	1509
	100～299人	44.1	2.1	0.1	0.0	0.0	0.0	53.7	861
	300～499人	57.4	2.5	1.1	0.4	0.0	0.0	38.6	277
	500～999人	69.5	5.0	0.9	0.3	0.0	0.0	24.3	321
	1000人以上	70.6	4.5	1.9	1.3	1.7	1.5	18.6	538
	無回答	38.1	1.5	0.9	0.2	0.0	0.2	59.0	803
合計		43.0	2.3	0.6	0.3	0.2	0.2	53.4	4366

（職務限定正社員）

		0人	10人未満	10～30人未満	30～50人未満	50～80人未満	80人以上	無回答・非該当	N
従業員数	30人未満	5.3	7.0	0.0	0.0	0.0	0.0	87.7	57
	30～99人	26.2	3.4	0.1	0.0	0.0	0.0	70.3	1509
	100～299人	39.6	5.6	1.0	0.0	0.0	0.0	53.8	861
	300～499人	53.8	5.1	3.2	0.0	0.0	0.0	37.9	277
	500～999人	67.0	3.7	3.1	1.6	0.6	0.0	24.0	321
	1000人以上	71.6	3.5	2.2	1.5	0.9	1.5	18.8	538
	無回答	36.9	2.7	0.1	0.2	0.1	0.2	59.7	803
合計		40.9	3.9	1.0	0.3	0.2	0.2	53.5	4366

図表 2－100（続） 平成 30（2018）年春の新規大卒採用における
正社員の雇用区分・形態別採用予定人数（企業規模別、単位：%）

（勤務時間限定正社員）

		0人	10人未満	10～30人未満	30～50人未満	50～80人未満	80人以上	無回答・非該当	N
従業員数	30人未満	10.5	1.8	0.0	0.0	0.0	0.0	87.7	57
	30～99人	29.6	0.1	0.0	0.0	0.0	0.0	70.3	1509
	100～299人	46.1	0.1	0.0	0.0	0.0	0.0	53.8	861
	300～499人	60.6	0.4	0.0	0.0	0.0	0.0	39.0	277
	500～999人	75.4	0.0	0.0	0.0	0.0	0.0	24.6	321
	1000人以上	81.0	0.0	0.0	0.0	0.0	0.0	19.0	538
	無回答	40.2	0.0	0.0	0.0	0.0	0.0	59.8	803
合計		46.2	0.1	0.0	0.0	0.0	0.0	53.7	4366

9.2 限定正社員が限定される要素

企業合計（図表 2－101）を見ると、平成 30 年春の新規大卒採用において、地域限定正社員が同時に限定される要素は他にない（約 1.2%）という企業がもっとも多く、ついで職務（約 0.9%）も同時に限定されるとした企業が多い。職務限定正社員についても、同時に限定される要素は他にない（約 2.0%）という企業がもっとも多く、ついで地域（約 1.0%）も同時に限定されるとした企業が多くなっている。

企業の地域展開の状況別に見ると、概してより広域に展開する企業ほど、地域限定正社員が同時に職務も限定され、また職務限定正社員が同時に地域も限定される傾向がある。

図表 2－101 平成 30（2018）年春の新規大卒採用における
限定正社員が他に同時に限定される要素（複数回答可、地域展開別、単位：%）

（地域限定正社員）

		地域	職務	勤務時間	その他	他にはない	無回答・非該当	N
地域展開	1事業所1企業	－	0.2	0.0	0.0	0.3	99.5	1010
	1都道府県のみに展開している企業	－	0.8	0.3	0.1	0.6	98.4	956
	1つの地域ブロックにのみ展開している企業	－	0.5	0.2	0.2	0.3	99.0	605
	全国的に展開している企業	－	1.4	0.3	0.0	1.8	96.8	1327
	海外展開もしている企業	－	2.4	0.0	0.0	4.4	93.2	413
	無回答	－	0.0	0.0	0.0	0.0	100.0	55
合計		－	0.9	0.2	0.0	1.2	97.8	4366

図表 2－101（続）　平成 30（2018）年春の新規大卒採用における
限定正社員が他に同時に限定される要素（複数回答可、地域展開別、単位：%）

（職務限定正社員）

		地域	職務	勤務時間	その他	他にはない	無回答・非該当	N
地域展開	1事業所1企業	0.5	－	0.0	0.0	2.2	97.3	1010
	1都道府県のみに展開している企業	0.9	－	0.4	0.1	3.0	95.8	956
	1つの地域ブロックにのみ展開している企業	1.0	－	0.5	0.0	1.3	97.7	605
	全国的に展開している企業	1.1	－	0.2	0.0	1.6	97.3	1327
	海外展開もしている企業	2.2	－	0.5	0.0	1.9	95.6	413
	無回答	0.0	－	0.0	0.0	0.0	100.0	55
合計		1.0	－	0.3	0.0	2.0	96.9	4366

（勤務時間限定正社員）

		地域	職務	勤務時間	その他	他にはない	無回答・非該当	N
地域展開	1事業所1企業	0.0	0.0	－	0.0	0.0	100.0	1010
	1都道府県のみに展開している企業	0.0	0.0	－	0.0	0.2	99.8	956
	1つの地域ブロックにのみ展開している企業	0.0	0.0	－	0.0	0.0	100.0	605
	全国的に展開している企業	0.0	0.0	－	0.0	0.0	100.0	1327
	海外展開もしている企業	0.0	0.0	－	0.0	0.0	100.0	413
	無回答	0.0	0.0	－	0.0	0.0	100.0	55
合計		0.0	0.0	－	0.0	0.0	100.0	4366

業種別（図表 2－102）に見ると、地域限定正社員が同時に職務を限定される割合が高いのは、金融業、保険業（約 4.8%）および電気・ガス・熱供給・水道業（約 4.3%）である。職務限定正社員が同時に地域を限定される割合が高いのは、金融業、保険業（約 3.2%）である。

図表 2－102　平成 30（2018）年春の新規大卒採用における
限定正社員が他に同時に限定される要素（複数回答可、業種別、単位：%）

（地域限定正社員）

		地域	職務	勤務時間	その他	他にはない	無回答・非該当	N
業種	鉱業、採石業、砂利採取業	－	0.0	0.0	0.0	0.0	100.0	5
	建設業	－	0.6	0.0	0.0	0.9	98.5	338
	製造業	－	1.1	0.2	0.0	1.1	97.8	910
	電気・ガス・熱供給・水道業	－	4.3	0.0	0.0	0.0	95.7	23
	情報通信業	－	0.9	0.0	0.0	1.8	97.3	113
	運輸業、郵便業	－	1.9	0.3	0.0	0.6	97.5	317
	卸売業、小売業	－	0.8	0.3	0.0	1.7	97.4	771
	金融業、保険業	－	4.8	0.0	1.6	9.7	83.9	62
	不動産業、物品賃貸業	－	1.7	0.0	0.0	0.0	98.3	58
	学術研究、専門・技術サービス業	－	2.5	0.0	0.0	0.0	97.5	81
	宿泊業、飲食サービス業	－	0.0	0.0	0.0	1.4	98.6	211
	生活関連サービス業、娯楽業	－	0.0	0.0	0.0	1.1	98.9	94
	教育、学習支援業	－	0.5	0.0	0.0	1.1	98.4	185
	医療、福祉	－	0.9	0.4	0.1	0.1	98.8	691
	複合サービス事業	－	1.4	0.0	0.0	2.9	95.7	70
	その他のサービス業	－	0.2	0.0	0.0	1.8	97.9	436
	無回答	－	0.0	0.0	0.0	0.0	100.0	1
合計		－	0.9	0.2	0.0	1.2	97.8	4366

図表 2－102（続）　平成 30（2018）年春の新規大卒採用における限定正社員が他に同時に限定される要素（複数回答可、業種別、単位：%）

（職務限定正社員）

		地域	職務	勤務時間	その他	他にはない	無回答・非該当	N
業種	鉱業、採石業、砂利採取業	0.0	－	0.0	0.0	0.0	100.0	5
	建設業	1.2	－	0.3	0.0	3.8	95.0	338
	製造業	0.8	－	0.3	0.0	1.1	98.1	910
	電気・ガス・熱供給・水道業	0.0	－	0.0	0.0	0.0	100.0	23
	情報通信業	0.9	－	0.0	0.0	2.7	96.5	113
	運輸業、郵便業	1.3	－	0.3	0.0	1.3	97.2	317
	卸売業、小売業	1.0	－	0.4	0.0	1.4	97.4	771
	金融業、保険業	3.2	－	0.0	0.0	1.6	95.2	62
	不動産業、物品賃貸業	0.0	－	0.0	0.0	1.7	98.3	58
	学術研究、専門・技術サービス業	1.2	－	0.0	0.0	2.5	96.3	81
	宿泊業、飲食サービス業	0.0	－	0.0	0.0	0.5	99.5	211
	生活関連サービス業、娯楽業	1.1	－	1.1	0.0	3.2	94.7	94
	教育、学習支援業	1.1	－	0.5	0.0	3.2	95.1	185
	医療、福祉	1.2	－	0.1	0.1	4.5	94.4	691
	複合サービス事業	0.0	－	0.0	0.0	0.0	100.0	70
	その他のサービス業	1.1	－	0.0	0.0	0.5	98.4	436
	無回答	0.0	－	0.0	0.0	0.0	100.0	1
合計		1.0	－	0.3	0.0	2.0	96.9	4366

（勤務時間限定正社員）

		地域	職務	勤務時間	その他	他にはない	無回答・非該当	N
業種	鉱業、採石業、砂利採取業	0.0	0.0	－	0.0	0.0	100.0	5
	建設業	0.0	0.0	－	0.0	0.0	100.0	338
	製造業	0.0	0.0	－	0.0	0.0	100.0	910
	電気・ガス・熱供給・水道業	0.0	0.0	－	0.0	0.0	100.0	23
	情報通信業	0.0	0.0	－	0.0	0.0	100.0	113
	運輸業、郵便業	0.0	0.0	－	0.0	0.3	99.7	317
	卸売業、小売業	0.0	0.0	－	0.0	0.0	100.0	771
	金融業、保険業	0.0	0.0	－	0.0	0.0	100.0	62
	不動産業、物品賃貸業	0.0	0.0	－	0.0	0.0	100.0	58
	学術研究、専門・技術サービス業	0.0	0.0	－	0.0	0.0	100.0	81
	宿泊業、飲食サービス業	0.0	0.0	－	0.0	0.0	100.0	211
	生活関連サービス業、娯楽業	0.0	0.0	－	0.0	0.0	100.0	94
	教育、学習支援業	0.0	0.0	－	0.0	0.5	99.5	185
	医療、福祉	0.0	0.0	－	0.0	0.0	100.0	691
	複合サービス事業	0.0	0.0	－	0.0	0.0	100.0	70
	その他のサービス業	0.0	0.0	－	0.0	0.0	100.0	436
	無回答	0.0	0.0	－	0.0	0.0	100.0	1
合計		0.0	0.0	－	0.0	0.0	100.0	4366

企業規模別（図表 2－103）に見ると、限定正社員が他に同時に限定される要素については、はっきりとした傾向が確認されない。

図表 2－103　平成 30（2018）年春の新規大卒採用における
限定正社員が他に同時に限定される要素（複数回答可、企業規模別、単位：%）

（地域限定正社員）

		地域	職務	勤務時間	その他	他にはない	無回答・非該当	N
従業員数	30人未満	−	0.0	1.8	1.8	0.0	98.2	57
	30～99人	−	0.3	0.1	0.0	0.4	99.3	1509
	100～299人	−	1.0	0.2	0.0	0.5	98.5	861
	300～499人	−	0.7	0.0	0.0	0.7	98.6	277
	500～999人	−	1.6	0.0	0.0	2.2	96.3	321
	1000人以上	−	2.2	0.4	0.2	4.3	93.1	538
	無回答	−	1.0	0.2	0.0	1.4	97.6	803
合計		−	0.9	0.2	0.0	1.2	97.8	4366

（職務限定正社員）

		地域	職務	勤務時間	その他	他にはない	無回答・非該当	N
従業員数	30人未満	1.8	−	0.0	0.0	3.5	96.5	57
	30～99人	0.4	−	0.4	0.1	1.2	98.2	1509
	100～299人	1.2	−	0.0	0.0	1.9	97.0	861
	300～499人	1.4	−	0.0	0.0	4.0	94.6	277
	500～999人	2.2	−	0.3	0.0	3.7	94.1	321
	1000人以上	1.7	−	0.2	0.0	3.9	94.2	538
	無回答	0.7	−	0.4	0.0	1.0	98.1	803
合計		1.0	−	0.3	0.0	2.0	96.9	4366

（勤務時間限定正社員）

		地域	職務	勤務時間	その他	他にはない	無回答・非該当	N
従業員数	30人未満	0.0	0.0	−	0.0	0.0	100.0	57
	30～99人	0.0	0.0	−	0.0	0.1	99.9	1509
	100～299人	0.0	0.0	−	0.0	0.1	99.9	861
	300～499人	0.0	0.0	−	0.0	0.0	100.0	277
	500～999人	0.0	0.0	−	0.0	0.0	100.0	321
	1000人以上	0.0	0.0	−	0.0	0.0	100.0	538
	無回答	0.0	0.0	−	0.0	0.0	100.0	803
合計		0.0	0.0	−	0.0	0.0	100.0	4366

9.3　地域拠点の採用の決定権限

企業合計（図表 2－104）で見ると、平成 30 年春の新規大卒採用において、正社員（限定されない）の採用の決定権限が地域拠点にある企業は約 9.5%、決定権限が地域拠点にない企業は約 28.0%（無回答・非該当を除くと、それぞれ約 25.3%および約 74.7%）である。地域限定正社員では、地域拠点に採用の決定権限ありが約 1.2%、決定権限なしが約 2.6%（無回答・非該当を除くと、それぞれ約 31.3%および約 68.7%）である。職務限定正社員では、地域拠点に採用の決定権限ありが約 2.1%、決定権限なしが約 3.3%（無回答・非該当を除くと、それぞれ約 39.1%および約 60.9%）となっている。勤務時間限定正社員では、地域拠点に採用の決定権限ありが約 0.1%、決定権限なしが約 0.2%（無回答・非該当を除くと、それぞれ約 30.0%および約 70.0%）である。

企業の地域展開の状況別に見ると、全国あるいは海外に展開している企業では、限定のない一般の正社員の採用の決定権限が地域拠点にある割合は約 17.0%、地域限定正社員では約 27.3%、職務限定正社員では約 27.6%である（いずれも無回答・非該当を除いた値）。より広域に展開する企業ほど、正社員（限定されない）の採用の決定権限が地域拠点にない傾向がある。地域限定正社員および職務限定正社員も同様の傾向である。ただし、海外展開もしている企業については、採用の決定権限が地域拠点にある割合が相対的に高い。

図表 2－104　平成 30（2018）年春の新規大卒採用における地域拠点の採用の決定権限（地域展開別、単位：%）

（正社員（限定されない））

		権限がある	権限がない	無回答・非該当	N
地域展開	1事業所1企業	10.6	7.7	81.7	1010
	1都道府県のみに展開している企業	10.3	23.2	66.5	956
	1つの地域ブロックにのみ展開している企業	8.6	28.1	63.3	605
	全国的に展開している企業(a)	8.6	37.2	54.2	1327
	海外展開もしている企業(b)	9.2	60.0	30.8	413
	無回答	9.1	16.4	74.5	55
	合計	9.5 (25.3)	28.0 (74.7)	62.6	4366
	全国・海外展開している企業(a+b)	8.7 (17.0)	42.6 (83.0)	48.6	1740

（地域限定正社員）

		権限がある	権限がない	無回答・非該当	N
地域展開	1事業所1企業	0.7	0.2	99.1	1010
	1都道府県のみに展開している企業	0.8	1.2	98.0	956
	1つの地域ブロックにのみ展開している企業	0.5	1.7	97.9	605
	全国的に展開している企業(a)	1.2	4.1	94.7	1327
	海外展開もしている企業(b)	4.1	8.2	87.7	413
	無回答	0.0	1.8	98.2	55
	合計	1.2 (31.3)	2.6 (68.7)	96.3	4366
	全国・海外展開している企業(a+b)	1.9 (27.3)	5.1 (72.7)	93.0	1740

注：括弧内は無回答・非該当を除いた構成比。

図表2－104（続）　平成30（2018）年春の新規大卒採用における地域拠点の採用の決定権限（地域展開別、単位：%）

（職務限定正社員）

		権限がある	権限がない	無回答・非該当	N
地域展開	1事業所1企業	2.5	1.8	95.7	1010
	1都道府県のみに展開している企業	3.3	4.1	92.6	956
	1つの地域ブロックにのみ展開している企業	1.7	3.6	94.7	605
	全国的に展開している企業(a)	0.9	3.5	95.6	1327
	海外展開もしている企業(b)	2.9	3.9	93.2	413
	無回答	0.0	0.0	100.0	55
	合計	2.1 (39.1)	3.3 (60.9)	94.7	4366
	全国・海外展開している企業(a+b)	1.4 (27.6)	3.6 (72.4)	95.0	1740

（勤務時間限定正社員）

		権限がある	権限がない	無回答・非該当	N
地域展開	1事業所1企業	0.0	0.0	100.0	1010
	1都道府県のみに展開している企業	0.2	0.4	99.4	956
	1つの地域ブロックにのみ展開している企業	0.0	0.0	100.0	605
	全国的に展開している企業(a)	0.1	0.2	99.7	1327
	海外展開もしている企業(b)	0.0	0.0	100.0	413
	無回答	0.0	0.0	100.0	55
	合計	0.1 (30.0)	0.2 (70.0)	99.8	4366
	全国・海外展開している企業(a+b)	0.1 (25.0)	0.2 (75.0)	99.8	1740

業種別（図表2－105）に見ると、正社員（限定されない）の採用の決定権限が地域拠点にある割合が高いのは、電気・ガス・熱供給・水道業（約17.4%）、学術研究、専門・技術サービス業（約13.6%）および建設業（約12.4%）である（無回答・非該当を除くと、医療、福祉（約42.2%）および宿泊業、飲食サービス業（約41.3%））。地域限定正社員では、決定権限がある割合が高いのは複合サービス事業（約5.7%）および金融業、不動産業（約4.8%）である（無回答・非該当を除くと、複合サービス事業（100%）および製造業（約51.9%））。職務限定正社員では、決定権限がある割合が高いのは医療、福祉（約5.5%）および教育、学習支援業（約4.3%）である（無回答・非該当を除くと、不動産業、物品賃貸業（約66.7%）および医療、福祉（約62.3%））。

図表 2－105　平成 30（2018）年春の新規大卒採用における地域拠点の採用の決定権限（業種別、単位：%）

（正社員（限定されない））

		権限がある	権限がない	無回答・非該当	N
業種	鉱業、採石業、砂利採取業	0.0	0.0	100.0	5
	建設業	12.4	28.1	59.5	338
	製造業	9.0	30.1	60.9	910
	電気・ガス・熱供給・水道業	17.4	52.2	30.4	23
	情報通信業	9.7	38.9	51.3	113
	運輸業、郵便業	6.0	23.0	71.0	317
	卸売業、小売業	7.5	35.1	57.3	771
	金融業、保険業	8.1	72.6	19.4	62
	不動産業、物品賃貸業	5.2	29.3	65.5	58
	学術研究、専門・技術サービス業	13.6	34.6	51.9	81
	宿泊業、飲食サービス業	12.3	17.5	70.1	211
	生活関連サービス業、娯楽業	10.6	27.7	61.7	94
	教育、学習支援業	11.9	22.7	65.4	185
	医療、福祉	9.8	13.5	76.7	691
	複合サービス事業	11.4	51.4	37.1	70
	その他のサービス業	10.3	29.4	60.3	436
	無回答	0.0	0.0	100.0	1
合計		9.5	28.0	62.6	4366

（地域限定正社員）

		権限がある	権限がない	無回答・非該当	N
業種	鉱業、採石業、砂利採取業	0.0	0.0	100.0	5
	建設業	1.5	3.8	94.7	338
	製造業	1.5	1.4	97.0	910
	電気・ガス・熱供給・水道業	0.0	8.7	91.3	23
	情報通信業	1.8	2.7	95.6	113
	運輸業、郵便業	0.6	2.5	96.8	317
	卸売業、小売業	0.4	4.5	95.1	771
	金融業、保険業	4.8	14.5	80.6	62
	不動産業、物品賃貸業	0.0	3.4	96.6	58
	学術研究、専門・技術サービス業	0.0	2.5	97.5	81
	宿泊業、飲食サービス業	1.9	2.4	95.7	211
	生活関連サービス業、娯楽業	1.1	2.1	96.8	94
	教育、学習支援業	0.5	1.6	97.8	185
	医療、福祉	0.9	1.0	98.1	691
	複合サービス事業	5.7	0.0	94.3	70
	その他のサービス業	1.4	1.8	96.8	436
	無回答	0.0	0.0	100.0	1
合計		1.2	2.6	96.3	4366

図表 2－105（続） 平成 30（2018）年春の新規大卒採用における地域拠点の採用の決定権限（業種別、単位：%）

（職務限定正社員）

		権限がある	権限がない	無回答・非該当	N
業種	鉱業、採石業、砂利採取業	0.0	0.0	100.0	5
	建設業	2.4	7.7	89.9	338
	製造業	1.5	1.9	96.6	910
	電気・ガス・熱供給・水道業	0.0	0.0	100.0	23
	情報通信業	0.0	5.3	94.7	113
	運輸業、郵便業	1.3	3.5	95.3	317
	卸売業、小売業	1.2	3.2	95.6	771
	金融業、保険業	0.0	9.7	90.3	62
	不動産業、物品賃貸業	3.4	1.7	94.8	58
	学術研究、専門・技術サービス業	2.5	6.2	91.4	81
	宿泊業、飲食サービス業	0.5	0.9	98.6	211
	生活関連サービス業、娯楽業	0.0	8.5	91.5	94
	教育、学習支援業	4.3	3.2	92.4	185
	医療、福祉	5.5	3.3	91.2	691
	複合サービス事業	0.0	0.0	100.0	70
	その他のサービス業	1.1	1.4	97.5	436
	無回答	0.0	0.0	100.0	1
	合計	2.1	3.3	94.7	4366

（勤務時間限定正社員）

		権限がある	権限がない	無回答・非該当	N
業種	鉱業、採石業、砂利採取業	0.0	0.0	100.0	5
	建設業	0.0	0.3	99.7	338
	製造業	0.1	0.0	99.9	910
	電気・ガス・熱供給・水道業	0.0	0.0	100.0	23
	情報通信業	0.0	0.0	100.0	113
	運輸業、郵便業	0.0	0.3	99.7	317
	卸売業、小売業	0.0	0.3	99.7	771
	金融業、保険業	0.0	0.0	100.0	62
	不動産業、物品賃貸業	0.0	0.0	100.0	58
	学術研究、専門・技術サービス業	0.0	0.0	100.0	81
	宿泊業、飲食サービス業	0.0	0.0	100.0	211
	生活関連サービス業、娯楽業	0.0	1.1	98.9	94
	教育、学習支援業	0.0	0.5	99.5	185
	医療、福祉	0.3	0.0	99.7	691
	複合サービス事業	0.0	0.0	100.0	70
	その他のサービス業	0.0	0.2	99.8	436
	無回答	0.0	0.0	100.0	1
	合計	0.1	0.2	99.8	4366

企業規模別（図表2－106）に見ると、概して規模が大きくなるほど、正社員（限定されない）の採用の決定権限が地域拠点にない傾向がある。無回答・非該当の企業が多いため、傾向を掴むのは難しいが、300～499人までは規模が大きくなるほど地域限定正社員の採用決定権限が地域拠点にない。ただし、500～999人および1,000人以上の企業では地域拠点に決定権限がある割合が相対的に高い。

図表2－106　平成30（2018）年春の新規大卒採用における
地域拠点の採用の決定権限（企業規模別、単位：%）

（正社員（限定されない））

		権限がある	権限がない	無回答・非該当	N
従業員数	30人未満	8.8	1.8	89.5	57
	30～99人	8.0	14.1	77.9	1509
	100～299人	10.3	23.9	65.7	861
	300～499人	11.2	38.6	50.2	277
	500～999人	15.0	48.3	36.8	321
	1000人以上	11.2	61.5	27.3	538
	無回答	7.6	25.9	66.5	803
合計		9.5	28.0	62.6	4366

（地域限定正社員）

		権限がある	権限がない	無回答・非該当	N
従業員数	30人未満	1.8	1.8	96.5	57
	30～99人	0.6	0.8	98.6	1509
	100～299人	0.5	1.5	98.0	861
	300～499人	0.4	3.2	96.4	277
	500～999人	2.2	5.0	92.8	321
	1000人以上	3.9	8.0	88.1	538
	無回答	1.0	2.2	96.8	803
合計		1.2	2.6	96.3	4366

（職務限定正社員）

		権限がある	権限がない	無回答・非該当	N
従業員数	30人未満	1.8	1.8	96.5	57
	30～99人	1.3	1.9	96.8	1509
	100～299人	3.0	3.5	93.5	861
	300～499人	3.2	3.2	93.5	277
	500～999人	3.7	5.0	91.3	321
	1000人以上	3.3	7.1	89.6	538
	無回答	0.6	2.5	96.9	803
合計		2.1	3.3	94.7	4366

図表 2－106（続）　平成 30（2018）年春の新規大卒採用における
地域拠点の採用の決定権限（企業規模別、単位：%）

（勤務時間限定正社員）

		権限がある	権限がない	無回答・非該当	N
従業員数	30人未満	0.0	0.0	100.0	57
	30～99人	0.0	0.1	99.9	1509
	100～299人	0.1	0.1	99.8	861
	300～499人	0.0	0.0	100.0	277
	500～999人	0.3	0.3	99.4	321
	1000人以上	0.0	0.0	100.0	538
	無回答	0.1	0.4	99.5	803
	合計	0.1	0.2	99.8	4366

地域拠点に採用決定権限があるか否かの別に平均採用予定人数（図表 2－107）を見ると、地域限定正社員の採用決定権限が地域拠点にある企業の方が、採用決定権限がない企業よりも地域限定正社員の平均採用予定人数が相対的に多い。ただし、サンプルサイズが小さいことに注意が必要である。

図表 2－107　平成 30（2018）年春の新規大卒採用における平均採用予定人数
（地域拠点の採用決定権限の有無別、単位：人）

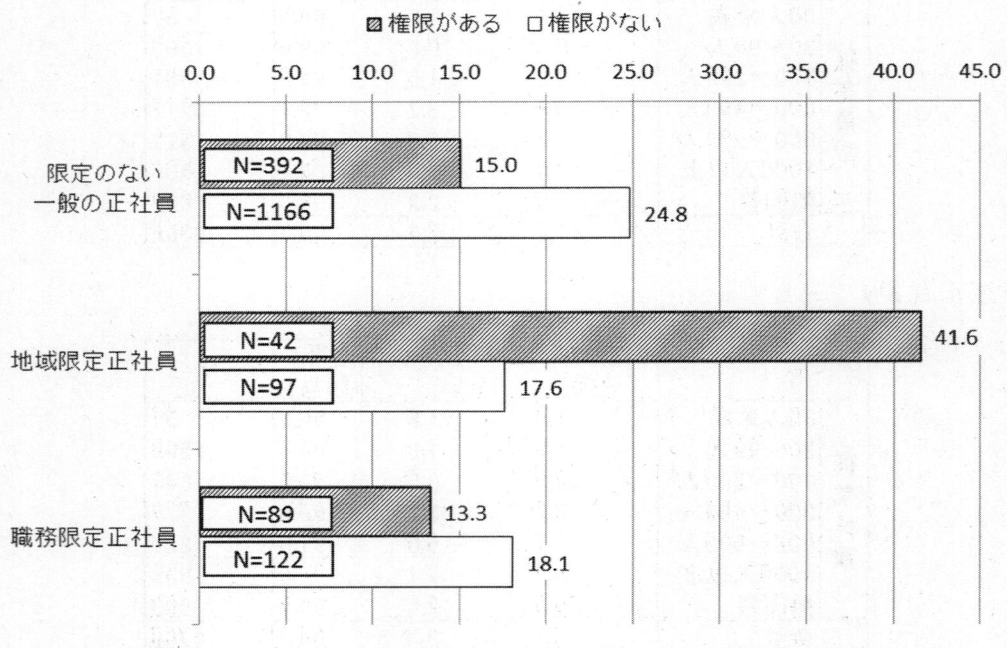

9.4　採用の決定権限を地域拠点に与えた場合の採用枠の変化

企業合計（図表2−108）で見ると、平成30年春の新規大卒採用において、（現在のところ権限はないが）今後採用の決定権限を地域拠点に与えた場合に採用枠が増加する企業の割合は、正社員（限定されない）で約1.2%、地域限定正社員で約0.1%、職務限定正社員で約0.1%（無回答・非該当を除くと、それぞれ約4.4%、約5.8%および約2.9%）である。

企業の地域展開の状況別に見た場合、より広域に展開する企業ほど採用の決定権限を地域拠点に与えた場合に採用枠が増加する割合が高くなる。しかし、無回答・非該当を除くと、地域展開の状況別に応じた採用の決定権限を地域拠点に与えた場合の採用枠の変化の傾向ははっきりしない。海外展開もしている企業において、採用の決定権限を地域拠点に与えた場合に採用枠が増加する企業の割合は、正社員（限定されない）で約3.4%、地域限定正社員で約0.7%、職務限定正社員で約0.2%（無回答・非該当を除くと、それぞれ約5.8%、約9.1%および約6.3%）である。

図表2−108　採用の決定権限を地域拠点に与えた場合の採用枠の変化
（新規大卒採用、地域展開別、単位：%）

（正社員（限定されない））

		増加する	増加しない	無回答・非該当	N
地域展開	1事業所1企業	0.5	6.7	92.8	1010
	1都道府県のみに展開している企業	0.7	21.5	77.7	956
	1つの地域ブロックにのみ展開している企業	1.2	26.4	72.4	605
	全国的に展開している企業	1.4	34.4	64.3	1327
	海外展開もしている企業	3.4	55.4	41.2	413
	無回答	1.8	10.9	87.3	55
合計		1.2	25.8	73.0	4366

（地域限定正社員）

		増加する	増加しない	無回答・非該当	N
地域展開	1事業所1企業	0.0	0.2	99.8	1010
	1都道府県のみに展開している企業	0.1	1.0	98.8	956
	1つの地域ブロックにのみ展開している企業	0.2	1.3	98.5	605
	全国的に展開している企業	0.1	3.5	96.4	1327
	海外展開もしている企業	0.7	7.3	92.0	413
	無回答	0.0	1.8	98.2	55
合計		0.1	2.2	97.6	4366

図表 2－108（続） 採用の決定権限を地域拠点に与えた場合の採用枠の変化
（新規大卒採用、地域展開別、単位：%）

（職務限定正社員）

		増加する	増加しない	無回答・非該当	N
地域展開	1事業所1企業	0.0	1.7	98.3	1010
	1都道府県のみに展開している企業	0.0	3.9	96.1	956
	1つの地域ブロックにのみ展開している企業	0.2	3.5	96.4	605
	全国的に展開している企業	0.2	3.2	96.7	1327
	海外展開もしている企業	0.2	3.6	96.1	413
	無回答	0.0	0.0	100.0	55
合計		0.1	3.0	96.9	4366

（勤務時間限定正社員）

		増加する	増加しない	無回答・非該当	N
地域展開	1事業所1企業	0.0	0.0	100.0	1010
	1都道府県のみに展開している企業	0.0	0.4	99.6	956
	1つの地域ブロックにのみ展開している企業	0.0	0.0	100.0	605
	全国的に展開している企業	0.0	0.2	99.8	1327
	海外展開もしている企業	0.0	0.0	100.0	413
	無回答	0.0	0.0	100.0	55
合計		0.0	0.2	99.8	4366

業種別（図表 2－109）に見ると、採用の決定権限を地域拠点に与えた場合に正社員（限定されない）の採用枠が増加する企業の割合は、複合サービス事業（約 4.3%）および情報通信業（約 2.7%）で高い（無回答・非該当を除くと、複合サービス事業（約 8.6%）および宿泊業、飲食サービス業（約 8.1%））。地域限定正社員および職務限定正社員では、情報通信業（それぞれ約 0.9%および約 0.9%）で高くなっている（無回答・非該当を除くと、それぞれ約 50.0%および約 16.7%）。

図表 2−109　採用の決定権限を地域拠点に与えた場合の採用枠の変化
（新規大卒採用、業種別、単位：%）

（正社員（限定されない））

		増加する	増加しない	無回答・非該当	N
業種	鉱業、採石業、砂利採取業	0.0	0.0	100.0	5
	建設業	1.5	26.0	72.5	338
	製造業	1.3	27.7	71.0	910
	電気・ガス・熱供給・水道業	0.0	52.2	47.8	23
	情報通信業	2.7	34.5	62.8	113
	運輸業、郵便業	0.6	21.8	77.6	317
	卸売業、小売業	1.9	31.5	66.5	771
	金融業、保険業	1.6	69.4	29.0	62
	不動産業、物品賃貸業	0.0	29.3	70.7	58
	学術研究、専門・技術サービス業	0.0	33.3	66.7	81
	宿泊業、飲食サービス業	1.4	16.1	82.5	211
	生活関連サービス業、娯楽業	0.0	27.7	72.3	94
	教育、学習支援業	0.0	22.7	77.3	185
	医療、福祉	0.9	12.2	87.0	691
	複合サービス事業	4.3	45.7	50.0	70
	その他のサービス業	0.5	26.8	72.7	436
	無回答	0.0	0.0	100.0	1
合計		1.2	25.8	73.0	4366

（地域限定正社員）

		増加する	増加しない	無回答・非該当	N
業種	鉱業、採石業、砂利採取業	0.0	0.0	100.0	5
	建設業	0.3	3.6	96.2	338
	製造業	0.0	1.4	98.6	910
	電気・ガス・熱供給・水道業	0.0	8.7	91.3	23
	情報通信業	0.9	0.9	98.2	113
	運輸業、郵便業	0.0	2.2	97.8	317
	卸売業、小売業	0.4	3.8	95.8	771
	金融業、保険業	0.0	14.5	85.5	62
	不動産業、物品賃貸業	0.0	3.4	96.6	58
	学術研究、専門・技術サービス業	0.0	2.5	97.5	81
	宿泊業、飲食サービス業	0.0	2.4	97.6	211
	生活関連サービス業、娯楽業	0.0	2.1	97.9	94
	教育、学習支援業	0.0	1.6	98.4	185
	医療、福祉	0.1	0.9	99.0	691
	複合サービス事業	0.0	0.0	100.0	70
	その他のサービス業	0.0	1.1	98.9	436
	無回答	0.0	0.0	100.0	1
合計		0.1	2.2	97.6	4366

図表２−109（続）　採用の決定権限を地域拠点に与えた場合の採用枠の変化（新規大卒採用、業種別、単位：％）

（職務限定正社員）

		増加する	増加しない	無回答・非該当	N
業種	鉱業、採石業、砂利採取業	0.0	0.0	100.0	5
	建設業	0.3	7.1	92.6	338
	製造業	0.2	1.6	98.1	910
	電気・ガス・熱供給・水道業	0.0	0.0	100.0	23
	情報通信業	0.9	4.4	94.7	113
	運輸業、郵便業	0.0	3.5	96.5	317
	卸売業、小売業	0.0	2.9	97.1	771
	金融業、保険業	0.0	9.7	90.3	62
	不動産業、物品賃貸業	0.0	1.7	98.3	58
	学術研究、専門・技術サービス業	0.0	6.2	93.8	81
	宿泊業、飲食サービス業	0.0	0.9	99.1	211
	生活関連サービス業、娯楽業	0.0	8.5	91.5	94
	教育、学習支援業	0.0	3.2	96.8	185
	医療、福祉	0.0	3.0	97.0	691
	複合サービス事業	0.0	0.0	100.0	70
	その他のサービス業	0.0	1.4	98.6	436
	無回答	0.0	0.0	100.0	1
	合計	0.1	3.0	96.9	4366

（勤務時間限定正社員）

		増加する	増加しない	無回答・非該当	N
業種	鉱業、採石業、砂利採取業	0.0	0.0	100.0	5
	建設業	0.0	0.3	99.7	338
	製造業	0.0	0.0	100.0	910
	電気・ガス・熱供給・水道業	0.0	0.0	100.0	23
	情報通信業	0.0	0.0	100.0	113
	運輸業、郵便業	0.0	0.3	99.7	317
	卸売業、小売業	0.0	0.3	99.7	771
	金融業、保険業	0.0	0.0	100.0	62
	不動産業、物品賃貸業	0.0	0.0	100.0	58
	学術研究、専門・技術サービス業	0.0	0.0	100.0	81
	宿泊業、飲食サービス業	0.0	0.0	100.0	211
	生活関連サービス業、娯楽業	0.0	1.1	98.9	94
	教育、学習支援業	0.0	0.5	99.5	185
	医療、福祉	0.0	0.0	100.0	691
	複合サービス事業	0.0	0.0	100.0	70
	その他のサービス業	0.0	0.2	99.8	436
	無回答	0.0	0.0	100.0	1
	合計	0.0	0.2	99.8	4366

企業規模別（図表２−110）に見ると、規模が大きな企業ほど採用の決定権限を地域拠点に与えた場合に採用枠が増加する割合が高くなる。しかし、無回答・非該当を除くと、企業規模に応じた採用の決定権限を地域拠点に与えた場合の採用枠の変

化の傾向ははっきりしない。1,000 人以上の企業において採用枠が増加する割合は、正社員（限定されない）で約 2.4%、地域限定正社員で約 0.7%、職務限定正社員で約 0.2%である(無回答・非該当を除くと、それぞれ約 4.1%、約 9.8%および約 2.8%)。500〜999 人の企業で採用枠が増加する割合は、正社員（限定されない）で約 2.2%、地域限定正社員で約 0.6%、職務限定正社員で約 0.3%である（無回答・非該当を除くと、それぞれ約 4.6%、約 12.5%および約 6.7%）。

図表 2−110　採用の決定権限を地域拠点に与えた場合の採用枠の変化
（新規大卒採用、企業規模別、単位：%）

（正社員（限定されない））

		増加する	増加しない	無回答・非該当	N
従業員数	30人未満	0.0	0.0	100.0	57
	30〜99人	0.6	12.9	86.5	1509
	100〜299人	0.8	22.3	76.9	861
	300〜499人	2.2	35.0	62.8	277
	500〜999人	2.2	44.9	53.0	321
	1000人以上	2.4	57.1	40.5	538
	無回答	1.2	23.8	75.0	803
合計		1.2	25.8	73.0	4366

（地域限定正社員）

		増加する	増加しない	無回答・非該当	N
従業員数	30人未満	0.0	1.8	98.2	57
	30〜99人	0.0	0.7	99.3	1509
	100〜299人	0.0	1.4	98.6	861
	300〜499人	0.0	2.9	97.1	277
	500〜999人	0.6	4.4	95.0	321
	1000人以上	0.7	6.9	92.4	538
	無回答	0.0	1.9	98.1	803
合計		0.1	2.2	97.6	4366

（職務限定正社員）

		増加する	増加しない	無回答・非該当	N
従業員数	30人未満	0.0	1.8	98.2	57
	30〜99人	0.1	1.7	98.2	1509
	100〜299人	0.0	3.5	96.5	861
	300〜499人	0.4	2.9	96.8	277
	500〜999人	0.3	4.4	95.3	321
	1000人以上	0.2	6.5	93.3	538
	無回答	0.0	2.2	97.8	803
合計		0.1	3.0	96.9	4366

図表 2－110（続）　採用の決定権限を地域拠点に与えた場合の採用枠の変化
（新規大卒採用、企業規模別、単位：%）

（勤務時間限定正社員）

		増加する	増加しない	無回答・非該当	N
従業員数	30人未満	0.0	0.0	100.0	57
	30～99人	0.0	0.1	99.9	1509
	100～299人	0.0	0.1	99.9	861
	300～499人	0.0	0.0	100.0	277
	500～999人	0.0	0.3	99.7	321
	1000人以上	0.0	0.0	100.0	538
	無回答	0.0	0.4	99.6	803
	合計	0.0	0.2	99.8	4366

第 4 節　中途採用について

1　平成 28（2016）年度における正社員の中途採用の実施状況

1.1　正社員の中途採用の実施状況

企業合計（図表 2－111）で見ると、平成 28 年度に正社員の中途採用を募集・採用ともに行った企業が約 73.9%、「募集はしたが、採用までには至らなかった」企業が約 4.0%、「募集はしていないが、採用を行った」企業が約 8.1%となっており、中途採用を実施している企業は約 85.9%ある。

企業の地域展開の状況別に見ると、概してより広域に展開している企業ほど募集・採用ともに行った傾向がある。ただし、1 都道府県のみに展開している企業は、募集・採用ともに行った割合が相対的に高い。「募集はしたが、採用までには至らなかった」割合が高いのは、1 つの地域ブロックのみ展開している企業（約 5.6%）、1 事業所 1 企業である企業（約 5.1%）である。「募集はしていないが、採用を行った」割合が高いのは、全国的に展開している企業（約 9.0%）である。

図表 2－111　平成 28（2016）年度における正社員の中途採用の実施
（地域展開別、単位：%）

		募集・採用ともに行った	募集はしたが、採用までには至らなかった	募集はしていないが、採用を行った	募集・採用ともに行っていない	無回答	N
地域展開	1事業所1企業	70.0	5.1	8.4	16.1	0.3	1010
	1都道府県のみに展開している企業	77.9	2.8	6.5	12.3	0.4	956
	1つの地域ブロックにのみ展開している企業	72.7	5.6	8.4	13.1	0.2	605
	全国的に展開している企業	73.1	3.2	9.0	14.3	0.5	1327
	海外展開もしている企業	79.4	3.4	6.5	10.4	0.2	413
	無回答	65.5	9.1	14.5	9.1	1.8	55
	合計	73.9	4.0	8.1	13.7	0.4	4366

業種別（図表 2－112）に見ると、募集・採用ともに行った割合が高いのは、医療、福祉（約 91.3%）、生活関連サービス業、娯楽業（約 77.7%）および情報通信業（約 77.0%）である。「募集はしたが、採用までには至らなかった」割合が高いのは、建設業（約 7.4%）、宿泊業、飲食サービス業（約 6.6%）および学術研究、専門・技術サービス業（約 6.2%）である。「募集はしていないが、採用を行った」割合が高いのは、教育、学習支援業（約 13.5%）、電気・ガス・熱供給・水道業（約 13.0%）および金融業、保険業（約 12.9%）となっている。

図表 2－112　平成 28（2016）年度における正社員の中途採用の実施
（業種別、単位：%）

		募集・採用ともに行った	募集はしたが、採用までには至らなかった	募集はしていないが、採用を行った	募集・採用ともに行っていない	無回答	N
業種	鉱業、採石業、砂利採取業	60.0	20.0	0.0	20.0	0.0	5
	建設業	72.2	7.4	8.6	11.2	0.6	338
	製造業	70.3	4.5	9.1	15.7	0.3	910
	電気・ガス・熱供給・水道業	56.5	4.3	13.0	26.1	0.0	23
	情報通信業	77.0	1.8	8.0	13.3	0.0	113
	運輸業、郵便業	71.9	3.2	8.2	15.8	0.9	317
	卸売業、小売業	68.5	3.9	9.6	17.8	0.3	771
	金融業、保険業	67.7	4.8	12.9	11.3	3.2	62
	不動産業、物品賃貸業	63.8	5.2	5.2	25.9	0.0	58
	学術研究、専門・技術サービス業	72.8	6.2	9.9	9.9	1.2	81
	宿泊業、飲食サービス業	76.8	6.6	6.6	10.0	0.0	211
	生活関連サービス業、娯楽業	77.7	3.2	7.4	11.7	0.0	94
	教育、学習支援業	67.0	1.6	13.5	17.3	0.5	185
	医療、福祉	91.3	2.2	2.5	3.8	0.3	691
	複合サービス事業	57.1	2.9	12.9	27.1	0.0	70
	その他のサービス業	72.0	3.7	8.5	15.8	0.0	436
	無回答	100.0	0.0	0.0	0.0	0.0	1
合計		73.9	4.0	8.1	13.7	0.4	4366

企業規模別（図表 2－113）に見ると、概して規模が大きくなるほど募集・採用ともに行った割合は高くなり、募集・採用ともに行っていない割合は低くなる。

図表 2－113　平成 28（2016）年度における正社員の中途採用の実施

（企業規模別、単位：%）

		募集・採用ともに行った	募集はしたが、採用までには至らなかった	募集はしていないが、採用を行った	募集・採用ともに行っていない	無回答	N
従業員数	30人未満(a)	50.9	17.5	8.8	22.8	0.0	57
	30～99人(b)	70.6	5.6	9.3	14.2	0.2	1509
	100～299人	75.3	2.7	8.5	13.4	0.2	861
	300～499人(c)	76.5	1.1	8.3	13.7	0.4	277
	500～999人(d)	80.7	1.6	5.3	12.5	0.0	321
	1000人以上	81.0	2.4	5.9	9.9	0.7	538
	無回答	71.9	4.4	7.6	15.4	0.7	803
	合計	73.9	4.0	8.1	13.7	0.4	4366
	100人未満(a+b)	69.9	6.1	9.3	14.6	0.2	1566
	300～999人(c+d)	78.8	1.3	6.7	13.0	0.2	598

1.2　正社員の中途採用を行う理由

企業合計（図表 2－114、図表 2－115）で見ると、正社員の中途採用を行う主な理由は、「専門分野の高度な知識やスキルを持つ人が欲しいから」（約 46.3%（非該当を除くと約 53.9%））、「新卒採用だけでは補充できないから」（約 30.3%（非該当を除くと約 35.3%））および「高度とか専門とかではなくてよいので仕事経験が豊富な人が欲しいから」（約 28.4%（非該当を除くと約 33.1%））である。

企業の地域展開の状況別に見ると、海外展開もしている企業では、正社員の中途採用を行う主な理由を「専門分野の高度な知識やスキルを持つ人が欲しいから」（約 66.8%（非該当を除くと約 74.8%））、「高度なマネジメント能力、豊富なマネジメントの経験がある人が欲しいから」（約 26.9%（非該当を除くと約 30.1%））とする割合が相対的に高い。反対に、「高度とか専門とかではなくてよいので仕事経験が豊富な人が欲しいから」（約 18.6%（非該当を除くと約 20.9%））、「新卒の採用をしていない／募集したが採用できなかったから」（約 7.7%（非該当を除くと約 8.7%））とする割合は相対的に低くなっている。1 事業所 1 企業である企業を除き、より広域に展開する企業ほど「新卒採用だけでは補充できないから」とする割合は低くなる。

図表 2－114　正社員の中途採用を実施する理由（複数回答可、地域展開別、単位：%）

		専門分野の高度な知識やスキルを持つ人が欲しいから	高度なマネジメント能力、豊富なマネジメントの経験がある人が欲しいから	顧客層に合った人材が欲しいから	高度とか専門とかではなくてよいので仕事経験が豊富な人が欲しいから	新卒の採用をしていない／募集したが採用できなかったから	新卒採用だけでは補充できないから	その他	無回答・非該当	N
地域展開	1事業所1企業	45.0	12.4	7.4	28.1	11.2	26.8	12.6	18.3	1010
	1都道府県のみに展開している企業	43.0	13.5	11.5	29.7	9.9	36.6	11.5	14.3	956
	1つの地域ブロックにのみ展開している企業	42.8	15.7	11.7	31.9	12.6	32.1	13.1	14.4	605
	全国的に展開している企業	45.7	18.8	12.1	28.9	10.8	28.9	10.6	15.7	1327
	海外展開もしている企業	66.8	26.9	11.6	18.6	7.7	27.4	10.4	12.3	413
	無回答	25.5	18.2	14.5	34.5	9.1	23.6	10.9	16.4	55
合計		46.3	16.5	10.8	28.4	10.6	30.3	11.6	15.5	4366

図表 2－115　正社員の中途採用を実施する理由
（非該当を除く、複数回答可、地域展開別、単位：%）

		専門分野の高度な知識やスキルを持つ人が欲しいから	高度なマネジメント能力、豊富なマネジメントの経験がある人が欲しいから	顧客層に合った人材が欲しいから	高度とか専門とかではなくてよいので仕事経験が豊富な人が欲しいから	新卒の採用をしていない／募集したが採用できなかったから	新卒採用だけでは補充できないから	その他	無回答	N
地域展開	1事業所1企業	53.9	14.8	8.9	33.6	13.4	32.1	15.0	2.3	844
	1都道府県のみに展開している企業	49.3	15.5	13.2	34.1	11.4	42.0	13.2	1.8	834
	1つの地域ブロックにのみ展開している企業	49.3	18.1	13.5	36.8	14.5	37.0	15.0	1.3	525
	全国的に展開している企業	53.7	22.1	14.2	34.0	12.6	33.9	12.4	1.1	1131
	海外展開もしている企業	74.8	30.1	13.0	20.9	8.7	30.6	11.7	1.9	369
	無回答	28.6	20.4	16.3	38.8	10.2	26.5	12.2	6.1	49
合計		53.9	19.2	12.6	33.1	12.4	35.3	13.5	1.7	3752

注：図表 2－114 から非該当（平成 28（2018）年度に正社員の中途採用の募集・採用ともに行っていない企業）を除いて構成比を算出。

業種別（図表 2－116、図表 2－117）に見ると、業種に関わらず、正社員の中途採用を実施する主な理由として、「専門分野の高度な知識やスキルを持つ人が欲しいから」と回答する割合が高い。とりわけ、「情報通信業」（約 71.7%（非該当を除くと約 82.7%））および「学術研究、専門・技術サービス業」（約 67.9%（非該当を除くと約 76.4%））での回答割合が相対的に高い。

他の理由にも注目すると、「宿泊業、飲食サービス業」（約 43.1%（非該当を除くと約 47.9%））および「医療、福祉」（約 40.4%（非該当を除くと約 42.1%））では、「新卒採用だけでは補充できないから」という理由の割合も高い。「生活関連サービス業、娯楽業」（約 42.6%（非該当を除くと約 48.2%））、「不動産業、物品賃貸業」（約 29.3%（非該当を除くと約 39.5%））および「運輸業、郵便業」（約 32.5%（非該当を除くと約 39.0%））では、「高度とか専門とかではなくてよいので仕事経験が豊富な人が欲しいから」の割合が高い。

図表 2－116　正社員の中途採用を実施する理由（複数回答可、業種別、単位：％）

		専門分野の高度な知識やスキルを持つ人が欲しいから	高度なマネジメント能力、豊富なマネジメントの経験がある人が欲しいから	顧客層に合った人材が欲しいから	高度とか専門とかではなくてよいので仕事経験が豊富な人が欲しいから	新卒の採用をしていない／募集したが採用できなかったから	新卒採用だけでは補充できないから	その他	無回答・非該当	N
業種	鉱業、採石業、砂利採取業	20.0	0.0	0.0	60.0	0.0	20.0	0.0	20.0	5
	建設業	58.3	18.6	6.5	31.4	9.8	30.8	8.9	13.3	338
	製造業	43.6	16.0	4.8	27.8	12.6	30.1	13.6	17.4	910
	電気・ガス・熱供給・水道業	43.5	34.8	8.7	26.1	8.7	13.0	0.0	26.1	23
	情報通信業	71.7	35.4	15.0	16.8	8.0	21.2	4.4	13.3	113
	運輸業、郵便業	39.1	14.2	9.1	32.5	13.2	25.6	12.3	18.0	317
	卸売業、小売業	36.8	13.4	14.5	27.9	10.5	29.7	10.9	20.0	771
	金融業、保険業	54.8	27.4	8.1	12.9	6.5	12.9	9.7	17.7	62
	不動産業、物品賃貸業	41.4	13.8	10.3	29.3	6.9	19.0	15.5	25.9	58
	学術研究、専門・技術サービス業	67.9	32.1	17.3	18.5	6.2	23.5	8.6	12.3	81
	宿泊業、飲食サービス業	32.2	15.6	18.0	34.1	10.0	43.1	12.8	12.3	211
	生活関連サービス業、娯楽業	30.9	14.9	19.1	42.6	11.7	33.0	11.7	12.8	94
	教育、学習支援業	56.2	18.4	9.2	21.1	5.9	19.5	13.5	18.9	185
	医療、福祉	61.4	15.2	10.0	30.2	10.9	40.4	12.6	5.5	691
	複合サービス事業	35.7	11.4	14.3	17.1	4.3	28.6	11.4	27.1	70
	その他のサービス業	37.6	16.1	16.1	28.4	11.0	25.9	9.9	17.2	436
	無回答	100.0	0.0	0.0	0.0	0.0	0.0	0.0	0.0	1
	合計	46.3	16.5	10.8	28.4	10.6	30.3	11.6	15.5	4366

図表 2－117　正社員の中途採用を実施する理由
（非該当を除く、複数回答可、業種別、単位：％）

		専門分野の高度な知識やスキルを持つ人が欲しいから	高度なマネジメント能力、豊富なマネジメントの経験がある人が欲しいから	顧客層に合った人材が欲しいから	高度とか専門とかではなくてよいので仕事経験が豊富な人が欲しいから	新卒の採用をしていない／募集したが採用できなかったから	新卒採用だけでは補充できないから	その他	無回答	N
業種	鉱業、採石業、砂利採取業	25.0	0.0	0.0	75.0	0.0	25.0	0.0	0.0	4
	建設業	66.1	21.1	7.4	35.6	11.1	34.9	10.1	1.7	298
	製造業	52.0	19.1	5.8	33.1	15.1	35.9	16.2	1.6	764
	電気・ガス・熱供給・水道業	58.8	47.1	11.8	35.3	11.8	17.6	0.0	0.0	17
	情報通信業	82.7	40.8	17.3	19.4	9.2	24.5	5.1	0.0	98
	運輸業、郵便業	47.0	17.0	11.0	39.0	15.9	30.7	14.8	1.5	264
	卸売業、小売業	44.9	16.3	17.7	34.0	12.8	36.2	13.3	2.4	632
	金融業、保険業	64.2	32.1	9.4	15.1	7.5	15.1	11.3	3.8	53
	不動産業、物品賃貸業	55.8	18.6	14.0	39.5	9.3	25.6	20.9	0.0	43
	学術研究、専門・技術サービス業	76.4	36.1	19.4	20.8	6.9	26.4	9.7	1.4	72
	宿泊業、飲食サービス業	35.8	17.4	20.0	37.9	11.1	47.9	14.2	2.6	190
	生活関連サービス業、娯楽業	34.9	16.9	21.7	48.2	13.3	37.3	13.3	1.2	83
	教育、学習支援業	68.4	22.4	11.2	25.7	7.2	23.7	16.4	1.3	152
	医療、福祉	64.0	15.8	10.4	31.5	11.3	42.1	13.1	1.5	663
	複合サービス事業	49.0	15.7	19.6	23.5	5.9	39.2	15.7	0.0	51
	その他のサービス業	44.7	19.1	19.1	33.8	13.1	30.8	11.7	1.6	367
	無回答	100.0	0.0	0.0	0.0	0.0	0.0	0.0	0.0	1
	合計	53.9	19.2	12.6	33.1	12.4	35.3	13.5	1.7	3752

注：図表 2－116 から非該当（平成 28（2018）年度に正社員の中途採用の募集・採用ともに行っていない企業）を除いて構成比を算出。

企業規模別（図表 2－118、図表 2－119）に見ると、規模の大きな企業ほど、「専門分野の高度な知識やスキルを持つ人が欲しいから」および「高度なマネジメント能力、豊富なマネジメントの経験がある人が欲しいから」という理由の回答割合が高い。規模の小さな企業ほど、「高度とか専門とかでなくてよいので仕事経験が豊富な人が欲しいから」という理由の回答割合が高くなっている。

図表 2－118　正社員の中途採用を実施する理由（複数回答可、企業規模別、単位：%）

		専門分野の高度な知識やスキルを持つ人が欲しいから	高度なマネジメント能力、豊富なマネジメントの経験がある人が欲しいから	顧客層に合った人材が欲しいから	高度とか専門とかではなくてよいので仕事経験が豊富な人が欲しいから	新卒の採用をしていない／募集したが採用できなかったから	新卒採用だけでは補充できないから	その他	無回答・非該当	N
従業員数	30人未満	36.8	15.8	17.5	24.6	17.5	10.5	7.0	24.6	57
	30～99人	41.5	13.5	11.9	31.2	14.1	24.0	11.7	16.4	1509
	100～299人	46.7	15.3	9.4	29.8	10.2	33.4	13.4	14.9	861
	300～499人	50.9	13.7	6.5	27.1	6.1	41.5	10.5	14.8	277
	500～999人	55.8	21.5	13.1	24.9	5.9	38.9	10.3	13.1	321
	1000人以上	59.5	26.2	9.3	19.9	6.1	37.2	13.6	11.7	538
	無回答	41.5	15.9	11.6	29.5	10.5	28.4	9.2	17.7	803
合計		46.3	16.5	10.8	28.4	10.6	30.3	11.6	15.5	4366

図表 2－119　正社員の中途採用を実施する理由
（非該当を除く、複数回答可、企業規模別、単位：%）

		専門分野の高度な知識やスキルを持つ人が欲しいから	高度なマネジメント能力、豊富なマネジメントの経験がある人が欲しいから	顧客層に合った人材が欲しいから	高度とか専門とかではなくてよいので仕事経験が豊富な人が欲しいから	新卒の採用をしていない／募集したが採用できなかったから	新卒採用だけでは補充できないから	その他	無回答	N
従業員数	30人未満(a)	47.7	20.5	22.7	31.8	22.7	13.6	9.1	2.3	44
	30～99人(b)	48.5	15.7	13.9	36.5	16.5	28.0	13.7	2.2	1291
	100～299人	54.0	17.7	10.9	34.5	11.8	38.7	15.5	1.5	744
	300～499人(c)	59.2	16.0	7.6	31.5	7.1	48.3	12.2	0.8	238
	500～999人(d)	63.7	24.6	14.9	28.5	6.8	44.5	11.7	0.7	281
	1000人以上	66.5	29.3	10.4	22.2	6.9	41.6	15.2	1.2	481
	無回答	49.5	19.0	13.8	35.2	12.5	33.9	11.0	1.8	673
	合計	53.9	19.2	12.6	33.1	12.4	35.3	13.5	1.7	3752
	100人未満(a+b)	48.5	15.9	14.2	36.3	16.7	27.6	13.6	2.2	1335
	300～999人(c+d)	61.7	20.6	11.6	29.9	6.9	46.2	11.9	0.8	519

注：図表 2－118 から非該当（平成 28（2018）年度に正社員の中途採用の募集・採用ともに行っていない企業）を除いて構成比を算出。

1.3　正社員の中途採用で求める人材像・イメージ

企業合計（図表 2－120、図表 2－121）で見ると、正社員の中途採用で求める人材像・イメージとして、「専門分野の一定度の知識･スキルがある人」（約 46.3%（非該当を除くと約 53.9%））、「ポテンシャルがある人」（約 30.0%（非該当を除くと約 34.9%））および「若年層の人」（約 27.3%（非該当を除くと約 31.7%））を挙げる企業が多い。

企業の地域展開の状況別に見ると、その状況に応じた傾向は捉えづらい。海外展開もしている企業では、「専門分野の高度な知識･スキルがある人」（約 44.8%（非該当を除くと約 50.1%））、「高度なマネジメント能力・豊富なマネジメントの経験がある人」（約 16.0%（非該当を除くと約 17.9%））および「ポテンシャルがある人」（約 39.2%（非該当を除くと約 43.9%））の割合が相対的に高い。

図表 2－120　正社員の中途採用で求める人材像・イメージ
（複数回答可、地域展開別、単位：%）

		専門分野の高度な知識･スキルがある人	専門分野の一定度の知識･スキルがある人	高度なマネジメント能力･豊富なマネジメントの経験がある人	一定度のマネジメントの能力･経験がある人	自社への理解度が高い人（過去に自社に勤務経験があるなど）	幅広い経験がある人	ポテンシャルがある人	高年齢層（豊富な経験がある）の人	若年層の人	その他	無回答・非該当	N
地域展開	1事業所1企業	23.3	46.0	6.4	18.5	11.7	18.1	26.3	2.3	24.8	3.7	24.2	1010
	1都道府県のみに展開している企業	19.5	48.8	6.9	21.7	16.1	18.8	26.0	4.5	27.4	2.9	20.6	956
	1つの地域ブロックにのみ展開している企業	21.7	47.1	6.9	22.8	11.6	19.5	30.7	1.3	29.9	4.6	19.5	605
	全国的に展開している企業	24.0	44.8	9.0	23.9	11.7	18.2	32.9	2.1	29.6	3.8	20.3	1327
	海外展開もしている企業	44.8	47.5	16.0	18.4	7.0	18.9	39.2	1.5	20.8	2.7	15.7	413
	無回答	18.2	29.1	5.5	20.0	10.9	29.1	20.0	0.0	32.7	1.8	29.1	55
合計		24.4	46.3	8.3	21.4	12.2	18.7	30.0	2.5	27.3	3.6	20.8	4366

図表 2－121　正社員の中途採用で求める人材像・イメージ
（非該当を除く、複数回答可、地域展開別、単位：%）

		専門分野の高度な知識･スキルがある人	専門分野の一定度の知識･スキルがある人	高度なマネジメント能力･豊富なマネジメントの経験がある人	一定度のマネジメントの能力･経験がある人	自社への理解度が高い人（過去に自社に勤務経験があるなど）	幅広い経験がある人	ポテンシャルがある人	高年齢層（豊富な経験がある）の人	若年層の人	その他	無回答	N
地域展開	1事業所1企業	27.8	55.1	7.7	22.2	14.0	21.7	31.5	2.7	29.6	4.4	9.2	844
	1都道府県のみに展開している企業	22.3	56.0	7.9	24.8	18.5	21.6	29.9	5.2	31.4	3.4	9.0	834
	1つの地域ブロックにのみ展開している企業	25.0	54.3	8.0	26.3	13.3	22.5	35.4	1.5	34.5	5.3	7.2	525
	全国的に展開している企業	28.1	52.5	10.6	28.0	13.7	21.3	38.5	2.5	34.7	4.5	6.5	1131
	海外展開もしている企業	50.1	53.1	17.9	20.6	7.9	21.1	43.9	1.6	23.3	3.0	5.7	369
	無回答	20.4	32.7	6.1	22.4	12.2	32.7	22.4	0.0	36.7	2.0	20.4	49
合計		28.4	53.9	9.6	24.9	14.2	21.7	34.9	2.9	31.7	4.2	7.9	3752

注：図表 2－120 から非該当（平成 28（2018）年度に正社員の中途採用の募集・採用ともに行っていない企業）を除いて構成比を算出。

業種別（図表 2－122）に見ると、正社員の中途採用で求める人材像・イメージとして、「専門分野の一定度の知識･スキルがある人」を挙げた割合が高いのは、医療、福祉（約 69.3%）および建設業（約 61.2%）である。「ポテンシャルがある人」の割合が高いのは、不動産業、物品賃貸業（約 48.3%）、金融業、保険業（約 38.7%）および生活関連サービス業、娯楽業（約 37.2%）である。「若年層の人」の割合が高いのは、運輸業、郵便業（約 34.1%）、製造業（約 33.2%）および生活関連サービス業、娯楽業（約 33.0%）となっている。

図表 2－122　正社員の中途採用で求める人材像・イメージ（複数回答可、業種別、単位：%）

		専門分野の高度な知識・スキルがある人	専門分野の一定度の知識・スキルがある人	高度なマネジメント能力・豊富なマネジメントの経験がある人	一定度のマネジメントの能力・経験がある人	自社への理解度が高い人（過去に自社に勤務経験があるなど）	幅広い経験がある人	ポテンシャルがある人	高年齢層（豊富な経験がある）の人	若年層の人	その他	無回答・非該当	N
業種	鉱業、採石業、砂利採取業	20.0	60.0	0.0	20.0	0.0	40.0	0.0	0.0	40.0	0.0	20.0	5
	建設業	29.0	61.2	9.2	23.1	7.1	18.0	19.2	2.4	31.7	3.3	17.5	338
	製造業	24.4	41.1	9.2	21.2	7.8	15.3	31.6	1.8	33.2	4.5	23.1	910
	電気・ガス・熱供給・水道業	30.4	30.4	26.1	8.7	0.0	17.4	13.0	4.3	13.0	0.0	39.1	23
	情報通信業	39.8	50.4	18.6	21.2	11.5	15.0	36.3	0.0	24.8	1.8	16.8	113
	運輸業、郵便業	18.9	42.3	6.9	17.7	13.6	19.9	27.8	3.2	34.1	4.7	22.1	317
	卸売業、小売業	17.1	37.9	5.4	22.4	13.9	17.5	33.7	1.4	28.9	2.5	26.3	771
	金融業、保険業	35.5	50.0	19.4	12.9	16.1	22.6	38.7	1.6	14.5	0.0	17.7	62
	不動産業、物品賃貸業	27.6	34.5	3.4	19.0	6.9	19.0	48.3	0.0	31.0	5.2	25.9	58
	学術研究、専門・技術サービス業	40.7	56.8	12.3	27.2	12.3	16.0	33.3	3.7	22.2	1.2	14.8	81
	宿泊業、飲食サービス業	14.2	36.5	8.5	25.1	17.1	27.0	31.8	4.3	27.5	2.4	20.9	211
	生活関連サービス業、娯楽業	14.9	28.7	9.6	25.5	27.7	25.5	37.2	0.0	33.0	1.1	18.1	94
	教育、学習支援業	38.9	34.6	14.1	14.1	13.0	17.8	31.4	1.6	19.5	0.5	22.2	185
	医療、福祉	29.7	69.3	5.8	22.3	13.3	22.1	24.2	5.2	19.1	5.5	10.9	691
	複合サービス事業	24.3	32.9	12.9	20.0	18.6	17.1	25.7	1.4	11.4	0.0	32.9	70
	その他のサービス業	20.9	41.5	6.9	22.2	13.5	17.9	32.3	2.1	24.5	4.1	22.9	436
	無回答	0.0	100.0	0.0	0.0	0.0	0.0	0.0	0.0	0.0	100.0	0.0	1
合計		24.4	46.3	8.3	21.4	12.2	18.7	30.0	2.5	27.3	3.6	20.8	4366

企業規模別（図表 2－123、図表 2－124）に見ると、規模の大きな企業ほど、「専門分野の高度な知識・スキルがある人」および「ポテンシャルがある人」という人材像・イメージの回答割合が高い。一方、規模の小さな企業ほど、「若年層の人」という人材像・イメージの割合が高い傾向がある。

図表 2－123　正社員の中途採用で求める人材像・イメージ（複数回答可、企業規模別、単位：%）

		専門分野の高度な知識・スキルがある人	専門分野の一定度の知識・スキルがある人	高度なマネジメント能力・豊富なマネジメントの経験がある人	一定度のマネジメントの能力・経験がある人	自社への理解度が高い人（過去に自社に勤務経験があるなど）	幅広い経験がある人	ポテンシャルがある人	高年齢層（豊富な経験がある）の人	若年層の人	その他	無回答・非該当	N
従業員数	30人未満	19.3	38.6	7.0	15.8	15.8	24.6	24.6	5.3	15.8	3.5	26.3	57
	30～99人	20.3	43.7	6.0	21.3	11.3	18.3	29.2	2.9	30.3	3.7	22.5	1509
	100～299人	24.0	50.3	7.4	23.0	12.7	17.3	30.5	2.2	29.0	2.8	20.3	861
	300～499人	23.8	51.6	6.1	23.1	15.9	22.7	26.7	3.2	22.4	6.1	18.4	277
	500～999人	32.1	49.2	11.5	20.2	13.1	15.9	36.1	2.8	24.6	2.8	16.2	321
	1000人以上	39.4	46.7	15.6	21.0	13.0	19.0	36.1	1.7	19.3	4.3	15.4	538
	無回答	19.9	44.3	8.1	20.5	10.8	20.0	25.9	1.9	28.5	3.1	24.2	803
合計		24.4	46.3	8.3	21.4	12.2	18.7	30.0	2.5	27.3	3.6	20.8	4366

図表 2－124　正社員の中途採用で求める人材像・イメージ
（非該当を除く、複数回答可、企業規模別、単位：％）

		専門分野の高度な知識・スキルがある人	専門分野の一定度の知識・スキルがある人	高度なマネジメント能力・豊富なマネジメントの経験がある人	一定度のマネジメントの能力・経験がある人	自社への理解度が高い人（過去に自社に勤務経験があるなど）	幅広い経験がある人	ポテンシャルがある人	高年齢層（豊富な経験がある）の人	若年層の人	その他	無回答	N
従業員数	30人未満(a)	25.0	50.0	9.1	20.5	20.5	31.8	31.8	6.8	20.5	4.5	4.5	44
	30～99人(b)	23.7	51.1	7.0	24.9	13.2	21.4	34.2	3.4	35.4	4.3	9.4	1291
	100～299人	27.8	58.2	8.6	26.6	14.7	20.0	35.3	2.6	33.6	3.2	7.8	744
	300～499人(c)	27.7	60.1	7.1	26.9	18.5	26.5	31.1	3.8	26.1	7.1	5.0	238
	500～999人(d)	36.7	56.2	13.2	23.1	14.9	18.1	41.3	3.2	28.1	3.2	4.3	281
	1000人以上	44.1	52.2	17.5	23.5	14.6	21.2	40.3	1.9	21.6	4.8	5.4	481
	無回答	23.8	52.9	9.7	24.5	12.9	23.9	30.9	2.2	34.0	3.7	9.5	673
	合計	28.4	53.9	9.6	24.9	14.2	21.7	34.9	2.9	31.7	4.2	7.9	3752
	100人未満(a+b)	23.7	51.1	7.1	24.8	13.5	21.7	34.1	3.5	34.9	4.3	9.2	1335
	300～999人(c+d)	32.6	58.0	10.4	24.9	16.6	22.0	36.6	3.5	27.2	5.0	4.6	519

注：図表 2－123 から非該当（平成 28（2018）年度に正社員の中途採用の募集・採用ともに行っていない企業）を除いて構成比を算出。

1.4　正社員の中途採用の実施に必要な環境

企業合計（図表 2－125、図表 2－126）で見ると、整えば正社員の中途採用を行えると考えられる環境として、「求める能力・資格を持つ人材の応募増加」（約 3.3%（非該当を除くと約 24.1%））、「採用方針の変更（新卒一括採用のみとする方針の変更など）」（約 2.7%（非該当を除くと約 19.4%））、「社内の賃金制度、人事異動・配置などのキャリアパスの整備」（約 1.8%（非該当を除くと約 13.4%））を挙げる企業が多い。

企業の地域展開の状況別に見ると、その状況に応じた傾向は捉えづらい。海外展開もしている企業では、整えば正社員の中途採用を行えると考えられる環境として、「採用方針の変更（新卒一括採用のみとする方針の変更など）」（約 3.4%（非該当を除くと約 32.6%））を挙げる割合は相対的に高いが、「求める能力・資格を持つ人材の応募増加」（約 0.7%（非該当を除くと約 7.0%））の割合は相対的に低い。

図表 2－125　正社員の中途採用に必要な環境（複数回答可、地域展開別、単位：％）

		社内の賃金制度、人事異動・配置などのキャリアパスの整備	採用方針の変更（新卒一括採用のみとする方針の変更など）	採用のための人員配置（採用担当部署を設置するなど）	中途採用者への教育訓練や研修制度の充実	求める能力・資格を持つ人材の応募増加	人材紹介会社などの採用経路の確保	公的機関（自治体やハローワークなど）による相談・支援の充実	その他	特に中途採用を考えていない	無回答・非該当	N
地域展開	1事業所1企業	2.3	2.6	0.8	1.2	4.6	0.5	0.7	2.7	6.3	84.3	1010
	1都道府県のみに展開している企業	1.9	2.5	0.5	1.3	2.1	0.1	0.2	0.9	5.9	87.9	956
	1つの地域ブロックにのみ展開している企業	1.0	2.3	0.8	1.2	3.8	0.7	0.5	2.0	4.1	87.3	605
	全国的に展開している企業	2.0	2.9	0.5	0.4	3.6	0.5	0.5	1.6	6.4	86.0	1327
	海外展開もしている企業	1.5	3.4	0.5	0.2	0.7	0.2	0.5	0.7	5.6	89.8	413
	無回答	1.8	0.0	0.0	1.8	7.3	0.0	1.8	0.0	0.0	92.7	55
	合計	1.8	2.7	0.6	0.9	3.3	0.4	0.5	1.6	5.8	86.6	4366

図表 2−126　正社員の中途採用に必要な環境
（非該当を除く、複数回答可、地域展開別、単位：％）

		社内の賃金制度、人事異動・配置などのキャリアパスの整備	採用方針の変更（新卒一括採用のみとする方針の変更など）	採用のための人員配置（採用担当部署を設置するなど）	中途採用者への教育訓練や研修制度の充実	求める能力・資格を持つ人材の応募増加	人材紹介会社などの採用経路の確保	公的機関（自治体やハローワークなど）による相談・支援の充実	その他	特に中途採用を考えていない	無回答	N
地域展開	1事業所1企業	14.1	16.0	4.9	7.4	28.2	3.1	4.3	16.6	39.3	2.5	163
	1都道府県のみに展開している企業	15.3	20.3	4.2	10.2	16.9	0.8	1.7	7.6	47.5	1.7	118
	1つの地域ブロックにのみ展開している企業	7.6	17.7	6.3	8.9	29.1	5.1	3.8	15.2	31.6	2.5	79
	全国的に展開している企業	13.7	20.0	3.7	2.6	25.3	3.2	3.7	11.1	44.7	2.1	190
	海外展開もしている企業	14.0	32.6	4.7	2.3	7.0	2.3	4.7	7.0	53.5	2.3	43
	無回答	20.0	0.0	0.0	20.0	80.0	0.0	20.0	0.0	0.0	20.0	5
合計		13.4	19.4	4.5	6.4	24.1	2.8	3.7	12.0	42.3	2.3	598

注：図表 2−125 から非該当（平成 28（2018）年度に正社員の中途採用を行った企業）を除いて構成比を算出。

業種別（図表 2−127）に見ると、整えば正社員の中途採用を行えると考えられる環境として、「求める能力・資格を持つ人材の応募増加」を挙げる割合が高いのは、電気・ガス・熱供給・水道業（約 8.7%）および不動産業、物品賃貸業（約 6.9%）である。「採用方針の変更（新卒一括採用のみとする方針の変更など）」を挙げる割合が高いのは、複合サービス事業（約 8.6%）、金融業、保険業（約 6.5%）および不動産業、物品賃貸業（約 5.2%）である。「社内の賃金制度、人事異動・配置などのキャリアパスの整備」の割合が高いのは、複合サービス事業（約 5.7%）および電気・ガス・熱供給・水道業（約 4.3%）となっている。

図表 2−127　正社員の中途採用に必要な環境（複数回答可、業種別、単位：％）

		社内の賃金制度、人事異動・配置などのキャリアパスの整備	採用方針の変更（新卒一括採用のみとする方針の変更など）	採用のための人員配置（採用担当部署を設置するなど）	中途採用者への教育訓練や研修制度の充実	求める能力・資格を持つ人材の応募増加	人材紹介会社などの採用経路の確保	公的機関（自治体やハローワークなど）による相談・支援の充実	その他	特に中途採用を考えていない	無回答・非該当	N
業種	鉱業、採石業、砂利採取業	0.0	0.0	0.0	0.0	0.0	0.0	0.0	0.0	20.0	80.0	5
	建設業	1.2	2.4	0.6	0.6	3.6	0.0	0.3	1.2	4.4	89.3	338
	製造業	1.8	2.7	1.3	1.3	3.7	0.9	0.9	2.2	5.8	84.6	910
	電気・ガス・熱供給・水道業	4.3	4.3	0.0	0.0	8.7	0.0	0.0	8.7	8.7	73.9	23
	情報通信業	1.8	4.4	0.0	0.0	3.5	0.0	0.0	1.8	4.4	87.6	113
	運輸業、郵便業	2.5	4.1	0.6	0.0	2.2	0.6	1.6	1.3	6.9	84.2	317
	卸売業、小売業	2.3	3.4	0.5	1.3	4.5	0.3	0.8	1.7	8.6	82.5	771
	金融業、保険業	3.2	6.5	0.0	3.2	4.8	0.0	0.0	0.0	3.2	88.7	62
	不動産業、物品賃貸業	1.7	5.2	0.0	0.0	6.9	0.0	0.0	3.4	6.9	75.9	58
	学術研究、専門・技術サービス業	0.0	2.5	0.0	0.0	1.2	0.0	0.0	0.0	6.2	90.1	81
	宿泊業、飲食サービス業	2.8	1.4	0.5	0.5	2.8	0.0	0.5	1.4	3.8	90.5	211
	生活関連サービス業、娯楽業	3.2	1.1	0.0	0.0	4.3	0.0	0.0	0.0	5.3	89.4	94
	教育、学習支援業	1.1	2.2	1.1	1.1	5.9	1.1	0.0	1.6	7.0	83.2	185
	医療、福祉	0.3	0.6	0.0	0.0	0.7	0.0	0.0	0.6	1.9	96.4	691
	複合サービス事業	5.7	8.6	1.4	7.1	5.7	0.0	0.0	4.3	14.3	72.9	70
	その他のサービス業	2.5	2.5	0.7	0.9	2.8	0.7	0.2	2.8	6.7	84.4	436
	無回答	0.0	0.0	0.0	0.0	0.0	0.0	0.0	0.0	0.0	100.0	1
合計		1.8	2.7	0.6	0.9	3.3	0.4	0.5	1.6	5.8	86.6	4366

企業規模別（図表 2−128、図表 2−129）に見ると、規模に応じた傾向は捉えづらい。非該当を除くと、規模が大きくなるほど整えば正社員の中途採用を行えると

考えられる環境として、「採用方針の変更（新卒一括採用のみとする方針の変更など）」を挙げる傾向がある。

図表 2－128　正社員の中途採用に必要な環境（複数回答可、企業規模別、単位：%）

		社内の賃金制度、人事異動・配置などのキャリアパスの整備	採用方針の変更（新卒一括採用のみとする方針の変更など）	採用のための人員配置（採用担当部署を設置するなど）	中途採用者への教育訓練や研修制度の充実	求める能力・資格を持つ人材の応募増加	人材紹介会社などの採用経路の確保	公的機関（自治体やハローワークなど）による相談・支援の充実	その他	特に中途採用を考えていない	無回答・非該当	N
従業員数	30人未満	0.0	0.0	0.0	1.8	1.8	0.0	1.8	3.5	17.5	77.2	57
	30～99人	1.7	1.7	0.9	0.9	4.2	0.4	1.0	1.9	6.0	86.1	1509
	100～299人	2.6	2.4	0.6	1.0	2.8	0.5	0.1	1.9	5.6	86.8	861
	300～499人	2.2	4.0	0.0	0.4	2.5	0.4	0.4	1.8	5.8	86.6	277
	500～999人	2.8	4.7	0.6	1.6	1.2	0.6	0.3	0.9	5.0	87.5	321
	1000人以上	1.5	3.7	0.0	0.6	2.0	0.0	0.2	0.9	4.6	90.3	538
	無回答	1.2	2.9	0.9	0.7	4.1	0.5	0.2	1.5	6.0	85.3	803
	合計	1.8	2.7	0.6	0.9	3.3	0.4	0.5	1.6	5.8	86.6	4366

図表 2－129　正社員の中途採用に必要な環境
（非該当を除く、複数回答可、企業規模別、単位：%）

		社内の賃金制度、人事異動・配置などのキャリアパスの整備	採用方針の変更（新卒一括採用のみとする方針の変更など）	採用のための人員配置（採用担当部署を設置するなど）	中途採用者への教育訓練や研修制度の充実	求める能力・資格を持つ人材の応募増加	人材紹介会社などの採用経路の確保	公的機関（自治体やハローワークなど）による相談・支援の充実	その他	特に中途採用を考えていない	無回答	N
従業員数	30人未満(a)	0.0	0.0	0.0	7.7	7.7	0.0	7.7	15.4	76.9	0.0	13
	30～99人(b)	11.6	12.1	6.0	6.0	29.8	2.8	7.0	13.5	41.9	2.3	215
	100～299人	19.1	18.3	4.3	7.8	20.9	3.5	0.9	13.9	41.7	0.9	115
	300～499人(c)	15.8	28.9	0.0	2.6	18.4	2.6	2.6	13.2	42.1	2.6	38
	500～999人(d)	22.5	37.5	5.0	12.5	10.0	5.0	2.5	7.5	40.0	0.0	40
	1000人以上	15.1	37.7	0.0	5.7	20.8	0.0	1.9	9.4	47.2	1.9	53
	無回答	8.1	18.5	5.6	4.8	26.6	3.2	1.6	9.7	38.7	4.8	124
	合計	13.4	19.4	4.5	6.4	24.1	2.8	3.7	12.0	42.3	2.3	598
	100人未満(a+b)	11.0	11.4	5.7	6.1	28.5	2.6	7.0	13.6	43.9	2.2	228
	300～999人(c+d)	19.2	33.3	2.6	7.7	14.1	3.8	2.6	10.3	41.0	2.6	78

注：図表 2－128 から非該当（平成 28（2018）年度に正社員の中途採用を行った企業）を除いて構成比を算出。

1.5　平成 28（2016）年度の中途採用の採用人員

企業合計（図表 2－130）で見ると、平成 28（2016）年度の中途採用の正社員採用人数が 10 人未満である企業が約 56.1%、0 人である企業が約 17.7%である。また、中途採用の非正社員採用人数が 0 人である企業が約 37.5%であり、10 人未満である企業が約 24.1%である。

企業の地域展開の状況別に見ると、概してより広域に展開する企業ほど中途採用の正社員採用人数が多い傾向がある。中途採用の非正社員採用人数については、正社員ほどはっきりした傾向は確認されないが、同様である。

図表 2－130　平成 28（2016）年度の中途採用に採用人員（地域展開別、単位：%）

（正社員）

		0人	10人未満	10～30人未満	30～50人未満	50～80人未満	80人以上	無回答	N
地域展開	1事業所1企業	21.3	59.7	12.7	1.8	0.4	0.7	3.5	1010
	1都道府県のみに展開している企業	15.2	57.1	17.1	4.0	2.3	1.3	3.1	956
	1つの地域ブロックにのみ展開している企業	18.7	60.7	10.4	3.3	1.0	1.3	4.6	605
	全国的に展開している企業	17.5	54.3	14.0	4.4	2.3	3.1	4.4	1327
	海外展開もしている企業	13.8	43.8	22.5	5.8	4.4	6.5	3.1	413
	無回答	18.2	58.2	12.7	0.0	0.0	3.6	7.3	55
合計		17.7	56.1	14.7	3.6	1.8	2.2	3.8	4366

（非正社員）

		0人	10人未満	10～30人未満	30～50人未満	50～80人未満	80人以上	無回答・非該当	N
地域展開	1事業所1企業	33.5	29.5	6.7	1.2	0.7	0.5	27.9	1010
	1都道府県のみに展開している企業	32.8	28.6	10.0	3.7	2.3	2.6	20.0	956
	1つの地域ブロックにのみ展開している企業	39.2	20.0	6.4	4.0	2.0	3.5	25.0	605
	全国的に展開している企業	41.7	19.8	6.0	1.9	1.7	5.3	23.7	1327
	海外展開もしている企業	41.6	20.6	6.8	1.9	2.2	4.4	22.5	413
	無回答	40.0	21.8	5.5	0.0	1.8	0.0	30.9	55
合計		37.5	24.1	7.2	2.4	1.7	3.2	24.0	4366

業種別（図表 2－131）に見ると、中途採用の正社員採用人数が 80 人以上である割合が高いのは、金融業、保険業（約 9.7%）およびその他のサービス業（約 4.1%）である。50～80 人未満である割合が高いのは、電気・ガス・熱供給・水道業（約 4.3%）および医療、福祉（約 4.3%）である。30～50 人未満では、情報通信業（約 8.0%）、医療、福祉（約 7.8%）および不動産業、物品賃貸業（約 6.9%）で割合が相対的に高い。

図表 2－131　平成 28（2016）年度の中途採用に採用人員（業種別、単位：％）

（正社員）

		0人	10人未満	10～30人未満	30～50人未満	50～80人未満	80人以上	無回答	N
業種	鉱業、採石業、砂利採取業	40.0	60.0	0.0	0.0	0.0	0.0	0.0	5
	建設業	18.6	63.3	10.7	1.8	1.8	0.3	3.6	338
	製造業	20.2	61.0	10.3	2.6	1.8	1.4	2.6	910
	電気・ガス・熱供給・水道業	30.4	52.2	8.7	0.0	4.3	0.0	4.3	23
	情報通信業	15.0	42.5	23.0	8.0	1.8	3.5	6.2	113
	運輸業、郵便業	18.9	54.3	13.6	4.1	0.9	3.2	5.0	317
	卸売業、小売業	21.7	59.7	11.4	1.4	0.5	0.9	4.4	771
	金融業、保険業	16.1	51.6	12.9	3.2	1.6	9.7	4.8	62
	不動産業、物品賃貸業	31.0	50.0	10.3	6.9	0.0	1.7	0.0	58
	学術研究、専門・技術サービス業	16.0	59.3	16.0	1.2	1.2	2.5	3.7	81
	宿泊業、飲食サービス業	16.6	60.2	13.3	2.8	1.9	1.9	3.3	211
	生活関連サービス業、娯楽業	14.9	64.9	8.5	3.2	0.0	1.1	7.4	94
	教育、学習支援業	18.9	53.0	16.2	3.2	2.2	1.6	4.9	185
	医療、福祉	5.9	47.3	27.2	7.8	4.3	3.8	3.6	691
	複合サービス事業	30.0	51.4	11.4	5.7	0.0	1.4	0.0	70
	その他のサービス業	19.5	52.3	14.2	3.7	1.8	4.1	4.4	436
	無回答	0.0	0.0	0.0	0.0	0.0	0.0	100.0	1
	合計	17.7	56.1	14.7	3.6	1.8	2.2	3.8	4366

（非正社員）

		0人	10人未満	10～30人未満	30～50人未満	50～80人未満	80人以上	無回答・非該当	N
業種	鉱業、採石業、砂利採取業	60.0	0.0	0.0	0.0	0.0	0.0	40.0	5
	建設業	54.1	15.1	2.7	0.0	0.9	0.9	26.3	338
	製造業	46.3	22.1	2.6	1.3	0.5	1.4	25.7	910
	電気・ガス・熱供給・水道業	52.2	4.3	4.3	0.0	0.0	0.0	39.1	23
	情報通信業	44.2	20.4	8.8	0.9	0.9	3.5	21.2	113
	運輸業、郵便業	38.2	21.8	5.0	1.9	1.3	2.8	29.0	317
	卸売業、小売業	42.2	20.9	4.5	1.2	1.6	2.1	27.6	771
	金融業、保険業	33.9	19.4	11.3	6.5	0.0	4.8	24.2	62
	不動産業、物品賃貸業	32.8	13.8	5.2	1.7	3.4	5.2	37.9	58
	学術研究、専門・技術サービス業	43.2	22.2	4.9	2.5	2.5	1.2	23.5	81
	宿泊業、飲食サービス業	31.8	29.4	9.0	2.4	1.9	2.8	22.7	211
	生活関連サービス業、娯楽業	33.0	18.1	11.7	4.3	1.1	4.3	27.7	94
	教育、学習支援業	27.0	27.0	13.5	3.2	1.1	5.9	22.2	185
	医療、福祉	18.1	41.0	16.1	5.6	3.9	3.6	11.7	691
	複合サービス事業	28.6	17.1	4.3	5.7	0.0	4.3	40.0	70
	その他のサービス業	35.1	19.3	8.0	2.5	2.3	8.7	24.1	436
	無回答	0.0	0.0	0.0	0.0	0.0	0.0	100.0	1
	合計	37.5	24.1	7.2	2.4	1.7	3.2	24.0	4366

企業規模別（図表 2－132）に見ると、自然なことではあるが、規模が大きい企業ほど中途採用の正社員・非正社員採用人数が多い。

図表 2－132　平成 28（2016）年度の中途採用に採用人員（企業規模別、単位：%）

（正社員）

		0人	10人未満	10～30人未満	30～50人未満	50～80人未満	80人以上	無回答	N
従業員数	30人未満	40.4	54.4	1.8	0.0	0.0	0.0	3.5	57
	30～99人	19.9	71.8	4.9	0.3	0.1	0.0	3.1	1509
	100～299人	16.0	58.2	18.7	2.8	0.1	0.2	3.9	861
	300～499人	14.8	39.4	29.6	10.8	1.1	0.4	4.0	277
	500～999人	14.0	38.6	26.5	8.1	6.5	3.7	2.5	321
	1000人以上	12.3	28.3	27.1	9.3	7.1	12.6	3.3	538
	無回答	19.8	56.0	11.3	3.1	2.0	1.7	6.0	803
合計		17.7	56.1	14.7	3.6	1.8	2.2	3.8	4366

（非正社員）

		0人	10人未満	10～30人未満	30～50人未満	50～80人未満	80人以上	無回答・非該当	N
従業員数	30人未満	38.6	14.0	1.8	0.0	0.0	0.0	45.6	57
	30～99人	40.7	31.1	2.5	0.2	0.1	0.1	25.2	1509
	100～299人	28.0	33.6	12.4	3.0	1.9	0.7	20.4	861
	300～499人	28.5	24.5	15.5	5.8	3.2	1.8	20.6	277
	500～999人	26.2	18.1	14.3	7.8	4.7	10.3	18.7	321
	1000人以上	32.7	11.7	10.0	4.5	5.6	16.0	19.5	538
	無回答	52.3	12.0	3.0	1.2	0.1	1.0	30.4	803
合計		37.5	24.1	7.2	2.4	1.7	3.2	24.0	4366

1.6　平成 28（2016）年度の中途採用の正社員の採用人員（雇用区分・形態別）

（1）採用人数

企業合計（図表 2－133）で見ると、平成 28 年度の中途採用において、正社員（限定されない）の採用人数が 10 人未満である企業は約 49.3%であり、0 人では約 27.3%である。地域限定正社員の採用予定人数では、0 人である企業が約 85.9%、10 人未満が約 4.9%である。職務限定正社員では、0 人である企業が約 82.6%、10 人未満が約 7.4%となっている。勤務時間限定正社員では、0 人である企業が約 91.5%、10 人未満が約 0.8%である。

企業の地域展開の状況別に見ると、正社員（限定されない）、地域限定正社員、職務限定正社員については、概してより広域に展開する企業ほど採用人数が多くなる。ただし、1 都道府県のみに展開している企業における正社員（限定されない）および職務限定正社員の採用人数が相対的に多い。勤務時間限定正社員については、ほとんど採用実績がないため、参考までに図表を掲載するに留める。

図表 2－133　平成 28（2016）年度の中途採用における正社員の雇用区分・形態別採用人数（地域展開別、単位：%）

（正社員（限定されない））

		0人	10人未満	10～30人未満	30～50人未満	50～80人未満	80人以上	無回答	N
地域展開	1事業所1企業	30.8	52.2	8.6	1.1	0.3	0.4	6.6	1010
	1都道府県のみに展開している企業	26.8	49.4	13.0	2.4	1.5	0.9	6.1	956
	1つの地域ブロックにのみ展開している企業	28.3	52.9	7.8	2.5	0.7	0.8	7.1	605
	全国的に展開している企業	26.8	47.7	11.5	3.8	1.4	2.2	6.6	1327
	海外展開もしている企業	21.1	42.4	20.1	5.1	3.1	4.1	4.1	413
	無回答	20.0	47.3	10.9	0.0	0.0	1.8	20.0	55
	合計	27.3	49.3	11.4	2.8	1.2	1.5	6.5	4366

（地域限定正社員）

		0人	10人未満	10～30人未満	30～50人未満	50～80人未満	80人以上	無回答	N
地域展開	1事業所1企業	91.3	1.1	0.4	0.0	0.0	0.1	7.1	1010
	1都道府県のみに展開している企業	89.5	1.5	0.9	0.1	0.0	0.1	7.8	956
	1つの地域ブロックにのみ展開している企業	86.1	4.3	0.8	0.2	0.0	0.0	8.6	605
	全国的に展開している企業	80.8	9.9	1.7	0.5	0.2	0.5	6.5	1327
	海外展開もしている企業	82.1	7.7	1.9	1.2	1.0	0.2	5.8	413
	無回答	74.5	1.8	1.8	0.0	0.0	0.0	21.8	55
	合計	85.9	4.9	1.1	0.3	0.1	0.2	7.4	4366

（職務限定正社員）

		0人	10人未満	10～30人未満	30～50人未満	50～80人未満	80人以上	無回答	N
地域展開	1事業所1企業	82.7	7.0	2.8	0.5	0.0	0.1	6.9	1010
	1都道府県のみに展開している企業	79.2	8.9	2.7	1.4	0.2	0.2	7.4	956
	1つの地域ブロックにのみ展開している企業	80.7	9.6	1.3	0.2	0.0	0.3	7.9	605
	全国的に展開している企業	85.8	6.0	0.8	0.2	0.2	0.5	6.6	1327
	海外展開もしている企業	84.5	6.5	1.2	0.7	0.7	0.5	5.8	413
	無回答	72.7	5.5	0.0	0.0	0.0	0.0	21.8	55
	合計	82.6	7.4	1.8	0.6	0.2	0.3	7.2	4366

（勤務時間限定正社員）

		0人	10人未満	10～30人未満	30～50人未満	50～80人未満	80人以上	無回答	N
地域展開	1事業所1企業	91.8	1.0	0.0	0.0	0.0	0.0	7.2	1010
	1都道府県のみに展開している企業	90.8	1.2	0.2	0.0	0.0	0.0	7.8	956
	1つの地域ブロックにのみ展開している企業	90.7	0.7	0.2	0.0	0.0	0.0	8.4	605
	全国的に展開している企業	92.1	0.7	0.2	0.0	0.0	0.0	7.1	1327
	海外展開もしている企業	93.7	0.5	0.0	0.0	0.0	0.0	5.8	413
	無回答	78.2	0.0	0.0	0.0	0.0	0.0	21.8	55
	合計	91.5	0.8	0.1	0.0	0.0	0.0	7.5	4366

業種別（図表 2－134）に見ると、正社員（限定されない）の採用人数が 80 人以上である割合が高いのは、金融業、保険業（約 3.2%）、医療、福祉（約 2.7%）および情報通信業（約 2.7%）である。50～80 人未満の割合が高いのは、電気・ガス・熱供給・水道業（約 4.3%）および医療、福祉（約 3.0%）である。30～50 人未満の割合が高いのは、情報通信業（約 6.2%）および医療、福祉（約 5.4%）である。地域限定正社員の採用人数が 80 人以上および 50～80 人未満の割合が高いのは、金融業、保険業（約 3.2%および約 1.6%）である。30～50 人未満の割合

が高いのは、宿泊業、飲食サービス業（約 0.9%）および情報通信業（約 0.9%）である。職務限定正社員の採用人数が 80 人以上である割合が高いのは、不動産業、物品賃貸業（約 1.7%）および生活関連サービス業、娯楽業（約 1.1%）である。50～80 人未満の割合が高いのが、教育、学習支援業（約 0.5%）および宿泊業、飲食サービス業（約 0.5%）である。

図表 2－134　平成 28（2016）年度の中途採用における正社員の雇用区分・形態別採用人数（業種別、単位：%）

（正社員（限定されない））

		0人	10人未満	10～30人未満	30～50人未満	50～80人未満	80人以上	無回答	N
業種	鉱業、採石業、砂利採取業	60.0	20.0	0.0	0.0	0.0	0.0	20.0	5
	建設業	27.8	56.2	8.0	1.5	0.6	0.3	5.6	338
	製造業	27.1	55.5	8.6	2.6	1.3	0.9	4.0	910
	電気・ガス・熱供給・水道業	39.1	43.5	8.7	0.0	4.3	0.0	4.3	23
	情報通信業	23.0	37.2	22.1	6.2	1.8	2.7	7.1	113
	運輸業、郵便業	31.2	45.7	8.8	2.5	0.6	2.2	8.8	317
	卸売業、小売業	30.1	51.8	9.1	1.4	0.0	0.6	7.0	771
	金融業、保険業	19.4	53.2	11.3	3.2	1.6	3.2	8.1	62
	不動産業、物品賃貸業	37.9	46.6	12.1	1.7	0.0	0.0	1.7	58
	学術研究、専門・技術サービス業	27.2	50.6	14.8	0.0	1.2	2.5	3.7	81
	宿泊業、飲食サービス業	24.2	53.1	10.9	1.9	0.9	1.9	7.1	211
	生活関連サービス業、娯楽業	25.5	52.1	7.4	3.2	0.0	0.0	11.7	94
	教育、学習支援業	28.1	49.2	10.8	2.2	1.1	1.6	7.0	185
	医療、福祉	23.4	38.8	19.1	5.4	3.0	2.7	7.5	691
	複合サービス事業	38.6	44.3	8.6	4.3	1.4	0.0	2.9	70
	その他のサービス業	25.0	47.9	12.6	2.8	1.4	2.5	7.8	436
	無回答	0.0	0.0	0.0	0.0	0.0	0.0	100.0	1
合計		27.3	49.3	11.4	2.8	1.2	1.5	6.5	4366

（地域限定正社員）

		0人	10人未満	10～30人未満	30～50人未満	50～80人未満	80人以上	無回答	N
業種	鉱業、採石業、砂利採取業	60.0	20.0	0.0	0.0	0.0	0.0	20.0	5
	建設業	83.4	7.4	1.2	0.6	0.0	0.0	7.4	338
	製造業	88.2	4.5	0.7	0.5	0.2	0.1	5.7	910
	電気・ガス・熱供給・水道業	91.3	4.3	0.0	0.0	0.0	0.0	4.3	23
	情報通信業	90.3	0.9	1.8	0.9	0.0	0.0	6.2	113
	運輸業、郵便業	85.5	5.0	1.6	0.3	0.0	0.0	7.6	317
	卸売業、小売業	85.0	7.0	1.2	0.1	0.1	0.0	6.6	771
	金融業、保険業	72.6	14.5	0.0	0.0	1.6	3.2	8.1	62
	不動産業、物品賃貸業	91.4	5.2	1.7	0.0	0.0	0.0	1.7	58
	学術研究、専門・技術サービス業	90.1	2.5	2.5	0.0	0.0	0.0	4.9	81
	宿泊業、飲食サービス業	83.4	6.2	1.9	0.9	0.0	0.0	7.6	211
	生活関連サービス業、娯楽業	77.7	8.5	1.1	0.0	0.0	0.0	12.8	94
	教育、学習支援業	88.1	2.2	0.5	0.0	0.0	0.0	9.2	185
	医療、福祉	86.7	1.4	1.2	0.1	0.1	0.3	10.1	691
	複合サービス事業	85.7	8.6	2.9	0.0	0.0	0.0	2.9	70
	その他のサービス業	85.3	4.8	1.1	0.2	0.2	0.9	7.3	436
	無回答	0.0	0.0	0.0	0.0	0.0	0.0	100.0	1
合計		85.9	4.9	1.1	0.3	0.1	0.2	7.4	4366

図表 2－134（続） 平成 28（2016）年度の中途採用における正社員の雇用区分・形態別採用人数（業種別、単位：%）

（職務限定正社員）

		0人	10人未満	10～30人未満	30～50人未満	50～80人未満	80人以上	無回答	N
業種	鉱業、採石業、砂利採取業	80.0	0.0	0.0	0.0	0.0	0.0	20.0	5
	建設業	81.1	10.1	1.2	0.0	0.3	0.0	7.4	338
	製造業	87.9	5.9	0.4	0.1	0.0	0.0	5.6	910
	電気・ガス・熱供給・水道業	87.0	8.7	0.0	0.0	0.0	0.0	4.3	23
	情報通信業	85.0	5.3	1.8	0.9	0.0	0.9	6.2	113
	運輸業、郵便業	77.6	10.7	2.5	0.9	0.3	0.9	6.9	317
	卸売業、小売業	85.7	7.0	0.3	0.0	0.4	0.1	6.5	771
	金融業、保険業	82.3	4.8	1.6	1.6	0.0	0.0	9.7	62
	不動産業、物品賃貸業	89.7	3.4	1.7	1.7	0.0	1.7	1.7	58
	学術研究、専門・技術サービス業	84.0	11.1	0.0	0.0	0.0	0.0	4.9	81
	宿泊業、飲食サービス業	86.7	4.3	0.5	0.0	0.5	0.0	8.1	211
	生活関連サービス業、娯楽業	77.7	8.5	0.0	0.0	0.0	1.1	12.8	94
	教育、学習支援業	78.4	10.3	2.2	0.5	0.5	0.0	8.1	185
	医療、福祉	71.8	9.4	6.5	2.0	0.1	0.6	9.6	691
	複合サービス事業	90.0	4.3	0.0	1.4	0.0	0.0	4.3	70
	その他のサービス業	86.0	4.8	1.1	0.5	0.0	0.5	7.1	436
	無回答	0.0	0.0	0.0	0.0	0.0	0.0	100.0	1
合計		82.6	7.4	1.8	0.6	0.2	0.3	7.2	4366

（勤務時間限定正社員）

		0人	10人未満	10～30人未満	30～50人未満	50～80人未満	80人以上	無回答	N
業種	鉱業、採石業、砂利採取業	80.0	0.0	0.0	0.0	0.0	0.0	20.0	5
	建設業	90.8	1.2	0.3	0.0	0.0	0.0	7.7	338
	製造業	94.0	0.3	0.0	0.0	0.0	0.0	5.7	910
	電気・ガス・熱供給・水道業	95.7	0.0	0.0	0.0	0.0	0.0	4.3	23
	情報通信業	92.9	0.0	0.0	0.0	0.0	0.0	7.1	113
	運輸業、郵便業	89.6	2.2	0.3	0.0	0.0	0.0	7.9	317
	卸売業、小売業	92.6	0.3	0.0	0.0	0.0	0.0	7.1	771
	金融業、保険業	90.3	0.0	0.0	0.0	0.0	0.0	9.7	62
	不動産業、物品賃貸業	94.8	3.4	0.0	0.0	0.0	0.0	1.7	58
	学術研究、専門・技術サービス業	93.8	1.2	0.0	0.0	0.0	0.0	4.9	81
	宿泊業、飲食サービス業	91.5	0.5	0.0	0.0	0.0	0.0	8.1	211
	生活関連サービス業、娯楽業	85.1	2.1	0.0	0.0	0.0	0.0	12.8	94
	教育、学習支援業	90.8	0.5	0.0	0.0	0.0	0.0	8.6	185
	医療、福祉	88.6	1.3	0.3	0.0	0.0	0.0	9.8	691
	複合サービス事業	92.9	2.9	0.0	0.0	0.0	0.0	4.3	70
	その他のサービス業	91.7	0.5	0.2	0.0	0.0	0.0	7.6	436
	無回答	0.0	0.0	0.0	0.0	0.0	0.0	100.0	1
合計		91.5	0.8	0.1	0.0	0.0	0.0	7.5	4366

企業規模別（図表 2－135）に見ると、正社員（限定されない）、地域限定正社員、職務限定正社員については、概してより規模が大きい企業ほど採用人数が多くなる。

図表 2－135　平成 28（2016）年度の中途採用における正社員の雇用区分・形態別採用人数（企業規模別、単位：%）

（正社員（限定されない））

		0人	10人未満	10～30人未満	30～50人未満	50～80人未満	80人以上	無回答	N
従業員数	30人未満	45.6	47.4	1.8	0.0	0.0	0.0	5.3	57
	30～99人	29.8	61.0	3.2	0.3	0.0	0.0	5.7	1509
	100～299人	28.7	48.2	13.7	1.2	0.1	0.1	8.0	861
	300～499人	26.7	36.5	20.6	8.3	0.7	0.7	6.5	277
	500～999人	22.4	40.5	19.9	5.6	4.4	3.4	3.7	321
	1000人以上	18.2	32.2	25.1	7.2	4.5	7.8	5.0	538
	無回答	27.9	48.2	9.3	3.4	1.5	1.1	8.6	803
合計		27.3	49.3	11.4	2.8	1.2	1.5	6.5	4366

（地域限定正社員）

		0人	10人未満	10～30人未満	30～50人未満	50～80人未満	80人以上	無回答	N
従業員数	30人未満	91.2	3.5	0.0	0.0	0.0	0.0	5.3	57
	30～99人	89.2	4.3	0.2	0.0	0.0	0.0	6.3	1509
	100～299人	84.6	4.9	0.9	0.1	0.0	0.0	9.5	861
	300～499人	84.1	7.2	2.2	0.0	0.0	0.0	6.5	277
	500～999人	85.4	5.9	2.2	0.3	0.0	0.3	5.9	321
	1000人以上	80.9	7.1	3.2	1.7	0.6	1.3	5.4	538
	無回答	85.1	3.6	1.1	0.4	0.4	0.1	9.3	803
合計		85.9	4.9	1.1	0.3	0.1	0.2	7.4	4366

（職務限定正社員）

		0人	10人未満	10～30人未満	30～50人未満	50～80人未満	80人以上	無回答	N
従業員数	30人未満	91.2	3.5	0.0	0.0	0.0	0.0	5.3	57
	30～99人	84.6	8.6	0.6	0.0	0.0	0.0	6.2	1509
	100～299人	78.4	8.5	3.1	0.9	0.0	0.0	9.1	861
	300～499人	82.3	3.6	5.4	2.2	0.0	0.0	6.5	277
	500～999人	85.0	3.4	3.1	1.6	0.6	0.3	5.9	321
	1000人以上	83.5	5.2	1.9	0.9	1.1	2.2	5.2	538
	無回答	81.3	8.6	0.7	0.1	0.0	0.0	9.2	803
合計		82.6	7.4	1.8	0.6	0.2	0.3	7.2	4366

（勤務時間限定正社員）

		0人	10人未満	10～30人未満	30～50人未満	50～80人未満	80人以上	無回答	N
従業員数	30人未満	93.0	1.8	0.0	0.0	0.0	0.0	5.3	57
	30～99人	92.4	1.1	0.0	0.0	0.0	0.0	6.5	1509
	100～299人	89.5	1.0	0.1	0.0	0.0	0.0	9.3	861
	300～499人	92.1	0.7	0.7	0.0	0.0	0.0	6.5	277
	500～999人	92.5	0.3	0.3	0.0	0.0	0.0	6.9	321
	1000人以上	94.1	0.0	0.2	0.0	0.0	0.0	5.8	538
	無回答	89.5	0.9	0.0	0.0	0.0	0.0	9.6	803
合計		91.5	0.8	0.1	0.0	0.0	0.0	7.5	4366

平成 28 年度に正社員の中途採用を実施した企業合計（図表 2－136）で見ると、中途採用の正社員採用人数に占める地域限定正社員の平均比率は約 5.6%、職務限定正社員の平均比率は約 11.0%である。規模の大きな企業ほど、地域限定正社員の平均比率が高い。

図表 2－136　平成 28（2016）年度の正社員の中途採用における平均限定正社員比率

（企業規模別、単位：%）

地域限定正社員		N	平均	標準偏差
従業員数	100人未満	1127	4.4	19.4
	100～299人	634	5.8	21.6
	300～999人	466	6.2	21.4
	1000人以上	438	8.3	23.2
	無回答	563	5.1	20.1
	合計	3228	5.6	20.8
職務限定正社員		N	平均	標準偏差
従業員数	100人未満	1127	10.4	29.6
	100～299人	634	14.3	34.1
	300～999人	466	10.4	29.5
	1000人以上	438	9.6	27.3
	無回答	563	9.9	28.4
	合計	3228	11.0	30.1
勤務時間限定正社員		N	平均	標準偏差
従業員数	100人未満	1127	0.7	6.7
	100～299人	634	0.2	3.0
	300～999人	466	0.6	6.4
	1000人以上	438	0.1	2.4
	無回答	563	0.4	4.7
	合計	3228	0.4	5.3

注：無回答・非該当（平成 28 年度に中途採用を実施していない企業）を除く。

（2）限定正社員が限定される要素

企業合計（図表 2－137）を見ると、平成 28 年度の中途採用において、地域限定正社員は職務（約 2.2%）も同時に限定される企業がもっとも多く、ついで限定される要素は他にない（約 1.4%）という企業が多い。職務限定正社員については、同時に限定される要素は他にない（約 2.5%）という企業がもっとも多く、ついで地域（約 2.2%）も同時に限定される企業が多くなっている。

企業の地域展開の状況別に見ると、概してより広域に展開する企業ほど、地域限定正社員が同時に職務も限定され、また職務限定正社員が同時に地域も限定される傾向がある。

図表 2－137　平成 28（2016）年度の中途採用における 限定正社員が他に同時に限定される要素（複数回答可、地域展開別、単位：%）

（地域限定正社員）

		地域	職務	勤務時間	その他	他にはない	無回答・非該当	N
地域展開	1事業所1企業	－	0.6	0.0	0.0	0.4	99.0	1010
	1都道府県のみに展開している企業	－	1.2	0.4	0.0	0.7	97.9	956
	1つの地域ブロックにのみ展開している企業	－	1.3	0.2	0.0	0.8	97.9	605
	全国的に展開している企業	－	4.2	0.9	0.2	2.6	92.8	1327
	海外展開もしている企業	－	3.6	0.0	0.2	2.2	93.9	413
	無回答	－	0.0	0.0	0.0	1.8	98.2	55
合計		－	2.2	0.4	0.1	1.4	96.2	4366

（職務限定正社員）

		地域	職務	勤務時間	その他	他にはない	無回答・非該当	N
地域展開	1事業所1企業	0.5	－	0.5	0.0	3.7	95.4	1010
	1都道府県のみに展開している企業	2.2	－	1.2	0.1	3.2	94.0	956
	1つの地域ブロックにのみ展開している企業	2.8	－	0.7	0.3	3.1	93.7	605
	全国的に展開している企業	2.9	－	0.6	0.0	1.2	95.6	1327
	海外展開もしている企業	3.6	－	0.7	0.2	1.7	94.7	413
	無回答	1.8	－	0.0	0.0	0.0	98.2	55
合計		2.2	－	0.7	0.1	2.5	94.9	4366

（勤務時間限定正社員）

		地域	職務	勤務時間	その他	他にはない	無回答・非該当	N
地域展開	1事業所1企業	0.0	0.3	－	0.0	0.1	99.6	1010
	1都道府県のみに展開している企業	0.3	0.4	－	0.0	0.1	99.4	956
	1つの地域ブロックにのみ展開している企業	0.0	0.2	－	0.0	0.2	99.7	605
	全国的に展開している企業	0.5	0.2	－	0.0	0.2	99.2	1327
	海外展開もしている企業	0.0	0.2	－	0.2	0.0	99.8	413
	無回答	0.0	0.0	－	0.0	1.8	98.2	55
合計		0.2	0.3	－	0.0	0.2	99.5	4366

業種別（図表 2－138）に見ると、地域限定正社員が同時に職務を限定される割合が高いのは、金融業、保険業（約 4.8%）、運輸業、郵便業（約 3.8%）および学術研究、専門・技術サービス業（約 3.7%）である。職務限定正社員が同時に地域を限定される割合が高いのは、運輸業、郵便業（約 5.0%）、情報通信業（約 4.4%）および学術研究、専門・技術サービス業（約 3.7%）である。

図表 2−138　平成 28（2016）年度の中途採用における限定正社員が他に同時に限定される要素（複数回答可、業種別、単位：%）

（地域限定正社員）

		地域	職務	勤務時間	その他	他にはない	無回答・非該当	N
業種	鉱業、採石業、砂利採取業	−	20.0	0.0	0.0	0.0	80.0	5
	建設業	−	3.3	0.3	0.0	0.9	95.9	338
	製造業	−	1.6	0.3	0.1	1.5	96.6	910
	電気・ガス・熱供給・水道業	−	0.0	0.0	0.0	0.0	100.0	23
	情報通信業	−	1.8	0.0	0.0	0.0	98.2	113
	運輸業、郵便業	−	3.8	1.6	0.3	0.6	95.0	317
	卸売業、小売業	−	2.5	0.1	0.3	1.8	95.5	771
	金融業、保険業	−	4.8	0.0	0.0	9.7	85.5	62
	不動産業、物品賃貸業	−	1.7	0.0	0.0	1.7	96.6	58
	学術研究、専門・技術サービス業	−	3.7	0.0	0.0	1.2	95.1	81
	宿泊業、飲食サービス業	−	2.8	0.5	0.0	2.4	94.3	211
	生活関連サービス業、娯楽業	−	2.1	2.1	0.0	2.1	94.7	94
	教育、学習支援業	−	2.2	0.5	0.0	0.0	97.8	185
	医療、福祉	−	1.6	0.4	0.0	0.3	98.1	691
	複合サービス事業	−	1.4	0.0	0.0	5.7	92.9	70
	その他のサービス業	−	1.1	0.0	0.0	1.4	97.5	436
	無回答	−	0.0	0.0	0.0	0.0	100.0	1
合計		−	2.2	0.4	0.1	1.4	96.2	4366

（職務限定正社員）

		地域	職務	勤務時間	その他	他にはない	無回答・非該当	N
業種	鉱業、採石業、砂利採取業	0.0	−	0.0	0.0	0.0	100.0	5
	建設業	2.7	−	0.3	0.0	2.4	95.0	338
	製造業	1.9	−	0.3	0.0	1.4	96.7	910
	電気・ガス・熱供給・水道業	0.0	−	0.0	0.0	4.3	95.7	23
	情報通信業	4.4	−	1.8	0.0	2.7	92.9	113
	運輸業、郵便業	5.0	−	1.6	0.0	3.5	90.5	317
	卸売業、小売業	2.1	−	0.6	0.5	1.4	96.1	771
	金融業、保険業	3.2	−	0.0	0.0	3.2	93.5	62
	不動産業、物品賃貸業	1.7	−	0.0	0.0	1.7	96.6	58
	学術研究、専門・技術サービス業	3.7	−	1.2	0.0	2.5	93.8	81
	宿泊業、飲食サービス業	0.0	−	0.5	0.0	1.4	98.1	211
	生活関連サービス業、娯楽業	2.1	−	1.1	0.0	1.1	95.7	94
	教育、学習支援業	2.2	−	0.5	0.0	5.9	91.4	185
	医療、福祉	1.9	−	1.2	0.0	5.6	91.9	691
	複合サービス事業	1.4	−	0.0	0.0	1.4	97.1	70
	その他のサービス業	1.8	−	0.7	0.0	0.7	97.0	436
	無回答	0.0	−	0.0	0.0	0.0	100.0	1
合計		2.2	−	0.7	0.1	2.5	94.9	4366

図表 2－138（続） 平成 28（2016）年度の中途採用における限定正社員が他に同時に限定される要素（複数回答可、業種別、単位：%）

（勤務時間限定正社員）

		地域	職務	勤務時間	その他	他にはない	無回答・非該当	N
業種	鉱業、採石業、砂利採取業	0.0	0.0	－	0.0	0.0	100.0	5
	建設業	0.3	0.0	－	0.0	0.3	99.4	338
	製造業	0.0	0.1	－	0.0	0.1	99.8	910
	電気・ガス・熱供給・水道業	0.0	0.0	－	0.0	0.0	100.0	23
	情報通信業	0.0	0.0	－	0.0	0.0	100.0	113
	運輸業、郵便業	0.3	1.3	－	0.0	0.6	98.1	317
	卸売業、小売業	0.5	0.1	－	0.0	0.0	99.5	771
	金融業、保険業	0.0	0.0	－	0.0	0.0	100.0	62
	不動産業、物品賃貸業	0.0	0.0	－	0.0	0.0	100.0	58
	学術研究、専門・技術サービス業	0.0	1.2	－	1.2	1.2	97.5	81
	宿泊業、飲食サービス業	0.0	0.0	－	0.0	0.5	99.5	211
	生活関連サービス業、娯楽業	0.0	0.0	－	0.0	0.0	100.0	94
	教育、学習支援業	0.5	0.5	－	0.0	0.0	99.5	185
	医療、福祉	0.0	0.3	－	0.0	0.1	99.6	691
	複合サービス事業	0.0	1.4	－	0.0	0.0	98.6	70
	その他のサービス業	0.5	0.2	－	0.0	0.0	99.5	436
	無回答	0.0	0.0	－	0.0	0.0	100.0	1
合計		0.2	0.3	－	0.0	0.2	99.5	4366

企業規模別（図表 2－139）に見ると、限定正社員が他に同時に限定される要素については、はっきりとした傾向が確認されない。

図表 2－139 平成 28（2016）年度の中途採用における限定正社員が他に同時に限定される要素（複数回答可、企業規模別、単位：%）

（地域限定正社員）

		地域	職務	勤務時間	その他	他にはない	無回答・非該当	N
従業員数	30人未満	－	0.0	0.0	0.0	0.0	100.0	57
	30～99人	－	1.5	0.3	0.1	0.9	97.3	1509
	100～299人	－	2.4	0.7	0.0	1.0	96.4	861
	300～499人	－	4.3	1.4	0.4	1.8	93.1	277
	500～999人	－	2.5	0.3	0.0	2.5	95.0	321
	1000人以上	－	2.4	0.2	0.4	3.0	94.2	538
	無回答	－	2.4	0.0	0.0	1.0	96.6	803
合計		－	2.2	0.4	0.1	1.4	96.2	4366

（職務限定正社員）

		地域	職務	勤務時間	その他	他にはない	無回答・非該当	N
従業員数	30人未満	0.0	－	0.0	0.0	1.8	98.2	57
	30～99人	1.5	－	0.6	0.1	2.8	95.4	1509
	100～299人	2.7	－	1.2	0.0	2.3	94.5	861
	300～499人	2.5	－	0.7	0.0	4.3	92.8	277
	500～999人	2.8	－	0.3	0.0	1.2	96.0	321
	1000人以上	3.5	－	0.7	0.2	3.0	93.1	538
	無回答	2.1	－	0.6	0.1	1.9	95.6	803
合計		2.2	－	0.7	0.1	2.5	94.9	4366

図表 2－139（続） 平成 28（2016）年度の中途採用における

限定正社員が他に同時に限定される要素（複数回答可、企業規模別、単位：%）

（勤務時間限定正社員）

		地域	職務	勤務時間	その他	他にはない	無回答・非該当	N
従業員数	30人未満	0.0	0.0	－	0.0	0.0	100.0	57
	30～99人	0.3	0.5	－	0.0	0.2	99.2	1509
	100～299人	0.2	0.2	－	0.0	0.2	99.3	861
	300～499人	0.4	0.4	－	0.0	0.4	99.3	277
	500～999人	0.0	0.0	－	0.0	0.0	100.0	321
	1000人以上	0.2	0.2	－	0.2	0.0	99.6	538
	無回答	0.1	0.1	－	0.0	0.1	99.8	803
	合計	0.2	0.3	－	0.0	0.2	99.5	4366

(3) 地域拠点の採用の決定権限

企業合計（図表 2－140）で見ると、平成 28 年度の中途採用において、正社員（限定されない）の採用の権限が地域拠点にある企業は約 21.8%、権限が地域拠点にない企業は約 32.5%（無回答・非該当を除くと、それぞれ約 40.1%および約 59.9%）である。地域限定正社員では、地域拠点に採用の権限ありが約 2.5%、権限なしが約 3.8%（無回答・非該当を除くと、それぞれ約 39.7%および約 60.3%）である。職務限定正社員では、地域拠点に採用の権限ありが約 4.0%、権限なしが約 4.7%（無回答・非該当を除くと、それぞれ約 46.0%および約 54.0%）となっている。勤務時間限定正社員では、地域拠点に採用の権限ありが約 0.6%、権限なしが約 0.5%（無回答・非該当を除くと、それぞれ約 51.0%および約 49.0%）である。

企業の地域展開の状況別に見ると、より広域に展開する企業ほど、正社員（限定されない）の採用の権限が地域拠点にない傾向がある。地域限定正社員および職務限定正社員も概して同様の傾向である。ただし、全国的に展開している企業については、地域限定正社員の採用の権限が地域拠点にある割合が相対的に高い。

図表2－140　平成28（2016）年度の中途採用における地域拠点の採用の決定権限（地域展開別、単位：%）

（正社員（限定されない））

		権限がある	権限がない	無回答・非該当	N
地域展開	1事業所1企業	27.7	16.1	56.1	1010
	1都道府県のみに展開している企業	23.0	30.3	46.7	956
	1つの地域ブロックにのみ展開している企業	20.0	34.9	45.1	605
	全国的に展開している企業	19.7	40.5	39.8	1327
	海外展開もしている企業	13.8	50.4	35.8	413
	無回答	21.8	18.2	60.0	55
	合計	21.8	32.5	45.7	4366

（地域限定正社員）

		権限がある	権限がない	無回答・非該当	N
地域展開	1事業所1企業	1.1	0.3	98.6	1010
	1都道府県のみに展開している企業	1.2	1.4	97.5	956
	1つの地域ブロックにのみ展開している企業	1.7	3.3	95.0	605
	全国的に展開している企業	4.4	7.3	88.3	1327
	海外展開もしている企業	3.9	7.3	88.9	413
	無回答	3.6	1.8	94.5	55
	合計	2.5	3.8	93.8	4366

（職務限定正社員）

		権限がある	権限がない	無回答・非該当	N
地域展開	1事業所1企業	5.0	3.0	92.1	1010
	1都道府県のみに展開している企業	6.0	5.4	88.6	956
	1つの地域ブロックにのみ展開している企業	4.1	6.0	89.9	605
	全国的に展開している企業	2.3	4.4	93.2	1327
	海外展開もしている企業	2.9	6.8	90.3	413
	無回答	1.8	3.6	94.5	55
	合計	4.0	4.7	91.2	4366

（勤務時間限定正社員）

		権限がある	権限がない	無回答・非該当	N
地域展開	1事業所1企業	0.7	0.4	98.9	1010
	1都道府県のみに展開している企業	0.5	0.7	98.7	956
	1つの地域ブロックにのみ展開している企業	0.3	0.3	99.3	605
	全国的に展開している企業	0.7	0.6	98.7	1327
	海外展開もしている企業	0.2	0.5	99.3	413
	無回答	1.8	1.8	96.4	55
	合計	0.6	0.5	98.9	4366

業種別（図表 2－141）に見ると、正社員（限定されない）の採用の権限が地域拠点にある割合が高いのは、宿泊業、飲食サービス業（約 31.8%）、医療、福祉（約 29.1%）および製造業（約 25.3%）である（無回答・非該当を除くと、宿泊業、飲食サービス業（約 57.3%）および医療、福祉（約 56.5%））。地域限定正社員では、権限がある割合が高いのは金融業、保険業（約 6.5%）、複合サービス事業（約 5.7%）および宿泊業、飲食サービス業（約 4.7%）である（無回答・非該当を除くと、情報通信業（100%）、製造業および宿泊業、飲食サービス業（いずれも約 55.6%））。職務限定正社員では、権限がある割合が高いのは医療、福祉（約 8.2%）、教育、学習支援業（約 5.4%）および不動産業、物品賃貸業（約 5.2%）である（無回答・非該当を除くと、宿泊業、飲食サービス業（約 62.5%）、製造業（約 60.4%）および不動産業、物品賃貸業（約 60.0%））。

図表 2－141　平成 28（2016）年度の中途採用における
地域拠点の採用の決定権限（業種別、単位：%）

（正社員（限定されない））

		権限がある	権限がない	無回答・非該当	N
業種	鉱業、採石業、砂利採取業	0.0	20.0	80.0	5
	建設業	20.7	31.1	48.2	338
	製造業	25.3	33.2	41.5	910
	電気・ガス・熱供給・水道業	4.3	47.8	47.8	23
	情報通信業	11.5	39.8	48.7	113
	運輸業、郵便業	23.7	25.2	51.1	317
	卸売業、小売業	14.8	38.0	47.2	771
	金融業、保険業	11.3	48.4	40.3	62
	不動産業、物品賃貸業	13.8	39.7	46.6	58
	学術研究、専門・技術サービス業	19.8	40.7	39.5	81
	宿泊業、飲食サービス業	31.8	23.7	44.5	211
	生活関連サービス業、娯楽業	21.3	36.2	42.6	94
	教育、学習支援業	20.5	33.5	45.9	185
	医療、福祉	29.1	22.4	48.5	691
	複合サービス事業	14.3	40.0	45.7	70
	その他のサービス業	18.6	38.5	42.9	436
	無回答	0.0	0.0	100.0	1
合計		21.8	32.5	45.7	4366

図表2－141（続）　平成28（2016）年度の中途採用における地域拠点の採用の決定権限（業種別、単位：％）

（地域限定正社員）

		権限がある	権限がない	無回答・非該当	N
業種	鉱業、採石業、砂利採取業	0.0	20.0	80.0	5
	建設業	2.7	5.6	91.7	338
	製造業	3.3	2.6	94.1	910
	電気・ガス・熱供給・水道業	0.0	4.3	95.7	23
	情報通信業	3.5	0.0	96.5	113
	運輸業、郵便業	3.2	2.8	94.0	317
	卸売業、小売業	1.7	5.8	92.5	771
	金融業、保険業	6.5	11.3	82.3	62
	不動産業、物品賃貸業	0.0	3.4	96.6	58
	学術研究、専門・技術サービス業	1.2	3.7	95.1	81
	宿泊業、飲食サービス業	4.7	3.8	91.5	211
	生活関連サービス業、娯楽業	3.2	6.4	90.4	94
	教育、学習支援業	1.6	1.6	96.8	185
	医療、福祉	1.2	1.6	97.3	691
	複合サービス事業	5.7	5.7	88.6	70
	その他のサービス業	1.8	4.8	93.3	436
	無回答	100.0	0.0	0.0	1
合計		2.5	3.8	93.8	4366

（職務限定正社員）

		権限がある	権限がない	無回答・非該当	N
業種	鉱業、採石業、砂利採取業	0.0	0.0	100.0	5
	建設業	4.1	5.3	90.5	338
	製造業	3.5	2.3	94.2	910
	電気・ガス・熱供給・水道業	0.0	8.7	91.3	23
	情報通信業	1.8	6.2	92.0	113
	運輸業、郵便業	4.4	8.8	86.8	317
	卸売業、小売業	2.5	4.5	93.0	771
	金融業、保険業	1.6	4.8	93.5	62
	不動産業、物品賃貸業	5.2	3.4	91.4	58
	学術研究、専門・技術サービス業	3.7	9.9	86.4	81
	宿泊業、飲食サービス業	2.4	1.4	96.2	211
	生活関連サービス業、娯楽業	3.2	5.3	91.5	94
	教育、学習支援業	5.4	7.6	87.0	185
	医療、福祉	8.2	6.7	85.1	691
	複合サービス事業	0.0	4.3	95.7	70
	その他のサービス業	3.0	2.5	94.5	436
	無回答	0.0	100.0	0.0	1
合計		4.0	4.7	91.2	4366

図表2－141（続）　平成28（2016）年度の中途採用における
地域拠点の採用の決定権限（業種別、単位：％）

（勤務時間限定正社員）

		権限がある	権限がない	無回答・非該当	N
業種	鉱業、採石業、砂利採取業	0.0	0.0	100.0	5
	建設業	1.5	0.3	98.2	338
	製造業	0.2	0.4	99.3	910
	電気・ガス・熱供給・水道業	0.0	0.0	100.0	23
	情報通信業	0.0	0.0	100.0	113
	運輸業、郵便業	1.3	0.3	98.4	317
	卸売業、小売業	0.1	0.8	99.1	771
	金融業、保険業	0.0	0.0	100.0	62
	不動産業、物品賃貸業	3.4	0.0	96.6	58
	学術研究、専門・技術サービス業	0.0	2.5	97.5	81
	宿泊業、飲食サービス業	0.5	0.0	99.5	211
	生活関連サービス業、娯楽業	1.1	1.1	97.9	94
	教育、学習支援業	0.5	0.0	99.5	185
	医療、福祉	0.9	0.7	98.4	691
	複合サービス事業	2.9	0.0	97.1	70
	その他のサービス業	0.0	0.7	99.3	436
	無回答	0.0	100.0	0.0	1
	合計	0.6	0.5	98.9	4366

企業規模別（図表2－142）に見ると、無回答・非該当の企業が多いため、傾向を掴むのは難しい。概して規模が大きくなるほど、正社員（限定されない）、地域限定正社員、職務限定正社員の採用の権限が地域拠点にない。

図表2－142　平成28（2016）年度の中途採用における
地域拠点の採用の決定権限（企業規模別、単位：％）

（正社員（限定されない））

		権限がある	権限がない	無回答・非該当	N
従業員数	30人未満	15.8	22.8	61.4	57
	30～99人	27.4	24.6	48.0	1509
	100～299人	21.6	31.6	46.8	861
	300～499人	18.4	37.2	44.4	277
	500～999人	21.2	42.1	36.8	321
	1000人以上	15.1	53.2	31.8	538
	無回答	17.8	29.9	52.3	803
	合計	21.8	32.5	45.7	4366

図表 2－142（続）　平成 28（2016）年度の中途採用における地域拠点の採用の決定権限（企業規模別、単位：%）

（地域限定正社員）

		権限がある	権限がない	無回答・非該当	N
従業員数	30人未満	1.8	0.0	98.2	57
	30～99人	2.0	2.2	95.8	1509
	100～299人	2.6	2.8	94.7	861
	300～499人	1.8	6.9	91.3	277
	500～999人	2.2	5.6	92.2	321
	1000人以上	4.1	8.4	87.5	538
	無回答	2.6	3.1	94.3	803
合計		2.5	3.8	93.8	4366

（職務限定正社員）

		権限がある	権限がない	無回答・非該当	N
従業員数	30人未満	1.8	1.8	96.5	57
	30～99人	4.0	3.4	92.5	1509
	100～299人	5.0	6.2	88.9	861
	300～499人	4.0	5.4	90.6	277
	500～999人	4.7	4.0	91.3	321
	1000人以上	3.5	6.7	89.8	538
	無回答	3.2	4.6	92.2	803
合計		4.0	4.7	91.2	4366

（勤務時間限定正社員）

		権限がある	権限がない	無回答・非該当	N
従業員数	30人未満	1.8	0.0	98.2	57
	30～99人	0.8	0.6	98.6	1509
	100～299人	0.3	0.5	99.2	861
	300～499人	0.7	1.1	98.2	277
	500～999人	0.3	0.0	99.7	321
	1000人以上	0.0	0.7	99.3	538
	無回答	0.7	0.5	98.8	803
合計		0.6	0.5	98.9	4366

(4) 採用の決定権限を地域拠点に与えた場合の採用枠の変化

企業合計（図表 2－143）で見ると、平成 28 年度の中途採用において、今後採用の権限を地域拠点に与えた場合に採用枠が増加する企業の割合は、正社員（限定されない）で約 1.5%、地域限定正社員で約 0.4%、職務限定正社員で約 0.2%（無回答・非該当を除くと、それぞれ約 4.8%、約 11.5%および約 4.1%）である。

企業の地域展開の状況別に見た場合、その状況別に応じた採用の権限を地域拠点に与えた場合の採用枠の変化の傾向ははっきりしない。海外展開もしている企業において、採用の権限を地域拠点に与えた場合に採用枠が増加する企業の割合は、正社員（限定されない）で約1.2%、地域限定正社員で約0.7%、職務限定正社員で約0.5%（無回答・非該当を除くと、それぞれ約2.5%、約10.0%および約7.4%）である。

図表2－143　採用の決定権限を地域拠点に与えた場合の採用枠の変化（中途採用、地域展開別、単位：%）

（正社員（限定されない））

		増加する	増加しない	無回答・非該当	N
地域展開	1事業所1企業	0.6	14.6	84.9	1010
	1都道府県のみに展開している企業	1.5	28.1	70.4	956
	1つの地域ブロックにのみ展開している企業	1.8	31.6	66.6	605
	全国的に展開している企業	2.3	36.5	61.3	1327
	海外展開もしている企業	1.2	47.9	50.8	413
	無回答	0.0	16.4	83.6	55
合計		1.5	29.7	68.8	4366

（地域限定正社員）

		増加する	増加しない	無回答・非該当	N
地域展開	1事業所1企業	0.0	0.3	99.7	1010
	1都道府県のみに展開している企業	0.4	0.8	98.7	956
	1つの地域ブロックにのみ展開している企業	0.5	2.6	96.9	605
	全国的に展開している企業	0.5	6.3	93.1	1327
	海外展開もしている企業	0.7	6.5	92.7	413
	無回答	1.8	0.0	98.2	55
合計		0.4	3.2	96.4	4366

（職務限定正社員）

		増加する	増加しない	無回答・非該当	N
地域展開	1事業所1企業	0.3	2.4	97.3	1010
	1都道府県のみに展開している企業	0.1	5.2	94.7	956
	1つの地域ブロックにのみ展開している企業	0.2	5.5	94.4	605
	全国的に展開している企業	0.1	4.0	95.9	1327
	海外展開もしている企業	0.5	6.1	93.5	413
	無回答	0.0	3.6	96.4	55
合計		0.2	4.3	95.5	4366

図表 2－143（続）　採用の決定権限を地域拠点に与えた場合の採用枠の変化
（中途採用、地域展開別、単位：%）

（勤務時間限定正社員）

		増加する	増加しない	無回答・非該当	N
地域展開	1事業所1企業	0.0	0.4	99.6	1010
	1都道府県のみに展開している企業	0.0	0.6	99.4	956
	1つの地域ブロックにのみ展開している企業	0.0	0.3	99.7	605
	全国的に展開している企業	0.0	0.5	99.5	1327
	海外展開もしている企業	0.2	0.2	99.5	413
	無回答	0.0	1.8	98.2	55
	合計	0.0	0.5	99.5	4366

業種別（図表 2－144）に見ると、採用の権限を地域拠点に与えた場合に正社員（限定されない）の採用枠が増加する企業の割合は、情報通信業（約 4.4%）、複合サービス事業（約 2.9%）および宿泊業、飲食サービス業（約 2.8%）で高い（無回答・非該当を除くと、宿泊業、飲食サービス業（約 12.0%）および情報通信業（約 11.4%））。地域限定正社員では、複合サービス事業（約 1.4%）および学術研究、専門・技術サービス業（約 1.2%）で高くなっている（無回答・非該当を除くと、学術研究、専門・技術サービス業（約 33.3%）および医療、福祉（約 30.0%））。職務限定正社員では、運輸業、郵便業（約 0.6%）、宿泊業、飲食サービス業（約 0.5%）およびその他のサービス業（約 0.5%）で高くなっている（無回答・非該当を除くと、宿泊業、飲食サービス業（約 33.3%）およびその他のサービス業（約 25.0%））。

図表2−144 採用の決定権限を地域拠点に与えた場合の採用枠の変化
（中途採用、業種別、単位：%）

（正社員（限定されない））

		増加する	増加しない	無回答・非該当	N
業種	鉱業、採石業、砂利採取業	0.0	20.0	80.0	5
	建設業	2.4	27.8	69.8	338
	製造業	1.0	30.5	68.5	910
	電気・ガス・熱供給・水道業	0.0	47.8	52.2	23
	情報通信業	4.4	34.5	61.1	113
	運輸業、郵便業	1.3	21.8	77.0	317
	卸売業、小売業	1.4	34.6	63.9	771
	金融業、保険業	1.6	46.8	51.6	62
	不動産業、物品賃貸業	0.0	37.9	62.1	58
	学術研究、専門・技術サービス業	1.2	38.3	60.5	81
	宿泊業、飲食サービス業	2.8	20.9	76.3	211
	生活関連サービス業、娯楽業	1.1	34.0	64.9	94
	教育、学習支援業	0.5	32.4	67.0	185
	医療、福祉	1.4	20.5	78.0	691
	複合サービス事業	2.9	35.7	61.4	70
	その他のサービス業	1.6	35.3	63.1	436
	無回答	0.0	0.0	100.0	1
	合計	1.5	29.7	68.8	4366

（地域限定正社員）

		増加する	増加しない	無回答・非該当	N
業種	鉱業、採石業、砂利採取業	0.0	20.0	80.0	5
	建設業	0.6	4.7	94.7	338
	製造業	0.1	2.4	97.5	910
	電気・ガス・熱供給・水道業	0.0	4.3	95.7	23
	情報通信業	0.0	0.0	100.0	113
	運輸業、郵便業	0.6	2.2	97.2	317
	卸売業、小売業	0.6	4.7	94.7	771
	金融業、保険業	0.0	11.3	88.7	62
	不動産業、物品賃貸業	0.0	3.4	96.6	58
	学術研究、専門・技術サービス業	1.2	2.5	96.3	81
	宿泊業、飲食サービス業	0.5	3.3	96.2	211
	生活関連サービス業、娯楽業	0.0	6.4	93.6	94
	教育、学習支援業	0.0	1.6	98.4	185
	医療、福祉	0.4	1.0	98.6	691
	複合サービス事業	1.4	4.3	94.3	70
	その他のサービス業	0.5	4.1	95.4	436
	無回答	0.0	0.0	100.0	1
	合計	0.4	3.2	96.4	4366

図表２－144（続）　採用の決定権限を地域拠点に与えた場合の採用枠の変化
（中途採用、業種別、単位：％）

（職務限定正社員）

		増加する	増加しない	無回答・非該当	N
業種	鉱業、採石業、砂利採取業	0.0	0.0	100.0	5
	建設業	0.0	5.0	95.0	338
	製造業	0.1	2.1	97.8	910
	電気・ガス・熱供給・水道業	0.0	8.7	91.3	23
	情報通信業	0.0	6.2	93.8	113
	運輸業、郵便業	0.6	7.3	92.1	317
	卸売業、小売業	0.1	4.3	95.6	771
	金融業、保険業	0.0	4.8	95.2	62
	不動産業、物品賃貸業	0.0	3.4	96.6	58
	学術研究、専門・技術サービス業	0.0	9.9	90.1	81
	宿泊業、飲食サービス業	0.5	0.9	98.6	211
	生活関連サービス業、娯楽業	0.0	5.3	94.7	94
	教育、学習支援業	0.0	7.6	92.4	185
	医療、福祉	0.1	6.1	93.8	691
	複合サービス事業	0.0	4.3	95.7	70
	その他のサービス業	0.5	1.4	98.2	436
	無回答	0.0	100.0	0.0	1
合計		0.2	4.3	95.5	4366

（勤務時間限定正社員）

		増加する	増加しない	無回答・非該当	N
業種	鉱業、採石業、砂利採取業	0.0	0.0	100.0	5
	建設業	0.0	0.0	100.0	338
	製造業	0.1	0.3	99.6	910
	電気・ガス・熱供給・水道業	0.0	0.0	100.0	23
	情報通信業	0.0	0.0	100.0	113
	運輸業、郵便業	0.0	0.3	99.7	317
	卸売業、小売業	0.0	0.6	99.4	771
	金融業、保険業	0.0	0.0	100.0	62
	不動産業、物品賃貸業	0.0	0.0	100.0	58
	学術研究、専門・技術サービス業	0.0	2.5	97.5	81
	宿泊業、飲食サービス業	0.0	0.0	100.0	211
	生活関連サービス業、娯楽業	0.0	1.1	98.9	94
	教育、学習支援業	0.0	0.0	100.0	185
	医療、福祉	0.0	0.7	99.3	691
	複合サービス事業	0.0	0.0	100.0	70
	その他のサービス業	0.0	0.5	99.5	436
	無回答	0.0	100.0	0.0	1
合計		0.0	0.5	99.5	4366

企業規模別（図表２－145）に見ると、規模が大きな企業ほど、正社員（限定されない）および地域限定正社員の採用の権限を地域拠点に与えた場合に採用枠が増加する割合が高くなる。しかし、無回答・非該当を除くと、企業規模に

応じた採用の権限を地域拠点に与えた場合の採用枠の変化の傾向ははっきりしない。1,000 人以上の企業において採用枠が増加する割合は、正社員（限定されない）で約 2.8%、地域限定正社員で約 1.3%、職務限定正社員で約 0.2%である（無回答・非該当を除くと、それぞれ約 5.4%、約 15.6%および約 2.9%）。500〜999 人の企業で採用枠が増加する割合は、正社員（限定されない）で約 2.8%、地域限定正社員で約 0.3%である（無回答・非該当を除くと、それぞれ約 6.9%および約 5.9%）。

図表 2－145　採用の決定権限を地域拠点に与えた場合の採用枠の変化
（中途採用、企業規模別、単位：%）

（正社員（限定されない））

		増加する	増加しない	無回答・非該当	N
従業員数	30人未満	0.0	22.8	77.2	57
	30〜99人	1.0	22.3	76.7	1509
	100〜299人	1.4	29.4	69.2	861
	300〜499人	1.4	33.9	64.6	277
	500〜999人	2.8	37.7	59.5	321
	1000人以上	2.8	48.7	48.5	538
	無回答	1.4	27.3	71.4	803
	合計	1.5	29.7	68.8	4366

（地域限定正社員）

		増加する	増加しない	無回答・非該当	N
従業員数	30人未満	0.0	0.0	100.0	57
	30〜99人	0.3	1.8	97.9	1509
	100〜299人	0.3	2.2	97.4	861
	300〜499人	0.4	6.1	93.5	277
	500〜999人	0.3	5.0	94.7	321
	1000人以上	1.3	7.1	91.6	538
	無回答	0.2	2.6	97.1	803
	合計	0.4	3.2	96.4	4366

（職務限定正社員）

		増加する	増加しない	無回答・非該当	N
従業員数	30人未満	0.0	1.8	98.2	57
	30〜99人	0.1	3.0	96.9	1509
	100〜299人	0.6	5.3	94.1	861
	300〜499人	0.0	5.4	94.6	277
	500〜999人	0.0	4.0	96.0	321
	1000人以上	0.2	6.3	93.5	538
	無回答	0.1	4.0	95.9	803
	合計	0.2	4.3	95.5	4366

図表 2－145（続）　採用の決定権限を地域拠点に与えた場合の採用枠の変化（中途採用、企業規模別、単位：%）

（勤務時間限定正社員）

		増加する	増加しない	無回答・非該当	N
従業員数	30人未満	0.0	0.0	100.0	57
	30～99人	0.0	0.5	99.5	1509
	100～299人	0.0	0.5	99.5	861
	300～499人	0.0	1.1	98.9	277
	500～999人	0.0	0.0	100.0	321
	1000人以上	0.2	0.6	99.3	538
	無回答	0.0	0.4	99.6	803
合計		0.0	0.5	99.5	4366

1.7　平成 28（2016）年度の中途採用の正社員の採用人員（職種別）

(1) 計画上の採用予定人数

企業合計（図表 2－146）で見ると、平成 28 度の中途採用における計画上の正社員採用予定人数のうち、専門的・技術的、事務的職業を 10 人未満採用予定だった企業は約 2 割、管理的職業、販売、サービス、生産工程の職業を 10 人未満採用予定だった企業は約 1 割である。これら以外の職業については、約 6 割の企業が 1 人も採用しない予定だった。

企業の地域展開の状況別に見ると、いずれの職種についても、概してより広域に展開する企業ほど多くの人数を採用予定だった傾向がある。ただし、1 事業所 1 企業である企業や 1 都道府県のみに展開している企業であっても、専門的・技術的職業およびサービスの職業の採用予定人数が相対的に多い。

図表 2－146　平成 28（2016）年度の中途採用における正社員の職種別採用予定人数（地域展開別、単位：%）

（管理的職業）

		0人	10人未満	10～30人未満	30～50人未満	50～80人未満	80人以上	無回答・非該当	N
地域展開	1事業所1企業	52.4	6.5	0.3	0.1	0.0	0.0	40.7	1010
	1都道府県のみに展開している企業	56.0	6.1	0.2	0.0	0.0	0.0	37.8	956
	1つの地域ブロックにのみ展開している企業	54.2	7.9	0.0	0.0	0.0	0.2	37.7	605
	全国的に展開している企業	51.2	8.6	1.3	0.1	0.0	0.1	38.8	1327
	海外展開もしている企業	46.7	10.4	2.4	1.0	0.2	0.2	39.0	413
	無回答	38.2	1.8	1.8	0.0	0.0	0.0	58.2	55
合計		52.3	7.6	0.8	0.1	0.0	0.1	39.1	4366

図表 2－146（続） 平成 28（2016）年度の中途採用における 正社員の職種別採用予定人数（地域展開別、単位：%）

（専門的・技術的職業）

		0人	10人未満	10～30人未満	30～50人未満	50～80人未満	80人以上	無回答・非該当	N
地域展開	1事業所1企業	31.4	23.7	4.2	1.3	0.1	0.1	39.3	1010
	1都道府県のみに展開している企業	35.5	19.7	5.2	1.5	0.9	0.4	36.8	956
	1つの地域ブロックにのみ展開している企業	41.7	17.4	2.5	0.3	0.3	0.2	37.7	605
	全国的に展開している企業	40.1	15.8	3.2	0.7	0.2	0.5	39.5	1327
	海外展開もしている企業	29.1	17.4	8.2	2.4	2.9	1.7	38.3	413
	無回答	30.9	7.3	5.5	0.0	0.0	0.0	56.4	55
合計		36.1	18.7	4.3	1.1	0.6	0.5	38.7	4366

（事務的職業）

		0人	10人未満	10～30人未満	30～50人未満	50～80人未満	80人以上	無回答・非該当	N
地域展開	1事業所1企業	40.9	17.6	0.5	0.2	0.0	0.0	40.8	1010
	1都道府県のみに展開している企業	42.4	19.6	1.3	0.1	0.0	0.0	36.7	956
	1つの地域ブロックにのみ展開している企業	43.0	19.0	0.7	0.0	0.0	0.0	37.4	605
	全国的に展開している企業	40.2	17.8	1.9	0.4	0.1	0.0	39.7	1327
	海外展開もしている企業	36.8	18.9	2.4	0.7	0.0	0.0	41.2	413
	無回答	29.1	14.5	0.0	1.8	0.0	0.0	54.5	55
合計		40.7	18.4	1.3	0.3	0.0	0.0	39.3	4366

（販売の職業）

		0人	10人未満	10～30人未満	30～50人未満	50～80人未満	80人以上	無回答・非該当	N
地域展開	1事業所1企業	53.4	5.1	0.8	0.0	0.0	0.0	40.7	1010
	1都道府県のみに展開している企業	50.0	10.6	1.5	0.2	0.0	0.0	37.8	956
	1つの地域ブロックにのみ展開している企業	47.4	12.6	1.7	0.5	0.0	0.2	37.7	605
	全国的に展開している企業	44.5	13.9	1.5	0.3	0.5	0.2	39.1	1327
	海外展開もしている企業	44.8	14.3	2.7	0.0	0.0	0.5	37.8	413
	無回答	32.7	5.5	3.6	0.0	1.8	0.0	56.4	55
合計		48.1	10.9	1.5	0.2	0.2	0.1	39.1	4366

（サービスの職業）

		0人	10人未満	10～30人未満	30～50人未満	50～80人未満	80人以上	無回答・非該当	N
地域展開	1事業所1企業	49.1	8.6	1.5	0.2	0.2	0.1	40.3	1010
	1都道府県のみに展開している企業	47.5	10.0	4.1	0.5	0.0	0.2	37.7	956
	1つの地域ブロックにのみ展開している企業	50.6	7.6	2.0	1.3	0.7	0.5	37.4	605
	全国的に展開している企業	52.8	5.0	1.9	0.8	0.3	0.3	39.0	1327
	海外展開もしている企業	58.4	1.0	0.2	0.0	0.5	0.5	39.5	413
	無回答	34.5	7.3	3.6	0.0	0.0	0.0	54.5	55
合計		50.8	7.0	2.2	0.6	0.3	0.3	39.0	4366

（保安の職業）

		0人	10人未満	10～30人未満	30～50人未満	50～80人未満	80人以上	無回答・非該当	N
地域展開	1事業所1企業	58.7	0.1	0.1	0.0	0.0	0.0	41.1	1010
	1都道府県のみに展開している企業	61.2	0.2	0.0	0.0	0.0	0.0	38.6	956
	1つの地域ブロックにのみ展開している企業	60.3	0.8	0.2	0.0	0.0	0.0	38.7	605
	全国的に展開している企業	59.9	0.5	0.0	0.0	0.1	0.2	39.3	1327
	海外展開もしている企業	59.8	0.5	0.0	0.0	0.0	0.0	39.7	413
	無回答	43.6	0.0	0.0	0.0	0.0	0.0	56.4	55
合計		59.8	0.4	0.0	0.0	0.0	0.1	39.7	4366

図表 2−146（続）　平成 28（2016）年度の中途採用における正社員の職種別採用予定人数（地域展開別、単位：%）

（農林漁業の職業）

		0人	10人未満	10～30人未満	30～50人未満	50～80人未満	80人以上	無回答・非該当	N
地域展開	1事業所1企業	59.5	0.1	0.1	0.0	0.0	0.0	40.3	1010
	1都道府県のみに展開している企業	61.7	0.0	0.2	0.0	0.0	0.0	38.1	956
	1つの地域ブロックにのみ展開している企業	61.8	0.2	0.0	0.0	0.0	0.0	38.0	605
	全国的に展開している企業	61.2	0.0	0.0	0.0	0.0	0.0	38.8	1327
	海外展開もしている企業	60.8	0.0	0.0	0.0	0.0	0.0	39.2	413
	無回答	43.6	0.0	0.0	0.0	0.0	0.0	56.4	55
合計		60.7	0.0	0.1	0.0	0.0	0.0	39.1	4366

（生産工程の職業）

		0人	10人未満	10～30人未満	30～50人未満	50～80人未満	80人以上	無回答・非該当	N
地域展開	1事業所1企業	51.6	7.3	0.5	0.0	0.0	0.1	40.5	1010
	1都道府県のみに展開している企業	56.9	5.0	0.2	0.1	0.0	0.0	37.8	956
	1つの地域ブロックにのみ展開している企業	56.7	5.1	0.3	0.0	0.0	0.0	37.9	605
	全国的に展開している企業	54.9	5.0	1.4	0.1	0.2	0.1	38.4	1327
	海外展開もしている企業	48.4	10.4	1.9	1.0	0.5	0.0	37.8	413
	無回答	40.0	1.8	0.0	0.0	0.0	0.0	58.2	55
合計		54.0	6.0	0.8	0.1	0.1	0.0	38.9	4366

（輸送・機械運転の職業）

		0人	10人未満	10～30人未満	30～50人未満	50～80人未満	80人以上	無回答・非該当	N
地域展開	1事業所1企業	56.6	2.7	1.0	0.3	0.0	0.0	39.4	1010
	1都道府県のみに展開している企業	59.1	2.5	0.6	0.0	0.1	0.1	37.6	956
	1つの地域ブロックにのみ展開している企業	57.7	3.5	0.7	0.2	0.2	0.2	37.7	605
	全国的に展開している企業	58.1	2.8	0.3	0.3	0.1	0.3	38.1	1327
	海外展開もしている企業	59.1	1.2	0.5	0.0	0.0	0.0	39.2	413
	無回答	43.6	0.0	0.0	0.0	0.0	0.0	56.4	55
合計		57.8	2.6	0.6	0.2	0.1	0.1	38.6	4366

（建設・掘削の職業）

		0人	10人未満	10～30人未満	30～50人未満	50～80人未満	80人以上	無回答・非該当	N
地域展開	1事業所1企業	58.9	1.0	0.2	0.0	0.0	0.0	39.9	1010
	1都道府県のみに展開している企業	60.7	1.5	0.0	0.0	0.0	0.0	37.9	956
	1つの地域ブロックにのみ展開している企業	59.3	3.0	0.0	0.0	0.0	0.0	37.7	605
	全国的に展開している企業	59.4	1.7	0.2	0.0	0.1	0.0	38.7	1327
	海外展開もしている企業	58.1	2.4	0.2	0.0	0.0	0.0	39.2	413
	無回答	41.8	1.8	0.0	0.0	0.0	0.0	56.4	55
合計		59.2	1.7	0.1	0.0	0.0	0.0	38.9	4366

（運搬・清掃・包装等の職業）

		0人	10人未満	10～30人未満	30～50人未満	50～80人未満	80人以上	無回答・非該当	N
地域展開	1事業所1企業	58.2	1.7	0.1	0.0	0.0	0.0	40.0	1010
	1都道府県のみに展開している企業	61.4	0.9	0.1	0.0	0.0	0.0	37.6	956
	1つの地域ブロックにのみ展開している企業	60.2	1.3	0.5	0.3	0.0	0.0	37.7	605
	全国的に展開している企業	60.2	0.8	0.1	0.1	0.0	0.2	38.7	1327
	海外展開もしている企業	60.3	0.2	0.0	0.0	0.0	0.2	39.2	413
	無回答	43.6	0.0	0.0	0.0	0.0	0.0	56.4	55
合計		59.8	1.0	0.1	0.1	0.0	0.1	38.9	4366

図表 2－146（続）　平成 28（2016）年度の中途採用における正社員の職種別採用予定人数（地域展開別、単位：%）

（その他）

		0人	10人未満	10～30人未満	30～50人未満	50～80人未満	80人以上	無回答・非該当	N
地域展開	1事業所1企業	58.1	1.4	0.1	0.0	0.0	0.0	40.4	1010
	1都道府県のみに展開している企業	59.7	2.0	0.3	0.0	0.0	0.1	37.9	956
	1つの地域ブロックにのみ展開している企業	60.0	2.1	0.2	0.0	0.0	0.0	37.7	605
	全国的に展開している企業	59.2	1.6	0.2	0.2	0.2	0.0	38.7	1327
	海外展開もしている企業	58.8	1.5	0.5	0.2	0.0	0.0	39.0	413
	無回答	41.8	1.8	0.0	0.0	0.0	0.0	56.4	55
合計		58.9	1.7	0.2	0.1	0.0	0.0	39.0	4366

業種別（図表 2－147）に見ると、管理的職業を 80 人以上および 50～80 人未満採用予定だった割合が高いのは、卸売業、小売業（約 0.3%および約 0.1%）である。30～50 人未満採用予定だった割合が高いのは、金融業、保険業（約 1.6%）、宿泊業および飲食サービス業（約 0.5%）である。

専門的・技術的職業を 80 人以上採用予定だった割合が高いのは、学術研究、専門・技術サービス業（約 2.5%）および情報通信業（約 1.8%）である。50～80 人未満採用予定だった割合が高いのは、情報通信業（約 2.7%）、医療、福祉（約 1.4%）および学術研究、専門・技術サービス業（約 1.2%）である。30～50 人未満では、情報通信業（約 4.4%）、医療、福祉（約 3.9%）および金融業、保険業（約 3.2%）の割合が相対的に高い。

事務的職業について、50～80 人未満の割合が高いのは、運輸業、郵便業（約 0.3%）である。30～50 人未満採用予定だった割合が高いのは、複合サービス事業（約 2.9%）および金融業、保険業（約 1.6%）である。

販売の職業では、80 人以上の割合が高いのは、金融業、保険業（約 1.6%）および情報通信業（約 0.9%）である。50～80 人未満の割合が高いのは、不動産業、物品賃貸業（約 1.7%）および金融業、保険業（約 1.6%）である。30～50 人未満では、生活関連サービス業、娯楽業（約 1.1%）、情報通信業（約 0.9%）および卸売業、小売業（約 0.8%）の割合が相対的に高い。

サービスの職業を 80 人以上および 50～80 人未満を採用予定だった割合が高いのは、宿泊業、飲食サービス業（約 1.4%および約 1.9%）および医療、福祉（約 1.2%および約 0.9%）である。30～50 人未満では、生活関連サービス業、娯楽業（約 4.3%）および宿泊業、飲食サービス業（約 2.4%）の割合が相対的に高い。

生産工程の職業を採用予定だった人数は概して製造業がもっとも多く、80 人以上、50～80 人未満および 30～50 人未満採用予定だった割合は、それぞれ約

0.2%、約 0.2%および約 0.7%である。ただし、50～80 人未満の割合は、その他のサービス業（約 0.5%）で高くなっている。

図表 2－147　平成 28（2016）年度の中途採用における正社員の職種別採用予定人数（業種別、単位：%）

（管理的職業）

		0人	10人未満	10～30人未満	30～50人未満	50～80人未満	80人以上	無回答・非該当	N
業種	鉱業、採石業、砂利採取業	40.0	0.0	0.0	0.0	0.0	0.0	60.0	5
	建設業	53.3	7.4	1.5	0.3	0.0	0.0	37.6	338
	製造業	52.1	8.6	0.8	0.2	0.0	0.1	38.2	910
	電気・ガス・熱供給・水道業	34.8	21.7	0.0	0.0	0.0	0.0	43.5	23
	情報通信業	50.4	11.5	1.8	0.0	0.0	0.0	36.3	113
	運輸業、郵便業	48.6	10.7	0.6	0.0	0.0	0.0	40.1	317
	卸売業、小売業	52.3	5.6	0.3	0.0	0.1	0.3	41.5	771
	金融業、保険業	54.8	3.2	1.6	1.6	0.0	0.0	38.7	62
	不動産業、物品賃貸業	48.3	6.9	1.7	0.0	0.0	0.0	43.1	58
	学術研究、専門・技術サービス業	53.1	8.6	0.0	0.0	0.0	0.0	38.3	81
	宿泊業、飲食サービス業	58.8	6.6	0.5	0.5	0.0	0.0	33.6	211
	生活関連サービス業、娯楽業	52.1	7.4	1.1	0.0	0.0	0.0	39.4	94
	教育、学習支援業	58.4	7.6	0.0	0.0	0.0	0.0	34.1	185
	医療、福祉	54.4	6.1	0.7	0.1	0.0	0.0	38.6	691
	複合サービス事業	58.6	5.7	0.0	0.0	0.0	0.0	35.7	70
	その他のサービス業	46.8	8.7	1.4	0.0	0.0	0.0	43.1	436
	無回答	0.0	0.0	0.0	0.0	0.0	0.0	100.0	1
合計		52.3	7.6	0.8	0.1	0.0	0.1	39.1	4366

（専門的・技術的職業）

		0人	10人未満	10～30人未満	30～50人未満	50～80人未満	80人以上	無回答・非該当	N
業種	鉱業、採石業、砂利採取業	20.0	20.0	0.0	0.0	0.0	0.0	60.0	5
	建設業	31.4	26.3	3.8	0.9	0.6	0.0	37.0	338
	製造業	35.1	22.2	3.0	0.7	0.9	0.5	37.7	910
	電気・ガス・熱供給・水道業	26.1	17.4	4.3	0.0	0.0	0.0	52.2	23
	情報通信業	23.9	19.5	16.8	4.4	2.7	1.8	31.0	113
	運輸業、郵便業	50.5	7.9	0.0	0.0	0.3	0.0	41.3	317
	卸売業、小売業	44.4	13.6	0.9	0.0	0.0	0.1	41.0	771
	金融業、保険業	38.7	11.3	3.2	3.2	0.0	0.0	43.5	62
	不動産業、物品賃貸業	37.9	15.5	1.7	0.0	0.0	0.0	44.8	58
	学術研究、専門・技術サービス業	18.5	30.9	9.9	0.0	1.2	2.5	37.0	81
	宿泊業、飲食サービス業	53.1	10.9	0.5	0.5	0.0	0.0	35.1	211
	生活関連サービス業、娯楽業	54.3	5.3	0.0	0.0	0.0	1.1	39.4	94
	教育、学習支援業	31.9	25.9	7.0	0.0	0.5	0.5	34.1	185
	医療、福祉	20.1	26.0	12.4	3.9	1.4	0.9	35.2	691
	複合サービス事業	41.4	18.6	0.0	1.4	0.0	0.0	38.6	70
	その他のサービス業	37.8	13.8	1.8	0.7	0.2	0.5	45.2	436
	無回答	0.0	0.0	0.0	0.0	0.0	0.0	100.0	1
合計		36.1	18.7	4.3	1.1	0.6	0.5	38.7	4366

図表 2－147（続） 平成 28（2016）年度の中途採用における正社員の職種別採用予定人数（業種別、単位：%）

（事務的職業）

		0人	10人未満	10～30人未満	30～50人未満	50～80人未満	80人以上	無回答・非該当	N
業種	鉱業、採石業、砂利採取業	20.0	20.0	0.0	0.0	0.0	0.0	60.0	5
	建設業	44.4	16.9	1.2	0.0	0.0	0.0	37.6	338
	製造業	41.3	19.0	0.9	0.2	0.0	0.0	38.6	910
	電気・ガス・熱供給・水道業	34.8	21.7	0.0	0.0	0.0	0.0	43.5	23
	情報通信業	48.7	14.2	0.9	0.9	0.0	0.0	35.4	113
	運輸業、郵便業	37.2	19.9	1.9	0.6	0.3	0.0	40.1	317
	卸売業、小売業	38.8	18.3	1.2	0.0	0.0	0.0	41.8	771
	金融業、保険業	48.4	8.1	1.6	1.6	0.0	0.0	40.3	62
	不動産業、物品賃貸業	27.6	24.1	1.7	0.0	0.0	0.0	46.6	58
	学術研究、専門・技術サービス業	42.0	19.8	0.0	0.0	0.0	0.0	38.3	81
	宿泊業、飲食サービス業	55.9	10.4	0.0	0.0	0.0	0.0	33.6	211
	生活関連サービス業、娯楽業	45.7	12.8	1.1	0.0	0.0	0.0	40.4	94
	教育、学習支援業	25.4	33.5	3.2	0.0	0.0	0.0	37.8	185
	医療、福祉	42.3	19.7	1.6	0.1	0.0	0.0	36.3	691
	複合サービス事業	37.1	17.1	1.4	2.9	0.0	0.0	41.4	70
	その他のサービス業	38.1	15.4	1.6	0.7	0.0	0.0	44.3	436
	無回答	0.0	0.0	0.0	0.0	0.0	0.0	100.0	1
	合計	40.7	18.4	1.3	0.3	0.0	0.0	39.3	4366

（販売の職業）

		0人	10人未満	10～30人未満	30～50人未満	50～80人未満	80人以上	無回答・非該当	N
業種	鉱業、採石業、砂利採取業	40.0	0.0	0.0	0.0	0.0	0.0	60.0	5
	建設業	58.3	3.3	0.6	0.0	0.0	0.0	37.9	338
	製造業	48.5	12.0	0.7	0.1	0.0	0.0	38.8	910
	電気・ガス・熱供給・水道業	47.8	4.3	0.0	0.0	0.0	0.0	47.8	23
	情報通信業	51.3	11.5	1.8	0.9	0.9	0.9	32.7	113
	運輸業、郵便業	56.5	1.6	0.0	0.0	0.0	0.0	42.0	317
	卸売業、小売業	20.2	33.2	5.2	0.8	0.5	0.4	39.7	771
	金融業、保険業	45.2	9.7	3.2	0.0	1.6	1.6	38.7	62
	不動産業、物品賃貸業	44.8	6.9	1.7	0.0	1.7	0.0	44.8	58
	学術研究、専門・技術サービス業	59.3	4.9	0.0	0.0	0.0	0.0	35.8	81
	宿泊業、飲食サービス業	60.2	3.8	0.5	0.0	0.0	0.0	35.5	211
	生活関連サービス業、娯楽業	53.2	6.4	1.1	1.1	0.0	0.0	38.3	94
	教育、学習支援業	62.2	1.6	0.5	0.0	0.0	0.0	35.7	185
	医療、福祉	60.8	0.6	0.1	0.0	0.1	0.0	38.4	691
	複合サービス事業	50.0	10.0	2.9	0.0	0.0	0.0	37.1	70
	その他のサービス業	47.0	8.7	1.4	0.0	0.0	0.0	42.9	436
	無回答	0.0	0.0	0.0	0.0	0.0	0.0	100.0	1
	合計	48.1	10.9	1.5	0.2	0.2	0.1	39.1	4366

図表2－147（続）　平成28（2016）年度の中途採用における正社員の職種別採用予定人数（業種別、単位：%）

（サービスの職業）

		0人	10人未満	10～30人未満	30～50人未満	50～80人未満	80人以上	無回答・非該当	N
業種	鉱業、採石業、砂利採取業	40.0	0.0	0.0	0.0	0.0	0.0	60.0	5
	建設業	63.0	0.3	0.0	0.0	0.0	0.0	36.7	338
	製造業	59.7	0.9	0.0	0.0	0.0	0.0	39.5	910
	電気・ガス・熱供給・水道業	52.2	0.0	0.0	0.0	0.0	0.0	47.8	23
	情報通信業	62.8	1.8	0.9	0.0	0.0	0.0	34.5	113
	運輸業、郵便業	55.2	2.8	0.0	0.0	0.3	0.0	41.6	317
	卸売業、小売業	53.6	4.0	0.6	0.3	0.0	0.0	41.5	771
	金融業、保険業	58.1	1.6	0.0	0.0	0.0	0.0	40.3	62
	不動産業、物品賃貸業	48.3	6.9	1.7	0.0	0.0	0.0	43.1	58
	学術研究、専門・技術サービス業	64.2	0.0	0.0	0.0	0.0	0.0	35.8	81
	宿泊業、飲食サービス業	11.8	41.2	10.4	2.4	1.9	1.4	30.8	211
	生活関連サービス業、娯楽業	24.5	25.5	7.4	4.3	0.0	0.0	38.3	94
	教育、学習支援業	61.1	2.7	0.5	0.5	0.0	0.0	35.1	185
	医療、福祉	41.1	12.0	6.4	1.4	0.9	1.2	37.0	691
	複合サービス事業	48.6	10.0	5.7	1.4	0.0	0.0	34.3	70
	その他のサービス業	44.0	9.6	2.1	0.5	0.2	0.2	43.3	436
	無回答	0.0	0.0	0.0	0.0	0.0	0.0	100.0	1
合計		50.8	7.0	2.2	0.6	0.3	0.3	39.0	4366

（保安の職業）

		0人	10人未満	10～30人未満	30～50人未満	50～80人未満	80人以上	無回答・非該当	N
業種	鉱業、採石業、砂利採取業	40.0	0.0	0.0	0.0	0.0	0.0	60.0	5
	建設業	61.5	1.5	0.0	0.0	0.0	0.0	37.0	338
	製造業	60.1	0.2	0.0	0.0	0.0	0.0	39.7	910
	電気・ガス・熱供給・水道業	43.5	8.7	0.0	0.0	0.0	0.0	47.8	23
	情報通信業	65.5	0.0	0.0	0.0	0.0	0.0	34.5	113
	運輸業、郵便業	57.7	0.0	0.0	0.0	0.0	0.0	42.3	317
	卸売業、小売業	57.8	0.3	0.0	0.0	0.0	0.0	41.9	771
	金融業、保険業	59.7	0.0	0.0	0.0	0.0	0.0	40.3	62
	不動産業、物品賃貸業	56.9	1.7	0.0	0.0	0.0	0.0	41.4	58
	学術研究、専門・技術サービス業	65.4	0.0	0.0	0.0	0.0	0.0	34.6	81
	宿泊業、飲食サービス業	64.0	0.9	0.0	0.0	0.0	0.0	35.1	211
	生活関連サービス業、娯楽業	59.6	0.0	0.0	0.0	0.0	0.0	40.4	94
	教育、学習支援業	64.3	0.0	0.0	0.0	0.0	0.0	35.7	185
	医療、福祉	61.4	0.0	0.1	0.0	0.0	0.0	38.5	691
	複合サービス事業	64.3	0.0	0.0	0.0	0.0	0.0	35.7	70
	その他のサービス業	54.4	0.5	0.2	0.0	0.2	0.7	44.0	436
	無回答	0.0	0.0	0.0	0.0	0.0	0.0	100.0	1
合計		59.8	0.4	0.0	0.0	0.0	0.1	39.7	4366

図表2－147（続） 平成28（2016）年度の中途採用における正社員の職種別採用予定人数（業種別、単位：％）

（農林漁業の職業）

		0人	10人未満	10～30人未満	30～50人未満	50～80人未満	80人以上	無回答・非該当	N
業種	鉱業、採石業、砂利採取業	40.0	0.0	0.0	0.0	0.0	0.0	60.0	5
	建設業	63.9	0.0	0.0	0.0	0.0	0.0	36.1	338
	製造業	60.9	0.1	0.0	0.0	0.0	0.0	39.0	910
	電気・ガス・熱供給・水道業	52.2	0.0	0.0	0.0	0.0	0.0	47.8	23
	情報通信業	65.5	0.0	0.0	0.0	0.0	0.0	34.5	113
	運輸業、郵便業	58.7	0.0	0.0	0.0	0.0	0.0	41.3	317
	卸売業、小売業	58.2	0.0	0.0	0.0	0.0	0.0	41.8	771
	金融業、保険業	59.7	0.0	0.0	0.0	0.0	0.0	40.3	62
	不動産業、物品賃貸業	58.6	0.0	0.0	0.0	0.0	0.0	41.4	58
	学術研究、専門・技術サービス業	65.4	0.0	0.0	0.0	0.0	0.0	34.6	81
	宿泊業、飲食サービス業	65.4	0.0	0.0	0.0	0.0	0.0	34.6	211
	生活関連サービス業、娯楽業	59.6	1.1	0.0	0.0	0.0	0.0	39.4	94
	教育、学習支援業	65.4	0.0	0.0	0.0	0.0	0.0	34.6	185
	医療、福祉	62.7	0.0	0.1	0.0	0.0	0.0	37.2	691
	複合サービス事業	62.9	0.0	1.4	0.0	0.0	0.0	35.7	70
	その他のサービス業	55.7	0.0	0.2	0.0	0.0	0.0	44.0	436
	無回答	0.0	0.0	0.0	0.0	0.0	0.0	100.0	1
合計		60.7	0.0	0.1	0.0	0.0	0.0	39.1	4366

（生産工程の職業）

		0人	10人未満	10～30人未満	30～50人未満	50～80人未満	80人以上	無回答・非該当	N
業種	鉱業、採石業、砂利採取業	40.0	0.0	0.0	0.0	0.0	0.0	60.0	5
	建設業	60.7	2.7	0.3	0.0	0.0	0.0	36.4	338
	製造業	33.8	24.3	3.1	0.7	0.2	0.2	37.7	910
	電気・ガス・熱供給・水道業	47.8	4.3	0.0	0.0	0.0	0.0	47.8	23
	情報通信業	65.5	0.0	0.0	0.0	0.0	0.0	34.5	113
	運輸業、郵便業	57.4	0.6	0.3	0.0	0.0	0.0	41.6	317
	卸売業、小売業	55.5	2.3	0.3	0.0	0.0	0.0	41.9	771
	金融業、保険業	59.7	0.0	0.0	0.0	0.0	0.0	40.3	62
	不動産業、物品賃貸業	56.9	1.7	0.0	0.0	0.0	0.0	41.4	58
	学術研究、専門・技術サービス業	65.4	1.2	0.0	0.0	0.0	0.0	33.3	81
	宿泊業、飲食サービス業	65.4	0.5	0.0	0.0	0.0	0.0	34.1	211
	生活関連サービス業、娯楽業	57.4	2.1	0.0	0.0	0.0	0.0	40.4	94
	教育、学習支援業	65.4	0.0	0.0	0.0	0.0	0.0	34.6	185
	医療、福祉	62.7	0.0	0.1	0.0	0.0	0.0	37.2	691
	複合サービス事業	61.4	2.9	0.0	0.0	0.0	0.0	35.7	70
	その他のサービス業	54.4	1.1	0.5	0.0	0.5	0.0	43.6	436
	無回答	0.0	0.0	0.0	0.0	0.0	0.0	100.0	1
合計		54.0	6.0	0.8	0.1	0.1	0.0	38.9	4366

図表2－147（続）　平成28（2016）年度の中途採用における
正社員の職種別採用予定人数（業種別、単位：％）

（輸送・機械運転の職業）

		0人	10人未満	10～30人未満	30～50人未満	50～80人未満	80人以上	無回答・非該当	N
業種	鉱業、採石業、砂利採取業	20.0	20.0	0.0	0.0	0.0	0.0	60.0	5
	建設業	63.0	1.2	0.0	0.0	0.0	0.0	35.8	338
	製造業	59.5	1.4	0.1	0.0	0.0	0.0	39.0	910
	電気・ガス・熱供給・水道業	52.2	0.0	0.0	0.0	0.0	0.0	47.8	23
	情報通信業	65.5	0.0	0.0	0.0	0.0	0.0	34.5	113
	運輸業、郵便業	29.3	22.4	7.6	2.5	0.9	1.9	35.3	317
	卸売業、小売業	56.7	1.8	0.0	0.0	0.0	0.0	41.5	771
	金融業、保険業	59.7	0.0	0.0	0.0	0.0	0.0	40.3	62
	不動産業、物品賃貸業	58.6	0.0	0.0	0.0	0.0	0.0	41.4	58
	学術研究、専門・技術サービス業	64.2	0.0	0.0	0.0	0.0	0.0	35.8	81
	宿泊業、飲食サービス業	65.4	0.5	0.0	0.0	0.0	0.0	34.1	211
	生活関連サービス業、娯楽業	59.6	1.1	0.0	0.0	0.0	0.0	39.4	94
	教育、学習支援業	65.9	0.0	0.0	0.0	0.0	0.0	34.1	185
	医療、福祉	62.5	0.1	0.1	0.0	0.0	0.0	37.2	691
	複合サービス事業	62.9	1.4	0.0	0.0	0.0	0.0	35.7	70
	その他のサービス業	54.8	1.6	0.0	0.0	0.0	0.0	43.6	436
	無回答	0.0	0.0	0.0	0.0	0.0	0.0	100.0	1
合計		57.8	2.6	0.6	0.2	0.1	0.1	38.6	4366

（建設・掘削の職業）

		0人	10人未満	10～30人未満	30～50人未満	50～80人未満	80人以上	無回答・非該当	N
業種	鉱業、採石業、砂利採取業	20.0	40.0	0.0	0.0	0.0	0.0	40.0	5
	建設業	48.2	15.7	1.2	0.0	0.3	0.0	34.6	338
	製造業	60.2	0.8	0.0	0.0	0.0	0.0	39.0	910
	電気・ガス・熱供給・水道業	43.5	8.7	0.0	0.0	0.0	0.0	47.8	23
	情報通信業	65.5	0.0	0.0	0.0	0.0	0.0	34.5	113
	運輸業、郵便業	57.4	0.9	0.0	0.0	0.0	0.0	41.6	317
	卸売業、小売業	58.1	0.4	0.0	0.0	0.0	0.0	41.5	771
	金融業、保険業	59.7	0.0	0.0	0.0	0.0	0.0	40.3	62
	不動産業、物品賃貸業	56.9	0.0	0.0	0.0	0.0	0.0	43.1	58
	学術研究、専門・技術サービス業	64.2	1.2	0.0	0.0	0.0	0.0	34.6	81
	宿泊業、飲食サービス業	65.4	0.5	0.0	0.0	0.0	0.0	34.1	211
	生活関連サービス業、娯楽業	60.6	0.0	0.0	0.0	0.0	0.0	39.4	94
	教育、学習支援業	65.9	0.0	0.0	0.0	0.0	0.0	34.1	185
	医療、福祉	62.7	0.0	0.1	0.0	0.0	0.0	37.2	691
	複合サービス事業	64.3	0.0	0.0	0.0	0.0	0.0	35.7	70
	その他のサービス業	55.5	0.7	0.0	0.0	0.0	0.0	43.8	436
	無回答	0.0	0.0	0.0	0.0	0.0	0.0	100.0	1
合計		59.2	1.7	0.1	0.0	0.0	0.0	38.9	4366

図表2－147（続）　平成28（2016）年度の中途採用における正社員の職種別採用予定人数（業種別、単位：%）

（運搬・清掃・包装等の職業）

		0人	10人未満	10～30人未満	30～50人未満	50～80人未満	80人以上	無回答・非該当	N
業種	鉱業、採石業、砂利採取業	20.0	20.0	0.0	0.0	0.0	0.0	60.0	5
	建設業	63.9	0.3	0.0	0.0	0.0	0.0	35.8	338
	製造業	60.0	1.1	0.0	0.0	0.0	0.0	38.9	910
	電気・ガス・熱供給・水道業	52.2	0.0	0.0	0.0	0.0	0.0	47.8	23
	情報通信業	65.5	0.0	0.0	0.0	0.0	0.0	34.5	113
	運輸業、郵便業	54.6	2.5	1.3	0.3	0.0	0.0	41.3	317
	卸売業、小売業	57.8	0.5	0.0	0.0	0.0	0.0	41.6	771
	金融業、保険業	58.1	1.6	0.0	0.0	0.0	0.0	40.3	62
	不動産業、物品賃貸業	56.9	1.7	1.7	0.0	0.0	0.0	39.7	58
	学術研究、専門・技術サービス業	65.4	0.0	0.0	0.0	0.0	0.0	34.6	81
	宿泊業、飲食サービス業	65.9	0.0	0.0	0.0	0.0	0.0	34.1	211
	生活関連サービス業、娯楽業	60.6	0.0	0.0	0.0	0.0	0.0	39.4	94
	教育、学習支援業	65.4	0.5	0.0	0.0	0.0	0.0	34.1	185
	医療、福祉	61.5	1.2	0.1	0.0	0.0	0.0	37.2	691
	複合サービス事業	64.3	0.0	0.0	0.0	0.0	0.0	35.7	70
	その他のサービス業	53.7	2.3	0.0	0.5	0.0	0.7	42.9	436
	無回答	0.0	0.0	0.0	0.0	0.0	0.0	100.0	1
	合計	59.8	1.0	0.1	0.1	0.0	0.1	38.9	4366

（その他）

		0人	10人未満	10～30人未満	30～50人未満	50～80人未満	80人以上	無回答・非該当	N
業種	鉱業、採石業、砂利採取業	40.0	0.0	0.0	0.0	0.0	0.0	60.0	5
	建設業	62.7	1.2	0.0	0.0	0.0	0.0	36.1	338
	製造業	59.6	1.3	0.0	0.0	0.1	0.0	39.0	910
	電気・ガス・熱供給・水道業	52.2	0.0	0.0	0.0	0.0	0.0	47.8	23
	情報通信業	62.8	0.9	0.0	0.0	0.0	0.0	36.3	113
	運輸業、郵便業	55.8	2.5	0.3	0.3	0.0	0.0	41.0	317
	卸売業、小売業	57.3	1.0	0.3	0.0	0.0	0.1	41.2	771
	金融業、保険業	58.1	1.6	0.0	0.0	0.0	0.0	40.3	62
	不動産業、物品賃貸業	56.9	1.7	0.0	0.0	0.0	0.0	41.4	58
	学術研究、専門・技術サービス業	65.4	0.0	0.0	0.0	0.0	0.0	34.6	81
	宿泊業、飲食サービス業	64.5	1.9	0.0	0.0	0.0	0.0	33.6	211
	生活関連サービス業、娯楽業	60.6	0.0	0.0	0.0	0.0	0.0	39.4	94
	教育、学習支援業	62.7	2.2	0.5	0.0	0.0	0.0	34.6	185
	医療、福祉	60.5	2.2	0.3	0.0	0.0	0.0	37.0	691
	複合サービス事業	61.4	1.4	0.0	0.0	0.0	0.0	37.1	70
	その他のサービス業	50.9	3.4	0.9	0.5	0.2	0.0	44.0	436
	無回答	0.0	0.0	0.0	0.0	0.0	0.0	100.0	1
	合計	58.9	1.7	0.2	0.1	0.0	0.0	39.0	4366

企業規模別（図表2－148）に見ると、自然なことではあるが、いずれの職種についても、概して規模が大きい企業ほど採用予定だった人員が多い。

図表 2－148　平成 28（2016）年度の中途採用における正社員の職種別採用予定人数（企業規模別、単位：%）

（管理的職業）

		0人	10人未満	10～30人未満	30～50人未満	50～80人未満	80人以上	無回答・非該当	N
従業員数	30人未満	45.6	5.3	0.0	0.0	0.0	0.0	49.1	57
	30～99人	54.1	6.6	0.2	0.0	0.0	0.0	39.1	1509
	100～299人	53.8	9.1	0.6	0.0	0.0	0.0	36.6	861
	300～499人	53.4	7.9	0.7	0.4	0.0	0.0	37.5	277
	500～999人	53.6	8.1	0.9	0.3	0.0	0.0	37.1	321
	1000人以上	54.1	7.1	2.6	0.4	0.2	0.4	35.3	538
	無回答	46.0	7.8	0.7	0.2	0.0	0.1	45.1	803
合計		52.3	7.6	0.8	0.1	0.0	0.1	39.1	4366

（専門的・技術的職業）

		0人	10人未満	10～30人未満	30～50人未満	50～80人未満	80人以上	無回答・非該当	N
従業員数	30人未満	33.3	19.3	0.0	0.0	0.0	0.0	47.4	57
	30～99人	39.6	21.2	1.1	0.0	0.0	0.0	38.2	1509
	100～299人	35.1	23.2	4.5	0.7	0.0	0.0	36.5	861
	300～499人	31.8	17.0	10.5	3.6	0.4	0.0	36.8	277
	500～999人	36.8	13.4	10.0	2.5	1.6	0.9	34.9	321
	1000人以上	32.9	13.9	9.1	3.2	3.0	2.8	35.1	538
	無回答	34.4	15.2	2.6	0.9	0.6	0.2	46.1	803
合計		36.1	18.7	4.3	1.1	0.6	0.5	38.7	4366

（事務的職業）

		0人	10人未満	10～30人未満	30～50人未満	50～80人未満	80人以上	無回答・非該当	N
従業員数	30人未満	22.8	29.8	0.0	0.0	0.0	0.0	47.4	57
	30～99人	42.7	19.1	0.3	0.0	0.0	0.0	38.0	1509
	100～299人	41.7	19.9	1.0	0.2	0.0	0.0	37.2	861
	300～499人	39.4	22.0	1.1	0.0	0.0	0.0	37.5	277
	500～999人	41.4	18.4	2.2	0.6	0.0	0.0	37.4	321
	1000人以上	41.1	16.4	4.5	1.1	0.2	0.0	36.8	538
	無回答	37.4	14.7	1.1	0.2	0.0	0.0	46.6	803
合計		40.7	18.4	1.3	0.3	0.0	0.0	39.3	4366

（販売の職業）

		0人	10人未満	10～30人未満	30～50人未満	50～80人未満	80人以上	無回答・非該当	N
従業員数	30人未満	40.4	10.5	1.8	0.0	0.0	0.0	47.4	57
	30～99人	47.6	13.9	0.5	0.0	0.0	0.0	38.1	1509
	100～299人	52.1	10.0	0.8	0.0	0.1	0.0	36.9	861
	300～499人	48.7	12.3	1.8	0.0	0.4	0.0	36.8	277
	500～999人	50.8	8.1	3.4	0.6	0.0	0.0	37.1	321
	1000人以上	50.9	7.8	3.5	0.7	1.1	0.7	35.1	538
	無回答	41.8	9.0	1.9	0.4	0.0	0.1	46.8	803
合計		48.1	10.9	1.5	0.2	0.2	0.1	39.1	4366

図表2－148（続）　平成28（2016）年度の中途採用における正社員の職種別採用予定人数（企業規模別、単位：%）

（サービスの職業）

		0人	10人未満	10～30人未満	30～50人未満	50～80人未満	80人以上	無回答・非該当	N
従業員数	30人未満	47.4	3.5	0.0	0.0	0.0	0.0	49.1	57
	30～99人	52.4	8.4	1.1	0.1	0.0	0.0	38.1	1509
	100～299人	49.6	8.2	3.8	0.3	0.1	0.0	37.9	861
	300～499人	47.3	9.0	3.2	0.7	0.0	0.4	39.4	277
	500～999人	52.3	5.0	2.5	0.3	1.6	1.6	36.8	321
	1000人以上	57.1	2.6	2.2	2.4	0.9	0.7	34.0	538
	無回答	45.6	6.1	2.0	0.6	0.1	0.2	45.3	803
	合計	50.8	7.0	2.2	0.6	0.3	0.3	39.0	4366

（保安の職業）

		0人	10人未満	10～30人未満	30～50人未満	50～80人未満	80人以上	無回答・非該当	N
従業員数	30人未満	50.9	0.0	0.0	0.0	0.0	0.0	49.1	57
	30～99人	60.2	0.3	0.1	0.0	0.0	0.0	39.4	1509
	100～299人	62.1	0.3	0.0	0.0	0.0	0.0	37.5	861
	300～499人	60.3	0.4	0.4	0.0	0.0	0.0	39.0	277
	500～999人	62.3	0.9	0.0	0.0	0.3	0.0	36.4	321
	1000人以上	64.1	0.2	0.0	0.0	0.0	0.6	35.1	538
	無回答	52.9	0.4	0.0	0.0	0.0	0.0	46.7	803
	合計	59.8	0.4	0.0	0.0	0.0	0.1	39.7	4366

（農林漁業の職業）

		0人	10人未満	10～30人未満	30～50人未満	50～80人未満	80人以上	無回答・非該当	N
従業員数	30人未満	50.9	0.0	0.0	0.0	0.0	0.0	49.1	57
	30～99人	61.2	0.1	0.1	0.0	0.0	0.0	38.6	1509
	100～299人	63.0	0.0	0.0	0.0	0.0	0.0	37.0	861
	300～499人	61.0	0.0	0.0	0.0	0.0	0.0	39.0	277
	500～999人	64.2	0.0	0.6	0.0	0.0	0.0	35.2	321
	1000人以上	64.9	0.0	0.0	0.0	0.0	0.0	35.1	538
	無回答	54.0	0.0	0.0	0.0	0.0	0.0	46.0	803
	合計	60.7	0.0	0.1	0.0	0.0	0.0	39.1	4366

（生産工程の職業）

		0人	10人未満	10～30人未満	30～50人未満	50～80人未満	80人以上	無回答・非該当	N
従業員数	30人未満	50.9	0.0	0.0	0.0	0.0	0.0	49.1	57
	30～99人	52.4	8.3	0.5	0.0	0.0	0.0	38.8	1509
	100～299人	56.3	6.9	0.9	0.0	0.0	0.0	35.9	861
	300～499人	55.6	4.7	1.1	0.4	0.0	0.0	38.3	277
	500～999人	61.4	2.8	0.3	0.0	0.3	0.0	35.2	321
	1000人以上	58.2	3.5	2.6	0.2	0.4	0.4	34.8	538
	無回答	48.7	4.7	0.1	0.5	0.1	0.0	45.8	803
	合計	54.0	6.0	0.8	0.1	0.1	0.0	38.9	4366

図表 2－148（続）　平成 28（2016）年度の中途採用における正社員の職種別採用予定人数（企業規模別、単位：%）

（輸送・機械運転の職業）

		0人	10人未満	10～30人未満	30～50人未満	50～80人未満	80人以上	無回答・非該当	N
従業員数	30人未満	50.9	0.0	0.0	0.0	0.0	0.0	49.1	57
	30～99人	57.9	3.1	0.5	0.1	0.0	0.0	38.4	1509
	100～299人	59.8	2.8	0.9	0.3	0.0	0.0	36.1	861
	300～499人	58.1	1.8	1.1	0.0	0.7	0.0	38.3	277
	500～999人	63.2	0.6	0.0	0.3	0.3	0.6	34.9	321
	1000人以上	63.4	0.9	0.2	0.4	0.0	0.6	34.6	538
	無回答	50.2	3.9	0.7	0.0	0.0	0.1	45.1	803
	合計	57.8	2.6	0.6	0.2	0.1	0.1	38.6	4366

（建設・掘削の職業）

		0人	10人未満	10～30人未満	30～50人未満	50～80人未満	80人以上	無回答・非該当	N
従業員数	30人未満	49.1	1.8	0.0	0.0	0.0	0.0	49.1	57
	30～99人	59.4	2.3	0.1	0.0	0.0	0.0	38.2	1509
	100～299人	62.0	0.9	0.1	0.0	0.0	0.0	36.9	861
	300～499人	59.9	0.7	0.0	0.0	0.0	0.0	39.4	277
	500～999人	64.5	0.3	0.0	0.0	0.0	0.0	35.2	321
	1000人以上	63.0	1.1	0.4	0.0	0.2	0.0	35.3	538
	無回答	51.7	2.9	0.0	0.0	0.0	0.0	45.5	803
	合計	59.2	1.7	0.1	0.0	0.0	0.0	38.9	4366

（運搬・清掃・包装等の職業）

		0人	10人未満	10～30人未満	30～50人未満	50～80人未満	80人以上	無回答・非該当	N
従業員数	30人未満	50.9	0.0	0.0	0.0	0.0	0.0	49.1	57
	30～99人	60.3	1.3	0.2	0.0	0.0	0.0	38.2	1509
	100～299人	61.7	1.5	0.0	0.0	0.0	0.0	36.8	861
	300～499人	59.9	0.7	0.0	0.4	0.0	0.0	39.0	277
	500～999人	64.2	0.9	0.0	0.0	0.0	0.0	34.9	321
	1000人以上	63.9	0.2	0.2	0.2	0.0	0.6	34.9	538
	無回答	52.9	0.9	0.2	0.1	0.0	0.0	45.8	803
	合計	59.8	1.0	0.1	0.1	0.0	0.1	38.9	4366

（その他）

		0人	10人未満	10～30人未満	30～50人未満	50～80人未満	80人以上	無回答・非該当	N
従業員数	30人未満	50.9	0.0	0.0	0.0	0.0	0.0	49.1	57
	30～99人	60.0	1.5	0.1	0.0	0.0	0.0	38.4	1509
	100～299人	60.0	2.7	0.2	0.0	0.0	0.0	37.0	861
	300～499人	58.5	2.5	0.7	0.0	0.0	0.0	38.3	277
	500～999人	62.0	1.9	0.3	0.3	0.3	0.0	35.2	321
	1000人以上	63.6	0.7	0.2	0.0	0.2	0.2	35.1	538
	無回答	52.1	1.5	0.2	0.2	0.0	0.0	46.0	803
	合計	58.9	1.7	0.2	0.1	0.0	0.0	39.0	4366

(2) 実際の採用人数

企業合計（図表２－149）で見ると、平成28度の中途採用における実際の正社員採用人数のうち、専門的・技術的、事務的職業を10人未満採用した企業は約２割、管理的職業、販売、サービス、生産工程の職業を10人未満採用した企業は約１割である。これら以外の職業については、約7～8割の企業が１人も採用しなかった。

企業の地域展開の状況別に見ると、いずれの職種についても、概してより広域に展開する企業ほど多くの人数を採用している。ただし、１事業所１企業である企業や１都道府県のみに展開している企業であっても、専門的・技術的職業およびサービスの職業の採用人数が相対的に多い。

図表２－149　平成28（2016）年度の中途採用における正社員の職種別採用人数（地域展開別、単位：％）

（管理的職業）

		0人	10人未満	10～30人未満	30～50人未満	50～80人未満	80人以上	無回答	N
地域展開	1事業所1企業	73.4	6.3	0.1	0.1	0.0	0.0	20.1	1010
	1都道府県のみに展開している企業	72.5	6.5	0.1	0.0	0.1	0.0	20.8	956
	1つの地域ブロックにのみ展開している企業	72.9	8.3	0.0	0.0	0.0	0.2	18.7	605
	全国的に展開している企業	67.9	10.9	0.8	0.1	0.0	0.1	20.2	1327
	海外展開もしている企業	60.0	14.0	3.1	0.2	0.2	0.2	22.0	413
	無回答	56.4	5.5	1.8	0.0	0.0	0.0	36.4	55
合計		70.0	8.7	0.6	0.1	0.0	0.1	20.5	4366

（専門的・技術的職業）

		0人	10人未満	10～30人未満	30～50人未満	50～80人未満	80人以上	無回答	N
地域展開	1事業所1企業	50.7	25.7	5.3	0.7	0.2	0.1	17.2	1010
	1都道府県のみに展開している企業	50.7	23.3	6.0	1.6	0.6	0.5	17.3	956
	1つの地域ブロックにのみ展開している企業	58.2	20.5	2.3	0.7	0.3	0.2	17.9	605
	全国的に展開している企業	56.4	19.7	3.3	0.5	0.7	0.5	18.9	1327
	海外展開もしている企業	40.4	24.2	8.5	2.9	1.9	1.9	20.1	413
	無回答	49.1	7.3	7.3	0.0	0.0	0.0	36.4	55
合計		52.5	22.3	4.8	1.0	0.6	0.5	18.3	4366

（事務的職業）

		0人	10人未満	10～30人未満	30～50人未満	50～80人未満	80人以上	無回答	N
地域展開	1事業所1企業	60.5	19.8	0.3	0.1	0.0	0.0	19.3	1010
	1都道府県のみに展開している企業	57.1	23.2	1.3	0.0	0.0	0.0	18.4	956
	1つの地域ブロックにのみ展開している企業	60.2	21.3	1.0	0.0	0.0	0.0	17.5	605
	全国的に展開している企業	54.7	23.2	2.3	0.1	0.2	0.1	19.5	1327
	海外展開もしている企業	49.2	25.9	2.4	0.7	0.0	0.2	21.5	413
	無回答	47.3	16.4	0.0	1.8	0.0	0.0	34.5	55
合計		56.7	22.3	1.4	0.1	0.0	0.0	19.3	4366

図表 2－149（続）　平成 28（2016）年度の中途採用における正社員の職種別採用人数（地域展開別、単位：%）

（販売の職業）

		0人	10人未満	10～30人未満	30～50人未満	50～80人未満	80人以上	無回答	N
地域展開	1事業所1企業	73.8	5.3	0.5	0.0	0.0	0.0	20.4	1010
	1都道府県のみに展開している企業	65.3	12.4	1.4	0.2	0.0	0.0	20.7	956
	1つの地域ブロックにのみ展開している企業	65.3	15.0	1.2	0.3	0.0	0.3	17.9	605
	全国的に展開している企業	61.0	16.7	1.4	0.5	0.1	0.2	20.2	1327
	海外展開もしている企業	57.6	18.2	1.9	0.0	0.0	0.5	21.8	413
	無回答	50.9	9.1	3.6	0.0	1.8	0.0	34.5	55
合計		65.0	13.0	1.2	0.2	0.0	0.2	20.4	4366

（サービスの職業）

		0人	10人未満	10～30人未満	30～50人未満	50～80人未満	80人以上	無回答	N
地域展開	1事業所1企業	69.0	9.6	1.0	0.2	0.2	0.1	19.9	1010
	1都道府県のみに展開している企業	63.1	12.4	3.0	0.3	0.1	0.2	20.8	956
	1つの地域ブロックにのみ展開している企業	68.4	9.3	2.0	1.0	0.5	0.3	18.5	605
	全国的に展開している企業	69.2	7.2	1.7	0.7	0.4	0.5	20.4	1327
	海外展開もしている企業	73.4	1.5	0.2	0.0	0.7	0.2	24.0	413
	無回答	52.7	7.3	3.6	0.0	0.0	0.0	36.4	55
合計		67.9	8.6	1.7	0.5	0.3	0.3	20.7	4366

（保安の職業）

		0人	10人未満	10～30人未満	30～50人未満	50～80人未満	80人以上	無回答	N
地域展開	1事業所1企業	79.1	0.1	0.0	0.0	0.0	0.0	20.8	1010
	1都道府県のみに展開している企業	77.7	0.2	0.1	0.0	0.0	0.0	22.0	956
	1つの地域ブロックにのみ展開している企業	79.5	1.0	0.2	0.0	0.0	0.0	19.3	605
	全国的に展開している企業	77.5	0.6	0.0	0.0	0.1	0.2	21.6	1327
	海外展開もしている企業	75.3	0.5	0.0	0.0	0.0	0.0	24.2	413
	無回答	63.6	0.0	0.0	0.0	0.0	0.0	36.4	55
合計		77.8	0.4	0.0	0.0	0.0	0.1	21.6	4366

（農林漁業の職業）

		0人	10人未満	10～30人未満	30～50人未満	50～80人未満	80人以上	無回答	N
地域展開	1事業所1企業	79.8	0.1	0.0	0.0	0.0	0.0	20.1	1010
	1都道府県のみに展開している企業	77.9	0.3	0.0	0.0	0.0	0.0	21.8	956
	1つの地域ブロックにのみ展開している企業	80.7	0.2	0.0	0.0	0.0	0.0	19.2	605
	全国的に展開している企業	78.9	0.0	0.0	0.0	0.0	0.0	21.1	1327
	海外展開もしている企業	76.0	0.2	0.0	0.0	0.0	0.0	23.7	413
	無回答	63.6	0.0	0.0	0.0	0.0	0.0	36.4	55
合計		78.7	0.1	0.0	0.0	0.0	0.0	21.2	4366

（生産工程の職業）

		0人	10人未満	10～30人未満	30～50人未満	50～80人未満	80人以上	無回答	N
地域展開	1事業所1企業	70.5	9.4	0.1	0.0	0.1	0.0	19.9	1010
	1都道府県のみに展開している企業	72.6	5.9	0.2	0.0	0.1	0.0	21.2	956
	1つの地域ブロックにのみ展開している企業	75.2	5.1	0.8	0.0	0.0	0.0	18.8	605
	全国的に展開している企業	71.7	6.4	1.1	0.4	0.1	0.0	20.4	1327
	海外展開もしている企業	63.0	11.6	1.7	1.0	0.5	0.0	22.3	413
	無回答	61.8	1.8	0.0	0.0	0.0	0.0	36.4	55
合計		71.1	7.2	0.7	0.2	0.1	0.0	20.6	4366

図表 2－149（続） 平成 28（2016）年度の中途採用における正社員の職種別採用人数（地域展開別、単位：%）

（輸送・機械運転の職業）

		0人	10人未満	10～30人未満	30～50人未満	50～80人未満	80人以上	無回答	N
地域展開	1事業所1企業	76.3	3.2	0.6	0.1	0.0	0.0	19.8	1010
	1都道府県のみに展開している企業	74.8	3.8	0.2	0.1	0.1	0.0	21.0	956
	1つの地域ブロックにのみ展開している企業	76.0	4.6	0.2	0.7	0.0	0.0	18.5	605
	全国的に展開している企業	75.4	3.2	0.5	0.2	0.0	0.4	20.4	1327
	海外展開もしている企業	74.1	1.7	0.2	0.0	0.0	0.2	23.7	413
	無回答	63.6	0.0	0.0	0.0	0.0	0.0	36.4	55
合計		75.3	3.3	0.4	0.2	0.0	0.1	20.7	4366

（建設・掘削の職業）

		0人	10人未満	10～30人未満	30～50人未満	50～80人未満	80人以上	無回答	N
地域展開	1事業所1企業	79.2	0.8	0.1	0.0	0.0	0.0	19.9	1010
	1都道府県のみに展開している企業	76.7	1.6	0.0	0.0	0.0	0.0	21.8	956
	1つの地域ブロックにのみ展開している企業	78.0	3.0	0.0	0.0	0.0	0.0	19.0	605
	全国的に展開している企業	76.8	2.1	0.1	0.0	0.1	0.0	20.9	1327
	海外展開もしている企業	73.4	3.1	0.2	0.0	0.0	0.0	23.2	413
	無回答	61.8	1.8	0.0	0.0	0.0	0.0	36.4	55
合計		77.0	1.9	0.1	0.0	0.0	0.0	21.0	4366

（運搬・清掃・包装等の職業）

		0人	10人未満	10～30人未満	30～50人未満	50～80人未満	80人以上	無回答	N
地域展開	1事業所1企業	78.5	1.7	0.0	0.0	0.0	0.0	19.8	1010
	1都道府県のみに展開している企業	77.5	1.0	0.1	0.0	0.0	0.0	21.3	956
	1つの地域ブロックにのみ展開している企業	78.3	2.0	0.7	0.2	0.0	0.0	18.8	605
	全国的に展開している企業	77.5	1.0	0.1	0.2	0.1	0.2	21.0	1327
	海外展開もしている企業	75.8	0.2	0.0	0.0	0.2	0.0	23.7	413
	無回答	63.6	0.0	0.0	0.0	0.0	0.0	36.4	55
合計		77.5	1.2	0.1	0.1	0.0	0.1	21.0	4366

（その他）

		0人	10人未満	10～30人未満	30～50人未満	50～80人未満	80人以上	無回答	N
地域展開	1事業所1企業	77.7	2.3	0.0	0.0	0.0	0.0	20.0	1010
	1都道府県のみに展開している企業	75.8	2.5	0.2	0.0	0.1	0.0	21.3	956
	1つの地域ブロックにのみ展開している企業	78.3	2.3	0.3	0.0	0.0	0.0	19.0	605
	全国的に展開している企業	76.4	2.4	0.2	0.1	0.2	0.0	20.7	1327
	海外展開もしている企業	73.6	2.7	0.7	0.0	0.0	0.0	23.0	413
	無回答	61.8	1.8	0.0	0.0	0.0	0.0	36.4	55
合計		76.4	2.4	0.2	0.0	0.1	0.0	20.9	4366

業種別（図表 2－150）に見ると、管理的職業を 80 人以上および 50～80 人未満採用した割合が高いのは、卸売業、小売業（約 0.3%および約 0.1%）である。50～80 人未満については、医療、福祉（約 0.1%）も割合が相対的に高い。30～50 人未満採用した割合が高いのは、金融業、保険業（約 1.6%）および宿泊業、飲食サービス業（約 0.5%）である。

専門的・技術的職業を 80 人以上採用した割合が高いのは、情報通信業（約 1.8%）および学術研究、専門・技術サービス業（約 1.2%）である。50～80 人未満採用した割合が高いのは、金融業、保険業（約 3.2%）、医療、福祉（約 1.7%）および学術研究、専門・技術サービス業（約 1.2%）である。30～50 人未満では、医療、福祉（約 3.6%）および情報通信業（約 2.7%）の割合が相対的に高い。

事務的職業について、80 人以上の割合が高いのは、金融業、保険業（約 1.6%）である。また、50～80 人未満の割合が高いのは、情報通信業（約 0.9%）である。30～50 人未満採用した割合が高いのは、その他のサービス業（約 0.5%）および建設業（約 0.3%）である。

販売の職業では、80 人以上の割合が高いのは、金融業、保険業（約 1.6%）および複合サービス事業（約 1.4%）である。50～80 人未満の割合が高いのは、情報通信業（約 0.9%）である。30～50 人未満では、不動産業、物品賃貸業（約 1.7%）および金融業、保険業（約 1.6%）の割合が相対的に高い。

サービスの職業を 80 人以上採用した割合が高いのは、医療、福祉（約 1.3%）および宿泊業、飲食サービス業（約 0.9%）である。50～80 人未満を採用した割合が高いのは、宿泊業、飲食サービス業（約 1.9%）および医療、福祉（約 1.0%）である。30～50 人未満では、宿泊業、飲食サービス業（約 2.8%）の割合が相対的に高い。

生産工程の職業を採用した人数は概して製造業がもっとも多く、50～80 人未満および 30～50 人未満採用した割合は、それぞれ約 0.5%および約 0.8%である。

図表 2－150　平成 28（2016）年度の中途採用における正社員の職種別採用人数（業種別、単位：%）

（管理的職業）

		0人	10人未満	10～30人未満	30～50人未満	50～80人未満	80人以上	無回答	N
業種	鉱業、採石業、砂利採取業	100.0	0.0	0.0	0.0	0.0	0.0	0.0	5
	建設業	68.9	11.5	1.2	0.0	0.0	0.0	18.3	338
	製造業	72.4	9.7	0.8	0.0	0.0	0.1	17.0	910
	電気・ガス・熱供給・水道業	69.6	13.0	0.0	0.0	0.0	0.0	17.4	23
	情報通信業	65.5	15.0	0.9	0.0	0.0	0.0	18.6	113
	運輸業、郵便業	68.1	10.7	0.6	0.0	0.0	0.0	20.5	317
	卸売業、小売業	75.2	6.1	0.3	0.0	0.1	0.3	18.0	771
	金融業、保険業	67.7	8.1	1.6	1.6	0.0	0.0	21.0	62
	不動産業、物品賃貸業	77.6	8.6	1.7	0.0	0.0	0.0	12.1	58
	学術研究、専門・技術サービス業	70.4	13.6	0.0	0.0	0.0	0.0	16.0	81
	宿泊業、飲食サービス業	79.1	4.7	0.5	0.5	0.0	0.0	15.2	211
	生活関連サービス業、娯楽業	66.0	10.6	0.0	0.0	0.0	0.0	23.4	94
	教育、学習支援業	74.1	7.6	0.0	0.0	0.0	0.0	18.4	185
	医療、福祉	60.3	7.2	0.4	0.1	0.1	0.0	31.7	691
	複合サービス事業	88.6	5.7	0.0	0.0	0.0	0.0	5.7	70
	その他のサービス業	64.9	10.3	1.1	0.0	0.0	0.0	23.6	436
	無回答	0.0	0.0	0.0	0.0	0.0	0.0	100.0	1
合計		70.0	8.7	0.6	0.1	0.0	0.1	20.5	4366

図表 2－150（続） 平成 28（2016）年度の中途採用における正社員の職種別採用人数（業種別、単位：％）

（専門的・技術的職業）

		0人	10人未満	10～30人未満	30～50人未満	50～80人未満	80人以上	無回答	N
業種	鉱業、採石業、砂利採取業	100.0	0.0	0.0	0.0	0.0	0.0	0.0	5
	建設業	47.3	31.7	3.6	0.6	0.6	0.3	16.0	338
	製造業	54.5	25.1	3.1	0.7	0.7	0.4	15.6	910
	電気・ガス・熱供給・水道業	56.5	21.7	4.3	0.0	0.0	0.0	17.4	23
	情報通信業	35.4	30.1	14.2	2.7	0.9	1.8	15.0	113
	運輸業、郵便業	69.4	10.1	0.0	0.0	0.0	0.3	20.2	317
	卸売業、小売業	66.9	15.6	0.8	0.0	0.1	0.1	16.5	771
	金融業、保険業	45.2	27.4	4.8	1.6	3.2	0.0	17.7	62
	不動産業、物品賃貸業	67.2	19.0	1.7	0.0	0.0	0.0	12.1	58
	学術研究、専門・技術サービス業	32.1	38.3	9.9	0.0	1.2	1.2	17.3	81
	宿泊業、飲食サービス業	73.0	10.9	0.9	0.5	0.0	0.0	14.7	211
	生活関連サービス業、娯楽業	66.0	7.4	0.0	0.0	0.0	1.1	25.5	94
	教育、学習支援業	46.5	28.1	7.0	1.6	0.5	1.1	15.1	185
	医療、福祉	21.7	31.8	15.5	3.6	1.7	0.9	24.7	691
	複合サービス事業	70.0	21.4	1.4	1.4	0.0	0.0	5.7	70
	その他のサービス業	56.9	16.1	2.3	0.7	0.2	0.5	23.4	436
	無回答	0.0	0.0	0.0	0.0	0.0	0.0	100.0	1
合計		52.5	22.3	4.8	1.0	0.6	0.5	18.3	4366

（事務的職業）

		0人	10人未満	10～30人未満	30～50人未満	50～80人未満	80人以上	無回答	N
業種	鉱業、採石業、砂利採取業	80.0	20.0	0.0	0.0	0.0	0.0	0.0	5
	建設業	61.8	18.3	2.1	0.3	0.0	0.0	17.5	338
	製造業	60.0	22.9	0.5	0.2	0.0	0.0	16.4	910
	電気・ガス・熱供給・水道業	65.2	21.7	0.0	0.0	0.0	0.0	13.0	23
	情報通信業	60.2	18.6	1.8	0.0	0.9	0.0	18.6	113
	運輸業、郵便業	56.5	21.5	3.5	0.0	0.3	0.0	18.3	317
	卸売業、小売業	58.9	23.0	0.6	0.0	0.0	0.0	17.5	771
	金融業、保険業	54.8	21.0	3.2	0.0	0.0	1.6	19.4	62
	不動産業、物品賃貸業	58.6	27.6	3.4	0.0	0.0	0.0	10.3	58
	学術研究、専門・技術サービス業	56.8	24.7	0.0	0.0	0.0	0.0	18.5	81
	宿泊業、飲食サービス業	75.4	10.0	0.0	0.0	0.0	0.0	14.7	211
	生活関連サービス業、娯楽業	59.6	14.9	0.0	0.0	0.0	0.0	25.5	94
	教育、学習支援業	37.8	43.2	2.7	0.0	0.0	0.0	16.2	185
	医療、福祉	46.5	23.4	1.4	0.1	0.0	0.0	28.5	691
	複合サービス事業	64.3	25.7	4.3	0.0	0.0	0.0	5.7	70
	その他のサービス業	54.1	20.4	2.1	0.5	0.0	0.2	22.7	436
	無回答	0.0	0.0	0.0	0.0	0.0	0.0	100.0	1
合計		56.7	22.3	1.4	0.1	0.0	0.0	19.3	4366

図表 2－150（続） 平成 28（2016）年度の中途採用における正社員の職種別採用人数（業種別、単位：%）

（販売の職業）

		0人	10人未満	10～30人未満	30～50人未満	50～80人未満	80人以上	無回答	N
業種	鉱業、採石業、砂利採取業	100.0	0.0	0.0	0.0	0.0	0.0	0.0	5
	建設業	75.7	5.0	0.0	0.0	0.0	0.0	19.2	338
	製造業	68.7	13.4	0.4	0.1	0.0	0.0	17.4	910
	電気・ガス・熱供給・水道業	78.3	4.3	0.0	0.0	0.0	0.0	17.4	23
	情報通信業	63.7	13.3	3.5	0.0	0.9	0.9	17.7	113
	運輸業、郵便業	76.3	1.9	0.0	0.0	0.0	0.0	21.8	317
	卸売業、小売業	38.8	40.5	4.2	0.9	0.0	0.5	15.2	771
	金融業、保険業	59.7	14.5	3.2	1.6	0.0	1.6	19.4	62
	不動産業、物品賃貸業	74.1	10.3	1.7	1.7	0.0	0.0	12.1	58
	学術研究、専門・技術サービス業	76.5	6.2	0.0	0.0	0.0	0.0	17.3	81
	宿泊業、飲食サービス業	79.1	4.7	0.5	0.0	0.0	0.0	15.6	211
	生活関連サービス業、娯楽業	63.8	8.5	3.2	0.0	0.0	0.0	24.5	94
	教育、学習支援業	78.4	2.2	0.5	0.0	0.0	0.0	18.9	185
	医療、福祉	67.0	0.4	0.0	0.0	0.1	0.0	32.4	691
	複合サービス事業	80.0	10.0	2.9	0.0	0.0	1.4	5.7	70
	その他のサービス業	66.3	9.4	0.7	0.0	0.0	0.0	23.6	436
	無回答	0.0	0.0	0.0	0.0	0.0	0.0	100.0	1
合計		65.0	13.0	1.2	0.2	0.0	0.2	20.4	4366

（サービスの職業）

		0人	10人未満	10～30人未満	30～50人未満	50～80人未満	80人以上	無回答	N
業種	鉱業、採石業、砂利採取業	100.0	0.0	0.0	0.0	0.0	0.0	0.0	5
	建設業	80.2	0.6	0.0	0.0	0.0	0.0	19.2	338
	製造業	80.7	0.8	0.0	0.0	0.0	0.0	18.6	910
	電気・ガス・熱供給・水道業	82.6	0.0	0.0	0.0	0.0	0.0	17.4	23
	情報通信業	76.1	1.8	0.9	0.0	0.0	0.0	21.2	113
	運輸業、郵便業	75.1	2.8	0.0	0.0	0.3	0.0	21.8	317
	卸売業、小売業	76.3	4.4	1.0	0.0	0.0	0.0	18.3	771
	金融業、保険業	75.8	1.6	0.0	0.0	0.0	0.0	22.6	62
	不動産業、物品賃貸業	77.6	10.3	0.0	0.0	0.0	0.0	12.1	58
	学術研究、専門・技術サービス業	79.0	2.5	0.0	0.0	0.0	0.0	18.5	81
	宿泊業、飲食サービス業	23.2	51.7	7.6	2.8	1.9	0.9	11.8	211
	生活関連サービス業、娯楽業	35.1	39.4	5.3	1.1	0.0	0.0	19.1	94
	教育、学習支援業	77.8	2.2	1.1	0.0	0.0	0.0	18.9	185
	医療、福祉	45.7	15.3	4.9	1.3	1.0	1.3	30.4	691
	複合サービス事業	78.6	12.9	2.9	1.4	0.0	0.0	4.3	70
	その他のサービス業	61.9	11.2	1.8	0.7	0.5	0.5	23.4	436
	無回答	0.0	0.0	0.0	0.0	0.0	0.0	100.0	1
合計		67.9	8.6	1.7	0.5	0.3	0.3	20.7	4366

図表 2－150（続） 平成 28（2016）年度の中途採用における正社員の職種別採用人数（業種別、単位：%）

（保安の職業）

		0人	10人未満	10～30人未満	30～50人未満	50～80人未満	80人以上	無回答	N
業種	鉱業、採石業、砂利採取業	100.0	0.0	0.0	0.0	0.0	0.0	0.0	5
	建設業	79.3	1.5	0.0	0.0	0.0	0.0	19.2	338
	製造業	81.2	0.2	0.0	0.0	0.0	0.0	18.6	910
	電気・ガス・熱供給・水道業	73.9	8.7	0.0	0.0	0.0	0.0	17.4	23
	情報通信業	78.8	0.0	0.0	0.0	0.0	0.0	21.2	113
	運輸業、郵便業	77.6	0.3	0.0	0.0	0.0	0.0	22.1	317
	卸売業、小売業	80.9	0.3	0.0	0.0	0.0	0.0	18.8	771
	金融業、保険業	77.4	0.0	0.0	0.0	0.0	0.0	22.6	62
	不動産業、物品賃貸業	86.2	1.7	0.0	0.0	0.0	0.0	12.1	58
	学術研究、専門・技術サービス業	81.5	0.0	0.0	0.0	0.0	0.0	18.5	81
	宿泊業、飲食サービス業	83.4	0.9	0.0	0.0	0.0	0.0	15.6	211
	生活関連サービス業、娯楽業	73.4	0.0	0.0	0.0	0.0	0.0	26.6	94
	教育、学習支援業	81.1	0.0	0.0	0.0	0.0	0.0	18.9	185
	医療、福祉	67.4	0.0	0.0	0.0	0.0	0.0	32.6	691
	複合サービス事業	94.3	0.0	0.0	0.0	0.0	0.0	5.7	70
	その他のサービス業	73.2	0.9	0.5	0.0	0.2	0.7	24.5	436
	無回答	0.0	0.0	0.0	0.0	0.0	0.0	100.0	1
	合計	77.8	0.4	0.0	0.0	0.0	0.1	21.6	4366

（農林漁業の職業）

		0人	10人未満	10～30人未満	30～50人未満	50～80人未満	80人以上	無回答	N
業種	鉱業、採石業、砂利採取業	100.0	0.0	0.0	0.0	0.0	0.0	0.0	5
	建設業	81.7	0.0	0.0	0.0	0.0	0.0	18.3	338
	製造業	81.6	0.1	0.0	0.0	0.0	0.0	18.2	910
	電気・ガス・熱供給・水道業	82.6	0.0	0.0	0.0	0.0	0.0	17.4	23
	情報通信業	78.8	0.0	0.0	0.0	0.0	0.0	21.2	113
	運輸業、郵便業	78.5	0.0	0.0	0.0	0.0	0.0	21.5	317
	卸売業、小売業	81.2	0.1	0.0	0.0	0.0	0.0	18.7	771
	金融業、保険業	77.4	0.0	0.0	0.0	0.0	0.0	22.6	62
	不動産業、物品賃貸業	87.9	0.0	0.0	0.0	0.0	0.0	12.1	58
	学術研究、専門・技術サービス業	81.5	0.0	0.0	0.0	0.0	0.0	18.5	81
	宿泊業、飲食サービス業	84.4	0.5	0.0	0.0	0.0	0.0	15.2	211
	生活関連サービス業、娯楽業	73.4	1.1	0.0	0.0	0.0	0.0	25.5	94
	教育、学習支援業	81.6	0.0	0.0	0.0	0.0	0.0	18.4	185
	医療、福祉	68.6	0.0	0.0	0.0	0.0	0.0	31.4	691
	複合サービス事業	92.9	1.4	0.0	0.0	0.0	0.0	5.7	70
	その他のサービス業	74.8	0.2	0.0	0.0	0.0	0.0	25.0	436
	無回答	0.0	0.0	0.0	0.0	0.0	0.0	100.0	1
	合計	78.7	0.1	0.0	0.0	0.0	0.0	21.2	4366

図表 2－150（続）　平成 28（2016）年度の中途採用における正社員の職種別採用人数（業種別、単位：%）

（生産工程の職業）

		0人	10人未満	10～30人未満	30～50人未満	50～80人未満	80人以上	無回答	N
業種	鉱業、採石業、砂利採取業	100.0	0.0	0.0	0.0	0.0	0.0	0.0	5
	建設業	78.4	3.3	0.3	0.0	0.0	0.0	18.0	338
	製造業	51.0	29.0	2.5	0.8	0.5	0.0	16.2	910
	電気・ガス・熱供給・水道業	78.3	4.3	0.0	0.0	0.0	0.0	17.4	23
	情報通信業	78.8	0.0	0.0	0.0	0.0	0.0	21.2	113
	運輸業、郵便業	77.3	0.9	0.3	0.0	0.0	0.0	21.5	317
	卸売業、小売業	78.3	3.0	0.1	0.0	0.0	0.0	18.5	771
	金融業、保険業	77.4	0.0	0.0	0.0	0.0	0.0	22.6	62
	不動産業、物品賃貸業	86.2	1.7	0.0	0.0	0.0	0.0	12.1	58
	学術研究、専門・技術サービス業	81.5	0.0	0.0	0.0	0.0	0.0	18.5	81
	宿泊業、飲食サービス業	84.4	0.5	0.0	0.0	0.0	0.0	15.2	211
	生活関連サービス業、娯楽業	69.1	5.3	0.0	0.0	0.0	0.0	25.5	94
	教育、学習支援業	81.6	0.0	0.0	0.0	0.0	0.0	18.4	185
	医療、福祉	68.6	0.0	0.0	0.0	0.0	0.0	31.4	691
	複合サービス事業	91.4	2.9	0.0	0.0	0.0	0.0	5.7	70
	その他のサービス業	73.4	1.1	0.7	0.5	0.0	0.0	24.3	436
	無回答	0.0	0.0	0.0	0.0	0.0	0.0	100.0	1
合計		71.1	7.2	0.7	0.2	0.1	0.0	20.6	4366

（輸送・機械運転の職業）

		0人	10人未満	10～30人未満	30～50人未満	50～80人未満	80人以上	無回答	N
業種	鉱業、採石業、砂利採取業	80.0	20.0	0.0	0.0	0.0	0.0	0.0	5
	建設業	80.5	1.8	0.0	0.0	0.0	0.0	17.8	338
	製造業	80.2	1.6	0.0	0.0	0.0	0.0	18.1	910
	電気・ガス・熱供給・水道業	82.6	0.0	0.0	0.0	0.0	0.0	17.4	23
	情報通信業	78.8	0.0	0.0	0.0	0.0	0.0	21.2	113
	運輸業、郵便業	43.5	29.7	5.4	2.5	0.3	1.9	16.7	317
	卸売業、小売業	79.8	1.8	0.0	0.0	0.0	0.0	18.4	771
	金融業、保険業	77.4	0.0	0.0	0.0	0.0	0.0	22.6	62
	不動産業、物品賃貸業	87.9	0.0	0.0	0.0	0.0	0.0	12.1	58
	学術研究、専門・技術サービス業	80.2	1.2	0.0	0.0	0.0	0.0	18.5	81
	宿泊業、飲食サービス業	84.4	0.5	0.0	0.0	0.0	0.0	15.2	211
	生活関連サービス業、娯楽業	73.4	2.1	0.0	0.0	0.0	0.0	24.5	94
	教育、学習支援業	81.6	0.0	0.0	0.0	0.0	0.0	18.4	185
	医療、福祉	68.5	0.3	0.0	0.0	0.0	0.0	31.3	691
	複合サービス事業	92.9	1.4	0.0	0.0	0.0	0.0	5.7	70
	その他のサービス業	73.4	1.8	0.0	0.0	0.0	0.0	24.8	436
	無回答	0.0	0.0	0.0	0.0	0.0	0.0	100.0	1
合計		75.3	3.3	0.4	0.2	0.0	0.1	20.7	4366

図表２−150（続）　平成28（2016）年度の中途採用における正社員の職種別採用人数（業種別、単位：%）

（建設・掘削の職業）

		0人	10人未満	10〜30人未満	30〜50人未満	50〜80人未満	80人以上	無回答	N
業種	鉱業、採石業、砂利採取業	80.0	20.0	0.0	0.0	0.0	0.0	0.0	5
	建設業	64.8	17.2	0.9	0.0	0.3	0.0	16.9	338
	製造業	81.0	0.9	0.0	0.0	0.0	0.0	18.1	910
	電気・ガス・熱供給・水道業	73.9	8.7	0.0	0.0	0.0	0.0	17.4	23
	情報通信業	78.8	0.0	0.0	0.0	0.0	0.0	21.2	113
	運輸業、郵便業	77.3	1.3	0.0	0.0	0.0	0.0	21.5	317
	卸売業、小売業	81.1	0.4	0.0	0.0	0.0	0.0	18.5	771
	金融業、保険業	77.4	0.0	0.0	0.0	0.0	0.0	22.6	62
	不動産業、物品賃貸業	86.2	1.7	0.0	0.0	0.0	0.0	12.1	58
	学術研究、専門・技術サービス業	80.2	1.2	0.0	0.0	0.0	0.0	18.5	81
	宿泊業、飲食サービス業	84.4	0.5	0.0	0.0	0.0	0.0	15.2	211
	生活関連サービス業、娯楽業	74.5	0.0	0.0	0.0	0.0	0.0	25.5	94
	教育、学習支援業	81.6	0.0	0.0	0.0	0.0	0.0	18.4	185
	医療、福祉	68.6	0.0	0.0	0.0	0.0	0.0	31.4	691
	複合サービス事業	94.3	0.0	0.0	0.0	0.0	0.0	5.7	70
	その他のサービス業	74.1	0.9	0.0	0.0	0.0	0.0	25.0	436
	無回答	0.0	0.0	0.0	0.0	0.0	0.0	100.0	1
合計		77.0	1.9	0.1	0.0	0.0	0.0	21.0	4366

（運搬・清掃・包装等の職業）

		0人	10人未満	10〜30人未満	30〜50人未満	50〜80人未満	80人以上	無回答	N
業種	鉱業、採石業、砂利採取業	80.0	20.0	0.0	0.0	0.0	0.0	0.0	5
	建設業	81.4	0.6	0.0	0.0	0.0	0.0	18.0	338
	製造業	80.9	1.1	0.0	0.0	0.0	0.0	18.0	910
	電気・ガス・熱供給・水道業	82.6	0.0	0.0	0.0	0.0	0.0	17.4	23
	情報通信業	78.8	0.0	0.0	0.0	0.0	0.0	21.2	113
	運輸業、郵便業	73.2	3.5	1.3	0.3	0.0	0.6	21.1	317
	卸売業、小売業	80.7	0.6	0.0	0.0	0.0	0.0	18.7	771
	金融業、保険業	75.8	1.6	0.0	0.0	0.0	0.0	22.6	62
	不動産業、物品賃貸業	86.2	1.7	1.7	0.0	0.0	0.0	10.3	58
	学術研究、専門・技術サービス業	81.5	0.0	0.0	0.0	0.0	0.0	18.5	81
	宿泊業、飲食サービス業	84.8	0.0	0.0	0.0	0.0	0.0	15.2	211
	生活関連サービス業、娯楽業	73.4	1.1	0.0	0.0	0.0	0.0	25.5	94
	教育、学習支援業	81.1	0.5	0.0	0.0	0.0	0.0	18.4	185
	医療、福祉	67.4	1.3	0.0	0.0	0.0	0.0	31.3	691
	複合サービス事業	94.3	0.0	0.0	0.0	0.0	0.0	5.7	70
	その他のサービス業	72.0	2.5	0.2	0.5	0.5	0.2	24.1	436
	無回答	0.0	0.0	0.0	0.0	0.0	0.0	100.0	1
合計		77.5	1.2	0.1	0.1	0.0	0.1	21.0	4366

図表 2－150（続）　平成 28（2016）年度の中途採用における
正社員の職種別採用人数（業種別、単位：％）

（その他）

		0人	10人未満	10～30人未満	30～50人未満	50～80人未満	80人以上	無回答	N
業種	鉱業、採石業、砂利採取業	100.0	0.0	0.0	0.0	0.0	0.0	0.0	5
	建設業	79.3	2.7	0.0	0.0	0.0	0.0	18.0	338
	製造業	80.1	1.9	0.1	0.0	0.1	0.0	17.8	910
	電気・ガス・熱供給・水道業	82.6	0.0	0.0	0.0	0.0	0.0	17.4	23
	情報通信業	75.2	3.5	0.0	0.0	0.0	0.0	21.2	113
	運輸業、郵便業	75.7	2.8	0.0	0.3	0.0	0.0	21.1	317
	卸売業、小売業	80.0	1.6	0.1	0.0	0.1	0.0	18.2	771
	金融業、保険業	74.2	3.2	0.0	0.0	0.0	0.0	22.6	62
	不動産業、物品賃貸業	86.2	1.7	0.0	0.0	0.0	0.0	12.1	58
	学術研究、専門・技術サービス業	80.2	1.2	0.0	0.0	0.0	0.0	18.5	81
	宿泊業、飲食サービス業	82.0	2.8	0.0	0.0	0.0	0.0	15.2	211
	生活関連サービス業、娯楽業	73.4	1.1	0.0	0.0	0.0	0.0	25.5	94
	教育、学習支援業	78.4	2.7	0.5	0.0	0.0	0.0	18.4	185
	医療、福祉	66.3	2.3	0.3	0.0	0.0	0.0	31.1	691
	複合サービス事業	90.0	2.9	1.4	0.0	0.0	0.0	5.7	70
	その他のサービス業	69.7	4.6	0.9	0.0	0.2	0.0	24.5	436
	無回答	0.0	0.0	0.0	0.0	0.0	0.0	100.0	1
合計		76.4	2.4	0.2	0.0	0.1	0.0	20.9	4366

企業規模（図表 2－151）で見ると、自然なことではあるが、いずれの職種についても、概して規模が大きい企業ほど採用した人員が多い。

図表 2－151　平成 28（2016）年度の中途採用における
正社員の職種別採用人数（企業規模別、単位：％）

（管理的職業）

		0人	10人未満	10～30人未満	30～50人未満	50～80人未満	80人以上	無回答	N
従業員数	30人未満	87.7	3.5	0.0	0.0	0.0	0.0	8.8	57
	30～99人	74.4	6.6	0.1	0.0	0.0	0.0	19.0	1509
	100～299人	69.8	10.2	0.2	0.0	0.0	0.0	19.7	861
	300～499人	68.2	9.4	0.4	0.4	0.0	0.0	21.7	277
	500～999人	67.0	11.8	0.9	0.0	0.3	0.0	19.9	321
	1000人以上	63.6	11.9	2.8	0.2	0.2	0.4	21.0	538
	無回答	66.7	8.0	0.6	0.1	0.0	0.1	24.4	803
合計		70.0	8.7	0.6	0.1	0.0	0.1	20.5	4366

（専門的・技術的職業）

		0人	10人未満	10～30人未満	30～50人未満	50～80人未満	80人以上	無回答	N
従業員数	30人未満	73.7	19.3	0.0	0.0	0.0	0.0	7.0	57
	30～99人	59.5	22.3	1.1	0.0	0.0	0.0	17.0	1509
	100～299人	49.5	26.9	5.1	0.6	0.1	0.0	17.8	861
	300～499人	44.0	21.3	11.9	2.9	0.7	0.0	19.1	277
	500～999人	48.6	21.5	9.3	3.7	0.9	0.3	15.6	321
	1000人以上	40.1	20.4	12.1	2.6	2.8	3.5	18.4	538
	無回答	53.8	19.2	2.4	0.7	0.7	0.1	23.0	803
合計		52.5	22.3	4.8	1.0	0.6	0.5	18.3	4366

図表 2－151（続）　平成 28（2016）年度の中途採用における正社員の職種別採用人数（企業規模別、単位：%）

（事務的職業）

		0人	10人未満	10～30人未満	30～50人未満	50～80人未満	80人以上	無回答	N
従業員数	30人未満	59.6	33.3	0.0	0.0	0.0	0.0	7.0	57
	30～99人	62.0	20.1	0.3	0.0	0.0	0.0	17.7	1509
	100～299人	56.2	23.6	0.9	0.2	0.0	0.0	19.0	861
	300～499人	51.6	27.4	1.1	0.0	0.0	0.0	19.9	277
	500～999人	52.3	27.4	2.2	0.0	0.0	0.0	18.1	321
	1000人以上	48.0	26.0	5.9	0.6	0.4	0.4	18.8	538
	無回答	56.5	18.2	0.9	0.1	0.0	0.0	24.3	803
合計		56.7	22.3	1.4	0.1	0.0	0.0	19.3	4366

（販売の職業）

		0人	10人未満	10～30人未満	30～50人未満	50～80人未満	80人以上	無回答	N
従業員数	30人未満	78.9	14.0	0.0	0.0	0.0	0.0	7.0	57
	30～99人	66.9	14.7	0.1	0.0	0.0	0.0	18.2	1509
	100～299人	67.6	11.7	0.7	0.1	0.0	0.0	19.9	861
	300～499人	61.0	14.8	1.1	0.4	0.0	0.0	22.7	277
	500～999人	63.6	12.5	3.1	0.3	0.0	0.0	20.6	321
	1000人以上	61.5	12.3	3.2	0.7	0.4	1.1	20.8	538
	無回答	62.0	11.0	1.9	0.4	0.0	0.1	24.7	803
合計		65.0	13.0	1.2	0.2	0.0	0.2	20.4	4366

（サービスの職業）

		0人	10人未満	10～30人未満	30～50人未満	50～80人未満	80人以上	無回答	N
従業員数	30人未満	87.7	5.3	0.0	0.0	0.0	0.0	7.0	57
	30～99人	72.4	8.5	0.5	0.0	0.0	0.0	18.6	1509
	100～299人	64.7	12.0	2.8	0.3	0.0	0.0	20.2	861
	300～499人	60.3	13.4	2.9	1.4	0.0	0.4	21.7	277
	500～999人	65.4	8.1	1.9	0.3	1.9	2.2	20.2	321
	1000人以上	68.0	3.2	3.7	1.5	1.1	0.7	21.7	538
	無回答	65.0	7.8	1.2	0.5	0.2	0.1	25.0	803
合計		67.9	8.6	1.7	0.5	0.3	0.3	20.7	4366

（保安の職業）

		0人	10人未満	10～30人未満	30～50人未満	50～80人未満	80人以上	無回答	N
従業員数	30人未満	91.2	0.0	0.0	0.0	0.0	0.0	8.8	57
	30～99人	80.2	0.3	0.0	0.0	0.0	0.0	19.5	1509
	100～299人	78.6	0.3	0.0	0.0	0.0	0.0	21.0	861
	300～499人	75.5	0.7	0.4	0.0	0.0	0.0	23.5	277
	500～999人	76.6	0.9	0.3	0.0	0.3	0.0	21.8	321
	1000人以上	76.4	0.6	0.0	0.0	0.0	0.6	22.5	538
	無回答	73.8	0.4	0.0	0.0	0.0	0.0	25.8	803
合計		77.8	0.4	0.0	0.0	0.0	0.1	21.6	4366

図表2－151（続） 平成28（2016）年度の中途採用における正社員の職種別採用人数（企業規模別、単位：％）

（農林漁業の職業）

		0人	10人未満	10～30人未満	30～50人未満	50～80人未満	80人以上	無回答	N
従業員数	30人未満	91.2	0.0	0.0	0.0	0.0	0.0	8.8	57
	30～99人	80.9	0.1	0.0	0.0	0.0	0.0	19.0	1509
	100～299人	79.3	0.1	0.0	0.0	0.0	0.0	20.6	861
	300～499人	76.2	0.0	0.0	0.0	0.0	0.0	23.8	277
	500～999人	78.2	0.6	0.0	0.0	0.0	0.0	21.2	321
	1000人以上	77.1	0.2	0.0	0.0	0.0	0.0	22.7	538
	無回答	75.0	0.0	0.0	0.0	0.0	0.0	25.0	803
合計		78.7	0.1	0.0	0.0	0.0	0.0	21.2	4366

（生産工程の職業）

		0人	10人未満	10～30人未満	30～50人未満	50～80人未満	80人以上	無回答	N
従業員数	30人未満	91.2	0.0	0.0	0.0	0.0	0.0	8.8	57
	30～99人	71.2	10.0	0.1	0.0	0.0	0.0	18.6	1509
	100～299人	71.0	8.2	0.9	0.0	0.0	0.0	19.9	861
	300～499人	70.4	5.1	1.4	0.4	0.0	0.0	22.7	277
	500～999人	74.8	3.7	0.0	0.3	0.0	0.0	21.2	321
	1000人以上	70.3	4.3	2.2	0.9	0.6	0.0	21.7	538
	無回答	69.1	5.6	0.4	0.2	0.2	0.0	24.4	803
合計		71.1	7.2	0.7	0.2	0.1	0.0	20.6	4366

（輸送・機械運転の職業）

		0人	10人未満	10～30人未満	30～50人未満	50～80人未満	80人以上	無回答	N
従業員数	30人未満	91.2	0.0	0.0	0.0	0.0	0.0	8.8	57
	30～99人	77.1	4.2	0.3	0.0	0.0	0.0	18.4	1509
	100～299人	75.1	3.7	0.7	0.2	0.0	0.0	20.2	861
	300～499人	73.3	2.9	0.4	0.7	0.0	0.0	22.7	277
	500～999人	77.3	0.9	0.3	0.6	0.3	0.0	20.6	321
	1000人以上	75.3	0.9	0.2	0.4	0.0	0.9	22.3	538
	無回答	70.7	4.2	0.5	0.0	0.0	0.1	24.4	803
合計		75.3	3.3	0.4	0.2	0.0	0.1	20.7	4366

（建設・掘削の職業）

		0人	10人未満	10～30人未満	30～50人未満	50～80人未満	80人以上	無回答	N
従業員数	30人未満	89.5	1.8	0.0	0.0	0.0	0.0	8.8	57
	30～99人	78.9	2.2	0.1	0.0	0.0	0.0	18.8	1509
	100～299人	78.2	1.4	0.0	0.0	0.0	0.0	20.4	861
	300～499人	75.1	1.1	0.0	0.0	0.0	0.0	23.8	277
	500～999人	77.9	0.6	0.3	0.0	0.0	0.0	21.2	321
	1000人以上	75.3	1.9	0.2	0.0	0.2	0.0	22.5	538
	無回答	72.6	2.7	0.0	0.0	0.0	0.0	24.7	803
合計		77.0	1.9	0.1	0.0	0.0	0.0	21.0	4366

図表2－151（続）　平成28（2016）年度の中途採用における
正社員の職種別採用人数（企業規模別、単位：%）

（運搬・清掃・包装等の職業）

		0人	10人未満	10～30人未満	30～50人未満	50～80人未満	80人以上	無回答	N
従業員数	30人未満	91.2	0.0	0.0	0.0	0.0	0.0	8.8	57
	30～99人	79.9	1.4	0.1	0.0	0.0	0.0	18.7	1509
	100～299人	77.7	2.0	0.0	0.0	0.0	0.0	20.3	861
	300～499人	75.1	0.7	0.4	0.4	0.0	0.0	23.5	277
	500～999人	77.9	1.2	0.0	0.0	0.0	0.0	20.9	321
	1000人以上	75.8	0.2	0.4	0.2	0.4	0.6	22.5	538
	無回答	73.7	1.0	0.2	0.1	0.0	0.0	24.9	803
合計		77.5	1.2	0.1	0.1	0.0	0.1	21.0	4366

（その他）

		0人	10人未満	10～30人未満	30～50人未満	50～80人未満	80人以上	無回答	N
従業員数	30人未満	91.2	0.0	0.0	0.0	0.0	0.0	8.8	57
	30～99人	79.3	2.1	0.0	0.0	0.0	0.0	18.6	1509
	100～299人	76.1	3.1	0.2	0.0	0.0	0.0	20.6	861
	300～499人	73.6	2.5	0.7	0.0	0.0	0.0	23.1	277
	500～999人	75.4	3.1	0.6	0.0	0.3	0.0	20.6	321
	1000人以上	74.9	2.0	0.4	0.0	0.4	0.0	22.3	538
	無回答	72.7	2.2	0.2	0.1	0.0	0.0	24.7	803
合計		76.4	2.4	0.2	0.0	0.1	0.0	20.9	4366

(3) 年齢層の区分

企業合計（図表2－152、図表2－153）で見ると、大半の職業で30代および40代が平成28年度の中途採用における主な年齢層となっている。ただし、管理的職業では40代（約4.8%（無回答・非該当を除くと、約45.4%））および50代（約4.1%（無回答・非該当を除くと、約38.5%））、保安の職業では30代および50代が主な年齢層である。事務的職業、販売の職業およびその他の職業では、20代および30代が主な年齢層である。

企業の地域展開の状況別（図表2－153）に見ると、その状況によらず企業合計と同様の傾向がある。ただし、以下の職種では主な年齢層が企業合計よりも若い。管理的職業では、全国的に展開している企業および海外展開もしている企業では、30代および40代が主な年齢層となっている。また、サービスの職業では、全国的に展開している企業および海外展開もしている企業では、20代および30代が主な年齢層となっている。建設・掘削の職業については、1事業所1企業の企業、1都道府県のみに展開している企業および1つの地域ブロックにのみ展開している企業で、運搬・清掃・包装等の職業については、1事業所１企業の企業および１都道府県のみに展開している企業で、それぞれ 20 代および 30 代が主な年齢層である。

図表２－152　平成 28（2016）年度の正社員の中途採用における主な年齢層（無回答・非該当を除く、複数回答可、単位：%）

	20代	30代	40代	50代	60代	70代	N
管理的職業	18.9	36.1	45.4	38.5	13.0	0.4	460
専門的・技術的職業	53.6	66.6	55.1	24.8	7.0	0.5	1365
事務的職業	58.5	51.7	35.4	10.9	2.0	0.1	1128
販売の職業	58.9	61.5	33.8	11.7	2.0	0.0	657
サービスの職業	55.8	67.8	57.7	35.5	7.1	0.4	518
保安の職業	39.3	50.0	35.7	42.9	21.4	3.6	28
農林漁業の職業	50.0	33.3	50.0	0.0	0.0	0.0	6
生産工程の職業	65.3	62.0	35.3	12.1	1.9	0.0	363
輸送・機械運転の職業	38.4	66.7	55.9	31.1	11.9	1.7	177
建設・掘削の職業	44.8	52.9	46.0	24.1	12.6	0.0	87
運搬・清掃・包装等の職業	41.3	57.3	60.0	30.7	14.7	1.3	75
その他	47.2	59.2	42.4	22.4	3.2	1.6	125

図表２－153　平成 28（2016）年度の正社員の中途採用における主な年齢層（複数回答可、地域展開別、単位：%）

（管理的職業）

		20代	30代	40代	50代	60代	70代	無回答・非該当	N
地域展開	1事業所1企業	1.3	1.9	3.2	2.2	1.0	0.1	93.1	1010
	1都道府県のみに展開している企業	1.0	2.4	2.7	2.8	1.7	0.0	92.3	956
	1つの地域ブロックにのみ展開している企業	2.0	3.0	3.3	4.3	1.5	0.0	90.1	605
	全国的に展開している企業	2.5	5.2	6.9	5.0	1.3	0.1	87.1	1327
	海外展開もしている企業	4.4	9.0	9.0	8.5	1.9	0.0	80.4	413
	無回答	1.8	0.0	3.6	1.8	0.0	0.0	92.7	55
合計		2.0	3.8	4.8	4.1	1.4	0.0	89.5	4366

（専門的・技術的職業）

		20代	30代	40代	50代	60代	70代	無回答・非該当	N
地域展開	1事業所1企業	18.4	22.2	19.3	8.2	2.5	0.0	66.5	1010
	1都道府県のみに展開している企業	19.5	23.6	19.9	11.8	3.5	0.3	65.5	956
	1つの地域ブロックにのみ展開している企業	10.9	15.2	13.9	6.6	2.3	0.2	73.1	605
	全国的に展開している企業	14.6	17.0	12.9	5.4	1.5	0.2	73.3	1327
	海外展開もしている企業	23.2	33.2	25.9	7.5	1.0	0.0	58.4	413
	無回答	7.3	7.3	9.1	1.8	0.0	0.0	85.5	55
合計		16.8	20.8	17.2	7.8	2.2	0.2	68.7	4366

（事務的職業）

		20代	30代	40代	50代	60代	70代	無回答・非該当	N
地域展開	1事業所1企業	11.4	8.9	7.9	2.0	0.4	0.0	78.1	1010
	1都道府県のみに展開している企業	16.2	13.1	10.3	3.2	0.9	0.1	73.4	956
	1つの地域ブロックにのみ展開している企業	14.5	12.2	7.3	2.8	1.0	0.0	76.0	605
	全国的に展開している企業	16.3	15.2	9.8	2.9	0.2	0.0	72.5	1327
	海外展開もしている企業	19.6	21.1	10.7	3.9	0.2	0.0	68.0	413
	無回答	9.1	9.1	5.5	0.0	1.8	0.0	80.0	55
合計		15.1	13.4	9.1	2.8	0.5	0.0	74.2	4366

図表 2－153（続）　平成 28（2016）年度の正社員の中途採用における主な年齢層（複数回答可、地域展開別、単位：%）

（販売の職業）

		20代	30代	40代	50代	60代	70代	無回答・非該当	N
地域展開	1事業所1企業	3.3	3.4	1.0	0.7	0.0	0.0	94.5	1010
	1都道府県のみに展開している企業	8.2	7.8	4.5	1.9	0.1	0.0	86.5	956
	1つの地域ブロックにのみ展開している企業	10.1	9.6	6.3	2.1	0.5	0.0	82.5	605
	全国的に展開している企業	11.6	12.4	7.6	2.3	0.6	0.0	79.7	1327
	海外展開もしている企業	13.8	16.0	6.3	1.7	0.2	0.0	78.5	413
	無回答	7.3	12.7	7.3	1.8	0.0	0.0	85.5	55
合計		8.9	9.3	5.1	1.8	0.3	0.0	85.0	4366

（サービスの職業）

		20代	30代	40代	50代	60代	70代	無回答・非該当	N
地域展開	1事業所1企業	5.7	7.5	6.6	4.8	0.3	0.0	88.5	1010
	1都道府県のみに展開している企業	8.2	10.4	11.3	6.8	1.9	0.1	83.1	956
	1つの地域ブロックにのみ展開している企業	7.6	9.3	7.6	5.1	1.5	0.2	86.3	605
	全国的に展開している企業	7.2	8.1	5.3	2.8	0.5	0.0	89.4	1327
	海外展開もしている企業	2.2	2.2	1.5	0.7	0.2	0.0	97.1	413
	無回答	5.5	7.3	3.6	0.0	0.0	0.0	92.7	55
合計		6.6	8.0	6.8	4.2	0.8	0.0	88.1	4366

（保安の職業）

		20代	30代	40代	50代	60代	70代	無回答・非該当	N
地域展開	1事業所1企業	0.1	0.1	0.1	0.1	0.0	0.0	99.8	1010
	1都道府県のみに展開している企業	0.2	0.2	0.2	0.1	0.0	0.0	99.6	956
	1つの地域ブロックにのみ展開している企業	0.3	0.5	0.5	0.3	0.2	0.0	98.8	605
	全国的に展開している企業	0.4	0.5	0.3	0.6	0.4	0.1	99.0	1327
	海外展開もしている企業	0.2	0.5	0.0	0.0	0.0	0.0	99.5	413
	無回答	0.0	0.0	0.0	0.0	0.0	0.0	100.0	55
合計		0.3	0.3	0.2	0.3	0.1	0.0	99.4	4366

（農林漁業の職業）

		20代	30代	40代	50代	60代	70代	無回答・非該当	N
地域展開	1事業所1企業	0.0	0.0	0.1	0.0	0.0	0.0	99.9	1010
	1都道府県のみに展開している企業	0.2	0.1	0.0	0.0	0.0	0.0	99.8	956
	1つの地域ブロックにのみ展開している企業	0.0	0.2	0.2	0.0	0.0	0.0	99.8	605
	全国的に展開している企業	0.0	0.0	0.1	0.0	0.0	0.0	99.9	1327
	海外展開もしている企業	0.2	0.0	0.0	0.0	0.0	0.0	99.8	413
	無回答	0.0	0.0	0.0	0.0	0.0	0.0	100.0	55
合計		0.1	0.0	0.1	0.0	0.0	0.0	99.9	4366

（生産工程の職業）

		20代	30代	40代	50代	60代	70代	無回答・非該当	N
地域展開	1事業所1企業	6.1	5.2	3.3	1.2	0.2	0.0	90.6	1010
	1都道府県のみに展開している企業	4.1	3.2	2.0	0.6	0.0	0.0	94.0	956
	1つの地域ブロックにのみ展開している企業	3.6	2.6	2.5	1.2	0.3	0.0	94.0	605
	全国的に展開している企業	5.4	6.2	2.9	0.9	0.2	0.0	91.6	1327
	海外展開もしている企業	10.2	10.4	5.3	1.7	0.2	0.0	84.7	413
	無回答	1.8	0.0	0.0	0.0	0.0	0.0	98.2	55
合計		5.4	5.2	2.9	1.0	0.2	0.0	91.7	4366

図表 2−153（続）　平成 28（2016）年度の正社員の中途採用における主な年齢層（複数回答可、地域展開別、単位：%）

（輸送・機械運転の職業）

		20代	30代	40代	50代	60代	70代	無回答・非該当	N
地域展開	1事業所1企業	1.2	2.0	1.7	1.5	0.7	0.2	96.2	1010
	1都道府県のみに展開している企業	1.4	2.7	2.0	1.0	0.4	0.1	96.3	956
	1つの地域ブロックにのみ展開している企業	2.5	4.1	3.6	2.0	1.0	0.0	94.0	605
	全国的に展開している企業	1.9	3.0	2.7	1.2	0.2	0.0	95.7	1327
	海外展開もしている企業	0.7	1.7	1.0	0.2	0.2	0.0	97.6	413
	無回答	0.0	0.0	1.8	1.8	0.0	0.0	98.2	55
合計		1.6	2.7	2.3	1.3	0.5	0.1	95.9	4366

（建設・掘削の職業）

		20代	30代	40代	50代	60代	70代	無回答・非該当	N
地域展開	1事業所1企業	0.6	0.2	0.3	0.1	0.1	0.0	99.2	1010
	1都道府県のみに展開している企業	0.7	0.6	0.3	0.4	0.3	0.0	98.4	956
	1つの地域ブロックにのみ展開している企業	1.8	1.7	1.3	1.0	0.2	0.0	96.9	605
	全国的に展開している企業	0.7	1.3	1.5	0.5	0.5	0.0	97.7	1327
	海外展開もしている企業	1.5	2.4	1.5	1.0	0.0	0.0	96.6	413
	無回答	0.0	1.8	0.0	0.0	0.0	0.0	98.2	55
合計		0.9	1.1	0.9	0.5	0.3	0.0	98.0	4366

（運搬・清掃・包装等の職業）

		20代	30代	40代	50代	60代	70代	無回答・非該当	N
地域展開	1事業所1企業	0.8	1.0	0.7	0.4	0.2	0.0	98.1	1010
	1都道府県のみに展開している企業	0.5	0.5	0.8	0.3	0.2	0.0	98.7	956
	1つの地域ブロックにのみ展開している企業	1.2	1.7	1.7	1.3	0.2	0.0	97.0	605
	全国的に展開している企業	0.8	1.1	1.3	0.5	0.3	0.1	98.3	1327
	海外展開もしている企業	0.2	0.7	0.7	0.5	0.5	0.0	99.0	413
	無回答	0.0	0.0	0.0	0.0	0.0	0.0	100.0	55
合計		0.7	1.0	1.0	0.5	0.3	0.0	98.3	4366

（その他）

		20代	30代	40代	50代	60代	70代	無回答・非該当	N
地域展開	1事業所1企業	0.9	0.9	0.9	0.7	0.2	0.1	97.8	1010
	1都道府県のみに展開している企業	1.7	1.5	1.7	0.9	0.2	0.1	96.7	956
	1つの地域ブロックにのみ展開している企業	1.3	1.0	1.2	0.3	0.0	0.0	97.5	605
	全国的に展開している企業	1.4	2.6	1.0	0.5	0.0	0.0	96.9	1327
	海外展開もしている企業	1.7	2.4	1.7	1.0	0.0	0.0	96.6	413
	無回答	1.8	1.8	1.8	0.0	0.0	0.0	98.2	55
合計		1.4	1.7	1.2	0.6	0.1	0.0	97.1	4366

業種別（図表 2−154）に見ると、管理的職業では、建設業、卸売業、小売業、不動産業、物品賃貸業、宿泊業、飲食サービス業、複合サービス事業およびその他のサービス業において主な年齢層が企業合計より若く、30 代および 40 代となっている。専門的・技術的職業では、製造業、情報通信業、卸売業、小売業、学術研究、専門・技術サービス業および生活関連サービス業、娯楽業で概して主な年齢層が企業合計より若く、20 代および 30 代である。事務的および販売の職業は、業種によらず概して企業合計と同様の傾向である。サービスの

職業については、建設業、製造業、運輸業、郵便業および学術研究、専門・技術サービス業で、企業合計の主な年齢層である30代および40代に加えて、20代および50代も主な年齢層となっている。なお、宿泊業、飲食サービス業、生活関連サービス業、娯楽業、教育、学習支援業、複合サービス事業およびその他のサービス業では、20代および30代が主な年齢層である。

図表2−154　平成28（2016）年度の正社員の中途採用における主な年齢層（複数回答可、業種別、単位：%）

（管理的職業）

		20代	30代	40代	50代	60代	70代	無回答・非該当	N
業種	鉱業、採石業、砂利採取業	0.0	0.0	0.0	0.0	0.0	0.0	100.0	5
	建設業	2.7	5.9	6.2	5.3	3.6	0.0	86.1	338
	製造業	2.4	3.6	5.9	4.4	0.9	0.0	88.2	910
	電気・ガス・熱供給・水道業	0.0	4.3	8.7	8.7	4.3	0.0	82.6	23
	情報通信業	3.5	6.2	9.7	8.0	1.8	0.0	83.2	113
	運輸業、郵便業	1.6	3.2	5.4	3.5	1.9	0.0	88.3	317
	卸売業、小売業	0.8	2.6	3.2	2.3	0.4	0.0	93.1	771
	金融業、保険業	1.6	1.6	4.8	6.5	1.6	0.0	88.7	62
	不動産業、物品賃貸業	6.9	5.2	3.4	1.7	0.0	0.0	91.4	58
	学術研究、専門・技術サービス業	1.2	2.5	4.9	4.9	1.2	0.0	86.4	81
	宿泊業、飲食サービス業	1.4	3.8	4.3	1.4	0.0	0.0	93.4	211
	生活関連サービス業、娯楽業	1.1	3.2	5.3	4.3	1.1	0.0	87.2	94
	教育、学習支援業	1.1	2.2	3.2	3.2	2.2	0.0	91.4	185
	医療、福祉	1.3	3.5	3.8	4.8	2.6	0.3	89.9	691
	複合サービス事業	0.0	2.9	4.3	1.4	0.0	0.0	95.7	70
	その他のサービス業	4.6	6.4	4.8	5.3	0.7	0.0	87.4	436
	無回答	0.0	0.0	0.0	0.0	0.0	0.0	100.0	1
	合計	2.0	3.8	4.8	4.1	1.4	0.0	89.5	4366

（専門的・技術的職業）

		20代	30代	40代	50代	60代	70代	無回答・非該当	N
業種	鉱業、採石業、砂利採取業	0.0	0.0	0.0	0.0	0.0	0.0	100.0	5
	建設業	18.6	20.7	23.1	10.9	5.6	0.3	59.5	338
	製造業	14.8	20.8	12.9	4.2	1.4	0.0	68.9	910
	電気・ガス・熱供給・水道業	0.0	17.4	17.4	13.0	4.3	0.0	73.9	23
	情報通信業	41.6	46.9	31.0	8.0	0.9	0.0	46.0	113
	運輸業、郵便業	4.1	4.1	4.4	3.2	0.3	0.0	89.3	317
	卸売業、小売業	8.2	9.2	6.9	3.5	0.5	0.0	82.6	771
	金融業、保険業	16.1	30.6	16.1	4.8	0.0	0.0	64.5	62
	不動産業、物品賃貸業	6.9	12.1	15.5	1.7	0.0	0.0	77.6	58
	学術研究、専門・技術サービス業	37.0	40.7	29.6	12.3	2.5	0.0	42.0	81
	宿泊業、飲食サービス業	5.2	4.7	6.2	3.8	0.5	0.0	88.2	211
	生活関連サービス業、娯楽業	6.4	7.4	5.3	0.0	1.1	0.0	91.5	94
	教育、学習支援業	25.4	27.0	25.4	15.7	8.6	0.0	56.8	185
	医療、福祉	36.2	45.2	40.8	21.4	4.3	0.6	41.5	691
	複合サービス事業	7.1	15.7	15.7	5.7	0.0	0.0	74.3	70
	その他のサービス業	11.0	13.8	11.5	2.8	1.6	0.5	78.7	436
	無回答	0.0	0.0	0.0	0.0	0.0	0.0	100.0	1
	合計	16.8	20.8	17.2	7.8	2.2	0.2	68.7	4366

図表 2－154（続） 平成 28（2016）年度の正社員の中途採用における主な年齢層（複数回答可、業種別、単位：%）

（事務的職業）

		20代	30代	40代	50代	60代	70代	無回答・非該当	N
業種	鉱業、採石業、砂利採取業	0.0	0.0	20.0	20.0	0.0	0.0	80.0	5
	建設業	12.7	9.2	9.2	3.0	1.2	0.0	77.5	338
	製造業	13.0	12.4	8.2	2.1	0.2	0.0	75.2	910
	電気・ガス・熱供給・水道業	8.7	17.4	4.3	4.3	0.0	0.0	82.6	23
	情報通信業	18.6	12.4	6.2	0.0	0.0	0.0	77.9	113
	運輸業、郵便業	15.5	14.8	9.8	3.2	0.3	0.0	73.8	317
	卸売業、小売業	15.6	12.3	7.9	2.1	0.4	0.0	74.2	771
	金融業、保険業	14.5	22.6	14.5	6.5	1.6	0.0	71.0	62
	不動産業、物品賃貸業	19.0	17.2	15.5	3.4	0.0	0.0	69.0	58
	学術研究、専門・技術サービス業	13.6	23.5	8.6	2.5	0.0	0.0	67.9	81
	宿泊業、飲食サービス業	3.8	3.8	3.8	1.4	0.0	0.0	90.0	211
	生活関連サービス業、娯楽業	8.5	6.4	5.3	1.1	0.0	0.0	85.1	94
	教育、学習支援業	35.7	23.8	16.8	5.4	2.2	0.0	49.7	185
	医療、福祉	16.6	13.7	11.4	3.8	0.9	0.1	71.8	691
	複合サービス事業	20.0	18.6	8.6	4.3	0.0	0.0	68.6	70
	その他のサービス業	14.9	16.1	8.7	3.4	0.5	0.0	75.5	436
	無回答	0.0	0.0	0.0	0.0	0.0	0.0	100.0	1
合計		15.1	13.4	9.1	2.8	0.5	0.0	74.2	4366

（販売の職業）

		20代	30代	40代	50代	60代	70代	無回答・非該当	N
業種	鉱業、採石業、砂利採取業	0.0	0.0	0.0	0.0	0.0	0.0	100.0	5
	建設業	2.4	4.1	3.0	1.2	0.3	0.0	93.5	338
	製造業	7.5	7.8	3.8	1.2	0.3	0.0	85.9	910
	電気・ガス・熱供給・水道業	0.0	0.0	4.3	0.0	0.0	0.0	95.7	23
	情報通信業	11.5	14.2	8.8	2.7	0.0	0.0	79.6	113
	運輸業、郵便業	1.3	0.9	0.3	0.0	0.0	0.0	98.1	317
	卸売業、小売業	28.5	29.1	15.7	5.8	0.8	0.0	53.8	771
	金融業、保険業	11.3	11.3	11.3	3.2	0.0	0.0	77.4	62
	不動産業、物品賃貸業	10.3	13.8	5.2	0.0	0.0	0.0	84.5	58
	学術研究、専門・技術サービス業	3.7	4.9	3.7	0.0	0.0	0.0	92.6	81
	宿泊業、飲食サービス業	1.9	2.8	1.4	1.4	0.5	0.0	95.3	211
	生活関連サービス業、娯楽業	11.7	8.5	3.2	1.1	0.0	0.0	88.3	94
	教育、学習支援業	1.6	2.2	0.5	0.0	0.0	0.0	96.8	185
	医療、福祉	0.3	0.3	0.3	0.1	0.0	0.0	99.4	691
	複合サービス事業	10.0	7.1	5.7	2.9	0.0	0.0	84.3	70
	その他のサービス業	7.1	7.3	4.1	1.1	0.5	0.0	88.5	436
	無回答	0.0	0.0	0.0	0.0	0.0	0.0	100.0	1
合計		8.9	9.3	5.1	1.8	0.3	0.0	85.0	4366

図表 2−154（続）　平成 28（2016）年度の正社員の中途採用における主な年齢層（複数回答可、業種別、単位：%）

（サービスの職業）

		20代	30代	40代	50代	60代	70代	無回答・非該当	N
業種	鉱業、採石業、砂利採取業	0.0	0.0	0.0	0.0	0.0	0.0	100.0	5
	建設業	0.3	0.0	0.3	0.3	0.0	0.0	99.4	338
	製造業	0.3	0.7	0.3	0.3	0.0	0.0	99.0	910
	電気・ガス・熱供給・水道業	0.0	0.0	0.0	0.0	0.0	0.0	100.0	23
	情報通信業	0.9	1.8	0.0	0.0	0.0	0.0	97.3	113
	運輸業、郵便業	2.2	2.2	2.2	0.9	0.3	0.0	95.9	317
	卸売業、小売業	2.2	3.4	2.7	1.3	0.0	0.0	94.8	771
	金融業、保険業	0.0	1.6	1.6	0.0	0.0	0.0	98.4	62
	不動産業、物品賃貸業	3.4	6.9	5.2	3.4	0.0	0.0	89.7	58
	学術研究、専門・技術サービス業	1.2	2.5	0.0	1.2	0.0	0.0	96.3	81
	宿泊業、飲食サービス業	36.0	41.2	33.2	15.6	2.4	0.0	39.3	211
	生活関連サービス業、娯楽業	36.2	28.7	14.9	4.3	1.1	0.0	56.4	94
	教育、学習支援業	2.7	3.2	2.2	0.5	0.0	0.0	95.7	185
	医療、福祉	12.4	19.7	21.4	16.6	3.5	0.3	72.8	691
	複合サービス事業	15.7	11.4	4.3	1.4	0.0	0.0	82.9	70
	その他のサービス業	10.3	8.9	5.5	2.3	1.4	0.0	85.3	436
	無回答	0.0	0.0	0.0	0.0	0.0	0.0	100.0	1
合計		6.6	8.0	6.8	4.2	0.8	0.0	88.1	4366

（保安の職業）

		20代	30代	40代	50代	60代	70代	無回答・非該当	N
業種	鉱業、採石業、砂利採取業	0.0	0.0	0.0	0.0	0.0	0.0	100.0	5
	建設業	0.3	0.6	0.3	0.6	0.3	0.0	98.5	338
	製造業	0.0	0.0	0.1	0.1	0.0	0.0	99.8	910
	電気・ガス・熱供給・水道業	4.3	0.0	4.3	0.0	4.3	0.0	91.3	23
	情報通信業	0.0	0.0	0.0	0.0	0.0	0.0	100.0	113
	運輸業、郵便業	0.0	0.3	0.0	0.0	0.0	0.0	99.7	317
	卸売業、小売業	0.1	0.3	0.0	0.0	0.0	0.0	99.7	771
	金融業、保険業	0.0	0.0	0.0	0.0	0.0	0.0	100.0	62
	不動産業、物品賃貸業	1.7	1.7	0.0	0.0	0.0	0.0	98.3	58
	学術研究、専門・技術サービス業	0.0	0.0	0.0	0.0	0.0	0.0	100.0	81
	宿泊業、飲食サービス業	0.0	0.0	0.5	0.5	0.0	0.0	99.1	211
	生活関連サービス業、娯楽業	0.0	0.0	0.0	0.0	0.0	0.0	100.0	94
	教育、学習支援業	0.0	0.0	0.0	0.0	0.0	0.0	100.0	185
	医療、福祉	0.1	0.1	0.1	0.1	0.0	0.0	99.7	691
	複合サービス事業	0.0	0.0	0.0	0.0	0.0	0.0	100.0	70
	その他のサービス業	1.4	1.6	1.1	1.6	0.9	0.2	97.5	436
	無回答	0.0	0.0	0.0	0.0	0.0	0.0	100.0	1
合計		0.3	0.3	0.2	0.3	0.1	0.0	99.4	4366

図表 2－154（続） 平成 28（2016）年度の正社員の中途採用における主な年齢層（複数回答可、業種別、単位：%）

（農林漁業の職業）

		20代	30代	40代	50代	60代	70代	無回答・非該当	N
業種	鉱業、採石業、砂利採取業	0.0	0.0	0.0	0.0	0.0	0.0	100.0	5
	建設業	0.0	0.0	0.0	0.0	0.0	0.0	100.0	338
	製造業	0.1	0.0	0.0	0.0	0.0	0.0	99.9	910
	電気・ガス・熱供給・水道業	0.0	0.0	0.0	0.0	0.0	0.0	100.0	23
	情報通信業	0.0	0.0	0.0	0.0	0.0	0.0	100.0	113
	運輸業、郵便業	0.0	0.0	0.0	0.0	0.0	0.0	100.0	317
	卸売業、小売業	0.0	0.0	0.0	0.0	0.0	0.0	100.0	771
	金融業、保険業	0.0	0.0	0.0	0.0	0.0	0.0	100.0	62
	不動産業、物品賃貸業	0.0	0.0	0.0	0.0	0.0	0.0	100.0	58
	学術研究、専門・技術サービス業	0.0	0.0	0.0	0.0	0.0	0.0	100.0	81
	宿泊業、飲食サービス業	0.0	0.0	0.5	0.0	0.0	0.0	99.5	211
	生活関連サービス業、娯楽業	0.0	1.1	1.1	0.0	0.0	0.0	98.9	94
	教育、学習支援業	0.0	0.0	0.0	0.0	0.0	0.0	100.0	185
	医療、福祉	0.0	0.0	0.0	0.0	0.0	0.0	100.0	691
	複合サービス事業	1.4	1.4	0.0	0.0	0.0	0.0	98.6	70
	その他のサービス業	0.2	0.0	0.2	0.0	0.0	0.0	99.5	436
	無回答	0.0	0.0	0.0	0.0	0.0	0.0	100.0	1
合計		0.1	0.0	0.1	0.0	0.0	0.0	99.9	4366

（生産工程の職業）

		20代	30代	40代	50代	60代	70代	無回答・非該当	N
業種	鉱業、採石業、砂利採取業	0.0	0.0	0.0	0.0	0.0	0.0	100.0	5
	建設業	2.1	3.0	1.5	0.6	0.0	0.0	96.4	338
	製造業	21.6	20.1	11.5	3.6	0.8	0.0	67.3	910
	電気・ガス・熱供給・水道業	4.3	4.3	0.0	0.0	0.0	0.0	95.7	23
	情報通信業	0.0	0.0	0.0	0.0	0.0	0.0	100.0	113
	運輸業、郵便業	1.3	1.3	0.9	0.3	0.0	0.0	98.4	317
	卸売業、小売業	2.6	2.1	0.5	0.6	0.0	0.0	96.5	771
	金融業、保険業	0.0	0.0	0.0	0.0	0.0	0.0	100.0	62
	不動産業、物品賃貸業	0.0	0.0	1.7	1.7	0.0	0.0	98.3	58
	学術研究、専門・技術サービス業	0.0	0.0	0.0	0.0	0.0	0.0	100.0	81
	宿泊業、飲食サービス業	0.0	0.0	0.5	0.0	0.0	0.0	99.5	211
	生活関連サービス業、娯楽業	2.1	2.1	2.1	0.0	0.0	0.0	94.7	94
	教育、学習支援業	0.0	0.0	0.0	0.0	0.0	0.0	100.0	185
	医療、福祉	0.0	0.0	0.0	0.0	0.0	0.0	100.0	691
	複合サービス事業	0.0	1.4	1.4	0.0	0.0	0.0	97.1	70
	その他のサービス業	1.4	1.8	1.4	0.5	0.0	0.0	97.5	436
	無回答	0.0	0.0	0.0	0.0	0.0	0.0	100.0	1
合計		5.4	5.2	2.9	1.0	0.2	0.0	91.7	4366

図表2－154（続） 平成28（2016）年度の正社員の中途採用における主な年齢層
（複数回答可、業種別、単位：％）

（輸送・機械運転の職業）

		20代	30代	40代	50代	60代	70代	無回答・非該当	N
業種	鉱業、採石業、砂利採取業	0.0	20.0	0.0	20.0	0.0	0.0	80.0	5
	建設業	0.3	0.9	1.2	0.3	0.3	0.0	98.2	338
	製造業	0.7	0.9	0.5	0.1	0.1	0.0	98.5	910
	電気・ガス・熱供給・水道業	0.0	0.0	0.0	0.0	0.0	0.0	100.0	23
	情報通信業	0.0	0.0	0.0	0.0	0.0	0.0	100.0	113
	運輸業、郵便業	16.7	28.1	23.7	15.1	5.4	0.9	59.9	317
	卸売業、小売業	0.6	1.3	0.6	0.0	0.0	0.0	98.3	771
	金融業、保険業	0.0	0.0	0.0	0.0	0.0	0.0	100.0	62
	不動産業、物品賃貸業	0.0	0.0	0.0	0.0	0.0	0.0	100.0	58
	学術研究、専門・技術サービス業	0.0	1.2	1.2	0.0	0.0	0.0	98.8	81
	宿泊業、飲食サービス業	0.0	0.0	0.0	0.5	0.0	0.0	99.5	211
	生活関連サービス業、娯楽業	0.0	2.1	2.1	0.0	0.0	0.0	97.9	94
	教育、学習支援業	0.0	0.0	0.0	0.0	0.0	0.0	100.0	185
	医療、福祉	0.0	0.0	0.1	0.1	0.3	0.0	99.6	691
	複合サービス事業	0.0	1.4	0.0	1.4	0.0	0.0	98.6	70
	その他のサービス業	0.7	0.7	1.4	0.2	0.0	0.0	98.2	436
	無回答	0.0	0.0	0.0	0.0	0.0	0.0	100.0	1
合計		1.6	2.7	2.3	1.3	0.5	0.1	95.9	4366

（建設・掘削の職業）

		20代	30代	40代	50代	60代	70代	無回答・非該当	N
業種	鉱業、採石業、砂利採取業	0.0	20.0	20.0	20.0	0.0	0.0	80.0	5
	建設業	8.9	8.0	8.3	4.7	3.3	0.0	82.2	338
	製造業	0.4	0.8	0.3	0.1	0.0	0.0	99.0	910
	電気・ガス・熱供給・水道業	8.7	4.3	4.3	0.0	0.0	0.0	91.3	23
	情報通信業	0.0	0.0	0.0	0.0	0.0	0.0	100.0	113
	運輸業、郵便業	0.3	0.9	0.9	0.3	0.0	0.0	98.4	317
	卸売業、小売業	0.1	0.3	0.1	0.0	0.0	0.0	99.6	771
	金融業、保険業	0.0	0.0	0.0	0.0	0.0	0.0	100.0	62
	不動産業、物品賃貸業	0.0	0.0	1.7	1.7	0.0	0.0	98.3	58
	学術研究、専門・技術サービス業	0.0	1.2	0.0	0.0	0.0	0.0	98.8	81
	宿泊業、飲食サービス業	0.0	0.0	0.0	0.5	0.0	0.0	99.5	211
	生活関連サービス業、娯楽業	0.0	0.0	0.0	0.0	0.0	0.0	100.0	94
	教育、学習支援業	0.0	0.0	0.0	0.0	0.0	0.0	100.0	185
	医療、福祉	0.0	0.0	0.0	0.0	0.0	0.0	100.0	691
	複合サービス事業	0.0	0.0	0.0	0.0	0.0	0.0	100.0	70
	その他のサービス業	0.2	0.9	0.5	0.0	0.0	0.0	99.1	436
	無回答	0.0	0.0	0.0	0.0	0.0	0.0	100.0	1
合計		0.9	1.1	0.9	0.5	0.3	0.0	98.0	4366

図表 2－154（続） 平成 28（2016）年度の正社員の中途採用における主な年齢層（複数回答可、業種別、単位：%）

（運搬・清掃・包装等の職業）

		20代	30代	40代	50代	60代	70代	無回答・非該当	N
業種	鉱業、採石業、砂利採取業	0.0	0.0	20.0	0.0	20.0	0.0	80.0	5
	建設業	0.3	0.3	0.9	0.0	0.0	0.0	99.1	338
	製造業	0.5	0.7	0.7	0.2	0.1	0.0	98.9	910
	電気・ガス・熱供給・水道業	0.0	0.0	0.0	0.0	0.0	0.0	100.0	23
	情報通信業	0.0	0.0	0.0	0.0	0.0	0.0	100.0	113
	運輸業、郵便業	2.5	2.5	4.4	2.2	0.6	0.0	94.0	317
	卸売業、小売業	0.6	0.8	0.5	0.3	0.1	0.0	99.0	771
	金融業、保険業	0.0	0.0	1.6	0.0	0.0	0.0	98.4	62
	不動産業、物品賃貸業	1.7	3.4	1.7	0.0	0.0	0.0	96.6	58
	学術研究、専門・技術サービス業	1.2	2.5	2.5	1.2	0.0	0.0	97.5	81
	宿泊業、飲食サービス業	0.0	0.0	0.0	0.0	0.0	0.0	100.0	211
	生活関連サービス業、娯楽業	1.1	1.1	0.0	0.0	0.0	0.0	98.9	94
	教育、学習支援業	0.0	0.0	0.5	0.0	0.0	0.0	99.5	185
	医療、福祉	0.1	0.9	0.3	0.4	0.4	0.0	98.4	691
	複合サービス事業	0.0	0.0	0.0	0.0	0.0	0.0	100.0	70
	その他のサービス業	1.8	2.5	2.3	1.8	0.7	0.2	96.3	436
	無回答	0.0	0.0	0.0	0.0	0.0	0.0	100.0	1
合計		0.7	1.0	1.0	0.5	0.3	0.0	98.3	4366

（その他）

		20代	30代	40代	50代	60代	70代	無回答・非該当	N
業種	鉱業、採石業、砂利採取業	0.0	0.0	0.0	0.0	0.0	0.0	100.0	5
	建設業	0.9	1.2	0.9	0.9	0.3	0.3	97.0	338
	製造業	1.0	1.3	0.7	0.5	0.0	0.0	97.8	910
	電気・ガス・熱供給・水道業	0.0	0.0	0.0	0.0	0.0	0.0	100.0	23
	情報通信業	2.7	2.7	0.9	0.9	0.0	0.0	96.5	113
	運輸業、郵便業	1.3	2.2	1.3	0.3	0.0	0.0	97.2	317
	卸売業、小売業	1.2	1.3	0.6	0.1	0.0	0.0	97.9	771
	金融業、保険業	0.0	1.6	1.6	0.0	0.0	0.0	98.4	62
	不動産業、物品賃貸業	1.7	1.7	0.0	0.0	0.0	0.0	98.3	58
	学術研究、専門・技術サービス業	0.0	1.2	0.0	0.0	0.0	0.0	98.8	81
	宿泊業、飲食サービス業	1.4	1.4	1.4	1.4	0.5	0.5	96.7	211
	生活関連サービス業、娯楽業	1.1	0.0	0.0	0.0	0.0	0.0	98.9	94
	教育、学習支援業	2.2	1.1	0.5	0.5	0.0	0.0	96.8	185
	医療、福祉	1.0	1.2	2.2	1.7	0.3	0.0	96.7	691
	複合サービス事業	1.4	0.0	2.9	0.0	0.0	0.0	95.7	70
	その他のサービス業	3.2	5.0	2.8	0.2	0.0	0.0	94.7	436
	無回答	0.0	0.0	0.0	0.0	0.0	0.0	100.0	1
合計		1.4	1.7	1.2	0.6	0.1	0.0	97.1	4366

企業規模別（図表 2－155）に見ると、規模によらず概して企業合計と同様の傾向である。ただし、ある特定の規模の企業だけ傾向が異なるという場合も散見される。例えば、1,000 人以上規模の企業は、管理的職業の主な年齢層が企業合計より若く、20 代および 30 代である。

図表 2－155　平成 28（2016）年度の正社員の中途採用における主な年齢層（複数回答可、企業規模別、単位：%）

（管理的職業）

		20代	30代	40代	50代	60代	70代	無回答・非該当	N
従業員数	30人未満	1.8	1.8	1.8	1.8	0.0	0.0	96.5	57
	30～99人	1.1	2.3	3.2	2.5	0.9	0.0	92.6	1509
	100～299人	1.7	3.7	6.2	3.7	1.6	0.1	88.4	861
	300～499人	1.4	3.6	4.7	5.8	1.8	0.0	88.1	277
	500～999人	3.1	4.7	5.3	7.8	2.5	0.0	84.4	321
	1000人以上	4.6	8.9	8.7	6.5	1.9	0.2	84.0	538
	無回答	1.9	3.2	3.7	3.9	1.1	0.0	90.4	803
合計		2.0	3.8	4.8	4.1	1.4	0.0	89.5	4366

（専門的・技術的職業）

		20代	30代	40代	50代	60代	70代	無回答・非該当	N
従業員数	30人未満	7.0	7.0	8.8	1.8	1.8	0.0	80.7	57
	30～99人	11.5	12.9	11.6	4.6	1.8	0.0	74.8	1509
	100～299人	18.2	22.9	20.7	10.7	2.1	0.1	64.5	861
	300～499人	27.4	32.9	26.7	14.8	3.6	0.4	58.1	277
	500～999人	23.7	31.5	24.0	10.3	3.4	0.3	61.1	321
	1000人以上	27.5	37.9	28.4	10.6	2.2	0.6	55.9	538
	無回答	12.2	14.6	11.2	5.6	2.1	0.1	76.5	803
合計		16.8	20.8	17.2	7.8	2.2	0.2	68.7	4366

（事務的職業）

		20代	30代	40代	50代	60代	70代	無回答・非該当	N
従業員数	30人未満	12.3	5.3	10.5	7.0	1.8	0.0	66.7	57
	30～99人	11.9	9.2	7.1	1.9	0.3	0.0	77.7	1509
	100～299人	15.3	12.9	8.2	2.3	0.3	0.0	73.6	861
	300～499人	16.6	20.6	10.8	3.6	1.4	0.0	69.0	277
	500～999人	21.8	19.0	14.3	5.0	1.2	0.3	67.3	321
	1000人以上	23.4	26.2	15.2	5.9	0.6	0.0	64.1	538
	無回答	12.3	8.8	7.1	1.6	0.4	0.0	79.8	803
合計		15.1	13.4	9.1	2.8	0.5	0.0	74.2	4366

（販売の職業）

		20代	30代	40代	50代	60代	70代	無回答・非該当	N
従業員数	30人未満	8.8	8.8	1.8	0.0	0.0	0.0	86.0	57
	30～99人	8.2	7.6	4.4	2.3	0.5	0.0	84.9	1509
	100～299人	7.1	7.5	4.3	0.9	0.3	0.0	86.9	861
	300～499人	8.7	11.2	5.4	1.1	0.7	0.0	83.0	277
	500～999人	10.6	11.5	6.9	3.4	0.0	0.0	83.5	321
	1000人以上	11.7	14.9	8.2	2.4	0.2	0.0	81.8	538
	無回答	9.5	9.0	4.5	1.0	0.0	0.0	86.3	803
合計		8.9	9.3	5.1	1.8	0.3	0.0	85.0	4366

図表 2－155（続） 平成 28（2016）年度の正社員の中途採用における主な年齢層（複数回答可、企業規模別、単位：%）

（サービスの職業）

		20代	30代	40代	50代	60代	70代	無回答・非該当	N
従業員数	30人未満	1.8	1.8	1.8	3.5	0.0	0.0	94.7	57
	30～99人	4.7	5.1	4.8	2.8	0.6	0.0	90.5	1509
	100～299人	8.9	10.6	10.0	7.0	1.3	0.1	84.1	861
	300～499人	11.6	15.9	12.3	7.9	1.1	0.0	79.4	277
	500～999人	9.3	10.9	7.8	4.7	0.9	0.0	85.4	321
	1000人以上	7.1	8.9	7.8	4.1	1.1	0.0	89.8	538
	無回答	5.0	6.8	4.9	2.6	0.6	0.1	90.5	803
合計		6.6	8.0	6.8	4.2	0.8	0.0	88.1	4366

（保安の職業）

		20代	30代	40代	50代	60代	70代	無回答・非該当	N
従業員数	30人未満	0.0	0.0	0.0	0.0	0.0	0.0	100.0	57
	30～99人	0.0	0.1	0.1	0.1	0.1	0.0	99.7	1509
	100～299人	0.3	0.2	0.3	0.0	0.0	0.0	99.5	861
	300～499人	0.0	0.4	0.4	1.1	0.4	0.0	98.6	277
	500～999人	1.2	0.9	0.9	0.6	0.0	0.0	98.4	321
	1000人以上	0.6	0.9	0.4	0.7	0.6	0.2	98.7	538
	無回答	0.1	0.1	0.0	0.1	0.1	0.0	99.6	803
合計		0.3	0.3	0.2	0.3	0.1	0.0	99.4	4366

（農林漁業の職業）

		20代	30代	40代	50代	60代	70代	無回答・非該当	N
従業員数	30人未満	0.0	0.0	0.0	0.0	0.0	0.0	100.0	57
	30～99人	0.0	0.1	0.1	0.0	0.0	0.0	99.9	1509
	100～299人	0.0	0.0	0.1	0.0	0.0	0.0	99.9	861
	300～499人	0.0	0.0	0.0	0.0	0.0	0.0	100.0	277
	500～999人	0.6	0.3	0.3	0.0	0.0	0.0	99.1	321
	1000人以上	0.2	0.0	0.0	0.0	0.0	0.0	99.8	538
	無回答	0.0	0.0	0.0	0.0	0.0	0.0	100.0	803
合計		0.1	0.0	0.1	0.0	0.0	0.0	99.9	4366

（生産工程の職業）

		20代	30代	40代	50代	60代	70代	無回答・非該当	N
従業員数	30人未満	0.0	0.0	0.0	0.0	0.0	0.0	100.0	57
	30～99人	6.0	5.6	3.2	1.1	0.2	0.0	90.1	1509
	100～299人	5.5	6.3	3.7	1.2	0.3	0.0	90.5	861
	300～499人	5.8	4.0	4.0	0.4	0.0	0.0	92.8	277
	500～999人	2.2	3.1	1.2	0.6	0.0	0.0	96.0	321
	1000人以上	7.2	6.9	2.6	0.7	0.0	0.0	91.3	538
	無回答	4.7	3.5	2.2	1.2	0.1	0.0	93.6	803
合計		5.4	5.2	2.9	1.0	0.2	0.0	91.7	4366

図表 2−155（続） 平成 28（2016）年度の正社員の中途採用における主な年齢層（複数回答可、企業規模別、単位：%）

（輸送・機械運転の職業）

		20代	30代	40代	50代	60代	70代	無回答・非該当	N
従業員数	30人未満	0.0	0.0	0.0	0.0	0.0	0.0	100.0	57
	30〜99人	1.5	2.7	2.1	1.4	0.5	0.1	95.8	1509
	100〜299人	1.5	3.0	3.1	1.3	0.5	0.1	95.5	861
	300〜499人	1.4	3.2	2.9	1.4	0.4	0.0	96.0	277
	500〜999人	1.2	1.6	1.6	0.9	0.6	0.0	97.8	321
	1000人以上	2.0	2.4	1.7	0.7	0.2	0.0	96.8	538
	無回答	1.6	3.1	2.2	1.5	0.6	0.1	95.1	803
合計		1.6	2.7	2.3	1.3	0.5	0.1	95.9	4366

（建設・掘削の職業）

		20代	30代	40代	50代	60代	70代	無回答・非該当	N
従業員数	30人未満	0.0	0.0	0.0	0.0	1.8	0.0	98.2	57
	30〜99人	1.1	0.7	1.1	0.5	0.3	0.0	97.7	1509
	100〜299人	0.9	1.0	0.8	0.3	0.2	0.0	98.5	861
	300〜499人	0.0	0.7	0.4	0.4	0.0	0.0	98.9	277
	500〜999人	0.0	0.9	0.6	0.6	0.0	0.0	98.8	321
	1000人以上	1.1	1.9	1.1	0.6	0.0	0.0	97.8	538
	無回答	1.1	1.4	1.0	0.5	0.4	0.0	97.5	803
合計		0.9	1.1	0.9	0.5	0.3	0.0	98.0	4366

（運搬・清掃・包装等の職業）

		20代	30代	40代	50代	60代	70代	無回答・非該当	N
従業員数	30人未満	0.0	0.0	0.0	0.0	0.0	0.0	100.0	57
	30〜99人	0.9	0.7	1.0	0.3	0.1	0.0	98.4	1509
	100〜299人	0.6	1.0	1.3	0.6	0.3	0.0	97.8	861
	300〜499人	0.7	1.8	0.7	0.7	0.0	0.0	98.2	277
	500〜999人	0.3	0.9	0.6	0.3	0.9	0.0	98.1	321
	1000人以上	1.1	1.7	1.5	1.3	0.7	0.2	98.1	538
	無回答	0.4	0.7	0.9	0.5	0.0	0.0	98.6	803
合計		0.7	1.0	1.0	0.5	0.3	0.0	98.3	4366

（その他）

		20代	30代	40代	50代	60代	70代	無回答・非該当	N
従業員数	30人未満	0.0	0.0	0.0	0.0	0.0	0.0	100.0	57
	30〜99人	0.9	1.1	0.9	0.3	0.1	0.0	97.9	1509
	100〜299人	1.6	2.2	1.7	1.3	0.1	0.1	96.3	861
	300〜499人	1.4	2.2	1.1	1.1	0.0	0.0	96.4	277
	500〜999人	2.2	2.5	2.8	1.2	0.0	0.0	95.6	321
	1000人以上	1.9	2.0	1.5	0.9	0.2	0.0	96.7	538
	無回答	1.4	1.6	0.5	0.1	0.0	0.1	97.5	803
合計		1.4	1.7	1.2	0.6	0.1	0.0	97.1	4366

(4) 求める人材

企業合計（図表 2－156、図表 2－157）で見ると、大半の職業で「専門分野の一定度の知識・スキルがある」人および「ポテンシャルがある」人が平成 28 年度の中途採用で求める主な人材となっている。ただし、管理的職業では「専門分野の高度な知識・スキルがある」人（約 4.9%（無回答・非該当を除くと約 47.9%））および「高度なマネジメント能力、多数のマネジメント経験がある」人（約 4.2%（無回答・非該当を除くと約 40.9%））が主に求められる。専門的・技術的職業では、「専門分野の高度な知識・スキルがある」人（約 13.9%（無回答・非該当を除くと約 45.9%））も主に求められる。また、生産工程の職業では、「ポテンシャルがある」人（約 3.1%（無回答・非該当を除くと約 38.2%））および「若年層の人」（約 4.4%（無回答・非該当を除くと約 53.5%））、輸送・機械運転の職業では、「専門分野の一定度の知識・スキルがある」および「若年層の人」がそれぞれ主に求められる。

企業の地域展開の状況別（図表 2－157）に見ると、その状況によらず、概して企業合計の傾向と同様である。

図表 2－156　平成 28（2016）年度の正社員の中途採用に求める人材

（無回答・非該当を除く、複数回答可、単位：%）

	専門分野の高度な知識・スキルがある	専門分野の一定度の知識・スキルがある	高度なマネジメント能力、多数のマネジメントの経験がある	一定度のマネジメント能力・経験がある	自社への理解度が高い（過去に自社の勤務経験があるなど）	幅広い経験がある	ポテンシャルがある	高年齢層（豊富な経験等がある）の人	若年層の人	その他	N
管理的職業	47.9	29.0	40.9	31.0	12.1	27.6	19.6	4.7	6.3	0.9	445
専門的・技術的職業	45.9	67.2	5.2	12.9	10.5	19.6	26.1	2.3	18.2	2.2	1320
事務的職業	12.2	47.1	3.3	16.7	14.9	20.1	38.8	2.0	32.3	3.1	1082
販売の職業	12.7	47.3	3.6	21.9	17.8	24.8	42.8	2.8	33.8	3.0	636
サービスの職業	11.6	49.4	2.4	22.3	22.3	27.5	38.8	5.0	32.7	2.6	498
保安の職業	13.8	31.0	3.4	17.2	24.1	27.6	34.5	13.8	27.6	0.0	29
農林漁業の職業	0.0	50.0	0.0	33.3	33.3	66.7	33.3	0.0	16.7	0.0	6
生産工程の職業	7.2	37.9	0.8	10.3	16.7	17.3	38.2	4.7	53.5	4.2	359
輸送・機械運転の職業	10.4	47.6	0.6	12.2	14.6	22.0	30.5	7.9	33.5	6.1	164
建設・掘削の職業	30.5	51.2	3.7	9.8	9.8	28.0	40.2	4.9	37.8	0.0	82
運搬・清掃・包装等の職業	5.3	42.7	0.0	16.0	18.7	28.0	44.0	8.0	29.3	8.0	75
その他	15.3	33.9	6.8	15.3	11.9	28.0	38.1	4.2	27.1	5.9	118

図表 2－157　平成 28（2016）年度の正社員の中途採用に求める人材

（複数回答可、地域展開別、単位：%）

（管理的職業）

		専門分野の高度な知識・スキルがある	専門分野の一定度の知識・スキルがある	高度なマネジメント能力、多数のマネジメントの経験がある	一定度のマネジメント能力・経験がある	自社への理解度が高い（過去に自社の勤務経験があるなど）	幅広い経験がある	ポテンシャルがある	高年齢層（豊富な経験等がある）の人	若年層の人	その他	無回答・非該当	N
地域展開	1事業所1企業	3.1	2.4	2.6	1.8	0.7	1.9	1.6	0.5	0.2	0.1	93.3	1010
	1都道府県のみに展開している企業	3.0	1.8	3.3	1.9	0.9	2.5	2.0	0.6	0.4	0.1	92.6	956
	1つの地域ブロックにのみ展開している企業	3.6	3.0	2.6	3.3	1.0	2.1	1.8	0.5	0.3	0.2	90.7	605
	全国的に展開している企業	6.2	3.5	5.0	4.6	1.9	3.2	1.9	0.4	1.1	0.1	87.3	1327
	海外展開もしている企業	11.4	5.8	9.7	4.4	1.7	5.6	3.9	0.5	1.2	0.0	81.4	413
	無回答	3.6	0.0	3.6	5.5	0.0	1.8	0.0	0.0	0.0	0.0	92.7	55
合計		4.9	3.0	4.2	3.2	1.2	2.8	2.0	0.5	0.6	0.1	89.8	4366

図表 2－157（続） 平成 28（2016）年度の正社員の中途採用に求める人材
（複数回答可、地域展開別、単位：％）

（専門的・技術的職業）

		専門分野の高度な知識・スキルがある	専門分野の一定度の知識・スキルがある	高度なマネジメント能力、多数のマネジメントの経験がある	一定度のマネジメント能力・経験がある	自社への理解度が高い（過去に自社の勤務経験があるなど）	幅広い経験がある	ポテンシャルがある	高年齢層（豊富な経験等がある）の人	若年層の人	その他	無回答・非該当	N
地域展開	1事業所1企業	11.6	23.3	1.1	3.0	3.9	7.2	7.7	0.6	5.9	0.8	67.8	1010
	1都道府県のみに展開している企業	14.5	24.5	1.6	4.5	4.3	7.7	8.1	0.8	5.6	0.9	66.1	956
	1つの地域ブロックにのみ展開している企業	10.4	15.0	1.2	3.0	2.8	4.8	4.8	0.8	5.5	1.0	75.4	605
	全国的に展開している企業	12.7	17.8	1.4	3.8	2.3	4.0	7.2	0.9	5.5	0.4	73.6	1327
	海外展開もしている企業	27.1	21.3	4.4	7.0	2.2	7.0	15.5	0.0	4.8	0.2	60.3	413
	無回答	12.7	5.5	0.0	0.0	1.8	1.8	0.0	0.0	0.0	0.0	85.5	55
合計		13.9	20.3	1.6	3.9	3.2	5.9	7.9	0.7	5.5	0.7	69.8	4366

（事務的職業）

		専門分野の高度な知識・スキルがある	専門分野の一定度の知識・スキルがある	高度なマネジメント能力、多数のマネジメントの経験がある	一定度のマネジメント能力・経験がある	自社への理解度が高い（過去に自社の勤務経験があるなど）	幅広い経験がある	ポテンシャルがある	高年齢層（豊富な経験等がある）の人	若年層の人	その他	無回答・非該当	N
地域展開	1事業所1企業	2.0	9.1	0.8	3.5	3.9	3.9	6.6	0.2	6.8	0.5	79.2	1010
	1都道府県のみに展開している企業	2.6	11.8	1.0	4.3	4.8	6.2	9.8	0.7	7.8	0.7	73.8	956
	1つの地域ブロックにのみ展開している企業	1.8	10.7	0.7	4.8	2.6	5.8	9.8	0.3	8.6	0.7	77.5	605
	全国的に展開している企業	3.4	13.1	0.5	4.1	2.9	4.9	10.6	0.7	9.0	1.1	73.5	1327
	海外展開もしている企業	7.0	15.0	1.5	5.1	4.6	4.4	14.5	0.2	7.5	1.0	70.0	413
	無回答	3.6	7.3	1.8	1.8	5.5	1.8	0.0	1.8	3.6	0.0	81.8	55
合計		3.0	11.7	0.8	4.1	3.7	5.0	9.6	0.5	8.0	0.8	75.2	4366

（販売の職業）

		専門分野の高度な知識・スキルがある	専門分野の一定度の知識・スキルがある	高度なマネジメント能力、多数のマネジメントの経験がある	一定度のマネジメント能力・経験がある	自社への理解度が高い（過去に自社の勤務経験があるなど）	幅広い経験がある	ポテンシャルがある	高年齢層（豊富な経験等がある）の人	若年層の人	その他	無回答・非該当	N
地域展開	1事業所1企業	0.7	3.0	0.2	0.5	1.2	1.3	2.6	0.1	1.3	0.2	94.7	1010
	1都道府県のみに展開している企業	0.8	5.2	0.3	3.0	3.1	3.8	5.4	0.6	4.8	0.7	86.7	956
	1つの地域ブロックにのみ展開している企業	1.2	7.8	0.3	4.3	3.6	4.0	6.4	0.2	6.4	0.5	83.0	605
	全国的に展開している企業	2.9	9.1	0.9	4.7	3.2	4.9	8.2	0.5	7.2	0.5	80.3	1327
	海外展開もしている企業	4.4	12.1	1.0	3.4	1.2	4.4	10.7	1.0	4.8	0.2	79.7	413
	無回答	3.6	5.5	0.0	3.6	1.8	3.6	3.6	0.0	3.6	0.0	87.3	55
合計		1.9	6.9	0.5	3.2	2.6	3.6	6.2	0.4	4.9	0.4	85.4	4366

（サービスの職業）

		専門分野の高度な知識・スキルがある	専門分野の一定度の知識・スキルがある	高度なマネジメント能力、多数のマネジメントの経験がある	一定度のマネジメント能力・経験がある	自社への理解度が高い（過去に自社の勤務経験があるなど）	幅広い経験がある	ポテンシャルがある	高年齢層（豊富な経験等がある）の人	若年層の人	その他	無回答・非該当	N
地域展開	1事業所1企業	1.4	4.7	0.2	2.0	1.7	3.2	3.9	0.5	3.4	0.3	89.2	1010
	1都道府県のみに展開している企業	1.4	9.8	0.4	3.5	4.5	4.5	4.9	1.5	5.2	0.4	83.4	956
	1つの地域ブロックにのみ展開している企業	1.7	5.8	0.5	3.1	3.0	4.5	5.6	0.2	3.5	0.3	87.4	605
	全国的に展開している企業	1.3	4.8	0.2	2.9	2.2	2.3	5.0	0.3	4.0	0.3	89.5	1327
	海外展開もしている企業	0.7	1.0	0.0	0.2	1.0	1.0	1.0	0.2	0.7	0.0	97.3	413
	無回答	1.8	3.6	0.0	0.0	0.0	0.0	3.6	0.0	3.6	0.0	92.7	55
合計		1.3	5.6	0.3	2.5	2.5	3.1	4.4	0.6	3.7	0.3	88.6	4366

図表 2－157（続）　平成 28（2016）年度の正社員の中途採用に求める人材（複数回答可、地域展開別、単位：%）

（保安の職業）

		専門分野の高度な知識・スキルがある	専門分野の一定度の知識・スキルがある	高度なマネジメント能力、多数のマネジメントの経験がある	一定度のマネジメント能力・経験がある	自社への理解度が高い（過去に自社の勤務経験があるなど）	幅広い経験がある	ポテンシャルがある	高年齢層（豊富な経験等がある）の人	若年層の人	その他	無回答・非該当	N
地域展開	1事業所1企業	0.0	0.2	0.0	0.1	0.0	0.2	0.0	0.0	0.0	0.0	99.7	1010
	1都道府県のみに展開している企業	0.0	0.1	0.0	0.0	0.1	0.1	0.2	0.0	0.2	0.0	99.6	956
	1つの地域ブロックにのみ展開している企業	0.3	0.3	0.0	0.2	0.3	0.3	0.5	0.2	0.3	0.0	98.8	605
	全国的に展開している企業	0.2	0.3	0.1	0.2	0.3	0.2	0.3	0.2	0.2	0.0	99.0	1327
	海外展開もしている企業	0.0	0.0	0.0	0.0	0.0	0.2	0.2	0.0	0.2	0.0	99.5	413
	無回答	0.0	0.0	0.0	0.0	0.0	0.0	0.0	0.0	0.0	0.0	100.0	55
合計		0.1	0.2	0.0	0.1	0.2	0.2	0.2	0.1	0.2	0.0	99.3	4366

（農林漁業の職業）

		専門分野の高度な知識・スキルがある	専門分野の一定度の知識・スキルがある	高度なマネジメント能力、多数のマネジメントの経験がある	一定度のマネジメント能力・経験がある	自社への理解度が高い（過去に自社の勤務経験があるなど）	幅広い経験がある	ポテンシャルがある	高年齢層（豊富な経験等がある）の人	若年層の人	その他	無回答・非該当	N
地域展開	1事業所1企業	0.0	0.1	0.0	0.1	0.0	0.2	0.0	0.0	0.0	0.0	99.8	1010
	1都道府県のみに展開している企業	0.0	0.2	0.0	0.1	0.1	0.1	0.0	0.0	0.0	0.0	99.8	956
	1つの地域ブロックにのみ展開している企業	0.0	0.0	0.0	0.0	0.2	0.2	0.2	0.0	0.0	0.0	99.8	605
	全国的に展開している企業	0.0	0.0	0.0	0.0	0.0	0.0	0.0	0.0	0.0	0.0	100.0	1327
	海外展開もしている企業	0.0	0.0	0.0	0.0	0.0	0.0	0.2	0.0	0.2	0.0	99.8	413
	無回答	0.0	0.0	0.0	0.0	0.0	0.0	0.0	0.0	0.0	0.0	100.0	55
合計		0.0	0.1	0.0	0.0	0.0	0.1	0.0	0.0	0.0	0.0	99.9	4366

（生産工程の職業）

		専門分野の高度な知識・スキルがある	専門分野の一定度の知識・スキルがある	高度なマネジメント能力、多数のマネジメントの経験がある	一定度のマネジメント能力・経験がある	自社への理解度が高い（過去に自社の勤務経験があるなど）	幅広い経験がある	ポテンシャルがある	高年齢層（豊富な経験等がある）の人	若年層の人	その他	無回答・非該当	N
地域展開	1事業所1企業	1.1	2.7	0.0	1.0	1.5	1.7	3.2	0.5	5.3	0.3	90.7	1010
	1都道府県のみに展開している企業	0.4	2.5	0.1	0.6	0.9	0.8	1.7	0.3	3.2	0.1	94.1	956
	1つの地域ブロックにのみ展開している企業	0.0	2.8	0.0	0.7	1.5	1.2	2.1	0.2	2.6	0.2	94.2	605
	全国的に展開している企業	0.4	3.0	0.2	0.9	1.2	1.6	3.1	0.6	4.2	0.8	91.7	1327
	海外展開もしている企業	1.5	6.5	0.0	1.2	2.7	2.2	8.5	0.0	8.5	0.0	84.7	413
	無回答	0.0	1.8	0.0	0.0	0.0	0.0	0.0	0.0	0.0	0.0	98.2	55
合計		0.6	3.1	0.1	0.8	1.4	1.4	3.1	0.4	4.4	0.3	91.8	4366

（輸送・機械運転の職業）

		専門分野の高度な知識・スキルがある	専門分野の一定度の知識・スキルがある	高度なマネジメント能力、多数のマネジメントの経験がある	一定度のマネジメント能力・経験がある	自社への理解度が高い（過去に自社の勤務経験があるなど）	幅広い経験がある	ポテンシャルがある	高年齢層（豊富な経験等がある）の人	若年層の人	その他	無回答・非該当	N
地域展開	1事業所1企業	0.6	1.9	0.0	0.4	0.5	0.7	0.9	0.4	1.1	0.6	96.1	1010
	1都道府県のみに展開している企業	0.3	1.8	0.0	0.6	0.8	0.7	0.8	0.4	1.0	0.2	96.5	956
	1つの地域ブロックにのみ展開している企業	0.3	2.1	0.0	0.7	1.0	0.8	2.1	0.7	2.3	0.2	94.9	605
	全国的に展開している企業	0.3	1.9	0.1	0.4	0.3	1.1	1.2	0.0	1.3	0.1	96.2	1327
	海外展開もしている企業	0.5	1.0	0.0	0.2	0.2	0.5	0.7	0.2	0.5	0.0	97.6	413
	無回答	0.0	0.0	0.0	0.0	0.0	0.0	1.8	0.0	1.8	0.0	98.2	55
合計		0.4	1.8	0.0	0.5	0.5	0.8	1.1	0.3	1.3	0.2	96.2	4366

図表 2－157（続） 平成 28（2016）年度の正社員の中途採用に求める人材
（複数回答可、地域展開別、単位：%）

（建設・掘削の職業）

		専門分野の高度な知識・スキルがある	専門分野の一定度の知識・スキルがある	高度なマネジメント能力、多数のマネジメントの経験がある	一定度のマネジメント能力・経験がある	自社への理解度が高い（過去に自社の勤務経験があるなど）	幅広い経験がある	ポテンシャルがある	高年齢層（豊富な経験等がある）の人	若年層の人	その他	無回答・非該当	N
地域展開	1事業所1企業	0.1	0.5	0.0	0.2	0.0	0.3	0.4	0.0	0.6	0.0	99.1	1010
	1都道府県のみに展開している企業	0.3	0.7	0.1	0.2	0.4	0.5	0.4	0.1	0.4	0.0	98.6	956
	1つの地域ブロックにのみ展開している企業	1.2	1.5	0.2	0.3	0.2	0.7	1.0	0.2	0.8	0.0	97.2	605
	全国的に展開している企業	0.8	1.0	0.1	0.1	0.2	0.7	0.9	0.2	0.8	0.0	97.8	1327
	海外展開もしている企業	1.0	1.9	0.0	0.2	0.2	0.5	1.7	0.0	1.0	0.0	96.9	413
	無回答	0.0	0.0	0.0	0.0	0.0	0.0	0.0	0.0	1.8	0.0	98.2	55
合計		0.6	1.0	0.1	0.2	0.2	0.5	0.8	0.1	0.7	0.0	98.1	4366

（運搬・清掃・包装等の職業）

		専門分野の高度な知識・スキルがある	専門分野の一定度の知識・スキルがある	高度なマネジメント能力、多数のマネジメントの経験がある	一定度のマネジメント能力・経験がある	自社への理解度が高い（過去に自社の勤務経験があるなど）	幅広い経験がある	ポテンシャルがある	高年齢層（豊富な経験等がある）の人	若年層の人	その他	無回答・非該当	N
地域展開	1事業所1企業	0.1	1.1	0.0	0.2	0.3	0.3	0.7	0.0	0.6	0.1	98.2	1010
	1都道府県のみに展開している企業	0.0	0.2	0.0	0.0	0.2	0.5	0.5	0.1	0.5	0.2	98.6	956
	1つの地域ブロックにのみ展開している企業	0.0	1.7	0.0	1.0	1.0	0.7	1.3	0.2	0.7	0.0	97.0	605
	全国的に展開している企業	0.2	0.6	0.0	0.2	0.2	0.5	0.8	0.2	0.5	0.2	98.3	1327
	海外展開もしている企業	0.0	0.2	0.0	0.2	0.0	0.7	0.7	0.5	0.2	0.2	99.0	413
	無回答	0.0	0.0	0.0	0.0	0.0	0.0	0.0	0.0	0.0	0.0	100.0	55
合計		0.1	0.7	0.0	0.3	0.3	0.5	0.8	0.1	0.5	0.1	98.3	4366

（その他）

		専門分野の高度な知識・スキルがある	専門分野の一定度の知識・スキルがある	高度なマネジメント能力、多数のマネジメントの経験がある	一定度のマネジメント能力・経験がある	自社への理解度が高い（過去に自社の勤務経験があるなど）	幅広い経験がある	ポテンシャルがある	高年齢層（豊富な経験等がある）の人	若年層の人	その他	無回答・非該当	N
地域展開	1事業所1企業	0.0	0.5	0.1	0.5	0.1	0.5	0.4	0.0	0.5	0.2	98.0	1010
	1都道府県のみに展開している企業	0.3	1.2	0.2	0.3	0.5	0.5	1.0	0.3	1.0	0.3	96.8	956
	1つの地域ブロックにのみ展開している企業	0.8	0.8	0.2	0.2	0.2	0.5	1.5	0.2	0.5	0.2	97.5	605
	全国的に展開している企業	0.5	1.1	0.2	0.5	0.5	1.1	1.1	0.0	0.8	0.1	97.1	1327
	海外展開もしている企業	0.5	1.0	0.2	0.5	0.0	1.5	1.7	0.2	0.5	0.0	97.1	413
	無回答	1.8	0.0	0.0	0.0	1.8	0.0	0.0	0.0	1.8	0.0	98.2	55
合計		0.4	0.9	0.2	0.4	0.3	0.8	1.0	0.1	0.7	0.2	97.3	4366

業種別（図表 2－158）に見ると、業種によらず概して企業合計と同様の傾向である。ただし、ある特定の業種の企業だけ傾向が異なるという場合も散見される。例えば、管理的職業では、不動産業、物品賃貸業がマネジメントの能力・経験よりも「ポテンシャルがある」人材を主に求めている。生活関連サービス業、娯楽業では、専門分野の知識・スキルよりも「幅広い経験がある」人材を主に求めている。事務的、販売およびサービスの職業については、「ポテンシャルがある」人材とともに「若年層の人」が主に求められている。

図表2－158　平成28（2016）年度の正社員の中途採用に求める人材
（複数回答可、業種別、単位：%）

（管理的職業）

		専門分野の高度な知識・スキルがある	専門分野の一定度の知識・スキルがある	高度なマネジメント能力、多数のマネジメントの経験がある	一定度のマネジメント能力・経験がある	自社への理解度が高い（過去に自社の勤務経験があるなど）	幅広い経験がある	ポテンシャルがある	高年齢層（豊富な経験等がある）の人	若年層の人	その他	無回答・非該当	N
業種	鉱業、採石業、砂利採取業	0.0	0.0	0.0	0.0	0.0	0.0	0.0	0.0	0.0	0.0	100.0	5
	建設業	6.8	5.6	2.7	3.3	1.8	4.1	0.9	0.3	2.1	0.0	87.3	338
	製造業	5.8	3.1	5.1	3.0	0.4	2.4	2.2	0.3	0.7	0.2	88.9	910
	電気・ガス・熱供給・水道業	0.0	8.7	8.7	0.0	4.3	0.0	0.0	0.0	0.0	0.0	82.6	23
	情報通信業	10.6	8.0	11.5	5.3	3.5	6.2	4.4	0.0	0.9	0.9	82.3	113
	運輸業、郵便業	3.5	2.5	3.5	4.7	1.6	2.5	2.2	0.3	0.9	0.0	88.3	317
	卸売業、小売業	3.4	2.1	3.1	2.3	1.2	2.1	1.3	0.5	0.1	0.0	93.3	771
	金融業、保険業	6.5	0.0	8.1	1.6	3.2	1.6	1.6	0.0	0.0	0.0	88.7	62
	不動産業、物品賃貸業	3.4	0.0	1.7	1.7	0.0	3.4	6.9	0.0	1.7	0.0	91.4	58
	学術研究、専門・技術サービス業	7.4	0.0	9.9	2.5	2.5	2.5	1.2	0.0	0.0	0.0	87.7	81
	宿泊業、飲食サービス業	4.3	1.4	2.8	2.8	1.4	1.4	2.4	0.0	0.0	0.0	93.4	211
	生活関連サービス業、娯楽業	4.3	2.1	3.2	6.4	1.1	5.3	2.1	1.1	0.0	0.0	88.3	94
	教育、学習支援業	4.3	2.2	3.2	1.6	1.1	2.2	0.0	1.6	0.0	0.0	91.9	185
	医療、福祉	5.1	3.0	4.2	2.9	0.7	3.9	2.0	1.0	0.3	0.0	90.2	691
	複合サービス事業	4.3	1.4	1.4	0.0	0.0	0.0	0.0	0.0	0.0	0.0	95.7	70
	その他のサービス業	3.9	3.7	4.1	5.0	2.3	2.8	3.4	0.2	1.6	0.2	87.4	436
	無回答	0.0	0.0	0.0	0.0	0.0	0.0	0.0	0.0	0.0	0.0	100.0	1
合計		4.9	3.0	4.2	3.2	1.2	2.8	2.0	0.5	0.6	0.1	89.8	4366

（専門的・技術的職業）

		専門分野の高度な知識・スキルがある	専門分野の一定度の知識・スキルがある	高度なマネジメント能力、多数のマネジメントの経験がある	一定度のマネジメント能力・経験がある	自社への理解度が高い（過去に自社の勤務経験があるなど）	幅広い経験がある	ポテンシャルがある	高年齢層（豊富な経験等がある）の人	若年層の人	その他	無回答・非該当	N
業種	鉱業、採石業、砂利採取業	0.0	0.0	0.0	0.0	0.0	0.0	0.0	0.0	0.0	0.0	100.0	5
	建設業	17.2	26.3	1.5	8.3	3.6	6.8	6.8	1.8	8.3	1.2	60.9	338
	製造業	14.6	17.9	2.2	3.4	1.2	4.4	9.5	0.5	6.4	0.4	70.3	910
	電気・ガス・熱供給・水道業	26.1	4.3	13.0	0.0	0.0	4.3	0.0	4.3	0.0	0.0	73.9	23
	情報通信業	31.0	38.1	4.4	9.7	9.7	8.0	21.2	1.8	12.4	0.0	46.0	113
	運輸業、郵便業	2.5	4.7	0.0	1.6	0.9	2.8	3.2	0.3	3.8	0.3	89.3	317
	卸売業、小売業	7.9	10.9	0.8	1.2	1.9	3.6	4.3	0.3	2.9	0.4	83.1	771
	金融業、保険業	24.2	12.9	1.6	1.6	4.8	6.5	12.9	0.0	4.8	0.0	66.1	62
	不動産業、物品賃貸業	15.5	13.8	0.0	0.0	3.4	1.7	8.6	0.0	3.4	0.0	79.3	58
	学術研究、専門・技術サービス業	33.3	34.6	6.2	7.4	9.9	14.8	23.5	0.0	14.8	0.0	44.4	81
	宿泊業、飲食サービス業	3.8	8.1	0.0	0.0	1.4	3.3	0.9	0.5	1.9	0.0	88.2	211
	生活関連サービス業、娯楽業	5.3	4.3	0.0	3.2	0.0	2.1	2.1	0.0	0.0	0.0	91.5	94
	教育、学習支援業	28.6	18.9	3.2	3.8	5.9	6.5	8.6	1.6	4.9	0.0	57.8	185
	医療、福祉	20.0	46.6	2.0	7.1	6.2	13.9	12.4	1.3	7.8	1.9	44.0	691
	複合サービス事業	15.7	14.3	1.4	4.3	4.3	4.3	5.7	0.0	1.4	0.0	74.3	70
	その他のサービス業	8.9	13.8	0.7	3.9	3.0	2.8	6.0	0.2	4.8	0.9	78.7	436
	無回答	0.0	0.0	0.0	0.0	0.0	0.0	0.0	0.0	0.0	0.0	100.0	1
合計		13.9	20.3	1.6	3.9	3.2	5.9	7.9	0.7	5.5	0.7	69.8	4366

（事務的職業）

		専門分野の高度な知識・スキルがある	専門分野の一定度の知識・スキルがある	高度なマネジメント能力、多数のマネジメントの経験がある	一定度のマネジメント能力・経験がある	自社への理解度が高い（過去に自社の勤務経験があるなど）	幅広い経験がある	ポテンシャルがある	高年齢層（豊富な経験等がある）の人	若年層の人	その他	無回答・非該当	N
業種	鉱業、採石業、砂利採取業	0.0	0.0	0.0	0.0	0.0	0.0	20.0	0.0	0.0	0.0	80.0	5
	建設業	1.5	10.4	0.3	4.7	3.6	4.1	6.2	0.6	6.2	0.9	78.1	338
	製造業	3.4	12.0	0.3	3.5	1.8	4.0	8.2	0.3	8.1	0.9	76.2	910
	電気・ガス・熱供給・水道業	0.0	8.7	0.0	0.0	4.3	13.0	0.0	4.3	4.3	0.0	78.3	23
	情報通信業	4.4	10.6	1.8	5.3	3.5	0.0	12.4	0.0	4.4	0.0	79.6	113
	運輸業、郵便業	2.8	10.1	1.6	5.4	4.7	5.4	10.1	0.3	11.0	0.6	74.8	317
	卸売業、小売業	2.9	11.5	0.4	3.5	4.4	4.5	9.9	0.4	9.5	0.8	75.0	771
	金融業、保険業	4.8	17.7	1.6	3.2	11.3	8.1	8.1	0.0	3.2	1.6	72.6	62
	不動産業、物品賃貸業	1.7	12.1	0.0	5.2	5.2	1.7	15.5	1.7	12.1	1.7	70.7	58
	学術研究、専門・技術サービス業	3.7	16.0	1.2	2.5	8.6	7.4	19.8	1.2	9.9	2.5	69.1	81
	宿泊業、飲食サービス業	0.9	3.3	0.5	2.4	0.9	1.9	2.4	0.0	3.8	0.5	90.0	211
	生活関連サービス業、娯楽業	2.1	5.3	0.0	4.3	4.3	1.1	8.5	1.1	4.3	1.1	85.1	94
	教育、学習支援業	8.1	17.8	4.3	10.3	9.2	14.1	20.5	2.2	17.3	0.5	51.4	185
	医療、福祉	3.0	13.9	1.2	3.2	2.0	6.2	8.5	0.1	7.2	0.9	74.2	691
	複合サービス事業	5.7	10.0	0.0	7.1	12.9	7.1	14.3	0.0	5.7	1.4	67.1	70
	その他のサービス業	2.1	11.9	0.7	4.8	3.7	4.8	11.7	0.9	5.7	0.2	76.1	436
	無回答	0.0	0.0	0.0	0.0	0.0	0.0	0.0	0.0	0.0	0.0	100.0	1
合計		3.0	11.7	0.8	4.1	3.7	5.0	9.6	0.5	8.0	0.8	75.2	4366

図表 2－158（続） 平成 28（2016）年度の正社員の中途採用に求める人材
（複数回答可、業種別、単位：％）

（販売の職業）

		専門分野の高度な知識・スキルがある	専門分野の一定度の知識・スキルがある	高度なマネジメント能力、多数のマネジメントの経験がある	一定度のマネジメント能力・経験がある	自社への理解度が高い（過去に自社の勤務経験があるなど）	幅広い経験がある	ポテンシャルがある	高年齢層（豊富な経験等がある）の人	若年層の人	その他	無回答・非該当	N
業種	鉱業、採石業、砂利採取業	0.0	0.0	0.0	0.0	0.0	0.0	0.0	0.0	0.0	0.0	100.0	5
	建設業	0.0	3.8	0.3	1.5	0.6	2.1	3.6	0.0	1.8	0.0	92.9	338
	製造業	2.1	6.2	0.5	2.7	0.9	3.2	5.1	0.5	3.6	0.3	86.8	910
	電気・ガス・熱供給・水道業	4.3	0.0	0.0	0.0	0.0	0.0	0.0	0.0	0.0	0.0	95.7	23
	情報通信業	6.2	11.5	0.9	4.4	2.7	4.4	12.4	0.9	7.1	0.0	80.5	113
	運輸業、郵便業	0.3	0.9	0.0	0.0	0.3	0.0	0.6	0.0	0.9	0.0	98.1	317
	卸売業、小売業	5.7	20.9	1.7	10.0	10.0	10.6	18.3	0.8	17.0	1.3	55.5	771
	金融業、保険業	1.6	17.7	0.0	6.5	11.3	11.3	8.1	1.6	3.2	0.0	77.4	62
	不動産業、物品賃貸業	1.7	3.4	0.0	1.7	0.0	1.7	8.6	0.0	8.6	1.7	86.2	58
	学術研究、専門・技術サービス業	1.2	4.9	1.2	1.2	0.0	1.2	4.9	0.0	3.7	0.0	92.6	81
	宿泊業、飲食サービス業	0.0	2.4	0.0	0.9	0.9	1.4	1.4	0.0	1.4	0.9	95.3	211
	生活関連サービス業、娯楽業	0.0	6.4	0.0	3.2	1.1	3.2	7.4	1.1	4.3	0.0	88.3	94
	教育、学習支援業	0.0	0.5	0.0	1.1	0.5	1.1	2.2	1.1	0.5	0.0	97.3	185
	医療、福祉	0.1	0.1	0.0	0.0	0.0	0.3	0.3	0.0	0.1	0.1	99.1	691
	複合サービス事業	2.9	5.7	1.4	4.3	2.9	4.3	2.9	0.0	2.9	0.0	85.7	70
	その他のサービス業	0.7	4.8	0.2	2.5	2.1	3.0	5.7	0.5	3.0	0.5	88.5	436
	無回答	0.0	0.0	0.0	0.0	0.0	0.0	0.0	0.0	0.0	0.0	100.0	1
合計		1.9	6.9	0.5	3.2	2.6	3.6	6.2	0.4	4.9	0.4	85.4	4366

（サービスの職業）

		専門分野の高度な知識・スキルがある	専門分野の一定度の知識・スキルがある	高度なマネジメント能力、多数のマネジメントの経験がある	一定度のマネジメント能力・経験がある	自社への理解度が高い（過去に自社の勤務経験があるなど）	幅広い経験がある	ポテンシャルがある	高年齢層（豊富な経験等がある）の人	若年層の人	その他	無回答・非該当	N
業種	鉱業、採石業、砂利採取業	0.0	0.0	0.0	0.0	0.0	0.0	0.0	0.0	0.0	0.0	100.0	5
	建設業	0.0	0.6	0.0	0.0	0.0	0.6	0.0	0.0	0.0	0.0	99.4	338
	製造業	0.2	0.7	0.0	0.3	0.1	0.0	0.4	0.0	0.1	0.0	99.0	910
	電気・ガス・熱供給・水道業	0.0	0.0	0.0	0.0	0.0	0.0	0.0	0.0	0.0	0.0	100.0	23
	情報通信業	0.9	0.0	0.0	0.0	0.0	0.9	1.8	0.0	1.8	0.0	97.3	113
	運輸業、郵便業	0.3	0.6	0.0	1.6	1.3	1.3	0.9	0.3	0.9	0.0	96.2	317
	卸売業、小売業	0.9	2.6	0.0	0.9	1.4	1.3	1.7	0.0	1.4	0.0	94.8	771
	金融業、保険業	0.0	1.6	0.0	0.0	0.0	0.0	1.6	0.0	0.0	0.0	98.4	62
	不動産業、物品賃貸業	5.2	6.9	1.7	0.0	0.0	1.7	5.2	0.0	1.7	0.0	89.7	58
	学術研究、専門・技術サービス業	0.0	1.2	0.0	0.0	1.2	1.2	2.5	0.0	1.2	0.0	96.3	81
	宿泊業、飲食サービス業	5.2	20.9	0.9	13.3	12.8	18.0	25.6	3.3	23.2	1.9	41.7	211
	生活関連サービス業、娯楽業	3.2	8.5	2.1	12.8	19.1	12.8	23.4	1.1	16.0	3.2	56.4	94
	教育、学習支援業	0.0	1.6	0.5	1.6	0.5	0.0	1.6	0.0	2.2	0.0	96.2	185
	医療、福祉	3.3	17.5	0.6	4.8	4.8	7.8	7.2	2.2	7.1	0.7	74.2	691
	複合サービス事業	2.9	8.6	1.4	4.3	7.1	1.4	8.6	0.0	8.6	0.0	82.9	70
	その他のサービス業	1.1	6.4	0.2	3.9	2.3	3.0	6.9	0.2	4.8	0.2	86.0	436
	無回答	0.0	0.0	0.0	0.0	0.0	0.0	0.0	0.0	0.0	0.0	100.0	1
合計		1.3	5.6	0.3	2.5	2.5	3.1	4.4	0.6	3.7	0.3	88.6	4366

（保安の職業）

		専門分野の高度な知識・スキルがある	専門分野の一定度の知識・スキルがある	高度なマネジメント能力、多数のマネジメントの経験がある	一定度のマネジメント能力・経験がある	自社への理解度が高い（過去に自社の勤務経験があるなど）	幅広い経験がある	ポテンシャルがある	高年齢層（豊富な経験等がある）の人	若年層の人	その他	無回答・非該当	N
業種	鉱業、採石業、砂利採取業	0.0	0.0	0.0	0.0	0.0	0.0	0.0	0.0	0.0	0.0	100.0	5
	建設業	0.3	0.6	0.0	0.0	0.3	0.3	0.3	0.3	0.3	0.0	98.5	338
	製造業	0.1	0.0	0.0	0.0	0.0	0.1	0.2	0.0	0.0	0.0	99.8	910
	電気・ガス・熱供給・水道業	0.0	4.3	4.3	0.0	4.3	0.0	0.0	4.3	4.3	0.0	91.3	23
	情報通信業	0.0	0.0	0.0	0.0	0.0	0.0	0.0	0.0	0.0	0.0	100.0	113
	運輸業、郵便業	0.0	0.0	0.0	0.3	0.3	0.0	0.3	0.0	0.0	0.0	99.7	317
	卸売業、小売業	0.1	0.0	0.0	0.1	0.1	0.0	0.0	0.0	0.0	0.0	99.7	771
	金融業、保険業	0.0	0.0	0.0	0.0	0.0	0.0	0.0	0.0	0.0	0.0	100.0	62
	不動産業、物品賃貸業	0.0	0.0	0.0	0.0	0.0	0.0	1.7	0.0	1.7	0.0	98.3	58
	学術研究、専門・技術サービス業	0.0	0.0	0.0	0.0	0.0	0.0	0.0	0.0	0.0	0.0	100.0	81
	宿泊業、飲食サービス業	0.0	0.0	0.0	0.0	0.0	0.5	0.5	0.0	0.5	0.0	99.5	211
	生活関連サービス業、娯楽業	0.0	0.0	0.0	0.0	0.0	0.0	0.0	0.0	0.0	0.0	100.0	94
	教育、学習支援業	0.0	0.0	0.0	0.0	0.0	0.0	0.0	0.0	0.0	0.0	100.0	185
	医療、福祉	0.0	0.4	0.0	0.1	0.0	0.4	0.0	0.0	0.0	0.0	99.4	691
	複合サービス事業	0.0	0.0	0.0	0.0	0.0	0.0	0.0	0.0	0.0	0.0	100.0	70
	その他のサービス業	0.2	0.7	0.0	0.5	0.7	0.5	0.9	0.5	0.9	0.0	97.5	436
	無回答	0.0	0.0	0.0	0.0	0.0	0.0	0.0	0.0	0.0	0.0	100.0	1
合計		0.1	0.2	0.0	0.1	0.2	0.2	0.2	0.1	0.2	0.0	99.3	4366

図表 2－158（続）　平成 28（2016）年度の正社員の中途採用に求める人材
（複数回答可、業種別、単位：%）

（農林漁業の職業）

		専門分野の高度な知識・スキルがある	専門分野の一定度の知識・スキルがある	高度なマネジメント能力、多数のマネジメントの経験がある	一定度のマネジメント能力・経験がある	自社への理解度が高い（過去に自社の勤務経験があるなど）	幅広い経験がある	ポテンシャルがある	高年齢層（豊富な経験等がある）の人	若年層の人	その他	無回答・非該当	N
業種	鉱業、採石業、砂利採取業	0.0	0.0	0.0	0.0	0.0	0.0	0.0	0.0	0.0	0.0	100.0	5
	建設業	0.0	0.0	0.0	0.0	0.0	0.0	0.0	0.0	0.0	0.0	100.0	338
	製造業	0.0	0.0	0.0	0.0	0.0	0.0	0.1	0.0	0.1	0.0	99.9	910
	電気・ガス・熱供給・水道業	0.0	0.0	0.0	0.0	0.0	0.0	0.0	0.0	0.0	0.0	100.0	23
	情報通信業	0.0	0.0	0.0	0.0	0.0	0.0	0.0	0.0	0.0	0.0	100.0	113
	運輸業、郵便業	0.0	0.0	0.0	0.0	0.0	0.0	0.0	0.0	0.0	0.0	100.0	317
	卸売業、小売業	0.0	0.0	0.0	0.0	0.0	0.0	0.0	0.0	0.0	0.0	100.0	771
	金融業、保険業	0.0	0.0	0.0	0.0	0.0	0.0	0.0	0.0	0.0	0.0	100.0	62
	不動産業、物品賃貸業	0.0	0.0	0.0	0.0	0.0	0.0	0.0	0.0	0.0	0.0	100.0	58
	学術研究、専門・技術サービス業	0.0	0.0	0.0	0.0	0.0	0.0	0.0	0.0	0.0	0.0	100.0	81
	宿泊業、飲食サービス業	0.0	0.5	0.0	0.5	0.0	0.5	0.0	0.0	0.0	0.0	99.5	211
	生活関連サービス業、娯楽業	0.0	0.0	0.0	0.0	1.1	1.1	1.1	0.0	0.0	0.0	98.9	94
	教育、学習支援業	0.0	0.0	0.0	0.0	0.0	0.0	0.0	0.0	0.0	0.0	100.0	185
	医療、福祉	0.0	0.0	0.0	0.0	0.0	0.1	0.0	0.0	0.0	0.0	99.9	691
	複合サービス事業	0.0	1.4	0.0	1.4	0.0	1.4	0.0	0.0	0.0	0.0	98.6	70
	その他のサービス業	0.0	0.2	0.0	0.0	0.2	0.0	0.0	0.0	0.0	0.0	99.8	436
	無回答	0.0	0.0	0.0	0.0	0.0	0.0	0.0	0.0	0.0	0.0	100.0	1
合計		0.0	0.1	0.0	0.0	0.0	0.1	0.0	0.0	0.0	0.0	99.9	4366

（生産工程の職業）

		専門分野の高度な知識・スキルがある	専門分野の一定度の知識・スキルがある	高度なマネジメント能力、多数のマネジメントの経験がある	一定度のマネジメント能力・経験がある	自社への理解度が高い（過去に自社の勤務経験があるなど）	幅広い経験がある	ポテンシャルがある	高年齢層（豊富な経験等がある）の人	若年層の人	その他	無回答・非該当	N
業種	鉱業、採石業、砂利採取業	0.0	0.0	0.0	0.0	0.0	0.0	0.0	0.0	0.0	0.0	100.0	5
	建設業	0.3	0.6	0.0	0.3	0.9	0.9	0.3	0.0	1.2	0.3	96.4	338
	製造業	2.1	11.9	0.2	3.5	4.9	5.1	12.9	1.4	18.4	1.3	67.5	910
	電気・ガス・熱供給・水道業	0.0	4.3	0.0	0.0	0.0	0.0	0.0	0.0	0.0	0.0	95.7	23
	情報通信業	0.0	0.0	0.0	0.0	0.0	0.0	0.0	0.0	0.0	0.0	100.0	113
	運輸業、郵便業	0.0	0.6	0.0	0.3	0.9	0.6	1.3	0.0	0.6	0.0	98.4	317
	卸売業、小売業	0.5	2.1	0.1	0.4	0.5	0.6	0.5	0.4	1.3	0.0	96.6	771
	金融業、保険業	0.0	0.0	0.0	0.0	0.0	0.0	0.0	0.0	0.0	0.0	100.0	62
	不動産業、物品賃貸業	0.0	0.0	0.0	0.0	0.0	0.0	0.0	0.0	0.0	1.7	98.3	58
	学術研究、専門・技術サービス業	0.0	0.0	0.0	0.0	0.0	0.0	0.0	0.0	0.0	0.0	100.0	81
	宿泊業、飲食サービス業	0.0	0.0	0.0	0.0	0.0	0.0	0.0	0.0	0.5	0.0	99.5	211
	生活関連サービス業、娯楽業	0.0	2.1	0.0	0.0	3.2	2.1	2.1	0.0	3.2	0.0	94.7	94
	教育、学習支援業	0.0	0.0	0.0	0.0	0.0	0.0	0.0	0.0	0.0	0.0	100.0	185
	医療、福祉	0.0	0.0	0.0	0.0	0.0	0.1	0.0	0.0	0.0	0.0	99.9	691
	複合サービス事業	1.4	0.0	0.0	0.0	0.0	0.0	1.4	0.0	0.0	0.0	98.6	70
	その他のサービス業	0.2	1.1	0.0	0.0	0.5	0.7	1.8	0.2	1.1	0.2	97.7	436
	無回答	0.0	0.0	0.0	0.0	0.0	0.0	0.0	0.0	0.0	0.0	100.0	1
合計		0.6	3.1	0.1	0.8	1.4	1.4	3.1	0.4	4.4	0.3	91.8	4366

（輸送・機械運転の職業）

		専門分野の高度な知識・スキルがある	専門分野の一定度の知識・スキルがある	高度なマネジメント能力、多数のマネジメントの経験がある	一定度のマネジメント能力・経験がある	自社への理解度が高い（過去に自社の勤務経験があるなど）	幅広い経験がある	ポテンシャルがある	高年齢層（豊富な経験等がある）の人	若年層の人	その他	無回答・非該当	N
業種	鉱業、採石業、砂利採取業	0.0	0.0	0.0	0.0	0.0	20.0	0.0	0.0	0.0	0.0	80.0	5
	建設業	0.0	0.9	0.0	0.0	0.0	0.0	0.3	0.3	0.3	0.0	98.5	338
	製造業	0.2	0.8	0.0	0.2	0.3	0.3	0.7	0.2	0.3	0.0	98.6	910
	電気・ガス・熱供給・水道業	0.0	0.0	0.0	0.0	0.0	0.0	0.0	0.0	0.0	0.0	100.0	23
	情報通信業	0.0	0.0	0.0	0.0	0.0	0.0	0.0	0.0	0.0	0.0	100.0	113
	運輸業、郵便業	4.1	18.3	0.3	5.0	6.3	8.2	9.8	3.2	13.2	2.5	63.1	317
	卸売業、小売業	0.1	0.5	0.0	0.3	0.1	0.1	0.8	0.0	0.6	0.1	98.3	771
	金融業、保険業	0.0	0.0	0.0	0.0	0.0	0.0	0.0	0.0	0.0	0.0	100.0	62
	不動産業、物品賃貸業	0.0	0.0	0.0	0.0	0.0	0.0	0.0	0.0	0.0	0.0	100.0	58
	学術研究、専門・技術サービス業	0.0	0.0	0.0	0.0	0.0	0.0	1.2	0.0	0.0	0.0	98.8	81
	宿泊業、飲食サービス業	0.0	0.0	0.0	0.0	0.0	0.0	0.0	0.0	0.0	0.0	100.0	211
	生活関連サービス業、娯楽業	0.0	1.1	0.0	0.0	0.0	2.1	1.1	0.0	2.1	0.0	97.9	94
	教育、学習支援業	0.0	0.0	0.0	0.0	0.0	0.0	0.0	0.0	0.0	0.0	100.0	185
	医療、福祉	0.0	0.3	0.0	0.0	0.0	0.3	0.0	0.0	0.0	0.0	99.4	691
	複合サービス事業	1.4	1.4	0.0	0.0	0.0	0.0	0.0	0.0	0.0	0.0	98.6	70
	その他のサービス業	0.0	0.5	0.0	0.0	0.0	0.2	0.9	0.0	0.5	0.2	98.4	436
	無回答	0.0	0.0	0.0	0.0	0.0	0.0	0.0	0.0	0.0	0.0	100.0	1
合計		0.4	1.8	0.0	0.5	0.5	0.8	1.1	0.3	1.3	0.2	96.2	4366

図表 2－158（続） 平成 28（2016）年度の正社員の中途採用に求める人材（複数回答可、業種別、単位：%）

（建設・掘削の職業）

		専門分野の高度な知識・スキルがある	専門分野の一定度の知識・スキルがある	高度なマネジメント能力、多数のマネジメントの経験がある	一定度のマネジメント能力・経験がある	自社への理解度が高い（過去に自社の勤務経験があるなど）	幅広い経験がある	ポテンシャルがある	高年齢層（豊富な経験等がある）の人	若年層の人	その他	無回答・非該当	N
業種	鉱業、採石業、砂利採取業	0.0	0.0	0.0	0.0	0.0	0.0	0.0	0.0	0.0	0.0	100.0	5
	建設業	4.1	8.0	0.9	1.8	1.2	4.7	7.1	1.2	7.1	0.0	83.1	338
	製造業	0.4	0.9	0.0	0.2	0.1	0.2	0.3	0.0	0.1	0.0	99.0	910
	電気・ガス・熱供給・水道業	4.3	8.7	0.0	0.0	0.0	0.0	0.0	0.0	8.7	0.0	91.3	23
	情報通信業	0.0	0.0	0.0	0.0	0.0	0.0	0.0	0.0	0.0	0.0	100.0	113
	運輸業、郵便業	0.6	0.6	0.0	0.0	0.6	0.0	0.6	0.0	0.0	0.0	98.7	317
	卸売業、小売業	0.0	0.1	0.0	0.0	0.0	0.1	0.1	0.0	0.1	0.0	99.6	771
	金融業、保険業	0.0	0.0	0.0	0.0	0.0	0.0	0.0	0.0	0.0	0.0	100.0	62
	不動産業、物品賃貸業	1.7	1.7	0.0	0.0	0.0	0.0	0.0	0.0	0.0	0.0	98.3	58
	学術研究、専門・技術サービス業	1.2	0.0	0.0	0.0	0.0	1.2	0.0	0.0	1.2	0.0	98.8	81
	宿泊業、飲食サービス業	0.0	0.0	0.0	0.0	0.5	0.5	0.0	0.0	0.5	0.0	99.5	211
	生活関連サービス業、娯楽業	0.0	0.0	0.0	0.0	0.0	0.0	0.0	0.0	0.0	0.0	100.0	94
	教育、学習支援業	0.0	0.0	0.0	0.0	0.0	0.0	0.0	0.0	0.0	0.0	100.0	185
	医療、福祉	0.0	0.0	0.0	0.0	0.0	0.1	0.0	0.0	0.0	0.0	99.9	691
	複合サービス事業	0.0	0.0	0.0	0.0	0.0	0.0	0.0	0.0	0.0	0.0	100.0	70
	その他のサービス業	0.5	0.2	0.0	0.0	0.0	0.2	0.7	0.0	0.2	0.0	99.3	436
	無回答	0.0	0.0	0.0	0.0	0.0	0.0	0.0	0.0	0.0	0.0	100.0	1
合計		0.6	1.0	0.1	0.2	0.2	0.5	0.8	0.1	0.7	0.0	98.1	4366

（運搬・清掃・包装等の職業）

		専門分野の高度な知識・スキルがある	専門分野の一定度の知識・スキルがある	高度なマネジメント能力、多数のマネジメントの経験がある	一定度のマネジメント能力・経験がある	自社への理解度が高い（過去に自社の勤務経験があるなど）	幅広い経験がある	ポテンシャルがある	高年齢層（豊富な経験等がある）の人	若年層の人	その他	無回答・非該当	N
業種	鉱業、採石業、砂利採取業	0.0	20.0	0.0	0.0	0.0	0.0	0.0	0.0	0.0	0.0	80.0	5
	建設業	0.0	0.6	0.0	0.0	0.0	0.0	0.6	0.0	0.3	0.0	99.1	338
	製造業	0.2	0.5	0.0	0.2	0.3	0.3	0.4	0.1	0.3	0.1	98.8	910
	電気・ガス・熱供給・水道業	0.0	0.0	0.0	0.0	0.0	0.0	0.0	0.0	0.0	0.0	100.0	23
	情報通信業	0.0	0.0	0.0	0.0	0.0	0.0	0.0	0.0	0.0	0.0	100.0	113
	運輸業、郵便業	0.0	3.2	0.0	1.3	1.9	1.3	3.2	0.0	2.8	0.0	94.3	317
	卸売業、小売業	0.0	0.3	0.0	0.0	0.4	0.6	0.5	0.1	0.1	0.1	99.1	771
	金融業、保険業	0.0	0.0	0.0	0.0	1.6	0.0	0.0	1.6	0.0	0.0	98.4	62
	不動産業、物品賃貸業	0.0	1.7	0.0	0.0	0.0	0.0	3.4	0.0	3.4	0.0	96.6	58
	学術研究、専門・技術サービス業	0.0	0.0	0.0	0.0	0.0	0.0	2.5	0.0	0.0	1.2	97.5	81
	宿泊業、飲食サービス業	0.0	0.0	0.0	0.0	0.0	0.0	0.0	0.0	0.0	0.0	100.0	211
	生活関連サービス業、娯楽業	0.0	0.0	0.0	1.1	0.0	0.0	0.0	0.0	0.0	0.0	98.9	94
	教育、学習支援業	0.5	0.0	0.0	0.0	0.0	0.0	0.0	0.0	0.0	0.0	99.5	185
	医療、福祉	0.0	0.6	0.0	0.0	0.0	0.4	0.1	0.0	0.4	0.3	98.3	691
	複合サービス事業	0.0	0.0	0.0	0.0	0.0	0.0	0.0	0.0	0.0	0.0	100.0	70
	その他のサービス業	0.2	1.6	0.0	1.1	0.2	1.4	1.8	0.7	0.7	0.2	96.3	436
	無回答	0.0	0.0	0.0	0.0	0.0	0.0	0.0	0.0	0.0	0.0	100.0	1
合計		0.1	0.7	0.0	0.3	0.3	0.5	0.8	0.1	0.5	0.1	98.3	4366

（その他）

		専門分野の高度な知識・スキルがある	専門分野の一定度の知識・スキルがある	高度なマネジメント能力、多数のマネジメントの経験がある	一定度のマネジメント能力・経験がある	自社への理解度が高い（過去に自社の勤務経験があるなど）	幅広い経験がある	ポテンシャルがある	高年齢層（豊富な経験等がある）の人	若年層の人	その他	無回答・非該当	N
業種	鉱業、採石業、砂利採取業	0.0	0.0	0.0	0.0	0.0	0.0	0.0	0.0	0.0	0.0	100.0	5
	建設業	0.3	0.3	0.6	0.3	0.0	0.3	0.9	0.6	0.6	0.0	97.6	338
	製造業	0.2	0.4	0.2	0.2	0.1	0.7	0.9	0.1	0.7	0.1	98.0	910
	電気・ガス・熱供給・水道業	0.0	0.0	0.0	0.0	0.0	0.0	0.0	0.0	0.0	0.0	100.0	23
	情報通信業	0.9	2.7	0.0	0.0	0.0	0.9	0.9	0.0	0.9	0.0	96.5	113
	運輸業、郵便業	0.6	0.6	0.6	0.9	0.6	0.3	1.6	0.0	0.3	0.0	97.5	317
	卸売業、小売業	0.3	0.8	0.0	0.4	0.1	0.6	0.8	0.0	0.9	0.1	97.9	771
	金融業、保険業	0.0	1.6	0.0	1.6	0.0	0.0	0.0	0.0	0.0	0.0	98.4	62
	不動産業、物品賃貸業	1.7	1.7	0.0	0.0	0.0	1.7	1.7	0.0	0.0	0.0	98.3	58
	学術研究、専門・技術サービス業	1.2	0.0	1.2	0.0	0.0	1.2	0.0	0.0	0.0	0.0	98.8	81
	宿泊業、飲食サービス業	0.5	0.9	0.0	0.5	0.5	0.5	0.0	0.0	0.5	0.0	97.2	211
	生活関連サービス業、娯楽業	0.0	0.0	0.0	0.0	0.0	1.1	1.1	0.0	0.0	0.0	98.9	94
	教育、学習支援業	1.1	0.5	0.5	0.5	0.5	0.0	0.5	0.0	1.1	0.0	97.3	185
	医療、福祉	0.4	1.6	0.0	0.4	0.1	1.2	1.2	0.3	0.6	0.3	96.7	691
	複合サービス事業	0.0	0.0	0.0	1.4	0.0	0.0	2.9	0.0	0.0	0.0	95.7	70
	その他のサービス業	0.5	1.8	0.0	0.5	1.6	1.6	2.1	0.0	1.8	0.7	94.7	436
	無回答	0.0	0.0	0.0	0.0	0.0	0.0	0.0	0.0	0.0	0.0	100.0	1
合計		0.4	0.9	0.2	0.4	0.3	0.8	1.0	0.1	0.7	0.2	97.3	4366

企業規模別（図表 2－159）に見ると、規模によらず概して企業合計と同様の傾向である。ただし、ある特定の規模の企業だけ傾向が異なるという場合も散見される。生産工程の職業は、規模によらず「専門分野の一定度の知識・スキルがある」人が主に求められている。加えて 300～499 人規模の企業までは「若年層の人」が主に求められるが、500～999 人規模以上の企業では「ポテンシャルのある」人が求められる主な人材である。

図表 2－159　平成 28（2016）年度の正社員の中途採用に求める人材（複数回答可、企業規模別、単位：%）

（管理的職業）

		専門分野の高度な知識・スキルがある	専門分野の一定度の知識・スキルがある	高度なマネジメント能力、多数のマネジメントの経験がある	一定度のマネジメント能力・経験がある	自社への理解度が高い（過去に自社の勤務経験があるなど）	幅広い経験がある	ポテンシャルがある	高年齢層（豊富な経験等がある）の人	若年層の人	その他	無回答・非該当	N
従業員数	30人未満	0.0	0.0	1.8	0.0	1.8	0.0	1.8	0.0	0.0	0.0	96.5	57
	30～99人	3.4	2.1	2.4	1.7	0.7	1.8	1.6	0.4	0.5	0.1	93.0	1509
	100～299人	4.8	3.1	4.1	3.5	1.6	2.9	2.2	0.6	0.2	0.1	88.6	861
	300～499人	6.5	3.6	6.1	2.5	0.4	5.8	2.2	0.4	0.0	0.7	88.1	277
	500～999人	7.5	3.1	6.9	4.7	1.2	4.4	3.1	0.9	0.9	0.0	85.4	321
	1000人以上	8.9	5.2	7.6	6.5	2.0	4.8	3.0	0.4	0.9	0.0	83.8	538
	無回答	3.7	2.7	3.7	3.2	1.5	1.9	1.4	0.5	1.4	0.0	91.0	803
合計		4.9	3.0	4.2	3.2	1.2	2.8	2.0	0.5	0.6	0.1	89.8	4366

（専門的・技術的職業）

		専門分野の高度な知識・スキルがある	専門分野の一定度の知識・スキルがある	高度なマネジメント能力、多数のマネジメントの経験がある	一定度のマネジメント能力・経験がある	自社への理解度が高い（過去に自社の勤務経験があるなど）	幅広い経験がある	ポテンシャルがある	高年齢層（豊富な経験等がある）の人	若年層の人	その他	無回答・非該当	N
従業員数	30人未満	8.8	12.3	0.0	0.0	3.5	1.8	5.3	0.0	1.8	0.0	82.5	57
	30～99人	9.4	15.9	1.0	3.3	2.3	5.3	6.0	0.5	5.2	0.7	75.5	1509
	100～299人	13.7	25.0	0.6	3.9	3.7	6.4	7.3	0.8	6.3	0.7	65.4	861
	300～499人	17.3	29.2	1.8	4.3	5.1	11.6	10.1	1.8	8.7	1.4	59.9	277
	500～999人	22.4	26.2	2.2	6.2	3.7	8.7	10.3	0.3	6.2	0.3	62.3	321
	1000人以上	28.8	25.7	5.2	5.4	3.9	7.1	14.7	0.7	4.1	0.9	56.9	538
	無回答	8.2	15.2	1.1	3.1	2.9	3.1	5.9	0.7	5.0	0.4	77.8	803
合計		13.9	20.3	1.6	3.9	3.2	5.9	7.9	0.7	5.5	0.7	69.8	4366

（事務的職業）

		専門分野の高度な知識・スキルがある	専門分野の一定度の知識・スキルがある	高度なマネジメント能力、多数のマネジメントの経験がある	一定度のマネジメント能力・経験がある	自社への理解度が高い（過去に自社の勤務経験があるなど）	幅広い経験がある	ポテンシャルがある	高年齢層（豊富な経験等がある）の人	若年層の人	その他	無回答・非該当	N
従業員数	30人未満	1.8	14.0	1.8	5.3	8.8	5.3	12.3	5.3	3.5	1.8	66.7	57
	30～99人	1.3	9.9	0.5	4.2	3.2	3.4	8.3	0.4	8.0	0.6	78.3	1509
	100～299人	3.0	12.4	0.9	3.1	3.3	4.8	9.4	0.2	9.3	0.8	74.4	861
	300～499人	4.0	14.8	0.7	5.1	4.0	8.7	9.7	0.4	9.4	1.1	70.0	277
	500～999人	3.7	15.3	0.9	6.2	5.3	9.0	11.8	1.2	8.7	0.0	69.2	321
	1000人以上	9.1	17.1	1.9	5.4	7.4	6.9	16.0	0.7	6.7	0.7	66.5	538
	無回答	1.7	8.0	0.6	3.0	1.5	4.0	7.0	0.2	7.1	1.2	80.9	803
合計		3.0	11.7	0.8	4.1	3.7	5.0	9.6	0.5	8.0	0.8	75.2	4366

図表 2－159（続） 平成 28（2016）年度の正社員の中途採用に求める人材（複数回答可、企業規模別、単位：%）

（販売の職業）

		専門分野の高度な知識・スキルがある	専門分野の一定度の知識・スキルがある	高度なマネジメント能力、多数のマネジメントの経験がある	一定度のマネジメント能力・経験がある	自社への理解度が高い（過去に自社の勤務経験があるなど）	幅広い経験がある	ポテンシャルがある	高年齢層（豊富な経験等がある）の人	若年層の人	その他	無回答・非該当	N
従業員数	30人未満	1.8	1.8	0.0	0.0	5.3	0.0	7.0	0.0	7.0	0.0	86.0	57
	30～99人	1.3	7.2	0.3	2.9	2.4	3.4	6.6	0.1	5.4	0.5	85.4	1509
	100～299人	1.4	5.1	0.2	2.9	1.9	3.9	4.4	0.2	4.6	0.5	87.2	861
	300～499人	2.5	7.9	0.4	2.5	3.6	5.4	4.3	0.0	5.1	0.4	83.8	277
	500～999人	2.8	8.1	0.6	4.0	3.1	4.7	6.9	2.2	3.4	0.0	83.8	321
	1000人以上	5.0	9.3	1.7	4.6	3.5	3.9	8.4	0.7	4.1	0.0	82.2	538
	無回答	0.7	6.2	0.6	3.1	2.4	2.7	6.4	0.4	5.2	0.9	87.0	803
合計		1.9	6.9	0.5	3.2	2.6	3.6	6.2	0.4	4.9	0.4	85.4	4366

（サービスの職業）

		専門分野の高度な知識・スキルがある	専門分野の一定度の知識・スキルがある	高度なマネジメント能力、多数のマネジメントの経験がある	一定度のマネジメント能力・経験がある	自社への理解度が高い（過去に自社の勤務経験があるなど）	幅広い経験がある	ポテンシャルがある	高年齢層（豊富な経験等がある）の人	若年層の人	その他	無回答・非該当	N
従業員数	30人未満	0.0	3.5	1.8	3.5	1.8	1.8	0.0	0.0	0.0	0.0	94.7	57
	30～99人	0.9	4.4	0.3	1.4	1.7	2.8	3.8	0.4	3.0	0.2	90.8	1509
	100～299人	1.6	8.4	0.0	3.7	3.1	3.7	5.0	1.2	5.3	0.6	84.7	861
	300～499人	3.2	10.5	0.4	4.0	3.6	7.9	5.4	0.7	5.1	0.4	80.1	277
	500～999人	1.9	6.2	0.3	4.0	4.0	2.2	6.9	0.9	5.9	0.3	86.0	321
	1000人以上	1.1	5.8	0.6	3.3	2.6	2.2	4.5	0.2	2.4	0.4	90.3	538
	無回答	1.1	3.2	0.1	1.7	2.6	2.6	3.9	0.4	3.1	0.1	91.0	803
合計		1.3	5.6	0.3	2.5	2.5	3.1	4.4	0.6	3.7	0.3	88.6	4366

（保安の職業）

		専門分野の高度な知識・スキルがある	専門分野の一定度の知識・スキルがある	高度なマネジメント能力、多数のマネジメントの経験がある	一定度のマネジメント能力・経験がある	自社への理解度が高い（過去に自社の勤務経験があるなど）	幅広い経験がある	ポテンシャルがある	高年齢層（豊富な経験等がある）の人	若年層の人	その他	無回答・非該当	N
従業員数	30人未満	0.0	0.0	0.0	0.0	0.0	0.0	0.0	0.0	0.0	0.0	100.0	57
	30～99人	0.1	0.1	0.0	0.0	0.1	0.1	0.1	0.1	0.0	0.0	99.7	1509
	100～299人	0.1	0.3	0.0	0.2	0.1	0.1	0.0	0.0	0.1	0.0	99.4	861
	300～499人	0.0	0.7	0.0	0.4	0.7	1.1	0.4	0.4	0.0	0.0	98.2	277
	500～999人	0.3	0.3	0.0	0.0	0.0	0.6	0.9	0.0	1.2	0.0	98.4	321
	1000人以上	0.0	0.2	0.0	0.4	0.4	0.2	0.7	0.2	0.4	0.0	98.7	538
	無回答	0.0	0.0	0.1	0.0	0.1	0.0	0.1	0.1	0.1	0.0	99.8	803
合計		0.1	0.2	0.0	0.1	0.2	0.2	0.2	0.1	0.2	0.0	99.3	4366

（農林漁業の職業）

		専門分野の高度な知識・スキルがある	専門分野の一定度の知識・スキルがある	高度なマネジメント能力、多数のマネジメントの経験がある	一定度のマネジメント能力・経験がある	自社への理解度が高い（過去に自社の勤務経験があるなど）	幅広い経験がある	ポテンシャルがある	高年齢層（豊富な経験等がある）の人	若年層の人	その他	無回答・非該当	N
従業員数	30人未満	0.0	0.0	0.0	0.0	0.0	0.0	0.0	0.0	0.0	0.0	100.0	57
	30～99人	0.0	0.0	0.0	0.0	0.1	0.1	0.1	0.0	0.0	0.0	99.9	1509
	100～299人	0.0	0.1	0.0	0.1	0.0	0.1	0.0	0.0	0.0	0.0	99.9	861
	300～499人	0.0	0.0	0.0	0.0	0.0	0.4	0.0	0.0	0.0	0.0	99.6	277
	500～999人	0.0	0.6	0.0	0.3	0.3	0.3	0.0	0.0	0.0	0.0	99.4	321
	1000人以上	0.0	0.0	0.0	0.0	0.0	0.0	0.2	0.0	0.2	0.0	99.8	538
	無回答	0.0	0.0	0.0	0.0	0.0	0.0	0.0	0.0	0.0	0.0	100.0	803
合計		0.0	0.1	0.0	0.0	0.0	0.1	0.0	0.0	0.0	0.0	99.9	4366

図表 2－159（続） 平成 28（2016）年度の正社員の中途採用に求める人材
（複数回答可、企業規模別、単位：%）

（生産工程の職業）

		専門分野の高度な知識・スキルがある	専門分野の一定度の知識・スキルがある	高度なマネジメント能力、多数のマネジメントの経験がある	一定度のマネジメント能力・経験がある	自社への理解度が高い（過去に自社の勤務経験があるなど）	幅広い経験がある	ポテンシャルがある	高年齢層（豊富な経験等がある）の人	若年層の人	その他	無回答・非該当	N
従業員数	30人未満	0.0	0.0	0.0	0.0	0.0	0.0	0.0	0.0	0.0	0.0	100.0	57
	30～99人	0.5	3.4	0.1	1.1	1.3	2.0	3.3	0.6	5.0	0.5	90.3	1509
	100～299人	0.6	3.0	0.0	1.2	2.3	2.2	3.4	0.6	5.5	0.2	90.1	861
	300～499人	0.7	3.2	0.0	0.4	0.4	1.4	2.2	0.0	4.7	0.4	93.1	277
	500～999人	0.3	2.2	0.0	0.6	0.3	0.6	2.5	0.3	1.9	0.3	96.0	321
	1000人以上	1.5	5.4	0.0	0.6	2.0	0.6	4.5	0.2	4.3	0.2	91.4	538
	無回答	0.2	1.6	0.2	0.5	0.9	0.5	2.5	0.1	3.4	0.4	93.9	803
合計		0.6	3.1	0.1	0.8	1.4	1.4	3.1	0.4	4.4	0.3	91.8	4366

（輸送・機械運転の職業）

		専門分野の高度な知識・スキルがある	専門分野の一定度の知識・スキルがある	高度なマネジメント能力、多数のマネジメントの経験がある	一定度のマネジメント能力・経験がある	自社への理解度が高い（過去に自社の勤務経験があるなど）	幅広い経験がある	ポテンシャルがある	高年齢層（豊富な経験等がある）の人	若年層の人	その他	無回答・非該当	N
従業員数	30人未満	0.0	0.0	0.0	0.0	0.0	0.0	0.0	0.0	0.0	0.0	100.0	57
	30～99人	0.5	2.1	0.0	0.4	0.2	0.7	1.3	0.3	1.3	0.3	96.0	1509
	100～299人	0.1	2.0	0.1	0.7	0.9	0.8	0.9	0.3	1.6	0.3	95.8	861
	300～499人	0.0	1.4	0.0	1.1	1.4	1.8	1.1	0.7	1.1	0.4	96.0	277
	500～999人	0.0	0.9	0.0	0.0	0.9	0.6	0.9	0.3	0.9	0.3	98.1	321
	1000人以上	0.6	0.9	0.0	0.2	0.4	0.4	1.1	0.2	0.9	0.0	97.2	538
	無回答	0.7	2.1	0.0	0.5	0.5	1.2	1.4	0.2	1.4	0.1	95.5	803
合計		0.4	1.8	0.0	0.5	0.5	0.8	1.1	0.3	1.3	0.2	96.2	4366

（建設・掘削の職業）

		専門分野の高度な知識・スキルがある	専門分野の一定度の知識・スキルがある	高度なマネジメント能力、多数のマネジメントの経験がある	一定度のマネジメント能力・経験がある	自社への理解度が高い（過去に自社の勤務経験があるなど）	幅広い経験がある	ポテンシャルがある	高年齢層（豊富な経験等がある）の人	若年層の人	その他	無回答・非該当	N
従業員数	30人未満	1.8	0.0	1.8	0.0	0.0	0.0	0.0	1.8	0.0	0.0	98.2	57
	30～99人	0.5	1.3	0.1	0.3	0.2	0.7	0.8	0.0	0.9	0.0	97.8	1509
	100～299人	0.8	0.6	0.1	0.0	0.0	0.6	0.3	0.0	0.7	0.0	98.6	861
	300～499人	0.0	0.7	0.0	0.0	0.4	0.4	0.4	0.0	0.0	0.0	98.9	277
	500～999人	0.6	0.9	0.0	0.0	0.0	0.0	0.6	0.0	0.3	0.0	99.1	321
	1000人以上	1.1	1.3	0.0	0.2	0.6	0.4	1.3	0.0	0.6	0.0	97.8	538
	無回答	0.2	0.6	0.0	0.4	0.1	0.5	1.0	0.4	0.9	0.0	97.8	803
合計		0.6	1.0	0.1	0.2	0.2	0.5	0.8	0.1	0.7	0.0	98.1	4366

（運搬・清掃・包装等の職業）

		専門分野の高度な知識・スキルがある	専門分野の一定度の知識・スキルがある	高度なマネジメント能力、多数のマネジメントの経験がある	一定度のマネジメント能力・経験がある	自社への理解度が高い（過去に自社の勤務経験があるなど）	幅広い経験がある	ポテンシャルがある	高年齢層（豊富な経験等がある）の人	若年層の人	その他	無回答・非該当	N
従業員数	30人未満	0.0	0.0	0.0	0.0	0.0	0.0	0.0	0.0	0.0	0.0	100.0	57
	30～99人	0.1	0.6	0.0	0.2	0.3	0.4	0.6	0.1	0.6	0.2	98.5	1509
	100～299人	0.1	1.3	0.0	0.3	0.5	0.6	1.0	0.0	0.7	0.0	97.8	861
	300～499人	0.0	0.0	0.0	0.7	0.4	0.7	0.7	0.4	0.4	0.7	97.5	277
	500～999人	0.0	0.3	0.0	0.0	0.3	0.6	0.6	0.6	0.3	0.0	98.1	321
	1000人以上	0.0	0.9	0.0	0.6	0.0	0.4	1.1	0.4	0.6	0.2	98.1	538
	無回答	0.1	0.7	0.0	0.1	0.5	0.5	0.6	0.0	0.2	0.0	98.8	803
合計		0.1	0.7	0.0	0.3	0.3	0.5	0.8	0.1	0.5	0.1	98.3	4366

図表 2－159（続）　平成 28（2016）年度の正社員の中途採用に求める人材（複数回答可、企業規模別、単位：%）

（その他）

		専門分野の高度な知識・スキルがある	専門分野の一定度の知識・スキルがある	高度なマネジメント能力、多数のマネジメントの経験がある	一定度のマネジメント能力・経験がある	自社への理解度が高い（過去に自社の勤務経験があるなど）	幅広い経験がある	ポテンシャルがある	高年齢層（豊富な経験等がある）の人	若年層の人	その他	無回答・非該当	N
従業員数	30人未満	0.0	0.0	0.0	0.0	0.0	0.0	0.0	0.0	0.0	0.0	100.0	57
	30～99人	0.2	0.7	0.2	0.3	0.3	0.5	0.5	0.1	0.8	0.1	98.1	1509
	100～299人	0.6	1.2	0.0	0.6	0.3	1.0	1.2	0.0	0.7	0.2	96.4	861
	300～499人	0.4	1.8	0.7	0.4	0.4	1.4	2.2	0.4	1.4	0.0	96.0	277
	500～999人	0.6	2.2	0.0	0.6	0.0	0.6	2.8	0.0	0.3	0.3	96.0	321
	1000人以上	0.7	0.6	0.2	0.4	0.7	1.1	1.3	0.2	0.6	0.2	97.2	538
	無回答	0.4	0.6	0.2	0.5	0.1	0.5	0.6	0.1	0.7	0.2	97.6	803
合計		0.4	0.9	0.2	0.4	0.3	0.8	1.0	0.1	0.7	0.2	97.3	4366

1.8　平成 28（2016）年度における正社員の中途採用の充足状況

平成 28 年度における正社員の中途採用の充足状況を、「計画上の採用予定人数」に対する「実際の採用人数」の比率（以下「達成率」という。単位：%）で確認する。達成率が 100%に近ければ、ほぼ中途採用の計画通りに採用されたことになる。また、100%を上回ると、計画より採用人数が多かったことを表す。

正社員の中途採用で求める人材像・イメージ別（図表 2－160）に見ると、「専門分野の高度な知識・スキルがある人」（約 88.0%）および「専門分野の一定度の知識・スキルがある人」（約 86.3%）と回答する企業では、正社員の中途採用の平均達成率が相対的に高い。一方、「高年齢層（豊富な経験がある）の人」（約 77.7%）および「若年層の人」（約 81.0%）と回答する企業では、平均達成率が相対的に低い。

図表 2－160　平成 28（2016）年度における正社員の中途採用の平均達成率（求める人材像・イメージ別、単位：%）

	N	平均	標準偏差	中央値	最小値	最大値
専門分野の高度な知識・スキルがある人	628	88.0	60.8	100.0	0.0	1300.0
専門分野の一定度の知識・スキルがある人	1207	86.3	54.9	100.0	0.0	1300.0
高度なマネジメント能力・豊富なマネジメントの経験がある人	198	85.7	36.9	100.0	0.0	340.0
一定度のマネジメントの能力・経験がある人	577	81.5	39.2	100.0	0.0	340.0
自社への理解度が高い人（過去に自社に勤務経験があるなど）	323	84.1	37.3	100.0	0.0	226.7
幅広い経験がある人	493	85.7	67.0	100.0	0.0	1300.0
ポテンシャルがある人	814	84.6	38.9	100.0	0.0	340.0
高年齢層（豊富な経験がある）の人	58	77.7	39.6	85.1	0.0	200.0
若年層の人	774	81.0	40.8	100.0	0.0	500.0
その他	102	81.6	36.1	100.0	0.0	226.7
全体	2267	84.3	47.2	100.0	0.0	1300.0

注 1：無回答・非該当（平成 28 年度に正社員の中途採用を実施していない企業）を除く。

注 2：達成率＝「実際の採用人数」／「計画上の採用予定人数」×100

正社員の中途採用で限定正社員を採用している企業の方が、採用していない企業よりも正社員の中途採用の平均達成率が相対的に高い（図表 2－161）。

図表 2－161　平成 28（2016）年度における正社員の中途採用の平均達成率（中途採用における限定正社員の採用の有無別、単位：%）

	N	平均	標準偏差	中央値	最小値	最大値
勤務地限定正社員						
採用している	164	91.6	25.1	100.0	8.9	200.0
採用していない	2053	83.6	48.6	100.0	0.0	1300.0
職務限定正社員						
採用している	259	92.1	35.6	100.0	11.1	300.0
採用していない	1960	83.2	48.5	100.0	0.0	1300.0
勤務時間限定正社員						
採用している	22	93.1	29.2	100.0	30.0	180.0
採用していない	2194	84.2	47.5	100.0	0.0	1300.0

注 1：無回答・非該当（平成 28 年度に正社員の中途採用を実施していない企業）を除く。
注 2：達成率＝「実際の採用人数」／「計画上の採用予定人数」×100

次節で概観する正社員の中途採用を実施する上での工夫・取り組み別（図表 2－162）に見ると、「育児・介護支援制度等の利活用のしやすさの紹介」（約 91.2%）、「カムバック制度・キャリアリターン制度の導入」（約 89.0%）および「転職者が不利にならないように制度に工夫（休暇の取得、昇格ルールなど）」（約 88.1%）と回答する企業では、正社員の中途採用の平均達成率が相対的に高い。

図表 2－162　平成 28（2016）年度における正社員の中途採用の平均達成率（中途採用の工夫・取り組み別、単位：%）

	N	平均	標準偏差	中央値	最小値	最大値
募集時に職務内容を明確化	1586	85.9	47.8	100.0	0.0	1300.0
多様な正社員制度の導入	140	83.7	33.7	100.0	0.0	200.0
社会人向けのインターンシップ（就業体験）実施	57	76.6	37.1	85.0	0.0	200.0
能力見極めのための期間採用、その後の正社員転換と適正賃金の設定	498	81.8	37.7	100.0	0.0	250.0
カムバック制度・キャリアリターン制度の導入	98	89.0	34.9	100.0	0.0	180.0
育児・介護支援制度等の利活用のしやすさの紹介	388	91.2	72.2	100.0	0.0	1300.0
兼業・副業を認めている	46	76.6	38.3	92.6	0.0	170.0
入社後に上司・同僚になる社員を選考段階で紹介	333	84.6	37.2	100.0	0.0	300.0
転職者が不利にならないよう制度に工夫（休暇の取得、昇格ルールなど）	357	88.1	43.2	100.0	0.0	500.0
会社内での中途採用に対する理解の促進	381	85.4	72.9	100.0	0.0	1300.0
その他	55	83.8	48.3	100.0	0.0	340.0
とくにない	309	84.8	43.2	100.0	0.0	340.0

注 1：無回答・非該当（平成 28 年度に正社員の中途採用を実施していない企業）を除く。
注 2：達成率＝「実際の採用人数」／「計画上の採用予定人数」×100

2 正社員の中途採用の動向

2.1 中途採用を実施する上での工夫・取り組み

企業合計（図表 2－163、図表 2－164）で見ると、中途採用を実施する上で工夫していることや取り組んでいることとして、「募集時に職務内容を明確化」（約 61.3%（非該当を除くと約 66.5%））、「能力見極めのための期間採用、その後の正社員転換と適正賃金の設定」（約 20.7%（非該当を除くと約 22.4%））、「育児・介護支援制度等の利活用のしやすさの紹介」（約 15.8%（非該当を除くと約 17.1%））を挙げる企業が多い。

企業の地域展開の状況別に見ると、概してより広域に展開する企業ほど、「募集時に職務内容を明確化」、「カムバック制度・キャリアリターン制度の導入」、「転職者が不利にならないよう制度に工夫（休暇の取得、昇格ルールなど）」、「会社内での中途採用に対する理解の促進」といった工夫や取り組みを行う割合が高い。

図表 2－163 中途採用を実施する上での工夫・取り組み
（複数回答可、地域展開別、単位：%）

		募集時に職務内容を明確化	多様な正社員制度の導入	社会人向けのインターンシップ(就業体験)実施	能力見極めのための期間採用、その後の正社員転換と適正賃金の設定	カムバック制度・キャリアリターン制度の導入	育児・介護支援制度等の利活用のしやすさの紹介	兼業・副業を認めている
地域展開	1事業所1企業	59.7	5.3	3.1	20.9	3.0	16.2	2.2
	1都道府県のみに展開している企業	61.1	6.6	4.0	22.0	4.5	19.8	2.6
	1つの地域ブロックにのみ展開している企業	60.2	7.4	2.1	21.3	6.1	12.2	1.2
	全国的に展開している企業	61.3	5.3	2.0	19.8	5.2	14.5	1.4
	海外展開もしている企業	68.8	7.3	1.5	19.1	8.7	14.8	1.5
	無回答	50.9	10.9	3.6	18.2	5.5	14.5	1.8
合計		61.3	6.1	2.7	20.7	5.0	15.8	1.8

		入社後に上司・同僚になる社員を選考段階で紹介	転職者が不利にならないよう制度に工夫(休暇の取得、昇格ルールなど)	会社内での中途採用に対する理解の促進	その他	とくにない	無回答・非該当	N
地域展開	1事業所1企業	11.3	12.3	12.8	2.6	13.9	12.6	1010
	1都道府県のみに展開している企業	9.2	12.1	14.5	1.9	15.2	8.9	956
	1つの地域ブロックにのみ展開している企業	9.9	12.9	16.0	2.6	16.4	9.4	605
	全国的に展開している企業	15.9	15.8	15.0	1.7	14.7	11.5	1327
	海外展開もしている企業	21.3	19.4	17.4	2.9	11.4	8.2	413
	無回答	9.1	3.6	7.3	1.8	9.1	23.6	55
合計		13.0	14.0	14.7	2.2	14.5	10.7	4366

図表 2−164　中途採用を実施する上での工夫・取り組み
（非該当を除く、複数回答可、地域展開別、単位：%）

		募集時に職務内容を明確化	多様な正社員制度の導入	社会人向けのインターンシップ(就業体験)実施	能力見極めのための期間採用、その後の正社員転換と適正賃金の設定	カムバック制度・キャリアリターン制度の導入	育児・介護支援制度等の利活用のしやすさの紹介	兼業・副業を認めている
地域展開	1事業所1企業	66.3	5.9	3.4	23.2	3.3	18.0	2.4
	1都道府県のみに展開している企業	65.5	7.1	4.3	23.6	4.8	21.2	2.8
	1つの地域ブロックにのみ展開している企業	64.2	7.9	2.3	22.8	6.5	13.1	1.2
	全国的に展開している企業	66.8	5.8	2.1	21.6	5.7	15.9	1.5
	海外展開もしている企業	73.2	7.7	1.5	20.4	9.3	15.7	1.5
	無回答	53.8	11.5	3.8	19.2	5.8	15.4	1.9
合計		66.5	6.7	2.9	22.4	5.4	17.1	2.0

		入社後に上司・同僚になる社員を選考段階で紹介	転職者が不利にならないよう制度に工夫(休暇の取得、昇格ルールなど)	会社内での中途採用に対する理解の促進	その他	とくにない	無回答	N
地域展開	1事業所1企業	12.5	13.6	14.2	2.9	15.4	2.9	909
	1都道府県のみに展開している企業	9.9	13.0	15.6	2.0	16.3	2.2	891
	1つの地域ブロックにのみ展開している企業	10.6	13.8	17.1	2.8	17.5	3.4	567
	全国的に展開している企業	17.3	17.3	16.4	1.9	16.0	3.5	1217
	海外展開もしている企業	22.7	20.6	18.6	3.1	12.1	2.3	388
	無回答	9.6	3.8	7.7	1.9	9.6	19.2	52
合計		14.1	15.2	15.9	2.4	15.7	3.1	4024

注：図表 2−163 から非該当（平成 25（2013）年度以降、中途採用を実施していない企業）を除いて構成比を算出。

業種別（図表 2−165）に見ると、中途採用を実施する上で工夫していることや取り組んでいることとして、「募集時に職務内容を明確化」を挙げた割合が高いのは、医療、福祉（約 72.2%）および情報通信業（約 68.1%）である。「能力見極めのための期間採用、その後の正社員転換と適正賃金の設定」の割合が高いのは、宿泊業、飲食サービス業（約 28.4%）および生活関連サービス業、娯楽業（約 25.5%）である。「育児・介護支援制度等の利活用のしやすさの紹介」の割合が高いのは、医療、福祉（約 37.3%）および金融業、保険業（約 22.6%）となっている。

図表 2−165　中途採用を実施する上での工夫・取り組み
（複数回答可、業種別、単位：%）

		募集時に職務内容を明確化	多様な正社員制度の導入	社会人向けのインターンシップ（就業体験）実施	能力見極めのための期間採用、その後の正社員転換と適正賃金の設定	カムバック制度・キャリアリターン制度の導入	育児・介護支援制度等の利活用のしやすさの紹介	兼業・副業を認めている
業種	鉱業、採石業、砂利採取業	80.0	0.0	0.0	20.0	0.0	0.0	0.0
	建設業	65.1	3.8	2.7	17.5	3.8	6.8	0.3
	製造業	62.2	3.6	1.5	19.5	4.1	10.2	0.8
	電気・ガス・熱供給・水道業	65.2	17.4	8.7	17.4	0.0	21.7	0.0
	情報通信業	68.1	10.6	0.9	15.0	9.7	19.5	3.5
	運輸業、郵便業	61.5	6.0	0.9	22.7	4.1	5.7	1.6
	卸売業、小売業	56.7	6.5	2.1	23.0	5.3	11.8	1.2
	金融業、保険業	48.4	3.2	0.0	21.0	16.1	22.6	0.0
	不動産業、物品賃貸業	58.6	1.7	0.0	19.0	6.9	15.5	0.0
	学術研究、専門・技術サービス業	58.0	8.6	0.0	19.8	4.9	17.3	3.7
	宿泊業、飲食サービス業	62.1	8.5	4.3	28.4	8.1	12.8	4.3
	生活関連サービス業、娯楽業	56.4	14.9	4.3	25.5	3.2	13.8	3.2
	教育、学習支援業	54.6	5.4	0.0	20.5	2.2	14.6	1.6
	医療、福祉	72.2	8.4	7.1	19.7	5.9	37.3	3.9
	複合サービス事業	31.4	4.3	2.9	12.9	1.4	10.0	0.0
	その他のサービス業	56.0	5.5	1.4	20.2	4.4	15.6	1.8
	無回答	100.0	0.0	100.0	0.0	0.0	0.0	0.0
合計		61.3	6.1	2.7	20.7	5.0	15.8	1.8

		入社後に上司・同僚になる社員を選考段階で紹介	転職者が不利にならないよう制度に工夫（休暇の取得、昇格ルールなど）	会社内での中途採用に対する理解の促進	その他	とくにない	無回答・非該当	N
業種	鉱業、採石業、砂利採取業	0.0	0.0	20.0	0.0	0.0	20.0	5
	建設業	13.9	16.9	15.7	2.4	14.5	8.3	338
	製造業	14.9	14.6	13.0	1.9	15.2	11.5	910
	電気・ガス・熱供給・水道業	13.0	13.0	17.4	0.0	13.0	13.0	23
	情報通信業	29.2	15.9	22.1	3.5	8.0	7.1	113
	運輸業、郵便業	6.3	10.1	13.6	2.8	12.9	13.9	317
	卸売業、小売業	15.2	14.0	17.0	1.8	15.2	14.7	771
	金融業、保険業	17.7	17.7	9.7	0.0	12.9	14.5	62
	不動産業、物品賃貸業	13.8	19.0	20.7	1.7	6.9	17.2	58
	学術研究、専門・技術サービス業	19.8	19.8	16.0	2.5	17.3	11.1	81
	宿泊業、飲食サービス業	6.6	8.1	14.7	2.4	13.7	7.6	211
	生活関連サービス業、娯楽業	16.0	7.4	25.5	2.1	10.6	7.4	94
	教育、学習支援業	7.6	14.6	7.0	2.2	22.2	10.8	185
	医療、福祉	8.8	13.9	12.6	3.0	10.3	2.9	691
	複合サービス事業	5.7	12.9	10.0	0.0	34.3	22.9	70
	その他のサービス業	15.1	14.9	16.5	2.1	16.7	13.5	436
	無回答	100.0	0.0	0.0	0.0	0.0	0.0	1
合計		13.0	14.0	14.7	2.2	14.5	10.7	4366

企業規模別（図表 2－166、図表 2－167）に見ると、概して規模が大きい企業ほど、中途採用を実施する上で工夫していることや取り組んでいることとして「多様な正社員制度の導入」、「カムバック制度・キャリアリターン制度の導入」、「転職者が不利にならないよう制度に工夫（休暇の取得、昇格ルールなど）」を挙げる割合が高い。ただし、従業員数が 30 人未満の企業はやや傾向が異なる。

図表 2－166　中途採用を実施する上での工夫・取り組み
（複数回答可、企業規模別、単位：%）

		募集時に職務内容を明確化	多様な正社員制度の導入	社会人向けのインターンシップ（就業体験）実施	能力見極めのための期間採用、その後の正社員転換と適正賃金の設定	カムバック制度・キャリアリターン制度の導入	育児・介護支援制度等の利活用のしやすさの紹介	兼業・副業を認めている
従業員数	30人未満	42.1	3.5	3.5	24.6	7.0	14.0	7.0
	30～99人	62.4	5.1	3.5	22.3	3.4	11.7	1.5
	100～299人	63.5	6.0	2.6	24.3	3.7	18.4	3.0
	300～499人	59.6	6.9	3.6	15.9	5.4	22.0	0.7
	500～999人	62.0	7.8	3.1	18.1	6.9	21.5	1.6
	1000人以上	61.9	8.7	0.9	18.8	9.7	21.7	1.5
	無回答	58.2	5.7	1.7	17.3	5.1	12.5	1.5
合計		61.3	6.1	2.7	20.7	5.0	15.8	1.8

		入社後に上司・同僚になる社員を選考段階で紹介	転職者が不利にならないよう制度に工夫（休暇の取得、昇格ルールなど）	会社内での中途採用に対する理解の促進	その他	とくにない	無回答・非該当	N
従業員数	30人未満	12.3	14.0	12.3	0.0	12.3	21.1	57
	30～99人	13.4	12.2	14.2	1.3	14.5	9.7	1509
	100～299人	12.5	13.5	15.8	3.1	13.1	9.3	861
	300～499人	11.2	14.4	12.3	2.2	15.9	11.6	277
	500～999人	13.7	16.8	15.0	2.8	16.2	9.0	321
	1000人以上	12.8	19.9	14.9	4.1	14.3	9.5	538
	無回答	13.1	12.6	14.9	1.6	14.8	14.6	803
合計		13.0	14.0	14.7	2.2	14.5	10.7	4366

図表 2－167　中途採用を実施する上での工夫・取り組み
（非該当を除く、複数回答可、企業規模別、単位：%）

		募集時に職務内容を明確化	多様な正社員制度の導入	社会人向けのインターンシップ(就業体験)実施	能力見極めのための期間採用、その後の正社員転換と適正賃金の設定	カムバック制度・キャリアリターン制度の導入	育児・介護支援制度等の利活用のしやすさの紹介	兼業・副業を認めている
従業員数	30人未満(a)	49.0	4.1	4.1	28.6	8.2	16.3	8.2
	30～99人(b)	67.3	5.5	3.8	24.1	3.7	12.6	1.6
	100～299人	68.5	6.5	2.8	26.2	4.0	19.8	3.3
	300～499人(c)	65.2	7.5	4.0	17.4	5.9	24.1	0.8
	500～999人(d)	66.8	8.4	3.4	19.5	7.4	23.2	1.7
	1000人以上	66.5	9.4	1.0	20.2	10.4	23.4	1.6
	無回答	64.3	6.3	1.9	19.1	5.6	13.8	1.7
	合計	66.5	6.7	2.9	22.4	5.4	17.1	2.0
	100人未満(a+b)	66.6	5.5	3.8	24.2	3.9	12.7	1.8
	300～999人(c+d)	66.1	8.0	3.6	18.5	6.7	23.6	1.3

		入社後に上司・同僚になる社員を選考段階で紹介	転職者が不利にならないよう制度に工夫(休暇の取得、昇格ルールなど)	会社内での中途採用に対する理解の促進	その他	とくにない	無回答	N
従業員数	30人未満(a)	14.3	16.3	14.3	0.0	14.3	8.2	49
	30～99人(b)	14.4	13.2	15.4	1.4	15.7	2.6	1399
	100～299人	13.5	14.5	17.0	3.4	14.2	2.1	798
	300～499人(c)	12.3	15.8	13.4	2.4	17.4	3.2	253
	500～999人(d)	14.8	18.1	16.1	3.0	17.4	2.0	298
	1000人以上	13.8	21.4	16.0	4.4	15.4	2.8	501
	無回答	14.5	13.9	16.5	1.8	16.4	5.5	726
	合計	14.1	15.2	15.9	2.4	15.7	3.1	4024
	100人未満(a+b)	14.4	13.3	15.3	1.3	15.6	2.8	1448
	300～999人(c+d)	13.6	17.1	14.9	2.7	17.4	2.5	551

注：図表 2－166 から非該当（平成 25（2013）年度以降、中途採用を実施していない企業）を除いて構成比を算出。

2.2　中途採用の主な募集・採用方法

(1)　募集・採用方法

企業合計（図表 2－168、図表 2－169）で見ると、中途採用を実施する際の主な募集・採用方法として多いのはハローワーク（約 61.2%（非該当を除くと約 66.4%））、自社ホームページ（約 44.7%（非該当を除くと約 48.5%））および求人媒体（WEB 媒体）（約 37.8%（非該当を除くと約 41.0%））である。

企業の地域展開の状況別に見ると、概してより広域に展開する企業ほど、中途採用を実施する際の主な募集・採用方法として自社ホームページ、人材紹介会社および求人媒体（WEB媒体）を活用する傾向がある。

図表2－168　中途採用の募集・採用方法（複数回答可、地域展開別、単位：%）

		自社ホームページ	人材紹介会社	求人媒体（WEB媒体）	求人媒体（紙媒体）	人材派遣会社	ハローワーク	その他	無回答・非該当	N
地域展開	1事業所1企業	39.4	29.0	29.9	19.9	15.6	66.8	7.8	12.6	1010
	1都道府県のみに展開している企業	52.1	26.7	38.0	29.3	15.7	74.1	10.7	8.9	956
	1つの地域ブロックにのみ展開している企業	43.5	30.7	40.2	24.5	13.7	62.1	10.9	10.2	605
	全国的に展開している企業	43.2	40.1	42.0	17.4	19.0	52.8	9.3	11.2	1327
	海外展開もしている企業	47.7	63.4	40.2	8.7	21.1	43.1	8.5	8.5	413
	無回答	38.2	29.1	36.4	21.8	16.4	60.0	5.5	18.2	55
合計		44.7	35.4	37.8	20.8	16.9	61.2	9.4	10.7	4366

図表2－169　中途採用の募集・採用方法（非該当を除く、複数回答可、地域展開別、単位：%）

		自社ホームページ	人材紹介会社	求人媒体（WEB媒体）	求人媒体（紙媒体）	人材派遣会社	ハローワーク	その他	無回答	N
地域展開	1事業所1企業	43.8	32.2	33.2	22.1	17.4	74.3	8.7	2.9	909
	1都道府県のみに展開している企業	55.9	28.6	40.7	31.4	16.8	79.5	11.4	2.2	891
	1つの地域ブロックにのみ展開している企業	46.4	32.8	42.9	26.1	14.6	66.3	11.6	4.2	567
	全国的に展開している企業	47.1	43.7	45.8	19.0	20.7	57.5	10.2	3.1	1217
	海外展開もしている企業	50.8	67.5	42.8	9.3	22.4	45.9	9.0	2.6	388
	無回答	40.4	30.8	38.5	23.1	17.3	63.5	5.8	13.5	52
合計		48.5	38.4	41.0	22.6	18.4	66.4	10.2	3.1	4024

注：図表2－168から非該当（平成25（2013）年度以降、中途採用を実施していない企業）を除いて構成比を算出。

業種別（図表2－170）に見ると、中途採用を実施する際の主な募集・採用方法としてハローワークを活用する割合が高いのは、医療、福祉（約90.7%）および宿泊業、飲食サービス業（約77.7%）である。自社ホームページを活用する割合が高いのは、教育、学習支援業（約65.9%）および医療、福祉（約65.6%）である。求人媒体（WEB媒体）の割合が高いのは、生活関連サービス業、娯楽業（約58.5%）、情報通信業（約52.2%）および宿泊業、飲食サービス業（約50.2%）である。

図表2－170　中途採用の募集・採用方法（複数回答可、業種別、単位：%）

		自社ホームページ	人材紹介会社	求人媒体（WEB媒体）	求人媒体（紙媒体）	人材派遣会社	ハローワーク	その他	無回答・非該当	N
業種	鉱業、採石業、砂利採取業	0.0	0.0	0.0	20.0	0.0	80.0	0.0	20.0	5
	建設業	50.0	41.4	35.5	9.2	16.0	61.5	11.5	7.7	338
	製造業	29.0	39.8	28.1	14.1	21.0	62.1	7.9	11.8	910
	電気・ガス・熱供給・水道業	56.5	30.4	26.1	0.0	4.3	43.5	8.7	13.0	23
	情報通信業	59.3	57.5	52.2	6.2	13.3	17.7	11.5	7.1	113
	運輸業、郵便業	42.0	18.9	40.1	27.8	10.1	61.8	9.8	12.6	317
	卸売業、小売業	35.7	31.8	39.0	19.2	18.0	52.5	10.4	15.2	771
	金融業、保険業	50.0	46.8	32.3	8.1	8.1	29.0	6.5	16.1	62
	不動産業、物品賃貸業	34.5	41.4	36.2	15.5	20.7	34.5	6.9	20.7	58
	学術研究、専門・技術サービス業	56.8	43.2	33.3	3.7	19.8	40.7	12.3	11.1	81
	宿泊業、飲食サービス業	44.5	21.3	50.2	39.3	15.6	77.7	4.7	7.6	211
	生活関連サービス業、娯楽業	45.7	25.5	58.5	41.5	14.9	57.4	13.8	9.6	94
	教育、学習支援業	65.9	17.8	35.7	10.8	10.8	43.2	15.1	9.7	185
	医療、福祉	65.6	47.8	36.0	34.0	21.1	90.7	6.7	2.7	691
	複合サービス事業	37.1	10.0	35.7	14.3	8.6	42.9	18.6	22.9	70
	その他のサービス業	44.5	31.7	48.6	22.9	12.6	53.9	10.1	12.8	436
	無回答	0.0	0.0	100.0	100.0	0.0	100.0	0.0	0.0	1
	合計	44.7	35.4	37.8	20.8	16.9	61.2	9.4	10.7	4366

企業規模別（図表2－171、図表2－172）に見ると、規模が大きな企業ほど、中途採用を実施する際の主な募集・採用方法として人材紹介会社および求人媒体（WEB媒体）を活用する傾向がある。

図表2－171　中途採用の募集・採用方法（複数回答可、地域展開別、単位：%）

		自社ホームページ	人材紹介会社	求人媒体（WEB媒体）	求人媒体（紙媒体）	人材派遣会社	ハローワーク	その他	無回答・非該当	N
従業員数	30人未満	28.1	22.8	28.1	8.8	12.3	50.9	8.8	21.1	57
	30～99人	36.4	28.6	31.7	19.8	16.8	65.7	9.4	9.7	1509
	100～299人	46.9	36.7	37.7	25.6	19.2	67.2	8.8	8.9	861
	300～499人	56.0	45.8	39.4	23.1	17.7	61.4	9.4	10.8	277
	500～999人	62.3	43.6	51.7	24.6	19.3	58.3	10.9	9.7	321
	1000人以上	59.7	47.0	49.6	21.2	14.9	47.4	11.3	10.6	538
	無回答	38.0	32.8	36.1	15.8	15.3	57.0	8.0	14.1	803
	合計	44.7	35.4	37.8	20.8	16.9	61.2	9.4	10.7	4366

図表2－172　中途採用の募集・採用方法
（非該当を除く、複数回答可、地域展開別、単位：%）

		自社ホームページ	人材紹介会社	求人媒体（WEB媒体）	求人媒体（紙媒体）	人材派遣会社	ハローワーク	その他	無回答	N
従業員数	30人未満(a)	32.7	26.5	32.7	10.2	14.3	59.2	10.2	8.2	49
	30～99人(b)	39.2	30.9	34.2	21.4	18.1	70.9	10.2	2.6	1399
	100～299人	50.6	39.6	40.7	27.6	20.7	72.6	9.5	1.8	798
	300～499人(c)	61.3	50.2	43.1	25.3	19.4	67.2	10.3	2.4	253
	500～999人(d)	67.1	47.0	55.7	26.5	20.8	62.8	11.7	2.7	298
	1000人以上	64.1	50.5	53.3	22.8	16.0	50.9	12.2	4.0	501
	無回答	42.0	36.2	39.9	17.5	16.9	63.1	8.8	5.0	726
	合計	48.5	38.4	41.0	22.6	18.4	66.4	10.2	3.1	4024
	100人未満(a+b)	39.0	30.7	34.1	21.0	18.0	70.5	10.2	2.8	1448
	300～999人(c+d)	64.4	48.5	49.9	26.0	20.1	64.8	11.1	2.5	551

注：図表2－171から非該当（平成25（2013）年度以降、中途採用を実施していない企業）を除いて構成比を算出。

(2) 利用している人材紹介会社等の会社数

企業合計（図表２－173）で見ると、利用している人材紹介会社の会社数として割合が高いのは、3～5 社（約 12.2%）および 1～2 社（約 11.5%）である（無回答・非該当を除くと、それぞれ約 42.4%および約 40.2%）。求人媒体（WEB 媒体）および求人媒体（紙媒体）では、1～2 社がもっとも割合が高く、それぞれ約 22.4%および約 11.2%である（無回答・非該当を除くと、それぞれ約 75.6%および約 73.2%）。人材派遣会社で割合が高いのは、1～2 社（約 6.3%）および 3～5 社（約 5.1%）である（無回答・非該当を除くと、それぞれ約 48.6%および約 38.9%）。

企業の地域展開の状況別に見ると、概してより広域に展開する企業ほど、いずれの募集・採用方法も多くの会社を利用する傾向にある。ただし、人材紹介会社および求人媒体（WEB 媒体）については、1 都道府県のみに展開している企業で利用社数が相対的に多い。また、求人媒体（紙媒体）では、海外展開もしている企業で利用社数が相対的に少ない。

図表 2－173　中途採用で利用している会社数（複数回答可、地域展開別、単位：%）

（人材紹介会社）

		1～2社	3～5社	6～9社	10社以上	無回答・非該当	N
地域展開	1事業所1企業	10.4	10.5	1.4	1.2	76.5	1010
	1都道府県のみに展開している企業	9.4	8.8	1.3	2.3	78.2	956
	1つの地域ブロックにのみ展開している企業	13.1	10.4	1.0	1.5	74.0	605
	全国的に展開している企業	13.1	13.0	1.9	4.1	67.9	1327
	海外展開もしている企業	12.6	24.5	3.6	11.1	48.2	413
	無回答	7.3	10.9	0.0	5.5	76.4	55
合計		11.5	12.2	1.6	3.4	71.3	4366

（求人媒体（WEB 媒体））

		1～2社	3～5社	6～9社	10社以上	無回答・非該当	N
地域展開	1事業所1企業	19.9	3.6	0.1	0.1	76.3	1010
	1都道府県のみに展開している企業	22.5	6.3	0.4	0.3	70.5	956
	1つの地域ブロックにのみ展開している企業	23.6	7.8	1.0	0.0	67.6	605
	全国的に展開している企業	23.8	8.1	0.4	0.5	67.1	1327
	海外展開もしている企業	23.2	7.5	0.7	0.2	68.3	413
	無回答	16.4	5.5	0.0	0.0	78.2	55
合計		22.4	6.5	0.4	0.3	70.3	4366

図表 2－173（続）　中途採用で利用している会社数（複数回答可、地域展開別、単位：％）

（求人媒体（紙媒体））

		1～2社	3～5社	6～9社	10社以上	無回答・非該当	N
地域展開	1事業所1企業	13.3	1.5	0.0	0.1	85.1	1010
	1都道府県のみに展開している企業	15.7	6.1	0.4	0.3	77.5	956
	1つの地域ブロックにのみ展開している企業	12.6	5.0	0.5	0.2	81.8	605
	全国的に展開している企業	7.5	3.2	0.5	0.7	88.1	1327
	海外展開もしている企業	5.6	1.2	0.0	0.0	93.2	413
	無回答	10.9	1.8	0.0	0.0	87.3	55
合計		11.2	3.5	0.3	0.3	84.7	4366

（人材派遣会社）

		1～2社	3～5社	6～9社	10社以上	無回答・非該当	N
地域展開	1事業所1企業	6.5	4.2	0.4	0.4	88.5	1010
	1都道府県のみに展開している企業	7.0	4.3	0.5	0.8	87.3	956
	1つの地域ブロックにのみ展開している企業	5.3	4.5	0.7	0.3	89.3	605
	全国的に展開している企業	6.8	5.7	0.8	1.4	85.3	1327
	海外展開もしている企業	5.3	7.5	1.5	1.9	83.8	413
	無回答	0.0	10.9	0.0	0.0	89.1	55
合計		6.3	5.1	0.7	0.9	86.9	4366

業種別（図表 2－174）に見ると、利用している人材紹介会社が 10 社以上である割合が高いのは、情報通信業（約 12.4％）および不動産業、物品賃貸業（約 12.1％）である（無回答・非該当を除くと、不動産業、物品賃貸業（約 33.3％）および情報通信業（約 25.9％））。6～9 社の割合が高いのは、情報通信業（約 9.7％）および電気・ガス・熱供給・水道業（約 4.3％）である（無回答・非該当を除くと、それぞれ約 20.4％および約 20.0％）。

利用している求人媒体（WEB 媒体）が 10 社以上である割合が高いのは、運輸業、郵便業（約 0.9％）および医療・福祉（約 0.7％）である（無回答・非該当を除くと、それぞれ約 2.9％および約 2.7％）。6～9 社の割合が高いのは、宿泊業、飲食サービス業（約 0.9％）および卸売業、小売業（約 0.8％）である（無回答・非該当を除くと、卸売業、小売業（約 2.6％）および宿泊業、飲食サービス業（約 2.5％））。

利用している求人媒体（紙媒体）が 10 社以上である割合が高いのは、生活関連サービス業、娯楽業（約 2.1％）および不動産業、物品賃貸業（約 1.7％）である（無回答・非該当を除くと、不動産業、物品賃貸業（約 16.7％）および生活関連サービス業、娯楽業（約 6.1％））。6～9 社の割合が高いのは、生活関連サービス業、娯楽業（約 2.1％）および医療、福祉（約 0.9％）である（無回答・非該当を除くと、それぞれ約 6.1％および約 3.4％）。

利用している人材派遣会社が10社以上である割合が高いのは、不動産業、物品賃貸業（約5.2％）および情報通信業（約2.7％）である（無回答・非該当を除くと、不動産業、物品賃貸業および金融業、保険業（ともに約33.3％））。6～9社の割合が高いのは、学術研究、専門・技術サービス業（約1.2％）および生活関連サービス業、娯楽業（約1.1％）である（無回答・非該当を除くと、それぞれ生活関連サービス業、娯楽業（約11.1％）および学術研究、専門・技術サービス業（約10.0％））。

図表2－174　中途採用で利用している会社数（複数回答可、業種別、単位：％）

（人材紹介会社）

		1～2社	3～5社	6～9社	10社以上	無回答・非該当	N
業種	鉱業、採石業、砂利採取業	0.0	0.0	0.0	0.0	100.0	5
	建設業	18.6	10.4	0.6	4.7	65.7	338
	製造業	12.9	13.3	1.5	3.7	68.6	910
	電気・ガス・熱供給・水道業	8.7	8.7	4.3	0.0	78.3	23
	情報通信業	13.3	12.4	9.7	12.4	52.2	113
	運輸業、郵便業	9.5	6.6	0.3	0.3	83.3	317
	卸売業、小売業	12.5	10.6	1.3	2.3	73.3	771
	金融業、保険業	11.3	14.5	3.2	8.1	62.9	62
	不動産業、物品賃貸業	12.1	8.6	3.4	12.1	63.8	58
	学術研究、専門・技術サービス業	14.8	19.8	0.0	0.0	65.4	81
	宿泊業、飲食サービス業	8.5	5.7	0.9	1.4	83.4	211
	生活関連サービス業、娯楽業	10.6	6.4	0.0	0.0	83.0	94
	教育、学習支援業	9.2	5.9	0.0	1.1	83.8	185
	医療、福祉	9.3	20.8	2.9	4.6	62.4	691
	複合サービス事業	2.9	2.9	0.0	0.0	94.3	70
	その他のサービス業	10.1	11.9	1.6	3.4	72.9	436
	無回答	0.0	0.0	0.0	0.0	100.0	1
	合計	11.5	12.2	1.6	3.4	71.3	4366

図表 2−174（続） 中途採用で利用している会社数（複数回答可、業種別、単位：%）

（求人媒体（WEB 媒体））

		1〜2社	3〜5社	6〜9社	10社以上	無回答・非該当	N
業種	鉱業、採石業、砂利採取業	0.0	0.0	0.0	0.0	100.0	5
	建設業	26.0	6.2	0.0	0.0	67.8	338
	製造業	18.4	3.1	0.4	0.1	78.0	910
	電気・ガス・熱供給・水道業	21.7	0.0	0.0	0.0	78.3	23
	情報通信業	30.1	9.7	0.0	0.0	60.2	113
	運輸業、郵便業	21.8	8.8	0.6	0.9	67.8	317
	卸売業、小売業	22.4	6.6	0.8	0.1	70.0	771
	金融業、保険業	19.4	6.5	0.0	0.0	74.2	62
	不動産業、物品賃貸業	24.1	5.2	0.0	0.0	70.7	58
	学術研究、専門・技術サービス業	24.7	4.9	0.0	0.0	70.4	81
	宿泊業、飲食サービス業	25.6	11.8	0.9	0.0	61.6	211
	生活関連サービス業、娯楽業	30.9	14.9	0.0	0.0	54.3	94
	教育、学習支援業	26.5	3.2	0.0	0.0	70.3	185
	医療、福祉	18.4	7.4	0.4	0.7	73.1	691
	複合サービス事業	28.6	2.9	0.0	0.0	68.6	70
	その他のサービス業	27.3	8.5	0.5	0.5	63.3	436
	無回答	0.0	0.0	0.0	0.0	100.0	1
	合計	22.4	6.5	0.4	0.3	70.3	4366

（求人媒体（紙媒体））

		1〜2社	3〜5社	6〜9社	10社以上	無回答・非該当	N
業種	鉱業、採石業、砂利採取業	0.0	0.0	0.0	0.0	100.0	5
	建設業	6.2	0.3	0.0	0.0	93.5	338
	製造業	8.9	1.3	0.1	0.0	89.7	910
	電気・ガス・熱供給・水道業	0.0	0.0	0.0	0.0	100.0	23
	情報通信業	2.7	0.0	0.0	0.0	97.3	113
	運輸業、郵便業	13.6	5.7	0.6	0.9	79.2	317
	卸売業、小売業	10.8	2.6	0.1	0.1	86.4	771
	金融業、保険業	6.5	0.0	0.0	0.0	93.5	62
	不動産業、物品賃貸業	0.0	8.6	0.0	1.7	89.7	58
	学術研究、専門・技術サービス業	2.5	0.0	0.0	0.0	97.5	81
	宿泊業、飲食サービス業	22.7	8.1	0.0	0.0	69.2	211
	生活関連サービス業、娯楽業	22.3	8.5	2.1	2.1	64.9	94
	教育、学習支援業	6.5	1.1	0.0	0.0	92.4	185
	医療、福祉	16.8	6.9	0.9	0.9	74.5	691
	複合サービス事業	11.4	1.4	0.0	0.0	87.1	70
	その他のサービス業	10.8	4.4	0.5	0.2	84.2	436
	無回答	0.0	0.0	0.0	0.0	100.0	1
	合計	11.2	3.5	0.3	0.3	84.7	4366

図表 2－174（続）　中途採用で利用している会社数（複数回答可、業種別、単位：%）
（人材派遣会社）

		1～2社	3～5社	6～9社	10社以上	無回答・非該当	N
業種	鉱業、採石業、砂利採取業	0.0	0.0	0.0	0.0	100.0	5
	建設業	8.6	3.8	0.6	0.9	86.1	338
	製造業	6.8	7.0	1.0	0.9	84.3	910
	電気・ガス・熱供給・水道業	0.0	0.0	0.0	0.0	100.0	23
	情報通信業	3.5	2.7	0.9	2.7	90.3	113
	運輸業、郵便業	4.1	4.1	0.0	0.0	91.8	317
	卸売業、小売業	6.7	6.2	0.9	0.6	85.5	771
	金融業、保険業	1.6	1.6	0.0	1.6	95.2	62
	不動産業、物品賃貸業	6.9	3.4	0.0	5.2	84.5	58
	学術研究、専門・技術サービス業	6.2	3.7	1.2	1.2	87.7	81
	宿泊業、飲食サービス業	7.1	3.8	0.5	0.0	88.6	211
	生活関連サービス業、娯楽業	6.4	2.1	1.1	0.0	90.4	94
	教育、学習支援業	5.4	3.2	0.0	0.5	90.8	185
	医療、福祉	8.4	5.8	0.7	1.3	83.8	691
	複合サービス事業	2.9	1.4	0.0	0.0	95.7	70
	その他のサービス業	3.7	4.1	0.7	1.6	89.9	436
	無回答	0.0	0.0	0.0	0.0	100.0	1
合計		6.3	5.1	0.7	0.9	86.9	4366

企業規模別（図表 2－175）に見ると、概してより規模の大きな企業ほど、いずれの募集・採用方法も多くの会社を利用する傾向にある。

図表 2－175　中途採用で利用している会社数（複数回答可、企業規模別、単位：%）
（人材紹介会社）

		1～2社	3～5社	6～9社	10社以上	無回答・非該当	N
従業員数	30人未満	8.8	7.0	0.0	0.0	84.2	57
	30～99人	13.4	8.9	0.7	0.8	76.2	1509
	100～299人	12.1	13.8	1.9	2.3	69.9	861
	300～499人	13.7	15.9	3.2	4.0	63.2	277
	500～999人	8.1	16.5	3.1	8.7	63.6	321
	1000人以上	8.9	18.0	3.5	8.7	60.8	538
	無回答	10.1	10.1	0.9	3.6	75.3	803
合計		11.5	12.2	1.6	3.4	71.3	4366

図表 2－175（続）　中途採用で利用している会社数（複数回答可、企業規模別、単位：%）

（求人媒体（WEB 媒体））

		1～2社	3～5社	6～9社	10社以上	無回答・非該当	N
従業員数	30人未満	19.3	1.8	0.0	0.0	78.9	57
	30～99人	21.5	3.8	0.1	0.0	74.5	1509
	100～299人	22.6	6.9	0.5	0.3	69.7	861
	300～499人	21.7	6.1	0.4	0.0	71.8	277
	500～999人	28.3	12.5	0.3	0.6	58.3	321
	1000人以上	25.1	11.7	1.9	0.9	60.4	538
	無回答	20.3	5.9	0.1	0.2	73.5	803
	合計	22.4	6.5	0.4	0.3	70.3	4366

（求人媒体（紙媒体））

		1～2社	3～5社	6～9社	10社以上	無回答・非該当	N
従業員数	30人未満	5.3	0.0	0.0	0.0	94.7	57
	30～99人	12.9	2.1	0.0	0.0	85.0	1509
	100～299人	14.1	5.6	0.1	0.2	80.0	861
	300～499人	11.6	5.1	0.7	0.0	82.7	277
	500～999人	8.7	6.2	0.9	1.2	82.9	321
	1000人以上	8.7	4.5	1.3	1.3	84.2	538
	無回答	8.0	1.6	0.1	0.1	90.2	803
	合計	11.2	3.5	0.3	0.3	84.7	4366

（人材派遣会社）

		1～2社	3～5社	6～9社	10社以上	無回答・非該当	N
従業員数	30人未満	5.3	3.5	0.0	0.0	91.2	57
	30～99人	7.3	5.4	0.6	0.3	86.4	1509
	100～299人	6.9	6.2	1.3	0.9	84.8	861
	300～499人	4.7	6.9	1.1	0.4	87.0	277
	500～999人	5.6	5.9	0.9	3.1	84.4	321
	1000人以上	3.3	4.5	0.4	2.6	89.2	538
	無回答	7.0	3.0	0.2	0.4	89.4	803
	合計	6.3	5.1	0.7	0.9	86.9	4366

2.3　最近 3 年間における正社員の中途採用の動き

企業合計（図表 2－176、図表 2－177）で見ると、最近 3 年間における正社員の中途採用の変化について、「30 代、40 代の中堅層の応募・採用が増えた」（約 42.0%（非該当を除くと約 45.5%））、「20 代の応募・採用が増えた」（約 24.5%（非該当を除くと約 26.6%））企業の割合が高い。ただし、「とくにない」企業が約 18.6%（非該当を除くと約 20.2%）ある。

企業の地域展開の状況別に見ると、概してより広域に展開する企業ほど、「20 代の応募・採用が増えた」、「30 代、40 代の中堅層の応募・採用が増えた」、「高い技能や技術を持った人の応募・採用が増えた」割合が高くなる。一方、「50 代の応募・採用が増えた」、「60 代の応募・採用が増えた」、「子育てを終えた女性の再就業としての応募・採用が増えた」割合が低くなっている。ただし、1 事業所 1 企業の企業については、上記の傾向とはやや異なる。

図表 2－176　最近 3 年間における正社員の中途採用の動き
（複数回答可、地域展開別、単位：%）

		退職した高年齢者の後を補充するための採用が増えた	20代の応募・採用が増えた	30代、40代の中堅層の応募・採用が増えた	50代の応募・採用が増えた	60代の応募・採用が増えた	子育てを終えた女性の再就業としての応募・採用が増えた	高い技能や技術を持った人の応募・採用が増えた	その他	とくにない	無回答・非該当	N
地域展開	1事業所1企業	22.1	23.9	37.6	12.3	5.2	7.9	8.5	5.6	16.2	13.0	1010
	1都道府県のみに展開している企業	18.9	23.8	41.9	15.1	7.2	11.2	7.0	3.9	19.2	9.9	956
	1つの地域ブロックにのみ展開している企業	17.4	23.8	40.5	14.5	5.6	5.1	7.6	4.5	21.2	8.4	605
	全国的に展開している企業	15.8	25.8	45.2	9.0	4.5	3.3	11.8	3.5	18.5	11.5	1327
	海外展開もしている企業	19.4	26.4	44.3	5.8	2.2	2.4	24.2	2.4	19.4	9.2	413
	無回答	18.2	9.1	41.8	7.3	0.0	7.3	10.9	0.0	18.2	16.4	55
合計		18.5	24.5	42.0	11.5	5.2	6.3	10.6	4.1	18.6	10.9	4366

図表 2－177　最近 3 年間における正社員の中途採用の動き
（非該当を除く、複数回答可、地域展開別、単位：%）

		退職した高年齢者の後を補充するための採用が増えた	20代の応募・採用が増えた	30代、40代の中堅層の応募・採用が増えた	50代の応募・採用が増えた	60代の応募・採用が増えた	子育てを終えた女性の再就業としての応募・採用が増えた	高い技能や技術を持った人の応募・採用が増えた	その他	とくにない	無回答	N
地域展開	1事業所1企業	24.5	26.5	41.8	13.6	5.8	8.8	9.5	6.3	18.0	3.3	909
	1都道府県のみに展開している企業	20.3	25.6	45.0	16.2	7.7	12.0	7.5	4.2	20.7	3.4	891
	1つの地域ブロックにのみ展開している企業	18.5	25.4	43.2	15.5	6.0	5.5	8.1	4.8	22.6	2.3	567
	全国的に展開している企業	17.3	28.1	49.3	9.8	4.9	3.6	12.9	3.8	20.2	3.5	1217
	海外展開もしている企業	20.6	28.1	47.2	6.2	2.3	2.6	25.8	2.6	20.6	3.4	388
	無回答	19.2	9.6	44.2	7.7	0.0	7.7	11.5	0.0	19.2	11.5	52
合計		20.1	26.6	45.5	12.5	5.6	6.9	11.5	4.4	20.2	3.3	4024

注：図表 2－176 から非該当（平成 25（2013）年度以降、中途採用を実施していない企業）を除いて構成比を算出。

業種別（図表 2－178）に見ると、最近 3 年間における正社員の中途採用の変化について、「30 代、40 代の中堅層の応募・採用が増えた」企業の割合が高いのは、情報通信業（約 54.0%）、電気・ガス・熱供給・水道業（約 47.8%）および建設業（約 47.3%）である。「20 代の応募・採用が増えた」割合が高いのは、生活関連サービス業、娯楽業（約 33.0%）および情報通信業（約 32.7%）となっている。

図表 2－178　最近 3 年間における正社員の中途採用の動き
（複数回答可、業種別、単位：%）

		退職した高年齢者の後を補充するための採用が増えた	20代の応募・採用が増えた	30代、40代の中堅層の応募・採用が増えた	50代の応募・採用が増えた	60代の応募・採用が増えた	子育てを終えた女性の再就業としての応募・採用が増えた	高い技能や技術を持った人の応募・採用が増えた	その他	とくにない	無回答・非該当	N
業種	鉱業、採石業、砂利採取業	40.0	0.0	40.0	40.0	0.0	0.0	0.0	0.0	0.0	20.0	5
	建設業	17.8	20.7	47.3	12.1	7.4	2.7	13.3	4.1	18.3	8.0	338
	製造業	25.4	28.4	42.3	5.9	1.5	3.4	14.8	3.7	16.9	11.4	910
	電気・ガス・熱供給・水道業	17.4	21.7	47.8	8.7	0.0	0.0	13.0	4.3	21.7	13.0	23
	情報通信業	6.2	32.7	54.0	6.2	0.9	0.0	15.9	2.7	23.9	8.0	113
	運輸業、郵便業	26.2	18.6	40.7	18.3	6.6	1.9	6.0	3.5	15.5	13.6	317
	卸売業、小売業	14.1	25.9	42.8	8.3	3.9	3.6	9.6	3.2	17.0	14.1	771
	金融業、保険業	4.8	25.8	25.8	4.8	3.2	9.7	8.1	0.0	33.9	14.5	62
	不動産業、物品賃貸業	10.3	20.7	39.7	13.8	5.2	1.7	13.8	3.4	22.4	15.5	58
	学術研究、専門・技術サービス業	17.3	30.9	43.2	1.2	0.0	1.2	19.8	2.5	22.2	8.6	81
	宿泊業、飲食サービス業	17.5	19.0	37.0	19.9	8.5	5.2	5.7	3.8	21.8	9.5	211
	生活関連サービス業、娯楽業	10.6	33.0	40.4	4.3	5.3	5.3	4.3	5.3	22.3	6.4	94
	教育、学習支援業	18.9	26.5	34.1	5.9	3.8	2.2	10.8	4.3	22.7	11.9	185
	医療、福祉	18.7	19.8	45.4	23.7	11.9	22.4	9.3	5.8	17.1	5.1	691
	複合サービス事業	18.6	21.4	34.3	5.7	1.4	1.4	10.0	5.7	20.0	22.9	70
	その他のサービス業	15.1	26.4	37.2	8.7	3.7	4.1	7.3	4.6	20.9	12.8	436
	無回答	0.0	0.0	100.0	0.0	0.0	0.0	0.0	0.0	0.0	0.0	1
合計		18.5	24.5	42.0	11.5	5.2	6.3	10.6	4.1	18.6	10.9	4366

企業規模別（図表 2－179、図表 2－180）に見ると、規模に応じた傾向は捉えづらい。従業者数が 1,000 人以上の企業では、最近 3 年間における正社員の中途採用の変化について、「高い技能や技術を持った人の応募・採用が増えた」（約 17.1%（非該当を除くと約 18.4%））割合が相対的に高い。一方、「退職した高年齢者の後を補充するための採用が増えた」（約 15.2%（非該当を除くと約 16.4%））、「50 代の応募・採用が増えた」（約 8.2%（非該当を除くと約 8.8%））割合が相対的に低い。

図表 2－179　最近 3 年間における正社員の中途採用の動き
（複数回答可、企業規模別、単位：%）

		退職した高年齢者の後を補充するための採用が増えた	20代の応募・採用が増えた	30代、40代の中堅層の応募・採用が増えた	50代の応募・採用が増えた	60代の応募・採用が増えた	子育てを終えた女性の再就業としての応募・採用が増えた	高い技能や技術を持った人の応募・採用が増えた	その他	とくにない	無回答・非該当	N
従業員数	30人未満	17.5	15.8	28.1	12.3	1.8	3.5	1.8	0.0	24.6	21.1	57
	30～99人	20.1	26.6	41.1	11.6	5.9	6.0	9.8	4.9	16.4	10.0	1509
	100～299人	20.2	23.0	44.9	12.3	5.3	8.8	10.1	5.1	17.1	10.1	861
	300～499人	17.3	22.4	45.8	13.0	4.3	9.7	7.9	2.9	19.9	12.3	277
	500～999人	15.6	19.9	42.4	14.6	6.5	6.5	13.1	3.7	22.4	10.3	321
	1000人以上	15.2	26.6	43.7	8.2	3.7	4.8	17.1	3.5	21.9	9.7	538
	無回答	17.6	23.8	38.7	11.0	4.5	4.2	8.7	2.5	19.7	13.3	803
合計		18.5	24.5	42.0	11.5	5.2	6.3	10.6	4.1	18.6	10.9	4366

図表 2－180　最近 3 年間における正社員の中途採用の動き
（非該当を除く、複数回答可、企業規模別、単位：%）

		退職した高年齢者の後を補充するための採用が増えた	20代の応募・採用が増えた	30代、40代の中堅層の応募・採用が増えた	50代の応募・採用が増えた	60代の応募・採用が増えた	子育てを終えた女性の再就業としての応募・採用が増えた	高い技能や技術を持った人の応募・採用が増えた	その他	とくにない	無回答	N
従業員数	30人未満(a)	20.4	18.4	32.7	14.3	2.0	4.1	2.0	0.0	28.6	8.2	49
	30～99人(b)	21.7	28.7	44.3	12.5	6.4	6.4	10.6	5.3	17.7	2.9	1399
	100～299人	21.8	24.8	48.5	13.3	5.8	9.5	10.9	5.5	18.4	3.0	798
	300～499人(c)	19.0	24.5	50.2	14.2	4.7	10.7	8.7	3.2	21.7	4.0	253
	500～999人(d)	16.8	21.5	45.6	15.8	7.0	7.0	14.1	4.0	24.2	3.4	298
	1000人以上	16.4	28.5	46.9	8.8	4.0	5.2	18.4	3.8	23.6	3.0	501
	無回答	19.4	26.3	42.8	12.1	5.0	4.7	9.6	2.8	21.8	4.1	726
	合計	20.1	26.6	45.5	12.5	5.6	6.9	11.5	4.4	20.2	3.3	4024
	100人未満(a+b)	21.7	28.4	43.9	12.6	6.2	6.4	10.3	5.1	18.1	3.1	1448
	300～999人(c+d)	17.8	22.9	47.7	15.1	6.0	8.7	11.6	3.6	23.0	3.6	551

注：図表 2－179 から非該当（平成 25（2013）年度以降、中途採用を実施していない企業）を除いて構成比を算出。

2.4　平成 25（2013）～27（2015）年度の正社員採用に占める中途採用の割合

企業合計（図表 2－181、図表 2－182）で見ると、平成 25（2013）年度の正社員採用者に占める中途採用の割合が 80%である企業は約 30.0%、0%超 20%未満の企業が約 11.7%である。平成 26（2014）年度では、80%以上の企業が約 30.5%、0%超 20%未満の企業が約 11.8%である。そして、平成 27（2015）年度では、80%以上の企業が約 31.1%、0%超 20%未満の企業が約 12.6%となっている。このように、正社員採用に占める中途採用の割合が 0%の割合が低下し、0%超の各カテゴリーの割合が上昇していることから、正社員の中途採用を実施する企業の割合が年々高まっている傾向がうかがえる。

企業の地域展開の状況別に見ると、海外展開もしている企業で平成 25～27 年度の中途採用の割合が相対的に低い。とりわけ中途採用の割合が 80%以上である企業が約 10.4～11.0%であり、企業合計よりも 20%ポイント程度低い。一方、0%超 20%未満である企業は約 23.5～24.2%であり、企業合計よりも 10%ポイント程度高い。1 都道府県のみに展開している企業と 1 つの地域ブロックにのみ展開している企業の順序が逆転するが、概して国内で広域に展開する企業ほど中途採用の割合が 80%以上である割合は低い。

図表2－181　平成25（2013）～27（2015）年度の正社員採用に占める中途採用の割合（地域展開別、単位：%）

（平成25（2013）年度）

		0%	0%超～20%未満	20%～40%未満	40%～60%未満	60%～80%未満	80%以上	無回答・非該当	N
地域展開	1事業所1企業	13.4	7.2	6.2	7.8	6.0	36.8	22.5	1010
	1都道府県のみに展開している企業	12.0	12.0	8.7	8.4	7.8	31.7	19.4	956
	1つの地域ブロックにのみ展開している企業	15.4	11.6	7.1	8.3	5.5	33.9	18.3	605
	全国的に展開している企業	13.0	11.2	8.4	8.6	7.0	28.3	23.6	1327
	海外展開もしている企業	12.1	24.2	18.4	9.0	3.9	11.1	21.3	413
	無回答	3.6	9.1	1.8	3.6	0.0	16.4	65.5	55
合計		13.0	11.7	8.6	8.3	6.4	30.0	22.0	4366

（平成26（2014）年度）

		0%	0%超～20%未満	20%～40%未満	40%～60%未満	60%～80%未満	80%以上	無回答・非該当	N
地域展開	1事業所1企業	11.9	7.7	6.9	7.4	7.4	37.0	21.6	1010
	1都道府県のみに展開している企業	11.7	11.2	10.9	8.5	7.6	31.0	19.1	956
	1つの地域ブロックにのみ展開している企業	12.9	11.9	7.8	8.1	6.1	34.9	18.3	605
	全国的に展開している企業	10.6	11.5	8.3	9.4	7.7	30.0	22.5	1327
	海外展開もしている企業	10.7	24.2	18.9	9.7	5.8	10.4	20.3	413
	無回答	5.5	7.3	1.8	1.8	0.0	18.2	65.5	55
合計		11.4	11.8	9.4	8.5	7.1	30.5	21.3	4366

（平成27（2015）年度）

		0%	0%超～20%未満	20%～40%未満	40%～60%未満	60%～80%未満	80%以上	無回答・非該当	N
地域展開	1事業所1企業	9.2	9.3	7.3	8.0	8.2	36.7	21.2	1010
	1都道府県のみに展開している企業	9.1	11.5	12.1	9.2	7.3	32.2	18.5	956
	1つの地域ブロックにのみ展開している企業	8.4	12.9	9.8	9.3	6.4	35.7	17.5	605
	全国的に展開している企業	8.8	12.5	9.3	9.6	7.4	31.2	21.3	1327
	海外展開もしている企業	8.7	23.5	22.3	11.1	4.1	10.4	19.9	413
	無回答	3.6	7.3	5.5	0.0	1.8	14.5	67.3	55
合計		8.8	12.6	10.7	9.1	7.1	31.1	20.6	4366

図表2－182　平成25（2013）～27（2015）年度の正社員採用に占める中途採用の割合（非該当を除く、地域展開別、単位：%）

（平成25（2013）年度）

		0%	0%超～20%未満	20%～40%未満	40%～60%未満	60%～80%未満	80%以上	無回答	N
地域展開	1事業所1企業	14.9	8.0	6.9	8.7	6.7	40.9	13.9	909
	1都道府県のみに展開している企業	12.9	12.9	9.3	9.0	8.4	34.0	13.5	891
	1つの地域ブロックにのみ展開している企業	16.4	12.3	7.6	8.8	5.8	36.2	12.9	567
	全国的に展開している企業	14.1	12.2	9.1	9.4	7.6	30.9	16.7	1217
	海外展開もしている企業	12.9	25.8	19.6	9.5	4.1	11.9	16.2	388
	無回答	3.8	9.6	1.9	3.8	0.0	17.3	63.5	52
合計		14.1	12.7	9.4	9.0	6.9	32.6	15.4	4024

注：図表2－181から非該当（平成25（2013）年度以降、中途採用を実施していない企業）を除いて構成比を算出。

図表 2－182（続）　平成 25（2013）～27（2015）年度の正社員採用に占める中途採用の割合（非該当を除く、地域展開別、単位：%）

（平成 26（2014）年度）

		0%	0%超～20%未満	20%～40%未満	40%～60%未満	60%～80%未満	80%以上	無回答	N
地域展開	1事業所1企業	13.2	8.6	7.7	8.3	8.3	41.1	12.9	909
	1都道府県のみに展開している企業	12.6	12.0	11.7	9.1	8.2	33.2	13.2	891
	1つの地域ブロックにのみ展開している企業	13.8	12.7	8.3	8.6	6.5	37.2	12.9	567
	全国的に展開している企業	11.5	12.6	9.0	10.3	8.4	32.7	15.5	1217
	海外展開もしている企業	11.3	25.8	20.1	10.3	6.2	11.1	15.2	388
	無回答	5.8	7.7	1.9	1.9	0.0	19.2	63.5	52
	合計	12.4	12.8	10.2	9.2	7.7	33.1	14.6	4024

（平成 27（2015）年度）

		0%	0%超～20%未満	20%～40%未満	40%～60%未満	60%～80%未満	80%以上	無回答	N
地域展開	1事業所1企業	10.2	10.3	8.1	8.9	9.1	40.8	12.4	909
	1都道府県のみに展開している企業	9.8	12.3	13.0	9.9	7.9	34.6	12.6	891
	1つの地域ブロックにのみ展開している企業	9.0	13.8	10.4	9.9	6.9	38.1	12.0	567
	全国的に展開している企業	9.6	13.6	10.1	10.4	8.1	34.0	14.1	1217
	海外展開もしている企業	9.3	25.0	23.7	11.9	4.4	11.1	14.7	388
	無回答	3.8	7.7	5.8	0.0	1.9	15.4	65.4	52
	合計	9.6	13.6	11.6	9.9	7.7	33.8	13.8	4024

注：図表 2－181 から非該当（平成 25（2013）年度以降、中途採用を実施していない企業）を除いて構成比を算出。

業種別（図表 2－183）に見ると、平成 25～27 年度の正社員採用者に占める中途採用の割合が 80%以上である割合が高いのは、医療、福祉（約 44.9～46.0%）および運輸業、郵便業（約 42.0～42.6%）である。0%の割合が高いのは、電気・ガス・熱供給・水道業（約 26.1～30.4%）、学術研究、専門・技術サービス業（平成 25 年度が約 21.0%、平成 26 年度が約 18.5%）および金融業、保険業（平成 27 年度が約 17.7%）である。

図表 2－183　平成 25（2013）～27（2015）年度の
正社員採用に占める中途採用の割合（業種別、単位：%）

（平成 25（2013）年度）

		0%	0%超～20%未満	20%～40%未満	40%～60%未満	60%～80%未満	80%以上	無回答・非該当	N
業種	鉱業、採石業、砂利採取業	20.0	0.0	0.0	0.0	0.0	60.0	20.0	5
	建設業	18.0	14.2	10.7	11.2	7.1	23.1	15.7	338
	製造業	15.8	13.8	10.7	7.8	4.0	24.1	23.8	910
	電気・ガス・熱供給・水道業	26.1	13.0	13.0	8.7	0.0	13.0	26.1	23
	情報通信業	13.3	18.6	13.3	8.8	4.4	23.9	17.7	113
	運輸業、郵便業	10.1	9.5	4.7	5.0	4.7	42.6	23.3	317
	卸売業、小売業	14.0	12.2	8.9	8.7	6.2	23.2	26.7	771
	金融業、保険業	16.1	30.6	4.8	8.1	1.6	16.1	22.6	62
	不動産業、物品賃貸業	10.3	6.9	5.2	3.4	6.9	29.3	37.9	58
	学術研究、専門・技術サービス業	21.0	9.9	11.1	12.3	6.2	24.7	14.8	81
	宿泊業、飲食サービス業	12.8	12.8	10.4	8.5	8.5	25.6	21.3	211
	生活関連サービス業、娯楽業	14.9	11.7	8.5	14.9	8.5	23.4	18.1	94
	教育、学習支援業	14.6	5.9	8.1	8.6	8.6	36.2	17.8	185
	医療、福祉	4.1	8.4	7.1	8.5	10.6	46.0	15.3	691
	複合サービス事業	11.4	14.3	8.6	10.0	2.9	18.6	34.3	70
	その他のサービス業	14.4	9.4	6.2	6.2	5.3	33.5	25.0	436
	無回答	0.0	0.0	0.0	0.0	0.0	0.0	100.0	1
	合計	13.0	11.7	8.6	8.3	6.4	30.0	22.0	4366

（平成 26（2014）年度）

		0%	0%超～20%未満	20%～40%未満	40%～60%未満	60%～80%未満	80%以上	無回答・非該当	N
業種	鉱業、採石業、砂利採取業	20.0	0.0	0.0	0.0	0.0	60.0	20.0	5
	建設業	15.4	11.2	13.0	11.8	8.0	23.4	17.2	338
	製造業	13.1	15.3	10.8	9.2	5.1	23.8	22.7	910
	電気・ガス・熱供給・水道業	30.4	8.7	8.7	8.7	0.0	17.4	26.1	23
	情報通信業	12.4	17.7	11.5	11.5	5.3	24.8	16.8	113
	運輸業、郵便業	8.5	8.8	6.0	5.4	6.3	42.0	23.0	317
	卸売業、小売業	13.7	11.7	10.4	7.8	5.6	25.4	25.4	771
	金融業、保険業	16.1	33.9	6.5	0.0	6.5	14.5	22.6	62
	不動産業、物品賃貸業	10.3	6.9	3.4	8.6	5.2	36.2	29.3	58
	学術研究、専門・技術サービス業	18.5	12.3	12.3	11.1	8.6	23.5	13.6	81
	宿泊業、飲食サービス業	10.9	13.7	6.6	11.4	9.0	27.5	20.9	211
	生活関連サービス業、娯楽業	11.7	11.7	9.6	14.9	8.5	25.5	18.1	94
	教育、学習支援業	17.3	7.0	3.2	9.7	9.2	37.3	16.2	185
	医療、福祉	2.7	8.5	9.7	6.5	11.3	45.6	15.6	691
	複合サービス事業	11.4	12.9	10.0	7.1	7.1	18.6	32.9	70
	その他のサービス業	10.8	9.4	8.0	8.0	6.4	33.0	24.3	436
	無回答	0.0	0.0	0.0	0.0	0.0	0.0	100.0	1
	合計	11.4	11.8	9.4	8.5	7.1	30.5	21.3	4366

図表 2－183（続）　平成 25（2013）～27（2015）年度の正社員採用に占める中途採用の割合（業種別、単位：%）

（平成 27（2015）年度）

		0%	0%超～20%未満	20%～40%未満	40%～60%未満	60%～80%未満	80%以上	無回答・非該当	N
業種	鉱業、採石業、砂利採取業	0.0	20.0	0.0	0.0	0.0	60.0	20.0	5
	建設業	12.7	17.2	13.3	9.8	5.0	25.7	16.3	338
	製造業	10.8	15.5	10.7	9.9	5.8	25.5	21.9	910
	電気・ガス・熱供給・水道業	26.1	13.0	8.7	8.7	0.0	17.4	26.1	23
	情報通信業	8.8	15.9	20.4	8.0	8.8	21.2	16.8	113
	運輸業、郵便業	7.9	9.5	6.9	6.9	5.0	40.4	23.3	317
	卸売業、小売業	9.1	12.8	13.2	7.9	5.3	28.0	23.6	771
	金融業、保険業	17.7	29.0	11.3	1.6	4.8	12.9	22.6	62
	不動産業、物品賃貸業	8.6	6.9	3.4	10.3	6.9	37.9	25.9	58
	学術研究、専門・技術サービス業	12.3	9.9	11.1	14.8	6.2	33.3	12.3	81
	宿泊業、飲食サービス業	10.0	15.6	9.5	12.8	8.1	24.2	19.9	211
	生活関連サービス業、娯楽業	11.7	8.5	11.7	12.8	6.4	30.9	18.1	94
	教育、学習支援業	11.4	10.3	7.6	10.3	7.6	36.2	16.8	185
	医療、福祉	2.3	7.4	9.7	8.5	12.0	44.9	15.2	691
	複合サービス事業	4.3	15.7	10.0	15.7	5.7	17.1	31.4	70
	その他のサービス業	8.3	10.8	8.9	7.8	8.0	32.1	24.1	436
	無回答	0.0	0.0	0.0	0.0	0.0	0.0	100.0	1
合計		8.8	12.6	10.7	9.1	7.1	31.1	20.6	4366

企業規模別（図表 2－184、図表 2－185）に見ると、規模が大きくなるほど、概して平成 25～27 年度の正社員採用者に占める中途採用の割合が 80%以上および 0%である割合がともに低くなる傾向がある。

図表 2－184　平成 25（2013）～27（2015）年度の正社員採用に占める中途採用の割合（企業規模別、単位：%）

（平成 25（2013）年度）

		0%	0%超～20%未満	20%～40%未満	40%～60%未満	60%～80%未満	80%以上	無回答・非該当	N
従業員数	30人未満	22.8	7.0	1.8	1.8	3.5	40.4	22.8	57
	30～99人	15.9	7.6	5.9	7.8	4.6	39.7	18.5	1509
	100～299人	12.9	9.8	8.1	8.8	8.8	32.9	18.7	861
	300～499人	9.7	10.1	11.2	10.5	13.7	27.1	17.7	277
	500～999人	12.1	15.0	15.3	8.7	10.6	19.0	19.3	321
	1000人以上	9.9	25.5	14.9	11.2	4.8	10.6	23.2	538
	無回答	10.5	12.0	7.1	6.2	4.0	26.5	33.7	803
合計		13.0	11.7	8.6	8.3	6.4	30.0	22.0	4366

図表 2－184（続） 平成 25（2013）～27（2015）年度の正社員採用に占める中途採用の割合（企業規模別、単位：%）

（平成 26（2014）年度）

		0%	0%超～20%未満	20%～40%未満	40%～60%未満	60%～80%未満	80%以上	無回答・非該当	N
従業員数	30人未満	26.3	5.3	1.8	1.8	7.0	35.1	22.8	57
	30～99人	13.8	7.5	7.0	7.9	5.7	40.4	17.8	1509
	100～299人	10.8	10.0	9.3	9.5	8.6	33.6	18.2	861
	300～499人	8.7	10.5	11.2	10.5	14.1	27.4	17.7	277
	500～999人	11.5	17.8	14.0	8.7	10.6	18.7	18.7	321
	1000人以上	7.8	24.9	15.4	11.2	7.4	11.3	21.9	538
	無回答	9.7	11.5	8.1	6.5	4.2	27.0	33.0	803
	合計	11.4	11.8	9.4	8.5	7.1	30.5	21.3	4366

（平成 27（2015）年度）

		0%	0%超～20%未満	20%～40%未満	40%～60%未満	60%～80%未満	80%以上	無回答・非該当	N
従業員数	30人未満	21.1	8.8	1.8	0.0	7.0	38.6	22.8	57
	30～99人	11.0	8.8	7.8	7.4	5.5	42.3	17.2	1509
	100～299人	8.0	10.3	10.9	11.8	8.9	31.9	18.0	861
	300～499人	5.8	11.6	13.4	10.8	15.5	26.7	16.2	277
	500～999人	8.7	16.8	17.8	9.3	10.9	19.0	17.4	321
	1000人以上	6.3	24.9	17.5	12.1	6.5	11.5	21.2	538
	無回答	7.6	12.7	8.3	7.3	3.9	28.4	31.8	803
	合計	8.8	12.6	10.7	9.1	7.1	31.1	20.6	4366

図表 2－185 平成 25（2013）～27（2015）年度の正社員採用に占める中途採用の割合（非該当を除く、企業規模別、単位：%）

（平成 25（2013）年度）

		0%	0%超～20%未満	20%～40%未満	40%～60%未満	60%～80%未満	80%以上	無回答	N
従業員数	30人未満(a)	26.5	8.2	2.0	2.0	4.1	46.9	10.2	49
	30～99人(b)	17.2	8.1	6.4	8.4	5.0	42.8	12.1	1399
	100～299人	13.9	10.5	8.8	9.5	9.5	35.5	12.3	798
	300～499人(c)	10.7	11.1	12.3	11.5	15.0	29.6	9.9	253
	500～999人(d)	13.1	16.1	16.4	9.4	11.4	20.5	13.1	298
	1000人以上	10.6	27.3	16.0	12.0	5.2	11.4	17.6	501
	無回答	11.6	13.2	7.9	6.9	4.4	29.3	26.7	726
	合計	14.1	12.7	9.4	9.0	6.9	32.6	15.4	4024
	100人未満(a+b)	17.5	8.1	6.2	8.2	5.0	43.0	12.0	1448
	300～999人(c+d)	12.0	13.8	14.5	10.3	13.1	24.7	11.6	551

注：図表 2－184 から非該当（平成 25（2013）年度以降、中途採用を実施していない企業）を除いて構成比を算出。

図表 2－185（続） 平成 25（2013）～27（2015）年度の 正社員採用に占める中途採用の割合（非該当を除く、企業規模別、単位：%）

（平成 26（2014）年度）

		0%	0%超～20%未満	20%～40%未満	40%～60%未満	60%～80%未満	80%以上	無回答	N
従業員数	30人未満(a)	30.6	6.1	2.0	2.0	8.2	40.8	10.2	49
	30～99人(b)	14.9	8.1	7.5	8.5	6.1	43.5	11.4	1399
	100～299人	11.7	10.8	10.0	10.3	9.3	36.2	11.8	798
	300～499人(c)	9.5	11.5	12.3	11.5	15.4	30.0	9.9	253
	500～999人(d)	12.4	19.1	15.1	9.4	11.4	20.1	12.4	298
	1000人以上	8.4	26.7	16.6	12.0	8.0	12.2	16.2	501
	無回答	10.7	12.7	9.0	7.2	4.7	29.9	25.9	726
	合計	12.4	12.8	10.2	9.2	7.7	33.1	14.6	4024
	100人未満(a+b)	15.4	8.0	7.3	8.3	6.2	43.4	11.3	1448
	300～999人(c+d)	11.1	15.6	13.8	10.3	13.2	24.7	11.3	551

（平成 27（2015）年度）

		0%	0%超～20%未満	20%～40%未満	40%～60%未満	60%～80%未満	80%以上	無回答	N
従業員数	30人未満(a)	24.5	10.2	2.0	0.0	8.2	44.9	10.2	49
	30～99人(b)	11.9	9.5	8.4	8.0	5.9	45.6	10.7	1399
	100～299人	8.6	11.2	11.8	12.8	9.6	34.5	11.5	798
	300～499人(c)	6.3	12.6	14.6	11.9	17.0	29.2	8.3	253
	500～999人(d)	9.4	18.1	19.1	10.1	11.7	20.5	11.1	298
	1000人以上	6.8	26.7	18.8	13.0	7.0	12.4	15.4	501
	無回答	8.4	14.0	9.2	8.1	4.3	31.4	24.5	726
	合計	9.6	13.6	11.6	9.9	7.7	33.8	13.8	4024
	100人未満(a+b)	12.3	9.5	8.1	7.7	6.0	45.6	10.7	1448
	300～999人(c+d)	8.0	15.6	17.1	10.9	14.2	24.5	9.8	551

注：図表 2－184 から非該当（平成 25（2013）年度以降、中途採用を実施していない企業）を除いて構成比を算出。

2.5 正社員採用に占める中途採用の割合の今後の見込み

(1) 中途採用の割合の今後の見込み

企業合計（図表 2－186、図表 2－187）で見ると、正社員の採用者に占める中途採用の割合が今後も変わらないとする企業が約 65.6%、増やしていく企業が約 14.9%、減らしていく企業が約 7.0%である（非該当を除くと、それぞれ約 71.1%、約 16.1%および約 7.6%）。

企業の地域展開の状況別に見ると、概して広域に展開する企業ほど中途採用の割合を増やしていく割合が高く、減らしていく割合が低い。ただし、1 事業所 1 企業の企業では、中途採用の割合が変わらないとする割合が相対的に高く、減らしていく割合が相対的に低い。また、全国的に展開している企業では、中途採用の割合を増やしていく割合が相対的に低く、減らしていく割合が相対的に高い。

図表 2－186　正社員採用に占める中途採用の割合の今後の見込み（地域展開別、単位：%）

		増やしていく	変わらない	減らしていく	無回答・非該当	N
地域展開	1事業所1企業	13.6	67.0	5.7	13.7	1010
	1都道府県のみに展開している企業	15.8	66.6	7.6	9.9	956
	1つの地域ブロックにのみ展開している企業	15.4	65.5	7.4	11.7	605
	全国的に展開している企業	14.5	64.8	8.0	12.7	1327
	海外展開もしている企業	17.7	65.4	5.3	11.6	413
	無回答	5.5	41.8	1.8	50.9	55
合計		14.9	65.6	7.0	12.6	4366

図表 2－187　正社員採用に占める中途採用の割合の今後の見込み
（非該当を除く、地域展開別、単位：%）

		増やしていく	変わらない	減らしていく	無回答	N
地域展開	1事業所1企業	15.1	74.5	6.4	4.1	909
	1都道府県のみに展開している企業	16.9	71.5	8.2	3.4	891
	1つの地域ブロックにのみ展開している企業	16.4	69.8	7.9	5.8	567
	全国的に展開している企業	15.8	70.7	8.7	4.8	1217
	海外展開もしている企業	18.8	69.6	5.7	5.9	388
	無回答	5.8	44.2	1.9	48.1	52
合計		16.1	71.1	7.6	5.1	4024

注：図表 2－186 から非該当（平成 25（2013）年度以降、中途採用を実施していない企業）を除いて構成比を算出。

業種別（図表 2－188）に見ると、中途採用の割合を増やしていく割合が高いのは、電気・ガス・熱供給・水道業（約 26.1%）、宿泊業、飲食サービス業（約 24.6%）および製造業（約 19.2%）である（無回答・非該当を除くと、電気・ガス・熱供給・水道業（約 30.0%）、宿泊業、飲食サービス業（約 27.5%）および運輸業、郵便業（約 22.0%））。一方、減らしていく割合が高いのは、学術研究、専門・技術サービス業（約 11.1%）、電気・ガス・熱供給・水道業（約 8.7%）および情報通信業（約 8.0%）である（無回答・非該当を除くと、学術研究、専門・技術サービス業（約 12.3%）、電気・ガス・熱供給・水道業（約 10.0%）および卸売業、小売業（約 9.6%））。

図表 2－188　正社員採用に占める中途採用の割合の今後の見込み（業種別、単位：%）

		増やしていく	変わらない	減らしていく	無回答・非該当	N
業種	鉱業、採石業、砂利採取業	20.0	60.0	0.0	20.0	5
	建設業	19.2	65.7	5.6	9.5	338
	製造業	13.7	64.6	7.9	13.7	910
	電気・ガス・熱供給・水道業	26.1	52.2	8.7	13.0	23
	情報通信業	18.6	65.5	8.0	8.0	113
	運輸業、郵便業	18.6	58.7	7.3	15.5	317
	卸売業、小売業	14.8	60.7	8.0	16.5	771
	金融業、保険業	12.9	64.5	4.8	17.7	62
	不動産業、物品賃貸業	6.9	65.5	6.9	20.7	58
	学術研究、専門・技術サービス業	8.6	70.4	11.1	9.9	81
	宿泊業、飲食サービス業	24.6	58.8	6.2	10.4	211
	生活関連サービス業、娯楽業	13.8	74.5	5.3	6.4	94
	教育、学習支援業	3.8	76.8	7.0	12.4	185
	医療、福祉	14.9	73.5	6.2	5.4	691
	複合サービス事業	11.4	61.4	4.3	22.9	70
	その他のサービス業	12.8	66.1	5.7	15.4	436
	無回答	0.0	0.0	0.0	100.0	1
合計		14.9	65.6	7.0	12.6	4366

企業規模別（図表 2－189、図表 2－190）に見ると、中途採用の割合に関する明確な傾向は確認されない。とりわけ 30 人未満の企業は傾向が異なり、中途採用の割合を増やしていく割合も減らしていく割合も相対的に低く、変わらないとする割合が相対的に高い。30～99 人、500～999 人および 1,000 人以上規模の企業では、中途採用の割合を増やしていく割合が相対的に高く、減らしていく割合が相対的に低い。

図表 2－189　正社員採用に占める中途採用の割合の今後の見込み（企業規模別、単位：%）

		増やしていく	変わらない	減らしていく	無回答・非該当	N
従業員数	30人未満	5.3	71.9	1.8	21.1	57
	30～99人	15.4	67.5	6.5	10.7	1509
	100～299人	13.4	66.3	8.8	11.5	861
	300～499人	13.0	62.8	10.8	13.4	277
	500～999人	15.0	68.8	6.5	9.7	321
	1000人以上	16.5	64.9	5.2	13.4	538
	無回答	15.7	60.9	6.4	17.1	803
合計		14.9	65.6	7.0	12.6	4366

図表 2－190　正社員採用に占める中途採用の割合の今後の見込み
（非該当を除く、企業規模別、単位：％）

		増やしていく	変わらない	減らしていく	無回答	N
従業員数	30人未満(a)	6.1	83.7	2.0	8.2	49
	30～99人(b)	16.6	72.8	7.0	3.6	1399
	100～299人	14.4	71.6	9.5	4.5	798
	300～499人(c)	14.2	68.8	11.9	5.1	253
	500～999人(d)	16.1	74.2	7.0	2.7	298
	1000人以上	17.8	69.7	5.6	7.0	501
	無回答	17.4	67.4	7.0	8.3	726
	合計	16.1	71.1	7.6	5.1	4024
	100人未満(a+b)	16.2	73.1	6.8	3.8	1448
	300～999人(c+d)	15.2	71.7	9.3	3.8	551

注：図表 2－189 から非該当（平成 25（2013）年度以降、中途採用を実施していない企業）を除いて構成比を算出。

(2) 中途採用の割合を減らしていく理由

正社員採用に占める中途採用の割合を今後減らしていく企業合計（図表 2－191、図表 2－192）で見ると、中途採用の割合を減らしていく主な理由は、「新規学卒採用に重点を置きたい」（約 5.9％（非該当を除くと約 84.9％））および「求める能力・資格を持つ人材の応募が多くない」（約 1.1％（非該当を除くと約 15.7％））である。

企業の地域展開の状況別に見ると、1 事業所 1 企業である企業および海外展開もしている企業では、中途採用の割合を減らしていく主な理由として「新規学卒採用に重点を置きたい」を挙げる割合が相対的に低い。また、より広域に展開する企業ほど、中途採用の割合を減らしていく主な理由として「求める能力・資格を持つ人材の応募が多くない」を挙げている。

図表 2－191　正社員採用に占める中途採用の割合を今後減らしていく理由
（複数回答可、地域展開別、単位：％）

		社内の賃金制度、人事異動・配置などのキャリアパスが十分に整備されていない	新規学卒採用に重点を置きたい	教育訓練や研修制度が十分に整備されていない	求める能力・資格を持つ人材の応募が多くない	人材紹介会社などの採用経路が十分に確保できない	中途採用について相談できる機関が少ない	その他	無回答・非該当	N
地域展開	1事業所1企業	0.2	4.7	0.3	0.7	0.0	0.0	0.9	94.4	1010
	1都道府県のみに展開している企業	0.6	6.4	0.3	1.3	0.4	0.1	1.5	92.4	956
	1つの地域ブロックにのみ展開している企業	0.5	6.6	0.2	1.5	0.2	0.0	1.0	92.6	605
	全国的に展開している企業	0.5	6.9	0.2	1.0	0.2	0.1	0.9	92.1	1327
	海外展開もしている企業	0.5	4.6	0.2	1.7	0.0	0.0	1.2	94.7	413
	無回答	0.0	1.8	0.0	0.0	0.0	0.0	0.0	98.2	55
	合計	0.4	5.9	0.3	1.1	0.2	0.0	1.1	93.1	4366

図表 2－192　正社員採用に占める中途採用の割合を今後減らしていく理由（非該当を除く、複数回答可、地域展開別、単位：%）

		社内の賃金制度、人事異動・配置などのキャリアパスが十分に整備されていない	新規学卒採用に重点を置きたい	教育訓練や研修制度が十分に整備されていない	求める能力・資格を持つ人材の応募が多くない	人材紹介会社などの採用経路が十分に確保できない	中途採用について相談できる機関が少ない	その他	無回答	N
地域展開	1事業所1企業	3.4	81.0	5.2	12.1	0.0	0.0	15.5	1.7	58
	1都道府県のみに展開している企業	8.2	83.6	4.1	16.4	5.5	1.4	19.2	0.0	73
	1つの地域ブロックにのみ展開している企業	6.7	88.9	2.2	20.0	2.2	0.0	13.3	0.0	45
	全国的に展開している企業	5.7	85.8	2.8	12.3	2.8	0.9	11.3	0.9	106
	海外展開もしている企業	9.1	86.4	4.5	31.8	0.0	0.0	22.7	0.0	22
	無回答	0.0	100.0	0.0	0.0	0.0	0.0	0.0	0.0	1
合計		6.2	84.9	3.6	15.7	2.6	0.7	15.1	0.7	305

注：図表 2－191 から非該当（平成 25（2013）年度以降、中途採用を実施している企業のうち正社員採用に占める中途採用の割合を今後増やしていく企業および変わらない企業、ならびに平成 25（2013）年度以降、中途採用を実施していない企業、）を除いて構成比を算出。

業種別（図表 2－193）に見ると、中途採用の割合を減らしていく主な理由として「新規学卒採用に重点を置きたい」を挙げる割合が高いのは、電気・ガス・熱供給・水道業（約 8.7%）、情報通信業（約 8.0%）および卸売業、小売業（約 7.1%）である。「求める能力・資格を持つ人材の応募が多くない」の割合が高いのは、学術研究、専門・技術サービス業（約 2.5%）、宿泊業、飲食サービス業（約 1.9%）および不動産業、物品賃貸業（約 1.7%）である。

図表 2－193　正社員採用に占める中途採用の割合を今後減らしていく理由
（複数回答可、業種別、単位：％）

		社内の賃金制度、人事異動・配置などのキャリアパスが十分に整備されていない	新規学卒採用に重点を置きたい	教育訓練や研修制度が十分に整備されていない	求める能力・資格を持つ人材の応募が多くない	人材紹介会社などの採用経路が十分に確保できない	中途採用について相談できる機関が少ない	その他	無回答・非該当	N
業種	鉱業、採石業、砂利採取業	0.0	0.0	0.0	0.0	0.0	0.0	0.0	100.0	5
	建設業	0.0	4.7	0.3	1.5	0.0	0.3	0.9	94.4	338
	製造業	0.7	6.9	0.2	1.0	0.1	0.0	1.0	92.2	910
	電気・ガス・熱供給・水道業	0.0	8.7	0.0	0.0	0.0	0.0	0.0	91.3	23
	情報通信業	0.0	8.0	0.0	0.0	0.0	0.0	0.9	92.0	113
	運輸業、郵便業	0.0	5.4	0.0	0.6	0.3	0.0	2.2	92.7	317
	卸売業、小売業	0.6	7.1	0.4	1.6	0.4	0.1	0.9	92.0	771
	金融業、保険業	1.6	1.6	0.0	0.0	0.0	0.0	1.6	95.2	62
	不動産業、物品賃貸業	0.0	6.9	0.0	1.7	0.0	0.0	0.0	93.1	58
	学術研究、専門・技術サービス業	2.5	6.2	0.0	2.5	0.0	0.0	2.5	88.9	81
	宿泊業、飲食サービス業	0.5	5.7	0.5	1.9	0.0	0.0	0.9	93.8	211
	生活関連サービス業、娯楽業	0.0	2.1	0.0	0.0	0.0	0.0	3.2	94.7	94
	教育、学習支援業	0.5	6.5	0.5	0.5	0.5	0.0	0.5	93.0	185
	医療、福祉	0.4	4.9	0.4	0.9	0.3	0.0	1.3	93.9	691
	複合サービス事業	0.0	4.3	0.0	1.4	0.0	0.0	0.0	95.7	70
	その他のサービス業	0.0	5.5	0.0	1.1	0.0	0.0	0.2	94.3	436
	無回答	0.0	0.0	0.0	0.0	0.0	0.0	0.0	100.0	1
	合計	0.4	5.9	0.3	1.1	0.2	0.0	1.1	93.1	4366

企業規模別（図表 2－194、図表 2－195）に見ると、300～499 人規模までは規模の大きな企業ほど、中途採用の割合を減らしていく主な理由として「新規学卒採用に重点を置きたい」および「求める能力・資格を持つ人材の応募が多くない」を挙げる割合が高くなるが、500～999 人、1,000 人以上規模とさらに規模が大きくなると同割合は低下する。

図表 2－194　正社員採用に占める中途採用の割合を今後減らしていく理由
（複数回答可、企業規模別、単位：％）

		社内の賃金制度、人事異動・配置などのキャリアパスが十分に整備されていない	新規学卒採用に重点を置きたい	教育訓練や研修制度が十分に整備されていない	求める能力・資格を持つ人材の応募が多くない	人材紹介会社などの採用経路が十分に確保できない	中途採用について相談できる機関が少ない	その他	無回答・非該当	N
従業員数	30人未満	0.0	1.8	0.0	0.0	0.0	0.0	0.0	98.2	57
	30～99人	0.3	5.7	0.3	0.7	0.2	0.0	0.9	93.5	1509
	100～299人	0.5	7.5	0.5	1.5	0.1	0.1	0.9	91.2	861
	300～499人	1.8	9.0	0.0	2.9	1.1	0.0	2.2	89.2	277
	500～999人	0.6	6.2	0.3	0.9	0.0	0.0	0.3	93.5	321
	1000人以上	0.0	4.3	0.2	0.7	0.2	0.0	1.9	94.8	538
	無回答	0.4	4.9	0.0	1.1	0.0	0.1	1.0	93.9	803
	合計	0.4	5.9	0.3	1.1	0.2	0.0	1.1	93.1	4366

図表 2－195　正社員採用に占める中途採用の割合を今後減らしていく理由
（非該当を除く、複数回答可、企業規模別、単位：%）

		社内の賃金制度、人事異動・配置などのキャリアパスが十分に整備されていない	新規学卒採用に重点を置きたい	教育訓練や研修制度が十分に整備されていない	求める能力・資格を持つ人材の応募が多くない	人材紹介会社などの採用経路が十分に確保できない	中途採用について相談できる機関が少ない	その他	無回答	N
従業員数	30人未満(a)	0.0	100.0	0.0	0.0	0.0	0.0	0.0	0.0	1
	30～99人(b)	5.1	87.8	5.1	11.2	3.1	0.0	13.3	0.0	98
	100～299人	5.3	85.5	5.3	17.1	1.3	1.3	10.5	0.0	76
	300～499人(c)	16.7	83.3	0.0	26.7	10.0	0.0	20.0	0.0	30
	500～999人(d)	9.5	95.2	4.8	14.3	0.0	0.0	4.8	0.0	21
	1000人以上	0.0	82.1	3.6	14.3	3.6	0.0	35.7	0.0	28
	無回答	5.9	76.5	0.0	17.6	0.0	2.0	15.7	3.9	51
	合計	6.2	84.9	3.6	15.7	2.6	0.7	15.1	0.7	305
	100人未満(a+b)	5.1	87.9	5.1	11.1	3.0	0.0	13.1	0.0	99
	300～999人(c+d)	13.7	88.2	2.0	21.6	5.9	0.0	13.7	0.0	51

注：図表 2－194 から非該当（平成 25（2013）年度以降、中途採用を実施している企業のうち正社員採用に占める中途採用の割合を今後増やしていく企業および変わらない企業、ならびに平成 25（2013）年度以降、中途採用を実施していない企業、）を除いて構成比を算出。

2.6　正社員採用に占める中途採用の割合を今後どの程度にしたいか

企業合計（図表 2－196、図表 2－197）で見ると、今後、正社員の採用者に占める中途採用の割合を 80%以上にしたいと考える企業が約 18.9%、40%～60%未満が約 17.4%、20%～40%未満が約 14.0%である（非該当を除くと、それぞれ約 20.5%、約 18.9%および約 15.2%）。なお、本設問は「無回答」の割合が相対的に高いため、図表 2－181 および図表 2－182 との比較は困難である点に留意いただきたい。

企業の地域展開の状況別に見ると、概してより広域に展開する企業ほど、希望する正社員の採用者に占める中途採用の割合は相対的に低い傾向がある。

図表 2－196　正社員採用に占める中途採用の割合を今後どの程度にしたいか
（地域展開別、単位：%）

		0%	0%超～20%未満	20%～40%未満	40%～60%未満	60%～80%未満	80%以上	無回答・非該当	N
地域展開	1事業所1企業	2.3	7.0	11.3	18.0	6.4	23.1	31.9	1010
	1都道府県のみに展開している企業	2.7	8.4	14.0	17.9	7.8	20.0	29.2	956
	1つの地域ブロックにのみ展開している企業	3.6	8.4	15.5	18.5	6.0	20.8	27.1	605
	全国的に展開している企業	2.4	8.6	14.5	17.3	7.2	17.9	32.1	1327
	海外展開もしている企業	2.9	15.3	18.2	15.3	3.9	7.0	37.5	413
	無回答	1.8	5.5	3.6	5.5	3.6	12.7	67.3	55
	合計	2.7	8.7	14.0	17.4	6.6	18.9	31.7	4366

図表 2－197　正社員採用に占める中途採用の割合を今後どの程度にしたいか（非該当を除く、地域展開別、単位：%）

		0%	0%超～20%未満	20%～40%未満	40%～60%未満	60%～80%未満	80%以上	無回答	N
地域展開	1事業所1企業	2.5	7.8	12.5	20.0	7.2	25.6	24.3	909
	1都道府県のみに展開している企業	2.9	9.0	15.0	19.2	8.4	21.4	24.0	891
	1つの地域ブロックにのみ展開している企業	3.9	9.0	16.6	19.8	6.3	22.2	22.2	567
	全国的に展開している企業	2.6	9.4	15.9	18.8	7.8	19.6	26.0	1217
	海外展開もしている企業	3.1	16.2	19.3	16.2	4.1	7.5	33.5	388
	無回答	1.9	5.8	3.8	5.8	3.8	13.5	65.4	52
	合計	2.9	9.5	15.2	18.9	7.2	20.5	25.9	4024

注：図表 2－196 から非該当（平成 25（2013）年度以降、中途採用を実施していない企業）を除いて構成比を算出。

業種別（図表 2－198）に見ると、今後、中途採用の割合を 80%以上にしたいと考える割合が高いのは、運輸業、郵便業（約 32.5%）、医療、福祉（約 30.4%）および不動産業、物品賃貸業（約 24.1%）である。60%～80%未満の割合が高いのは、生活関連サービス業、娯楽業（約 13.8%）、医療、福祉（約 10.9%）および宿泊業、飲食サービス業（約 9.5%）である。40%～60%未満の割合が高いのは、複合サービス事業（約 27.1%）および建設業（約 24.0%）である。

図表 2－198　正社員採用に占める中途採用の割合を今後どの程度にしたいか（業種別、単位：%）

		0%	0%超～20%未満	20%～40%未満	40%～60%未満	60%～80%未満	80%以上	無回答・非該当	N
業種	鉱業、採石業、砂利採取業	0.0	0.0	0.0	20.0	0.0	60.0	20.0	5
	建設業	1.5	11.8	19.2	24.0	5.3	10.9	27.2	338
	製造業	2.6	9.9	17.0	19.7	4.5	13.2	33.1	910
	電気・ガス・熱供給・水道業	0.0	26.1	17.4	21.7	4.3	0.0	30.4	23
	情報通信業	5.3	10.6	16.8	15.0	8.0	11.5	32.7	113
	運輸業、郵便業	2.5	5.7	8.8	10.1	6.6	32.5	33.8	317
	卸売業、小売業	2.5	9.6	17.3	17.1	5.6	15.7	32.3	771
	金融業、保険業	6.5	21.0	9.7	4.8	1.6	6.5	50.0	62
	不動産業、物品賃貸業	3.4	3.4	10.3	17.2	6.9	24.1	34.5	58
	学術研究、専門・技術サービス業	6.2	7.4	19.8	9.9	7.4	21.0	28.4	81
	宿泊業、飲食サービス業	3.3	8.5	14.2	20.9	9.5	13.7	29.9	211
	生活関連サービス業、娯楽業	3.2	8.5	9.6	17.0	13.8	17.0	30.9	94
	教育、学習支援業	4.3	7.0	11.4	16.2	5.4	18.9	36.8	185
	医療、福祉	0.3	5.2	8.5	17.8	10.9	30.4	26.9	691
	複合サービス事業	0.0	21.4	8.6	27.1	4.3	4.3	34.3	70
	その他のサービス業	5.3	7.1	12.6	13.8	5.5	22.7	33.0	436
	無回答	0.0	0.0	0.0	0.0	0.0	0.0	100.0	1
	合計	2.7	8.7	14.0	17.4	6.6	18.9	31.7	4366

企業規模別（図表 2－199、図表 2－200）に見ると、概して規模の大きな企業ほど希望する正社員の採用者に占める中途採用の割合は相対的に低い傾向がある。

図表 2－199　正社員採用に占める中途採用の割合を今後どの程度にしたいか
（企業規模別、単位：%）

		0%	0%超～20%未満	20%～40%未満	40%～60%未満	60%～80%未満	80%以上	無回答・非該当	N
従業員数	30人未満	0.0	7.0	3.5	15.8	3.5	33.3	36.8	57
	30～99人	2.8	6.4	11.8	20.7	6.4	26.2	25.5	1509
	100～299人	3.7	6.5	14.9	18.0	7.8	19.9	29.3	861
	300～499人	1.8	11.9	14.1	17.3	10.8	16.6	27.4	277
	500～999人	3.1	17.4	16.8	15.9	8.7	10.3	27.7	321
	1000人以上	2.0	12.8	20.3	11.0	4.8	7.2	41.8	538
	無回答	1.9	8.3	12.7	15.6	4.9	14.9	41.7	803
合計		2.7	8.7	14.0	17.4	6.6	18.9	31.7	4366

図表 2－200　正社員採用に占める中途採用の割合を今後どの程度にしたいか
（非該当を除く、企業規模別、単位：%）

		0%	0%超～20%未満	20%～40%未満	40%～60%未満	60%～80%未満	80%以上	無回答	N
従業員数	30人未満(a)	0.0	8.2	4.1	18.4	4.1	38.8	26.5	49
	30～99人(b)	3.1	6.9	12.7	22.4	6.9	28.3	19.7	1399
	100～299人	4.0	7.0	16.0	19.4	8.4	21.4	23.7	798
	300～499人(c)	2.0	13.0	15.4	19.0	11.9	18.2	20.6	253
	500～999人(d)	3.4	18.8	18.1	17.1	9.4	11.1	22.1	298
	1000人以上	2.2	13.8	21.8	11.8	5.2	7.8	37.5	501
	無回答	2.1	9.2	14.0	17.2	5.4	16.5	35.5	726
	合計	2.9	9.5	15.2	18.9	7.2	20.5	25.9	4024
	100人未満(a+b)	3.0	7.0	12.4	22.2	6.8	28.7	19.9	1448
	300～999人(c+d)	2.7	16.2	16.9	18.0	10.5	14.3	21.4	551

注：図表 2－199 から非該当（平成 25（2013）年度以降、中途採用を実施していない企業）を除いて構成比を算出。

第 5 節　就活生の就職希望と企業の採用予定との量的対比の試み―方法と結果

今回実施した「企業の多様な採用に関する調査」（以下「企業採用調査」という）および「大学生・大学院生の多様な採用に対するニーズ調査」（同「就活生調査」、調査内容は JILPT 調査シリーズ No.178 を参照のこと）により、企業の採用予定と就活生の就職希望の状況とがそれぞれ把握された。これらのデータを用いて一定の復元操作を行って両者の量的対比、すなわち平成 30 年春新規大卒者（大学院修了者を含む。以下同じ。）の就職に関する需給のバランスの状況を試算した。以下に、その方法と試算結果を示す。もとより、限られた情報に基づいた参考試算値ではあるが、一定の傾向を示すものということはできると思われる。

1　方法

1.1　企業の平成30年春新規大卒採用予定数の推定

全体としての企業の採用予定総数は、「企業採用調査」の各回答企業の採用予定人数に、有効回答のあった産業・従業員規模別企業数で「平成26年経済センサス」の産業・従業員規模別企業数を除して産業・規模別の「復元倍率」を求め、これをウェイトとして試算した[1]。

※復元倍率

$$\frac{\text{ある産業（大分類）・ある従業員規模の「経済センサス」の企業数}}{\text{当該産業・規模の「企業採用調査」の有効回答企業数}}$$

1.2　平成30年春大卒（院修了を含む）就職希望者数の推定

学校や学生に関する総合的な調査である「学校基本調査」データから全体としての「就職関係者数」を基礎数として求め、それに今回の「就活生調査」データの比率を乗じて推計する方式をとった。

「学校基本調査」で提供されている卒業後の状況に関する結果表から、どの区分を「就職関係者」とするかが問題となるが、ここではより広く範囲づけることとし、「就職者」と「一時的な職に就いた者」に併せて、「左記以外の者」も含めて試算することとした。「左記以外の者」は、いわば卒後状況の不明者であるが、その少なくない部分が就活には参加していたとの想定をしている[2]。

したがって、「就職関係者数」は、男女および大学・修士・博士別に、「平成28年度調査」における最終年次学生数（それぞれ4および6年次、2および3年次、3および4年次の学生数）に対する「平成29年度調査」卒後状況の「就職者」、「一時的な職に就いた者」および「左記以外の者」の合計数の比率を求め、これを「29年度調査」の最終年次学生数に乗じて、平成30年春大卒の「就職関係者数」を求めた（次の算式を参照されたい）。

1　複合サービス業の大規模区分について、回答企業数が「経済センサス」の所在企業数を上回るという不整合がみられた。これについて、従業員数を見ると、正社員数に比べ非正規社員数が異常に多い企業があったことから、当該ケースについては、総従業員数（正規＋非正規）でなく正規従業員数により規模付けて復元倍率を算定した。この扱いが適切かどうかなんともいえないが、全体の計算結果に与える影響は微小であり、全体の総数を見ることに限れば、問題はほとんどないといえる。

2　一方で、「就職者」や「一時的な職に就いた者」の中には国・地方の公務員や教員に就職した人も含まれている。民間企業への就職に視野を限定すれば、この面でも過大な推計となっているといえる。ただし、公務員・教員志望者であっても、民間企業への就活を行う人も少なくないといったこともある。

※「就職関係者」（E）

・・・卒後状況における「就職者」、「一時的な職に就いた者」および「左記以外の者」の合計数

※最終年次学生に対する「就職関係者（E）」の比率（ρ）

$$\frac{【\text{H29 調査：就職関係者数（E29）}】}{【\text{H28 調査：最終年次学生数（N28）}】}$$

※平成 30 年春大卒の「就職関係者数」（E30）

【H29 調査：最終年次学生数（N29）】 × 【就職関係者の割合（ρ）】

※「就活生調査」データの復元試算人数

平成 30 年春大卒の「就職関係者数」（E30）×「就活生調査」データによる比率

＊男女および大学・修士・博士別に計算して合算。

2 試算結果

上記に基づき行った結果、平成 30 年春新規大卒者の就職希望者数（＝上記の就職関係者数）は、55 万 9 千人と試算され、これに対して、8 万 1 千社の企業が 60 万人程度の採用を予定していると試算された[3]（末尾の「参考／試算結果表」参照）。

この結果を、特に地域限定社員の需給に注目してみてみよう（図表 2－201）。調査の地域限定社員の就活生の希望と企業の採用予定人数とに対する回答をベースにしてそのまま比較すれば、就活生の希望は「是非応募したい」が 14 万 7 千人で、これに「処遇に大きな差がなければ応募したい」とした 26 万 7 千人を加えた 41 万 4 千人が希望する一方、企業の採用予定人数は 3 万 2 千人に過ぎず、就活生の希望に対して 7.8%でしかなく、「是非応募したい」人に限っても 21.9%と概ね 5 人に 1 人分の採用しかないこととなる。現状において、地域限定社員に対する需給（希望と採用）に関しては大きなアンバランスがあるといえる。

以上を前提とした上で、さらに関連するデータを示しておこう。就活生が地域限定社員を希望する理由には多様なものがあると思われるが[4]、実際上の基本的なニーズとしては「転居をしないこと」であると考えてもよいであろう。そうであれば、転居を

---

[3] この試算結果をそのまま用いれば、新規大卒の「求人倍率」は 1.07 倍と計算される。しかし、就職関係者数が上述のように過大に推計されているとみられることから、この求人倍率は低く推計されているということができる。ちなみに、就職関係者数から「左記以外の者」を除いて試算すると 50 万 5 千人となり、これを用いた「求人倍率」は 1.19 倍となる。さらに、公務員および教員希望と回答のあった人を求職側から単純に差し引いて試算してみると、就職関係者数は 42 万 6 千人となり、「求人倍率」は 1.41 倍と高く計算される。また、企業についても、採用予定者数を上回って求人数としていることも十分考えられるので、求人倍率はさらに高く算定することも可能である。一方翻って、ここでの試算は、就職活動・採用活動（就活と採活）の収束後の状況を描出していると見ることができる。すなわち、表面の「売手市場」と表裏に、トータルとしての需給はトントン程度であり、一部に手放しで楽観できるほどの状況でない面もあることを示していると見ることもできる。

[4] 例えば、従事したい仕事が特定の事業所にのみある、とかといった事情が考えられる。

必要としない地域の範囲で事業を行っている企業については、雇用区分として「地域限定社員」とされていなくても、同様に転居が必要とされない働き方をすることができる。そこで、ここでは、事業所が 1 つである企業（1 事業所企業）および 1 つの都道府県内にしか事業所を展開していない企業（1 都道府県事業所展開企業）がこれに該当する企業と仮定してみた[5]。すなわち、これらの企業の採用は、就活生の「地域限定」のニーズを満たすものとして、すべて需要側に算入し、それら以外の 2 都道府県以上に展開する企業の地域限定社員採用予定数と合わせて「地域限定」の需要とみなして需給を比較した。その結果（図表 2－201 の右端の棒グラフ）、企業の採用予定人数は 21 万 6 千人であり、就活生の希望に対して 52.1％に達している。また、就活生の希望を「是非応募したい」に限れば、希望に対する採用予定は 146.8％と需要が供給を大きく上回っている結果となっている[6]。

図表 2－201　地域限定正社員に関する試算結果

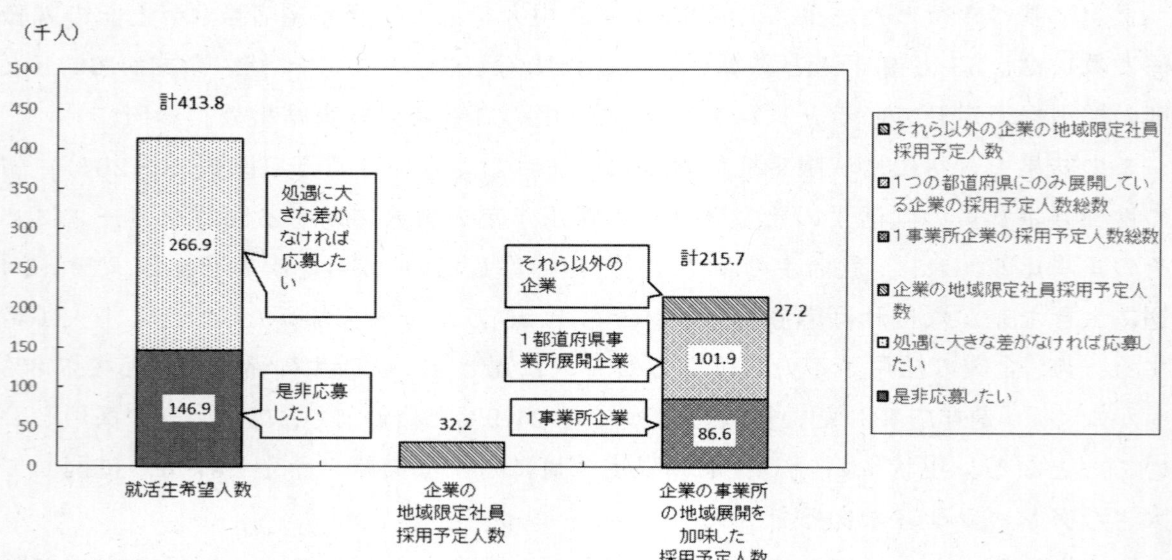

[5] これはやや強い仮定である。1 都道府県内といっても通勤が困難なところは少なくなく、一方で、2 以上の都道府県であっても隣接する地域に事業所が展開されている場合には、通勤可能であることも少なくない。また、事業所は 1 つであっても、遠隔地に事業所とまではいえない連絡事務所や駐在事務所を構えている場合も考えられる。したがって、以下は調査データの制約下での一つの傾向を示したものと理解されたい。

[6] このことは、地域を限定して展開する企業に関する需給の相対的に強い逼迫を示している。ちなみに、特定の地域にのみ展開する企業への就活生の就職希望者数（複数回答による）は、15 万 7 千人であるのに対して、当該企業の採用予定人数は、25 万 7 千人と試算されている。

（参考／試算結果表）平成 30 年春の新規大卒就職における需給の復元試算結果

1　就活生の就職希望状況

図表補－1　就活開始時点での希望企業（複数回答可、単位：千人）

	男性	女性	男女計
計	300.2	259.1	559.3
海外展開もしている企業	80.2	56.5	136.7
全国規模の企業であって、全国転勤がある企業	95.7	60.9	156.6
全国規模の企業であって、勤務地が特定の地域に限定されている企業	97.4	120.5	218.0
主に特定の地域に展開している企業	71.5	85.3	156.8
公務員（教員を除く）	41.5	38.1	79.6
教員	4.0	4.7	8.8
その他	8.6	6.6	15.2
特に決めていなかった	62.2	48.7	110.9

図表補－2　就活開始時点での希望する働き方（複数回答可、単位：千人）

	男性	女性	男女計
地域限定社員	197.4	216.4	413.8
（是非応募したい）	50.9	96.0	146.9
（処遇に大きな差がなければ応募したい）	146.5	120.4	266.9
職務限定社員	155.9	172.4	328.2
（是非応募したい）	40.4	55.0	95.3
（処遇に大きな差がなければ応募したい）	115.5	117.4	232.9
勤務時間限定社員	142.5	151.7	294.2
（是非応募したい）	40.2	52.2	92.4
（処遇に大きな差がなければ応募したい）	102.3	99.5	201.8

2　企業の採用予定状況

図表補－3　平成 30 年春の大卒採用予定の有無（単位：千社）

	採用予定あり	採用予定なし	計
計	81.1	32.5	113.5
1事業所企業	18.3	10.7	29.0
1つの都道府県にのみに展開している企業	17.4	7.5	24.9
1つの地域ブロックにのみ展開している企業	11.2	4.8	15.9
全国的に展開している企業	26.7	7.6	34.3
海外展開もしている企業	6.8	1.3	8.2
無回答	0.6	0.5	1.2

注：調査対象は、従業員規模 30 人以上企業である。

図表補－4　企業の採用予定人数（単位：千人）

	計	1事業所企業	1つの都道府県にのみに展開している企業	1つの地域ブロックにのみ展開している企業	全国的に展開している企業	海外展開もしている企業	無回答
計	599.3	86.6	101.9	68.6	202.4	136.7	3.0
無限定正社員	514.7	71.8	83.3	60.8	177.6	118.2	3.0
地域限定正社員	32.2	1.7	3.2	3.1	12.2	11.9	0.0
職務限定正社員	52.3	13.1	15.2	4.8	12.5	6.6	0.0
勤務時間限定正社員	0.3	0.0	0.2	0.0	0.0	0.0	0.0

注：採用予定人数が無回答であった企業は、反映されていない。

第 3 章　企業の多様な採用に関するヒアリング調査

第 1 節　ヒアリング調査の概要

アンケート調査の結果の理解を深めるために、回答企業のうち相対的に従業員規模の大きい企業に対する追加的な調査をヒアリングによって業種横断的に実施した。

2017 年 10 月 17 日～11 月 21 日において、企業を直接訪問する本調査（建設業 1 社、製造業 2 社、情報通信業 1 社、卸売業 1 社、金融業 1 社、飲食サービス業 1 社の合計 7 社）および電話による簡易的な予備調査（金融業 1 社、製造業 1 社の合計 2 社）を行った。

（本調査）

製造業 A 社

調査実施日：2017 年 10 月 19 日

インフォーマント：人事部採用チームリーダー、採用担当者

インタビュアー：中野、関家

飲食サービス業 B 社

調査実施日：2017 年 10 月 31 日

インフォーマント：人事部採用担当者

インタビュアー：中野、関家

卸売業 C 社

調査実施日：2017 年 11 月 7 日

インフォーマント：人事部採用担当者

インタビュアー：中野、関家

情報通信業 D 社

調査実施日：2017 年 11 月 7 日

インフォーマント：人事部採用育成グループマネジャー、同グループ担当者

インタビュアー：中野、関家

製造業 E 社

調査実施日：2017 年 11 月 9 日

インフォーマント：人事部人事グループ長、同グループ課長、労務グループ課長代理

インタビュアー：中野、関家

建設業 F 社

調査実施日：2017 年 11 月 15 日

インフォーマント：人事部課長

インタビュアー：中野、関家

金融業G社

調査実施日：2017年11月21日

インフォーマント：人事部採用チーム課長代理

インタビュアー：中野

（予備調査）

金融業a社　調査実施日：2017年10月17日　インフォーマント：採用担当者

インタビュアー：中野

製造業b社　調査実施日：2017年10月25日　インフォーマント：採用担当者

インタビュアー：中野

（主な調査項目）

新規学卒採用および中途採用のプロセス、採用を実施する上での工夫・取り組み、限定正社員制度の内容（職務および処遇）・導入理由

第2節　ヒアリングレコード

1　製造業A社

1.1　企業概要と採用実績

A社は海外展開もしている化学メーカーで、従業員規模は1,000人以上（2016年3月末時点）である。

2016年度に採用した人数は、新規学卒者が152人、中途が137人である。大卒を対象とする新卒総合職は事務系と技術系の職種別に採用しており、両者の比率は1：3である。技術系はさらに研究開発を行う社員（約50%）と、工場内の生産工程の設計などを担当する生産エンジニア（約50%）からなる。なお、限定正社員制度は導入していない。

1.2　新卒採用

(1) 採用プロセス

10月頃から就活イベントに出席し、3月と4月にエントリーシートを受け付け、人事部による選別を行い、6月初めから2度の面接を実施し、6月中旬に内々定を出す。面接に要する時間や面接担当者の構成は、職種によって異なる。また、エントリーシートの通過から、1回目の面接の間には、自由参加の座談会が複数設けられている。座談会では、社風や業務内容などについて、社員5～6人

から直接話を聞くことができる。

(2) 工夫している点

① 複数の応募締め切り日

エントリーシートの締切日を3月と4月の2回設けている。これは、㋐エントリーシートの集中を防ぎ、選考スピードを速めること、㋑1回目の面接までに複数回の座談会を行うことで、魅力的な学生を早期に発見し、学生に自社への理解を深めてもらうことを狙いとしている。

応募締め切りを3月とする企業が多いため、4月に同社に応募する学生も多く、応募者数は伸びている。ただし、人事担当者の負担は重くなっている。

② 入社時期の柔軟化

内定者の中に翌年度の3月より早く卒業する学生がいる場合は、入社時期を早める対応を採っている。ただし、こうした早期入社の取組みは制度化されたものではなく、内定時の面接を通して、個別に行われるものであり、毎年1〜2人程度とわずかである。早期入社の新入社員は主に外国人や、海外で学んできた日本人留学生、ロースクールへの進学を諦めた者などである。

早期入社は主に10月、11月、1月に行われる。早期入社者は、1日程度の企業説明を受けた後、2日目から配属先で業務の説明を受け、上司や先輩の指導の下で業務を行う（OJT)。その後、4月に同期が入社してくると、4月入社組とともに1ヶ月の新入社員研修（社会人としての心構えの習得、同期ネットワークの形成）を受講する。

③ 生産現場での大卒採用

A社では、大学進学率の向上に伴い、高卒・高専卒を対象にブルーカラー（工場のオペレーター）の採用を行い、社内で育成していくことが難しくなってきたことを受け、2016年度から募集対象を大卒まで拡大した。その結果、大学の男子学生から募集が集まり、ブルーカラーとして1人採用した。応募者には、同社が例年総合職として採用している大学の出身者もおり、比較的地域を限定して勤務できる工場での就労ニーズの高さを感じている。したがって、今後工場のある地域拠点に大卒正社員の採用権限を与えると、地域拠点での大卒の採用が増加する可能性がある。

なお、工場のオペレーターから総合職への転換制度があり、認定試験に合格し転換した場合には、それに合わせて職域も拡大する。

(3) 課題

① A 社では、選考プロセスにおいて出身大学や地域を特段考慮していない。現状では、A 社の知名度が低く採用工数をかけにくい首都圏以外の大学からの採用数が少なく、社員の多様性の面で課題があると感じている。

② 同社は、化学製品の研究開発を中核として事業を展開しているが、製品を製造するプラントの建設やメンテナンスに電気や機械に関する専門知識を有する人材は欠かせず高いニーズがある。しかし、化学以外を専攻する理系学生には、同社の知名度は低く、応募者数が少なく苦労している。さらに、最近では自動車業界など他の業界でも化学専攻の学生のニーズが高まっており、産業を超えた大企業との人材獲得競争に苦しんでいる。

これらの課題に対応するため、冬に 5 日間のインターンシップ制度を実施しており、同制度を利用した学生自身に企業について知ってもらうだけでなく、当該学生がインターンシップの内容を宣伝してくれることを期待している。そのため、対象学生の選考では、情報発信力の有無も重視している。

1.3 中途採用

中途採用の採用プロセスは次のとおりである。まず、エントリーシートを受付け、①人事部による選別、②配属先の上司による選別を行った後、③2 度の面接を行う。

採用のミスマッチを防ぐため、2 度の面接の前後に、配属先となる職場を訪問する機会を設けている。採用候補者は、採用後に担当する仕事の A 社における位置づけについて説明を受けたり、同僚となる年齢の近い社員と話したりすることで、同社の風土や社風について理解を深める。これによって、採用候補者と配属先のミスマッチが減り、安心して採用することができている。

採用候補者に提示する職務内容は、採用候補者が 20 代の場合にはやや大括りで、30～40 代ではやや細かい。

採用後の処遇は、新卒採用者と同様である。非管理職の社員格付け制度（10 年目まで）には職能資格等級制度が用いられ、中途採用者の経験年数に基づき、対応する等級が決まる。したがって、管理職になるまでにかかる年限は、中途採用者と新卒採用者で差はない。賃金は、入社から当該等級まで一貫して標準的な人事評価を受けてきた場合の賃金水準とする。なお、いかなる理由でも中途採用者ごとに、前述の方法で算出した賃金水準を変動させることはできない。そのため、ずば抜けて優秀な人材を非管理職として採用するには、賃金面で魅力が足りないと感じている。

1.4　採用に関する要望・意見

現行の採用スケジュールが形骸化してきていると感じる。A 社は経団連が掲げる採用選考活動のスケジュールを守って、採用を行っているが、経団連加盟企業でもスケジュールを守っていない企業が多い。さらに、人材獲得競争の激化によって 6 月以前に内々定を出している大企業でも、6 月以降、追加の選考を行い、新たに内々定を出す企業が増えている。これによって、経団連の日程を守って 6 月初めに選考を開始する企業の内定者が、こうした大企業に移るケースも出てきている。これでは真面目な企業が損をする上、他社に内定者が移らないよう、企業は入社までの内定者のフォロー期間を長くせざるを得ず、採用活動の期間が長期化し大きな負担となっている。

2　飲食サービス業 B 社

2.1　企業概要と採用実績

B 社は、従業員規模 300～499 人規模（2017 年 5 月末時点）の飲食業者であり、アジアを中心に海外展開も行っている。正社員は総合職（限定のない正社員）と地域限定正社員から構成される。地域限定正社員の異動範囲は概ね都市圏程度であるが、本人の希望によってはより狭い地域内での異動にも柔軟に対応する。

採用実績を見ると、2016 年度の採用者は新規大卒採用 18 人、中途採用 76 人、2017 年度の採用者は新規大卒 50 人である。

入社後 1 年以内の離職率は 14％、3 年以内では 44％で、退職者は中間管理職や結婚を控えた男性（配偶者に合わせて土日は休みたいなどの理由）が多い。一方で、離職者が戻りやすい環境が整えられていることから、再雇用者も多い。

2.2　新卒採用

(1) 採用プロセス

12 月頃から各地で合同説明会を行い、3 月 1 日からエントリーを受け付ける。3 月の第 1 週目から主に東京本社と大阪で説明会を開催し、その場で採用適性試験も実施する。その後、1～2 回の面接を行い、最終面接から 1 週間以内に面接結果を通知する。

なお、応募の締切日は設けていない。また、応募時にエントリーシートなどの応募書類は求めておらず、内定までに形式を問わない履歴書の提出を求めるのみである。一次面接は東京・大阪の採用担当者（各 1 人）が行い、最終面接は人事部長が行う。

内定後から入社まで入社前研修などは行わず、4 月から約 3 週間の新入社員研修を行う。同研修では、B 社の歴史や経営理念、ビジネスマナーなどを学ぶ座学に加え、工場見学と、自社の研修施設における調理から、給仕、レジ打ちまでの店舗での一通りの業務実習がある。

(2) 工夫している点

① 徹底的な企業説明

合同説明会やエントリー後の企業説明では、社風や社史、事業概要に加えて、実際に働く現場の状況を詳しく伝えることに注力している。

具体的には、ビデオを用いて、入社 2 年目の女性社員が、配属先の店舗での皿洗いや掃除でずぶ濡れになりながら働く姿や、店内での様々な人間関係で苦悩する姿を紹介している。また、人事担当者からも、B 社で経験した大変な経験を包み隠さず話し、厳しい現場の様子が写った写真等も紹介している。

このように自社の「ホワイトではない部分」の情報を徹底的に開示することで、入社前の企業イメージと、入社後のギャップをなくし、厳しい環境でも成長し、共に働くパート・アルバイトの社員を成長させてくれる学生を採用したいと考えている。

さらに、上記の情報開示の内容は、毎年のフォローアップ研修の内容を受けて、更新している。フォローアップ研修は、入社 1 年目～2 年目の社員を対象に、複数回行われる。同研修では、新入社員が実際に同社で働いてみて感じた働きにくさや、悩み、葛藤などを、社長や部長に直接話す。採用担当者は、こうした新入社員の発言を受けて、入社前に伝えきれていなかった情報を洗い出し、次の採用活動に活かしている。

このような取り組みの結果、企業説明後に志望度が低くなり、採用適性試験を受けずに帰る学生もおり、入社前と入社後の企業イメージのギャップを解消できていると感じている。

② 採用適性試験

採用適性試験には、TAL とよばれるストレス耐性や情報漏えい傾向、メンタルヘルス疾患発症傾向などを主に分析する Web 形式のテストが用いられている。この背景には、将来店長として店舗を経営する人材のモラルハザードのリスクを軽減したいとの狙いがある。同テストを導入する以前は、店舗からお金や備品、食料がなくなることもあったが、導入から 10 年以上が経過し、十分なデータが蓄積された今日では、そうした店舗経営のリスクは低くなっている。

③ 面接回数・場所の柔軟な設定

面接実施のタイミングと回数、面接場所を柔軟に設定している。例えば、地方で採用活動を行う場合や、説明会の時点で魅力を感じた学生には、企業説明～面接までを 1 日で行っている。また、一次面接で十分に魅力を感じた学生は、最終面接を行わない場合もある。面接の場所も、社内にこだわらずカフェなど、採用会場の周辺で行う場合もある。

このほか、応募者の負担を軽くするため、最終面接の受験者には、会場までの交通費を支給している。

④ 応募者の行動パターンに注目した面接内容

面接は面接官と応募者の 1 対 1 で行い、時間は 1 時間である。

面接の主な目的は次のとおりである。a. 応募者の行動パターンを理解する。b. 応募者の求めるキャリアを理解する。c. 応募者が同社で働く場合に苦労する点と得られる経験などを説明し、自社の魅力を伝える。

上記の目標の下、面接は次の手順で行われる。①応募者に質問用紙を渡し、応募者が回答した後、同用紙に沿って面接を行う。②応募者から同社に関する質問を受け付ける。③同社の魅力と「ホワイトではない部分」の情報開示を行う。④面接のフィードバックを行う。

最初に渡す質問用紙の内容は、これまでに経験した失敗とその解決方法、来年の今頃何をしていたら幸せかといった質問からなる。こうした問いの背景には、学生の行動パターンを分析し、同社で働く場合のキャリアを考えたいとの狙いがある。さらに、学生の用紙への記入方法なども観察することで、文章の簡潔さや丁寧さ、分かりやすさ、考えをまとめるまでの早さなども見ることができる。なお、志望動機や長所・短所などに関する質問は一切行わない。これは、志望動機では、学生が真に企業に求めているかことが分からない上、長所は短所になりえ、短所は長所になりうると思うからである。

2 番目に応募者から同社に関する質問を受け付け、面接官は全てに丁寧に答えていく。最終的に応募者が抱えている疑問が出尽くすことを目指している。

3 番目に、面接の 1～2 番目のプロセスで明らかになった応募者の行動パターンや希望するキャリアを踏まえて、応募者が入社した場合に同社で得られるだろう経験等について説明する。それと同時に、応募者が入社後、苦労すると考えられる業務などについても詳しく説明する。

最後に、応募者の合否に関わらず、面接の評価をフィードバックする。これは、どの学生にも悔いのない就職活動にして欲しいという思いで行っている。

⑤ 内定者への配慮

最終面接から1週間で面接結果を通知するが、内定者に対して内定の受諾・辞退の回答期限は設けていない。これは内定者には、全ての就職活動をやり切って、最終的に自社を選んで欲しいと考えているからである。ただし、内定式は他社と重なる可能性の高い10月1日に開催し、内定者が決断するための一つの区切りとしている。

また、内定者のうち翌年の 3 月より早く大学を卒業する者は、希望する場合、早期に入社できるよう対応している。この多くは既卒者や留学生などであり、毎年2人程度である。早期入社者の入社プロセスは次のとおりである。同社では毎月 1 日を入社日と定めているため、早期入社者は同じ月に入社した中途採用の社員とともに1週間の新入社員研修を受け、店舗に配属される。そして翌年の 4 月になると、同期とのネットワーク形成や社会人としてのマナーの習得を目的として、3週間の新入社員研修を受講する。

(3) 課題

新卒採用の課題は、内定の通知に返信のない学生が増えていることである。また内定受諾・辞退の回答期限を定めていないため、内定を受けていることさえ忘れられる場合もある。こうした学生は以前から数名いたが、今年（2017年）は特に多く10人以上の内定者から返信が来ていない。非常に残念であるが、これに対する特別な対応策は採っていない。

2.3 中途採用

中途採用の採用プロセスも、基本的に新卒採用と同様である。まずエントリーを受け付け、企業説明会と採用適性試験を同日に行い、面接を実施する。ただし、中途採用の場合、応募者の事情に関わらず面接は 1 回のみで、採用担当者と応募者の1対1で行う。また、応募者の就業状況に配慮して、企業説明会とテストはWeb上で受けることが可能であり、面接もテレビ電話（Skype）を用いて受験することが可能である。なお、採用適性試験は新卒採用と同じTALを使用しているが、試験と面接の比重を見ると、中途採用では新卒採用よりも試験結果のウェイトが高い。

採用後は、毎月 1 日の入社日に入社し、1 週間の研修を受講する。研修では、自社の歴史や経営理念などを学ぶ座学に加え、工場見学と、自社の研修施設で調理、給仕、レジ打ちまでの店舗での一通りの業務実習がある。さらに、入社 1 年目～2年目には、新卒社員と同様のフォローアップ研修が複数回行われる。

中途採用の課題は、応募者が少ないことである。これは、給与水準が低いことによると考えられる。同社では、新卒・中途採用に関わらず、新入社員は店舗スタッフに初任配置されるため、中途採用の社員の初任給は新卒と同額に設定されている。この課題への対応策として、企業説明会や面接時に、中途採用の社員の給与モデルなどを見せ、中途採用の社員は新卒採用の社員よりも経験が豊富であるため、新卒より早く昇進・昇給していくことを説明している。

なお、中途採用の社員よりも新卒の方が、社内で教育しやすいと感じており、中途採用の応募者が少ないこともあって、今後は正社員採用者に占める中途採用の割合を 90%（2015 年時点）から 50%へ減らし、新卒採用の比重を高めたいと考えている。

2.4 新入社員のキャリア

前述したように、新入社員は新卒・中途採用に関わらず、店舗に初任配属され、その後は 6～8 ヶ月ごとに店舗を異動する。

店舗は、道路わきの店舗（ロードサイド）、ビル併設店舗（ビルイン）、ショッピングセンター内の店舗の 3 種類に大別される。配置転換は、これらを満遍なく経験することを基本としているが、本人の希望するキャリアに合わせて異動の頻度や、異動する店舗の種類を変えている。例えば、新入社員を対象とした研修センターのスタッフを志望する場合は、2 ヶ月毎に新店舗の開設を経験させ、入社したばかりのパート・アルバイト社員をゼロから教育するという経験を積ませる。また、商品開発を希望する場合は、テスト店舗の店長を経験させる。

こうした経験を積みながら、新入社員では平均 9 ヶ月で副店長、平均 2 年で店長に昇進する。そのうち 7 人に 1 人程度が、特定地域の複数店舗を統括するスーパーバイザー（エリアマネージャー）に昇進する。なお、中途採用の社員の場合、昇進スピードは様々であり、最短で 2 ヶ月で店長になるものもいる。

人事評価は、店長（評価者）の評価と社員（評価対象）による自己評価を付き合わせ、話し合って決定する。店長の評価基準は、店舗の売上ではなく、店舗における人材育成の成果である。

新卒・中途採用に関わらず、総合職と地域限定正社員の間の転換は、何度でも可能であり、特別な手続きも必要ないため、社員は自身の生活変化に合わせた働き方が可能である。ただし、地域限定正社員の方が総合職よりも月給が 2 万円程度低く、店長までしか昇進できない。

3　卸売業C社

3.1　企業概要と採用実績

C社は、従業員規模300～499人規模（2017年5月末時点）のエネルギー関連商社であり、海外にも展開している。正社員は総合職（限定のない正社員）と地域限定正社員（転居を伴う異動のない総合職）、総合職のサポート業務を行う事務職から構成されている。

採用実績を見ると、2016年度の新規大卒採用は6人、2017年度は13人である。新卒採用者のほとんどが総合職として採用されており、事務職採用は毎年1～2人程度である。地域限定正社員の採用枠もあるが、採用段階での希望者がいないため、新卒社員での採用実績はない。

なお、中途採用は非常に少ない。これは、同社が複数の企業が統合してできた比較的新しい企業であり、特定分野の専門性を兼ね備えた人材を、親会社や関連会社からの出向者でまかなえているためである。

3.2　新卒採用

(1) 採用プロセス

11月頃から合同説明会や学内企業説明会などに参加し、日本各地で企業説明を行う。3月からエントリーを受け付け、応募者を対象に社内で企業説明会を開催する。その後、応募者にはエントリーシートの提出と、テストセンターでの適性検査の受験を求め、両結果を踏まえて合格者を発表する。合格者にはグループ面接を行い、学生4人で1グループとし、2名の面接官が面接に当たる。その後、二次面接と適性検査を行い、三次面接を実施して内定者が決まる。なお、二次面接と三次面接は、いずれも学生と面接官の1対1で行うもので、各回30分程度である。3回の面接は、2週間程度の短期間に実施する。

なお、同期内での年齢ギャップをなくしたいとの狙いから、新卒の応募対象は翌年度大学卒業予定者と前年度卒業者に限っている。

(2) 工夫している点

① 企業説明会での座談会

同社の企業説明会は、事業内容や社史などについて説明する前半部分と、座談会形式で学生の質問に現場の社員が直接答える後半部分から成る。座談会では、次の2つの工夫を行っている。

第一に、学生が質問しやすいよう、座談会に出席する社員には、若手社員を起用している。さらに、大学内で説明会を行う場合は、なるべくその大学の OB・OG 社員を座談会に出席させる。OB・OG がいない場合は、その大学と同程度の学力水準の大学の OB・OG 社員を出席させている。そのほか、地方での説明会の場合は、当該地域の出身者を出席させている。こうした取組みによって、学生に同社に対する親しみを感じてもらうとともに、地方にいる学生にも採用のチャンスを与えたいと考えている。

第二に、学生に安心して同社の就職活動を行ってもらえるよう、NG 質問（学生に質問されても答えてはいけない質問）などは設けていない。座談会に出席する社員には、あらゆる質問に正直に回答するよう呼びかけている。

② 大学キャリアセンターとの連携、インターンシップの実施予定

同社は BtoB でビジネスを行っており、学生の認知度が低いため、応募者が集まりにくいという課題がある。この課題に対応するため、大手人材紹介会社が主催するような合同説明会よりも、大学内での企業説明会を重視し、日本各地の大学のキャリアセンターとの関係作りに努めている。これは、合同説明会などの、学生に認知度が高い大企業が参加するような場では、自社の存在を十分にアピールできないと考えるからである。各地の大学へは、本社人事部が地方の支店人事の視察やサポートに行った際に定期的に訪問し、キャリアセンターの方から学生に同社の情報を発信してもらえるよう努めている。これによって、首都圏に限らず、全国各地から人材を募集・採用できている。

なお、学生の認知度を高めるために、インターンシップを 2018 年 2 月頃から開始することを予定している。

③ 複数の選考期間の設定と、応募期限の廃止

同社では選考期間を、第一クールから第三クールまでの 3 回設けることで、応募者数を確保したいと考えている。

さらに、今年（2018 年度卒採用）から、上記の選考期間を過ぎた後も、新卒採用の応募受付けを継続して行うこととし、選考を希望する学生は、自社のホームページからエントリーが可能となった。これは留学生や公務員試験不合格者など、これまで同社の採用活動ではあまり出会えなかった学生と出会う機会を増やすことを目的としている。なお、今年は対象となる学生はいなかった。

④ 2度の適性検査

同社は適性検査をエントリー時と、二次面接時の 2 回行っている。1 度目は、SPI で、主に知的能力を見るために活用している。2 度目の検査では、ストレス耐性などの精神面を見るためのテストを実施している。

⑤ 応募者への迅速な通知

応募者には、選考結果に関わらず、同社で就職活動をしてよかったと感じてもらいたいと考えている。そのため、合否の結果はすぐに通知するほか、求められれば面談のフィードバックなども行っている。

3.3 中途採用

中途採用者は少ないが、事務職の正社員をサポートしている派遣社員が正社員に転換する例はある。本人による転換の希望もしくは職場の採用ニーズを踏まえ、適性検査と 1 回の面談を経て採用が決定する。中途採用が少ないことから、採用の目的などを配属先の上司に説明し、理解を求める。

3.4 地域限定正社員

新規学卒採用において地域限定正社員の採用枠はあるが、希望者がいないため、まだ採用実績はない。現在在籍している地域限定正社員は、親会社などからの出向者である。

地域限定正社員は、支店のある地域内に異動が限定される。東京には本社と支店が存在し、その間で転居を伴わない異動がある。地域限定正社員に住宅手当がないことを除いて、限定のない正社員の処遇と大きな違いはない。

制度導入のきっかけは、転居したくないという社員の要望による。導入によるメリットは、地域限定正社員の主な業務が各地域での営業であることから、企業が顧客と一緒になって長期的な人材育成ができることであると考えている。

4 情報通信業D社

4.1 企業概要と採用実績

D 社は、全国に展開する従業員規模 1,000 人以上（2017 年 5 月末時点）の情報システム会社である。

2016 年度の採用実績を見ると、新規大卒採用者は 46 人、中途採用者は 122 人である。また、2017 年度の採用実績は新規大卒者 39 人である。なお、新卒採用は全て総合職（限定のない正社員）を対象とした採用であり、一般職の採用は行っていない。

4.2 新卒採用

(1) 採用プロセス

3 月 1 日から大手就職活動支援サイトを利用してプレエントリーを開始し、大学内での企業説明会も始める。3 月中旬から社内での説明会を行い、同じ日に適性検査を実施する。適性検査の合格者にはグループディスカッションを行い、面接通過者は Web 上で履歴書を提出する(就職活動支援サイトのコンテンツ)。その後、2 回の個別面接(各回学生 1 人と面接官 2 人)を行い、内定者が決まる。

10 月の内定式後、内定者に、同社で必要となる IT 関連の基礎知識や必要な資格についてまとめた教材を渡し、入社までに各自で在宅にて勉強させる。入社後は、新入社員研修として 2 ヶ月間かけて基礎的なビジネススキルと IT スキルに関する講義と、システム開発のためのグループワークを行う。

(2) 工夫している点

① インターンシップの開催

インターンシップは 2014 年から導入した。11 月～2 月にかけて実施され、第 1 ステージから第 3 ステージで構成される。各ステージとも、期間は 1 日である。希望者は Web 上で、関心のあるステージを選択できるが、第 3 ステージを希望する場合は第 1 と第 2 ステージの両方を受講している必要があり、希望者が多い場合は抽選になる。

第 1 ステージは、業界研究セミナーであり、情報システム業界全体について学ぶ。第 2 ステージは、D 社の企業説明と、グループに分かれて架空プロジェクトの企画を行うグループワークからなる。同ステージを通して、学生はプロジェクトの企画方法や、チームで働く際の仕事の進め方などについて学ぶ。第 3 ステージも、第 2 ステージ同様、学生が架空プロジェクトの企画を行うが、各グループに同社のプロジェクトマネージャーが入って指導することで、企画の方法などについてより深く学ぶとともに、同社の仕事の進め方についての理解が深まるプログラムとなっている。

同社のインターンシップに対する学生からの評価は高く、参加者の口コミや新入社員の紹介によって、導入当初は 300 人だった参加者が 2016 年には 500 人と年々増加しており、新規採用における募集人数の増加につながっている。

また、このように段階的に同社についての理解を深めるプログラムとすることで、同社の魅力を学生に十分伝えることができ、インターンシップに参加した学生で、同社を志望する者や内定者も増えている。

② ランチ会の実施

内定者は入社までに、先輩社員と話をする懇談会の機会が1回設けられる。先輩社員は、内定者の個別のニーズに合わせて決まる。例えば経営方針などについて詳しく知りたい内定者の場合は、管理職や役員との面談機会を設ける場合もある。

(3) 課題

採用母集団の形成が課題である。同社は2015年に上場企業から非上場企業となり、持株会社の子会社となった。これによって、翌年の応募者数は2015年の応募者数の50%まで減少した。社名や給与だけでは勝負できないため、広報やイベントで働きやすさをアピールし、2017年の応募者数は2015年の90%まで回復したものの、内定承諾率が下がるなど依然として非上場企業では人材が集めにくいと感じている。

また、売り手市場といわれる現在の労働市場の中で、学生は待っていても企業から様々な情報が与えられるため、いかに大量の情報の中で学生の目に留まるような情報を提供するかを、今後も考えていかなければならないと感じている。こうした状況は少子化によって今後も続くものと考えられるため、長期的にそうした厳しい人材獲得競争の中で人材をいかに確保し、また人材をいかに活用するかについて採用・人事戦略を立てる必要があり、人事部の役割の重要性が高まると考えている。

4.3 中途採用

中途採用は、IT関連の業務未経験者を対象とした採用と、専門人材を対象とした採用に大別され、両者の割合は半々である。

IT関連の業務未経験者を対象とした採用の場合は主に、IT業界以外の企業で働いていた若手が中心となる。未経験者を中途社員で雇う背景には、すでに他社で習得したビジネススキルを活かし、専門スキルのみを養成することで、新卒採用者より早く、より専門分野に特化して即戦力化するという狙いがある。

専門人材を対象とした採用の場合は、他社で経験を積み人材紹介会社、転職イベントおよび直接D社のWebサイトを介して応募する者のほか、カムバック制度を利用してD社に復職する社員や、社員紹介制度を利用してD社社員から推薦を受けた者がいる。カムバック制度は、一定の条件（前回D社で正社員として働いた期間、職場のニーズ、前回D社を円満退社していることなど）を満たした元社員が、退職前と同じ処遇で復職できるという制度であり、毎年2〜3人が利用している。同制度の利用者は、復帰後6ヶ月間、契約社員として働いた後、正社員に転換する。社員紹介は、D社の中途採用社員が前職の同僚や部下を紹介するための制度であり、内定が決まると、紹介した社員と内定者の双方に奨励金が支払われる。

募集対象者によって採用方法は異なっており、IT関連の業務未経験者を対象とした採用の場合は、説明会と適性検査を受けた後、2回の面接がある。専門人材を対象とした採用の場合は、説明会などは行わず、面接を1回あるいは2回行う。面接の回数や、面接官の役職・人数は、職種によって異なる。なお、職種によっては、内定後に配属先となる職場の社員と顔合わせの機会を設けている。

入社後の訓練は、OJTが中心である。これは、業務の機密性や専門性が高くOff-JTでの訓練が難しいからである。これに加えて入社から1年後を目安にフォローアップ研修を行うほか、情報処理技術者試験やベンダー資格（民間のシステム会社が自社製品に関する知識・技能の水準を認定する資格）の取得を推奨している。なお、処遇に関して中途採用社員と新卒採用社員とで差はない。

中途採用の課題は、専門性やマネジメント能力の高い人材が、なかなか確保できないことである。この対策として、上述した社員紹介制度の活用のほか、同社の魅力として働きやすさに関する情報を積極的に発信している。具体的には、育児・介護休業制度の取得率などの実績のほか、社内公募制度や、志望するキャリアを人事に申告する制度など、同社でキャリアを築いていくための制度が整っていることなどをアピールしている。こうした情報は、自社のWebサイトや説明会、面接時を通して発信しているほか、人材紹介会社にも、同社の魅力として上記の制度の概要や実績値などを紹介するよう求めている。なお、入社後の中途採用社員の定着率は高く、モチベーションも十分高いため、募集者数確保という問題はあるものの、中途採用の採用者に対する満足度は高い。

5　製造業E社

5.1　企業概要と採用実績

E社は、海外展開をしている従業員規模1,000人以上（2017年5月末時点）の医薬品メーカーである。

2016年度の採用実績は、新規大卒採用では89人、中途採用では31人である。今後の採用予定者数は、新卒採用では2018年度は66人、中途採用では2017年度は

39人である。

本社人事部による新卒採用は全て総合職（限定のない正社員）を対象とした職種別採用であり、一般職の採用は行っていない。職種は、MR（医薬情報担当者）、動物薬営業、農薬営業、コーポレートスタッフ、研究開発、生産技術の6つに分かれている。採用者数ではMRが最も多く、全体の約7割を占めるが、最近では医師（病院）による訪問時間規制があり、Web上での情報提供（Webマーケティング）が多くなったことから、徐々にMRの人数を減らしている。

なお一般職の採用は3つある製造拠点がそれぞれ行っており、本社での総合職のサポート業務などは、非正社員や派遣社員が行っている。

5.2　新卒採用

(1) 採用プロセス

3月から企業説明会とエントリー受付けを開始し、エントリーシートの選考が行われ、6月から適性検査と4回の面接を行う。一次面接は学生2人に対し面接官1人、二次面接は学生1人に対し面接官2人である。三次・四次面接は1対2の個別面接であり、前者は事業部役員と人事G長が、後者は人事管掌役員と人事部長が担当するもので、同じ日に開催される。応募受付けから内定の通知が出るまでの選考期間は、およそ3ヶ月半～4ヶ月ほどである。

(2) 工夫している点

① 専門人材の確保

研究開発と生産技術の職種では、技術革新が著しく、既存の人材では十分に最新技術にキャッチアップできないため、最先端の技術や知識を身につけた新卒者採用の重要性が増している。したがって、両職種の採用においては、エントリーシートに加えて、大学での研究内容を要約した資料の提出を求めており、書類選考には人事担当者のみでなく各事業部の担当者も加わっている。

大学の研究室は、最先端の技術や情報に触れる機会が社内よりも多いため、上記のプロセスを経て採用した新卒者のほとんどが即戦力として必要な専門知識を身につけて就職する。これに対して、既存社員の専門知識は陳腐化する傾向にあり、既存社員はマネジメントや人材育成の面で、これまでの経験を活かしている。

② 面接の質問方法

面接では、主に学生時代に取組んできたことについて質問し、どうしてそうした経験をするに至ったか詳しく掘り下げて聞くようにしている。どの学生も、サークル活動やアルバイトなど、一見似通った体験をしているが、こうした質問形式を取ることで、目的意識を持って物事に取組む学生と、何となく人に合わせて学生生活を送った学生が区別できる。

一方で、志望動機に関する質問は、同社の事業が B to B の形態を採ることもあり、業務内容が学生にはなかなか想像しにくいため、どの学生も似通った回答となってしまい、あまり選考の参考にならないという課題がある。

5.3 中途採用

中途採用のプロセスは次のとおりである。エントリーシートを受付け、2 回の面接を行う。1 次面接は、事業役員と事業部長、人事担当者が担当し、応募者のこれまでの経験と、入社後の業務内容とのマッチングを行う。2 次面接は人事管掌役員と人事部長が担当する。面接通過者は後日、処遇面談と称する個別面談にて、ミスマッチがないように入社後の格付けや給与などの処遇に加え、職務内容についても説明を受ける。応募者が、処遇などについて納得した後に、正式な内定となる。なお、応募受付けから内定の通知が出るまでの選考期間は、2 ヶ月～3 ヶ月ほどである。

中途採用を行う上での工夫として、募集する際には、募集する職種の人材が良く使う業務上のキーワードを用いて、業務内容をなるべく具体的に記すようにしている。また、中途採用社員については、みなし経験年数を設け、昇格に必要な最短所要年数を短くする配慮をしている。

中途採用の課題は、品質保証（QA）や品質管理（QC）の人材獲得競争が激しくなり、両職種の採用が困難になっていることである。品質保証は、全社の品質保証体制を包括的に管理する職種、品質管理は個別の薬の品質を管理する職種である。両職種のニーズが高まっている背景には、医療制度改革に伴って、薬の信頼性を保証する必要性が高まっていることがある。さらに、最近ではベンチャー企業の参入も増えており、ますます採用が難しくなっている。

同社としては、品質保証や品質管理などの専門性を有した人材の育成には、複数の生産現場での経験を要し、新卒からおおむね 10 年かかるため、内部で採用するよりも中途社員で採用した方が、費用対効果が大きいと考えている。したがって、今後こうした職種を中心に中途採用者を拡大する予定である。

6　建設業F社

6.1　企業概要と採用実績

F社は、海外にも展開する従業員規模1,000人以上（2017年5月末時点）の建設会社である。

新卒者の採用実績を見ると、2016〜2018年度では毎年60名程度採用している。

新卒採用は、総合職採用とエリア総合職（地域限定正社員）採用に分かれている。エリア総合職は、複数の都道府県から構成されるエリア内に、異動範囲が限定された職群である。総合職よりも給与水準がやや低く、課長職まで昇進が可能である。年1回実施される職群転換制度によって総合職への転換が可能であり、毎年2人程度、総合職へ転換している。リーマンショック後に社員が減少していく中で、人材の有効活用策として5年前に従来の一般職の処遇や職務内容をエリア総合職に引き上げる形で職群を統合した。職域の拡大にともなって社員のモチベーションを高められるメリットがあるが、エリア総合職のキャリアパスがまだ確立されていない課題が残されている。

総合職は、土木と建築の技術職と事務職に大別され、その割合は8（理系）：2（文系）である。技術職はさらに、施工、設計、設備、機械、電気の5職種に分類され、技術職の大部分が土木と建築の施工となっている。エリア総合職も、総合職と同様の職種構成であるが、その大半は技術職の施工と事務職である。

6.2　新卒採用

(1) 採用プロセス

3月中旬から企業説明会をはじめ、応募希望者にはエントリーシートの提出を義務付けている。その後、一次面接（学生1人に対し面接官2人）を行い、面接通過者には適性検査の受検と、成績証明書の提出を求める。二次面接としてグループディスカッションを行い、最後の三次面接は学生1人に対し、役員3人で面接を行う。応募から合格まで5週間程度であるが、最終面接を担当する役員の都合によって、1ヶ月半程度かかる場合もある。

入社後の教育訓練を見ると、1年目〜3年目まで専任の指導者がつき、OJTで仕事を教える上、職種別に計画的な能力開発が行われる。さらに、新入社員研修とフォローアップ研修（2年目と3年目）、階層別研修（6年目・9年目・15年目）が行われる。

(2) 工夫している点

① 応募期限の廃止

F社では、募集の締切り日を定めず、五月雨式に採用活動を行い、採用目標人数に達し次第、募集を終了する方法を採っている。例えば、地方で一次面接を実施する際に、企業説明会も開催し、次の選考を開始する。

これは、より多くの応募者を確保することと、応募者の特定期間への集中によって選考スピードが落ちるのを防ぐことを狙いとしている。前述したように、同社は応募を受付けた学生全員に一次面接を行っているため、五月雨式に採用活動を行うことで、一次面接に人が集中することを回避している。なお、学生にも他社との併願のチャンスが生まれる。

② 面接回数の追加

2017 年度卒の採用活動までは、面接は 2 回の個別面接のみであったが、2018 年度卒から、グループディスカッションを加え、計 3 回面接を実施することとした。これは、学生との接触機会を増やすことで、学生の適正を見極め、ミスマッチを減らすことを目的としている。

ただし、面接回数を増やしたことで、応募から内定までの期間が以前より 1～2 週間伸びてしまい、F 社が選考中に他社に人材をとられてしまうケースが増えた弊害もあるが、逆に内定後の辞退者が減ったメリットもある。今後は、面接以外の選考プロセスの簡略化を検討している。

6.3 中途採用

中途採用の採用プロセスは次のとおりである。

主に人材紹介会社から紹介された候補者に対し、2 回の個人面接を行う。一次面接は、採用担当者が 2 人で担当し、二次面接は役員 2 人が担当する。選考の期間は 3 週間ほどであるが、一次面接の時点で、魅力を感じた人に対しては、できるだけ早く二次面接を実施するようにしている。なお、人材紹介会社は 6 社と契約しており、新しい人材情報にいち早く接触できるようにしている。

中途採用者は、経験年数と現場経験、保有資格などに基づいて、新卒と同様の社員格付け制度上に格付けられる。賃金は等級のレンジ内で決まる。

同社の中途採用は、採用者全体の 9%を占める程度であり、新卒採用に重点が置かれている。これは、人材紹介会社による採用では、手数料が 1 人 200 万円程度と割高であり、新卒者を多く採用して、企業内で育成する方が費用対効果が高いと考えるからである。

ただし、今後は30代の中堅社員の中途採用を増やす予定であり、採用者全体に占める中途の割合も15%程度に増加する見込みである。この背景には、同社社員の平均年齢が40代と高く、30代の中堅社員が少ないことがあり、年齢構成のいびつさを解消する狙いがある。これは同社だけの課題ではなく、業界全体が抱える構造的な課題である。すなわち、リーマンショック前後の景気悪化によって、土木・建築学部の卒業生が減少し、建設業界全体が新卒採用を控えた経緯がある。

7 金融業G社

7.1 企業概要と採用実績

G社は、海外にも事業展開している従業員規模1,000人以上(2017年5月末時点)の保険会社である。2016年度の採用実績を見ると、新規大卒採用では500人程度、中途採用では5人程度である。また、2017年度の新卒採用は2016年度と同程度である。今後の採用予定者数を見ると、2018年度の新卒採用予定も2016および2017年度と同程度である。新卒採用に重点を置いており、中途採用は限られる。

7.2 新卒採用

(1) 採用プロセス

3月から大学内の説明会や企業説明会(セミナー)を開始し、Web上で入力するエントリーフォームに基づく選考が行われる。その後、テストセンターにて適性検査を受検する。6月から各都道府県にて面接を行うが、募集の締切日を複数設けていることから、それに応じて7～9月にも面接を実施する。合計で5回の面接を実施し、一～四次まで1対1の個別面接を行い、五次面接で学生の最終的な入社意向を確認する。

(2) 工夫している点

① 募集の締切日を複数設定

以前より募集の締切日は複数設けており、2018年度採用では5～7月である。メリットは、留学先から帰国した学生、部活動に励んでいる学生、公務員試験に挑戦する学生にもチャンスを与えられることである。問題点は、3～6月と採用スケジュールが短期間である状況において、複数の選考を行う負担があることである。また、1年間の採用予定人数がおおよそ決まっているため、一番早く内々定を出す6月のタイミングで、どの程度の学生が内定を受理するかを推測するのが難しい。

② インターンシップ

インターンシップは、夏、秋、冬に実施する。1日で終わるものもあるが、グループワークや職場受け入れによる体験をすべてこなすと15～20日程度必要になる。夏・秋は都市部の7箇所で実施し、冬は場所を全国に広げ30箇所で実施する。売り手市場の中で、インターンシップをはじめとするイベントの質を上げて口コミや先輩からの薦めを通し、また学生との積極的なコミュニケーションによって、採用の応募者数の増加につなげている。

(3) 地域限定正社員

もともとは総合職と一般職があり、後者は勤務地と職務が限定されていた。一般職が担う定型業務が減少する中で、2010、2011年頃に人材の高度利用を目的とする人事制度の見直しを実施し、一般職をエリア総合職（地域限定正社員）に変更した。

エリア総合職は、総合職同様、基幹業務を担い、昇進のスピードも変わらない。ただし、給与水準は総合職の約7～8割である。勤務地は、基本的に各支店のあるエリアに限られるが、本人の希望があれば転居をともなう異動も可能な制度が整備されている。3年ぐらい他の業務を経験して元の部署に戻る制度、結婚した際に配偶者の勤務地に異動できる制度、および大きな地域ブロック内での転勤制度がある。

総合職は男子学生の応募が多く、エリア総合職は女子学生が多い。支店がある程度特定の地域に限られている場合とG社のようにほぼ全都道府県に支店がある場合では転勤先の範囲が異なるため、総合職を選択して全国転勤があることによる女子学生の負担感は業種によって異なるものと考えられる。

エリア総合職ができたメリットは、自らのライフステージやライフスタイルに合わせて働くことができるため、女性の活躍の場が増えていることである。

(4) 採用権限

総合職は、東京と大阪に採用権限がある。エリア総合職は、東京、大阪、名古屋それぞれに採用権限がある。これらの地域以外のエリア総合職の採用では、各地域（例えば、東北各県）からブロックの拠点となる地域（例えば、仙台）に学生を呼び、そこに東京本社から人事担当者を派遣して選考に参加し、採用を決定する。東京本社から派遣する主な理由は、一般職ではなく総合職として働く意識があるかなど、学生の選考に全国的なバランスを踏まえた目線を盛り込むためである。新人研修はすべて東京で行うため、いかに目線を揃えるかが重要になる。

なお、以前は東京本社が最後まで選考に関与していたが、地域拠点にある程度採用権限を与えた結果、選考スピードが速くなったというメリットがある。

7.3　中途採用

中途採用は、経験や勤務地に基づくポスト選考で採用する。人材紹介会社からの紹介の後、3回程度の面接を行い、応募者が希望すれば職場の人間と面談する。

中途採用においても、総合職とエリア総合職の採用があるが、中途採用と新卒採用ではエリア総合職の処遇など条件に差はない。ただし、中途採用の場合は、エリア総合職にも地域拠点に採用の権限がない。そもそも中途採用が少ないため、地域拠点に選考のノウハウがないためである。

中途採用社員の給与テーブルは、新卒採用社員と同じであり、経験などに基づくシミュレーションによって当てはめる。その他、人事制度上では差はない。

7.4　採用に関する課題

新卒採用に関しては、経団連の指針をどこまで守るかの判断が難しい。ライバルとなる政府系金融機関は指針よりも早く活動を始めている。大学内の業界セミナーや大手就職活動支援サイトのセミナーも指針で示される時期よりも早く実施される。

中途採用に関しては、現在少ないので課題はあまりない。ただし、今後中途採用が増えた場合、人事担当者が不足することが危惧される。

8　金融業a社

8.1　企業概要と採用実績

a社は、海外にも事業展開している従業員規模1,000人以上(2017年5月末時点)の銀行である。2016年度の採用実績を見ると、新規採用では高卒および短大卒が各5人程度、大卒・大学院卒が260人程度、中途採用では20人程度である。また、2017年度の新卒採用は、高卒および短大卒が各5人程度、大卒・大学院卒が230人程度である。今後の採用予定者数を見ると、2018年度の新卒採用予定は200人程度である。新卒採用に重点を置いており、中途採用は限られる。

8.2　採用プロセス

新規大卒採用の場合は、説明会の後、就職活動支援サイトと連携してWebサイトからエントリーして書類選考を行う。内定までに面接は5回程度実施し、この間に適性検査を行う。一方、中途採用の場合は、Webサイトや人材紹介会社を通しての応募の後、書類選考を行う。内定までに面接を 3 回実施し、やはりこの間に適性検査を行う。

8.3 地域限定正社員

新規大卒採用、中途採用ともに、限定のない正社員である総合職と地域限定正社員である「特定総合職」での採用がある。特定総合職は、①2～3 年に一度転勤はあるが、転居を伴わない。また、②法人推進業務には携わらないという職務範囲の限定もある。特定総合職の採用にあたり、①、②の条件を明示しているので、事後的なトラブルはない。総合職と特定総合職の処遇については、特に差がない。

8.4 中途採用の工夫

求人票に具体的な職務内容を記載し、事前に入社した際の目標を設定する。職務内容は、法人の融資担当、M&A 担当などと応募するものがイメージしやすいレベルの情報を提供する。

育児・介護支援制度等の利活用のしやすさ（育児休業の取得率や復帰セミナー）を人材紹介会社の求人票に掲載する。また、面接時にも紹介する。育児休業を例にとると 2 年程度で復帰するが、金融商品などの入れ替えスピードが速いため、復帰前に変化について情報を提供する。その後、復帰セミナーで育児休業の後に復帰した先輩社員と話をする機会や夫も参加して復帰後の話し合いをする機会を設けている。

専門職（Fintech、システム系、カード業務など）については人事部では適性を判断できないため、システム部門など職場の職員との面談の機会を設定し、業務内容の理解と適性判断を通してマッチングがうまくいくようにしている。

なお、中途採用者の給与テーブルは、新卒採用者と同じであり、処遇に差はとくにない。

9 製造業 b 社

9.1 企業概要と採用実績

b 社は、海外展開も行っている電気・電子機器メーカーであり、従業者規模が 500～999 人の企業である。2016 年度の正社員の採用実績を見ると、新規採用では高専卒 3 人、大卒・大学院卒 16 人の計 19 人、中途採用では 5 人である。また、2017 年度の新卒採用は、大卒・大学院卒 11 人である。今後の採用予定者数を見ると、2018 年度の新卒採用予定は 20 人である。新卒採用と中途採用は、ほぼ同程度に重点を置いている。

9.2 採用プロセス

新規大卒採用の場合は、説明会の後、就職活動支援サイトと連携してWebサイトからエントリーして書類選考を行う。グループワークを行った後、1 回目の適性検査を実施し、内定までに面接は2回程度実施する。この間に、もう1回適性検査を行う。中途採用の場合も新卒と同様のスケジュールであるが、グループワークはない。なお、中途採用に当たっては、人材紹介会社を30社程度利用している。

9.3 新卒採用のスケジュール

b 社は、新規大卒採用の応募の締切日を複数設けており、勤務の開始時期も複数設定している。

説明会を 3 月～6 月にかけて実施しており、説明会ごとに応募の締め切りを設けている。6月や10月勤務開始の対象者は、海外からの留学生や日本人の海外留学者である。ただし、制度はあるものの、近年はほとんど対象者がいない。

応募締め切りを複数回設けているため、工数が多く、費用や人事担当者の負担が重くなることが問題点である。一方、応募締め切りを複数回設けるメリットは、①説明会と応募締め切り日の間が長いと対象者が他の企業に行ってしまう可能性があるため、そのリスクを軽減できること、②少しでも対象となりうる学生を確保する可能性が広がることである。

9.4 中途採用の工夫

正社員の中途採用では、2ヶ月間の能力見極めのための試用期間を設けている。賃金水準は、経験や職務内容を踏まえて給与テーブルに当てはめて決定する。

カムバック制度・キャリアリターン制度によって、希望者が職場に戻ることができる受け皿を用意している。なお、同制度を活用する者の離職理由は多様で明確な傾向があるわけではない。

育児・介護支援制度等の利活用のしやすさは、説明会や面接などさまざまな段階で求職者に紹介している。

中途採用者の給与テーブル・賞与は、同程度の経験を積んだ新卒採用者と同じである。

第3節　ヒアリング調査の結果概要

ヒアリング調査から得られた事柄を簡単に整理すると次のとおりである。

・新規大卒採用について

平成30年春の新規大卒採用のスケジュールにおいて、企業が応募の締め切り日を複数設けている、あるいは締め切り日を定めていない主な理由は3つある。1つ目は、1回当たりの応募者数を減らすことで選考のスピードを上げることである（製造業A社、建設業F社）。選考のスピードを上げることは、1回当たりの負担が軽減される企業だけではなく、他社との併願が可能になる点で学生にも恩恵がある。ただし、1回当たりの負担は軽減されるものの短期間に回数が増えるため、人事採用担当者の負担はむしろ増加している。

2つ目の理由は、留学帰国者、公務員試験受験者および部活動に熱心に取り組んでいた者など多くの学生に応募の機会を提供することである（卸売業C社、金融業G社）。ただし、必ずしも応募者数が多いわけではなく、ニーズは限定的である。これらの学生の受け皿を用意するために、勤務の開始時期を複数用意する企業もある（製造業A社、製造業b社）。

3つ目の理由は、人材の獲得が難しい企業にとって切実な問題であるが、必要な応募者数を確保するためである（卸売業C社）。

・中途採用について

ヒアリング調査対象企業の大半では、中途採用を実施する上で求職者がイメージしやすい程度に職務内容を具体化・明確化、専門知識のある職場の人間との面談、および処遇に関する丁寧な説明を通して、できる限りミスマッチが発生しないように工夫している。

正社員採用における中途採用の割合は、新卒採用の社員の方が育成しやすい（飲食サービス業B社）、あるいは中途採用のためのコストが相対的に高い（建設業F社）という理由から抑える企業がある。その一方で、高度な専門人材の育成にかかる費用の削減するため（製造業E社）、あるいは年齢構成の適性化のため（建設業F社）に中途採用を拡大するという企業もある。

・地域限定正社員について

地域限定正社員は、限定のない正社員と比較して給与水準がやや下がる（飲食サービス業B社、建設業F社、金融業G社）、昇進が一定の役職までに留まる（飲食サービス業B社、建設業F社）、職務内容が限定される（金融業a社）といった制約のある場合がある。しかし、従来の一般職よりも人材を高度に活用でき、とりわけ女性の活躍の場が増えるメリットがある（建設業F社、金融業G社）。また、地域に営業・販売先がある場合は、顧客と共に人材育成ができる可能性もある（卸売業C社）。

地域拠点に採用の決定権限を与えるには、応募者数が増え、地域拠点に採用のノウハウが蓄積される必要がある（金融業G社）。地域拠点に採用の決定権限を与えた結果、選考のスピードが速くなるメリットがある。ただし、選考に全国的なバランスを踏まえた目線を盛り込むことが課題である。

第4章　おわりに

第2章で概観した調査結果のうちポイントとなる点を本章で改めて整理する。

1. 採用方針

•新規学卒採用と中途採用のどちらに重点を置いているか

企業合計を見ると、「新規学卒採用に重点を置いている」割合は約33.2%、「中途採用に重点を置いている」割合は約27.4%、両者に「ほぼ同じ程度に重点を置いている」割合は約32.0%である（7ページ、図表2－12）。企業の地域展開の状況別に見ると、より広域に展開している企業ほど新規学卒採用に重点を置いている。

従業員数で見た企業規模の大きな企業ほど新規学卒採用に、規模の小さな企業ほど中途採用に重点を置く傾向がある（8～9ページ、図表2－14）。ただし、従業員300人以上と相対的に規模の大きな企業でも両者にほぼ同じ程度に重点を置いている割合が約3割ある。

•採用を担当する部署

企業合計を見ると、「主に採用を担当する部署や担当者がいるが、そこでは採用以外の業務も担当している」割合は約65.5%、「主に採用を担当する部署や担当者はいないが、特定の部署で採用業務を担当している」割合は約17.3%である（9～11ページ、図表2－15、図表2－17）。

規模の大きな企業ほど、あるいは事業所をより広域に展開している企業ほど「専ら採用を担当する部署や担当がいる」割合が高い。一方、規模の小さな企業ほど「主に採用を担当する部署や担当者はいないが、特定の部署で採用業務を担当している」および「特に部署や担当者はおらず、採用が必要となった都度担当を決めている」割合が高い。

2. 新規学卒採用

•新規大卒採用で募集している雇用区分・雇用形態

新規大卒採用を行っている企業合計では、新規大卒採用で「地域限定正社員」を募集している割合は約11.0%（非該当を除く）、「職務限定正社員」を募集している割合は約19.1%（非該当を除く）である（34～35ページ、図表2－45）。

全国的に展開している企業では、「地域限定正社員」を募集している割合は約14.3%（非該当を除く）、「職務限定正社員」を募集している割合は約16.6%（非該当を除く）である。また、海外展開もしている企業では、「地域限定正社員」を募集している割合は約21.3%（非該当を除く）、「職務限定正社員」を募集している割合は約16.4%（非該当を除く）である。

•平成30（2018）年春の新規大卒採用における限定正社員の採用

平成30年春の新規大卒採用を考えている企業合計で見ると、正社員採用予定人数に占める「地域限定正社員」の平均比率は約3.2%、「職務限定正社員」の平均比率は約9.6%である（68ページ、図表2－96)。

全国的に展開している企業では、「地域限定正社員」の平均比率は約3.9%、「職務限定正社員」の平均比率は約6.4%である。また、海外展開もしている企業では、「地域限定正社員」の平均比率は約4.2%、「職務限定正社員」の平均比率は約4.3%である。なお、全国的に展開している企業および海外展開もしている企業を集計して見ると、「地域限定正社員」の平均比率は約4.0%、「職務限定正社員」の平均比率は約5.7%となっている。

「地域限定正社員」の平均比率を業種別に見ると、「金融業、保険業」（約6.4%）および「宿泊業、飲食サービス業」（約5.5%）で相対的に高い（70～71ページ、図表2－98)。「職務限定正社員」の平均比率は、「医療、福祉」（約26.3%)、「教育、学習支援業」（約17.7%)、「生活関連サービス、娯楽業」（約14.4%）および「建設業」（約14.4%）で相対的に高くなっている。

•平成30（2018）年春の新規大卒採用における地域拠点の採用権限

平成30年春の新規大卒採用において、「限定のない一般の正社員」の採用権限が地域拠点にある割合は約25.3%、「地域限定正社員」では約31.3%、「職務限定正社員」では約39.1%である（76～78ページ、図表2－104)。

全国あるいは海外に展開している企業に絞ると、「限定のない一般の正社員」の採用権限が地域拠点にある割合は約17.0%、「地域限定正社員」では約27.3%、「職務限定正社員」では約27.6%である。

•平成30（2018）年春の新規大卒採用のスケジュール

平成30年春に新規大卒採用を考えている企業合計で見ると、「応募の締め切り日を定めていない」企業は約58.9%（非該当を除く)、「締め切り日を一つ定めている」企業は約23.4%（非該当を除く)、「締め切り日が複数ある」企業は約16.6%（非該当を除く）である（40ページ、図表2－55)。規模の大きな企業ほど、「締め切り日を一つに定めている」および「締め切り日が複数ある」割合が高い（41～42ページ、図表2－58)。一方、規模の小さな企業ほど、「締め切り日は定めていない」割合が高くなっている。

勤務開始時期を「4 月又は 3 月の定められた日のみ」とする企業は約 81.5%（非該当を除く）、「採用が決定する都度、通年的に勤務を開始することとしている」企業は約 13.4%（非該当を除く）である（45～46 ページ、図表 2－65)。規模の大きな企業ほど、勤務開始時期を「4 月又は 3 月の定められた日のみ」とする割合が高い（47～48 ページ、図表 2－68)。一方、規模の小さな企業ほど、「採用が決定する都度、通年的に勤務を開始することとしている」割合が高くなっている。

3. 中途採用

•平成 28 年度の中途採用の実施状況

企業合計で見ると、平成 28 年度に正社員の中途採用の「募集・採用ともに行った」企業は約 73.9%、「募集はしたが、採用までには至らなかった」企業は約 4.0%、「募集はしていないが採用を行った」企業は約 8.1%ある(88 ページ、図表 2－111)。これらを合計すると、正社員の中途採用を実施した企業は約 85.9%になる。

規模の大きな企業ほど、「募集・採用ともに行った」割合が高い (89～90 ページ、図表 2－113)。一方、規模の小さな企業ほど、「募集はしていないが採用を行った」および「募集・採用ともに行っていない」割合が高い。

•中途採用を実施する理由

平成 28 年度に正社員の中途採用を実施した企業を見ると、正社員の中途採用を実施する主な理由は、「専門分野の高度な知識やスキルを持つ人が欲しいから」(約 53.9%、非該当を除く)、「新卒採用だけでは補充できないから」（約 35.3%、非該当を除く）および「高度とか専門とかでなくてよいので仕事経験が豊富な人が欲しいから」（約 33.1%、非該当を除く）である（90～91 ページ、図表 2－115)。

業種に関わらず、正社員の中途採用を実施する主な理由として、「専門分野の高度な知識やスキルを持つ人が欲しいから」と回答する割合が高い (91～92 ページ、図表 2－117)。とりわけ、「情報通信業」（約 82.7%）および「学術研究、専門・技術サービス業」（約 76.4%）において割合が相対的に高い。

他の理由にも注目すると、「宿泊業、飲食サービス業」(約 47.9%) および「医療、福祉」（約 42.1%）では、「新卒採用だけでは補充できないから」という理由の割合も高い。「生活関連サービス業、娯楽業」(約 48.2%)、「不動産業、物品賃貸業」(約 39.5%）および「運輸業、郵便業」（約 39.0%）では、「高度とか専門とかではなくてよいので仕事経験が豊富な人が欲しいから」の割合が高い。

規模の大きな企業ほど、「専門分野の高度な知識やスキルを持つ人が欲しいから」および「高度なマネジメント能力、豊富なマネジメントの経験がある人が欲しいから」という理由の割合が高い（93ページ、図表2－119）。規模の小さな企業ほど、「高度とか専門とかでなくてよいので仕事経験が豊富な人が欲しいから」という理由の割合が高くなっている。

•中途採用で求める人材像・イメージ

平成28年度に正社員の中途採用を実施した企業を見ると、正社員の中途採用において求める主な人物像・イメージは、「専門分野の一程度の知識・スキルがある人」（約53.9%、非該当を除く）、「ポテンシャルがある人」（約34.9%、非該当を除く）および「若年層の人」（約31.7%、非該当を除く）である（94ページ、図表2－121）。

規模の大きな企業ほど、「専門分野の高度な知識・スキルがある人」および「ポテンシャルがある人」という人物像・イメージを求める割合が高い（95～96ページ、図表2－124）。一方、規模の小さな企業ほど、「若年層の人」という人物像・イメージの割合が高い傾向がある。

正社員の中途採用の充足状況を確認するために平均達成率（「実際の採用人数」／「計画上の採用予定人数」×100で定義）を算出すると、求める人材像・イメージとして「専門分野の高度な知識・スキルがある人」（約88.0%）および「専門分野の一定度の知識・スキルがある人」（約86.3%）と回答する企業で相対的に高い（170ページ、図表2－160）。一方、「高年齢層（豊富な経験がある）の人」（約77.7%）および「若年層の人」（約81.0%）と回答する企業では、平均達成率が相対的に低い。

•平成28年度の中途採用における限定正社員の採用

平成28年度に正社員の中途採用を実施した企業を見ると、中途採用の正社員採用人数に占める「地域限定正社員」の平均比率は約5.6%、「職務限定正社員」の平均比率は約11.0%である（106ページ、図表2－136）。規模の大きな企業ほど、「地域限定正社員」の平均比率が高い。

正社員の中途採用で限定正社員を採用している企業の方が、採用していない企業よりも正社員の中途採用の平均達成率が相対的に高い（171ページ、図表2－161）。

•中途採用を実施する上での工夫・取り組み

中途採用を実施している企業を見ると、中途採用を実施する上での主な工夫・取り組みは、「募集時に職務内容を明確化」（約66.5%、非該当を除く）および「能力見極めのための期間採用、その後の正社員転換と適正賃金の設定」（約22.4%、非該当を除く）である（172～173ページ、図表2－164）。

「育児・介護支援制度等の利活用のしやすさの紹介」（約91.2%）、「カムバック制度・キャリアリターン制度の導入」（約 89.0%）および「転職者が不利にならないように制度に工夫（休暇の取得、昇格ルールなど）」（約 88.1%）と回答する企業では、正社員の中途採用の平均達成率が相対的に高い（171 ページ、図表 2－162）。

●平成 25～27 年度の中途採用の動き

中途採用を実施している企業を見ると、企業合計・企業規模別ともに、平成 25～27 年度に正社員採用に占める中途採用の割合が「0%」の割合が低下し、0%超の各カテゴリーの割合が上昇している（187～189 ページ、図表 2－182）。つまり、平成 25～27 年度において中途採用の割合が上昇している。

調　査　票　等

※当機構の調査シリーズでは、アンケート調査の属性別集計表を巻末に掲載しているが、本調査では表の数が多いため、本書には掲載せず、Webサイト上で提供することとした。ご関心のある方は、以下のURLを参照いただきたい。
（http://www.jil.go.jp/institute/research/2018/179.html）

企業の多様な採用に関する調査

～調査協力のお願い～

謹啓

時下益々ご清祥のこととお慶び申し上げます。**独立行政法人労働政策研究・研修機構**の業務につきまして、平素は格別のご高配を賜り、厚くお礼申し上げます。

当機構は厚生労働省所管の研究機関で、労働政策の立案や労働政策の効果的かつ効率的な推進に寄与することなどを目的として、国内外の労働事情について総合的な調査・研究を実施しております。（当機構のWebサイトは　http://www.jil.go.jp　です。）

現在、政府の「働き方改革」の一環として、「多様な選考採用機会の拡大」が論点の1つとなっています。その議論を実りあるものにするには、企業の新規学卒・中途採用のポートフォリオ、多様な正社員制度及び秋季・通年採用に関する実態を明らかにすることが重要です。そこで、**当機構では、厚生労働省職業安定局からの要請に基づく調査研究の一環として、「企業の多様な採用に関する調査」を実施することとしました**。

本調査の結果は、厚生労働省の検討会における議論や指針策定の際の基礎資料となる予定ですので、ご多忙のところ誠に恐縮ですが、何卒ご協力いただきますようお願い申し上げます。

調査票にご記入いただいた内容はすべて統計的に処理し、貴社名や個人名などが他に漏れることはございません。お手数ではございますが、ご記入いただきました調査票は、同封の返信用封筒にて、**平成29（2017）年7月28日まで**に郵便ポストにご投函いただきますようお願い申し上げます。

謹白

平成29年7月

独立行政法人　労働政策研究・研修機構
理事長　菅野　和夫

企業の多様な採用に関する調査

厚生労働省職業安定局からの要請研究のための調査

アンケート調査へのご協力のお願い

本調査は、企業の新規学卒・中途採用のポートフォリオ、多様な正社員制度及び秋季・通年採用に関する実態を明らかにするために、厚生労働省の要請に基づく調査研究の一環として、同省所管の独立行政法人である労働政策研究・研修機構(http://www.jil.go.jp)が実施するものです。本調査の結果は、厚生労働省の検討会における議論や指針策定の際等の基礎資料となる予定です。ご多忙のところ誠に恐縮に存じますが、貴社の状況をご教示いただきますよう、是非ともご協力のほどよろしくお願い申し上げます。

ご記入にあたって

1. この調査票にご記入いただいた回答はすべて統計的に処理し、貴社名や個別の記入内容が特定されることは一切ございませんので、ありのままをご記入ください。
2. ご回答は、あてはまる番号１つ、もしくはすべてに○印をつけていただくものと、具体的な内容や数字を（　）や□にご記入いただくものがあります。
3. ご回答の内容によって、設問をとばして先に進んでいただく場合があります。調査票の指示にそってお進みください。
4. 特にことわりのない場合、平成29(2017)年5月30日現在の状況をお答えください。
5. 本調査は、一企業を単位としていますので、貴社全体の状況をお答えください。
6. 職種の内容については、別添の一覧表を参照してお答えください。
7. ご記入が終わりましたら、同封の返信用封筒にて平成29(2017)年7月28日までにご投函ください。

※本調査の実施業務（調査票の発送、回収、データ入力）は、株式会社ARIS（アリス）に委託しております。

ご不明な点がございましたら、内容に応じて下記の担当までご照会ください。

【調査票の発送、記入方法、回収（締め切り）についてのお問い合わせ】

株式会社ARIS（アリス）　担当：永瀬、中山
電話：045-***-****　FAX：045-***-****
E-mail：***********
受付時間：平日 9：00～12：00、13：00～18：00

【調査の趣旨、目的についてのお問い合わせ】

独立行政法人労働政策研究・研修機構 経済社会と労働部門 中野
電話：03-5903-****　受付時間：平日 10：00～12：00、13：00～18：00

Ⅰ　採用の実施状況について

問 1 貴社では、正社員の採用について、新規学卒採用と中途採用とのどちらに重点を置いていますか。(該当するもの1つに○をつけてください)

※正社員とは、直接雇用で雇用期間の定めがなく、貴社で正社員や正職員等と呼ばれている方を指し、勤務する地域、従事する職務、勤務時間等が限定される正社員を含みます。

1	新規学卒採用に重点を置いている
2	中途採用に重点を置いている
3	ほぼ同じ程度に重点を置いている
4	しばらく従業員の採用はしていない
5	なんともいえない

問 2 貴社には、従業員の採用を担当する部署がありますか。(主たる採用方法について、該当するもの1つに○をつけてください)

1	専ら採用を担当する部署や担当者がいる
2	主に採用を担当する部署や担当者がいるが、そこでは採用以外の業務も担当している
3	主に採用を担当する部署や担当者はいないが、特定の部署で採用業務を担当している
4	特に部署や担当者はおらず、採用が必要となった都度担当を決めている
5	その他（　　　　　　　　　　　　）

Ⅱ　新規学卒採用について

(1) 貴社の新規学卒採用についてお訊きします。**設問によって対象とする学生の卒業年が異なりますので、お気をつけください。**

問 3 平成28（2016）年春卒業の新規学卒者の採用状況についてお答えください。(該当するもの1つに○をつけてください)

※新規学卒採用の対象に既卒者を含めている場合には、含めた状況をお答えください。

※正社員とは、直接雇用で雇用期間の定めがなく、貴社で正社員や正職員等と呼ばれている方を指し、勤務する地域、従事する職務、勤務時間等が限定される正社員を含みます。

	募集の有無	採用状況	採用人員（数値記入）
高卒	1. 募集した 2. 募集していない	1. 採用した ➡ 2. 採用していない	正社員　　人 非正社員　　人
高専卒	1. 募集した 2. 募集していない	1. 採用した ➡ 2. 採用していない	正社員　　人 非正社員　　人
短大卒	1. 募集した 2. 募集していない	1. 採用した ➡ 2. 採用していない	正社員　　人 非正社員　　人
大卒・大学院修了	1. 募集した 2. 募集していない	1. 採用した ➡ 2. 採用していない	正社員　　人 非正社員　　人

問 4 平成 28（2016）年春卒業の新規学卒の採用者について、正社員の職種別の内訳をお答えください。職種の具体的内容は、別添の一覧表をご覧ください。
※新規学卒採用の対象に既卒者を含めている場合には、含めた数値をお答えください。

	正社員の採用人数（数値記入）		正社員の採用人数（数値記入）
1. 管理的職業	人	7. 農林漁業の職業	人
2. 専門的・技術的職業	人	8. 生産工程の職業	人
3. 事務的職業	人	9. 輸送・機械運転の職業	人
4. 販売の職業	人	10. 建設・掘削の職業	人
5. サービスの職業	人	11. 運搬・清掃・包装等の職業	人
6. 保安の職業	人	12. その他	人

問 5 平成 29（2017）年春卒業の新規学卒者の採用状況についてお答えください。（該当するもの1つに○をつけてください）
※新規学卒採用の対象に既卒者を含めている場合には、含めた状況をお答えください。
※正社員とは、直接雇用で雇用期間の定めがなく、貴社で正社員や正職員等と呼ばれている方を指し、勤務する地域、従事する職務、勤務時間等が限定される正社員を含みます。

	募集の有無	採用状況	採用人員（数値記入）
高卒	1. 募集した 2. 募集していない	1. 採用した ➡ 2. 採用していない	正社員　人 非正社員　人
高専卒	1. 募集した 2. 募集していない	1. 採用した ➡ 2. 採用していない	正社員　人 非正社員　人
短大卒	1. 募集した 2. 募集していない	1. 採用した ➡ 2. 採用していない	正社員　人 非正社員　人
大卒・大学院修了	1. 募集した 2. 募集していない	1. 採用した ➡ 2. 採用していない	正社員　人 非正社員　人

(2) 貴社の新規大卒者の採用についてお訊きします。新規大卒者の採用をしていない場合は、「**Ⅲ　中途採用について（7 ページ）**」へお進みください。

問 6　貴社では、「新規大卒採用」の対象に、何年程度前の年度の既卒者を含めていますか。（該当するもの1つに○をつけてください）

1	前年度卒のみ	2	2 年度前卒まで	3	3 年度前卒まで
4	5 年度前卒まで	5	5 年度前超卒まで(何年度前までですか　　年)		
6	既卒者は対象としていない				

問 7 貴社では、新規大卒採用において、次のような雇用区分や雇用形態での募集を行っていますか。（該当するものすべてに○をつけてください）

1	地域限定正社員（就業する地域が特定されているか一定の範囲内にあらかじめ決められている働き方の正社員）
2	職務限定正社員（従事する職務（職種）が特定されているか一定の範囲内にあらかじめ決められている働き方の正社員）
3	勤務時間限定正社員（所定の勤務時間を超えた勤務はないか、あっても一定の場合の限られた時間にあらかじめ決められている働き方の正社員）
4	契約社員（一定の業務に就くことを前提に、期間の定めのある契約で採用する社員）
5	いずれも募集しておらず、一般の正社員のみ募集している

※以下、問 7 の選択肢 1 から 3 までを「多様な正社員」と総称します。

問 8 貴社では、海外留学を終えて帰国した学生の就職活動について配慮していることはありますか。（該当するものすべてに○をつけてください）

1	応募の締め切りを複数設けている、あるいは定めていない
2	勤務を開始する時期を複数設けている、あるいは定めていない
3	海外留学生向けの採用枠を別に設けている
4	海外拠点で採用を行っている
5	その他（　　　　　　　　　　）

(3) 平成 30（2018）年春の新規大卒者の採用についてお訊きします。平成 30 年春の新規大卒者の採用を考えていない場合は、「**Ⅲ　中途採用について（7 ページ）**」へお進みください。

問 9 貴社の新規大卒採用の手順・スケジュールについてお訊きします。

①応募（エントリー）の締め切り （該当するもの 1 つに○をつけ、具体的に何月かもお答えください）	
1	締め切り日を一つ定めている（→　　　月）
2	締め切り日が複数ある（→　　　月、　　　月、　　　月、　　　月）
3	締め切り日は定めていない
②内定が出るまでに応募者が貴社を訪問することとなる平均的な回数（→　　　回）	
③勤務を開始する時期（具体的に何月かもお答えください） （該当するもの 1 つに○をつけ、具体的に何月かもお答えください）	
1	4 月又は 3 月の定められた日のみ　⇒付問 1 へ
2	4 月又は 3 月に限らず複数設定している（→　　　月、　　　月、　　　月、　　　月）
3	採用が決定する都度、通年的に勤務を開始することとしている

付問1 問9の③で1を選ばれた方にお訊きします。複数回の採用や通年採用を実施しない理由は何ですか（該当するものすべてに○をつけてください）

1	採用のために追加的な人員や費用を割けないから
2	秋季採用や通年採用では中途採用のみを対象としているから
3	秋季採用や通年採用のメリットを感じないから
4	春季採用のみで必要な人材をおおむね確保できるため必要がないから
5	卒業時点から間をおかずに採用したいから
6	それほどニーズがあるとは思えないから
7	その他（　　　　　　　　　　　　　　　　　　　　）

問10 平成30年春の新規大卒採用の正社員の採用予定人員（募集人員）をお答えください。
※新規学卒採用の対象に既卒者を含めている場合には、含めた状況をお答えください。
※複数回の募集および勤務開始で内訳までは決めていない場合は、合計のみご記入ください。

<table>
<tr><td rowspan="2"></td><td rowspan="2">一括（1回）募集（問9の①で1を選択）</td><td colspan="3">複数回募集（問9の①で2を選択）</td><td rowspan="2">通年募集（問9の①で3を選択）</td></tr>
<tr><td>うち一括(1回)募集と同じスケジュールで募集</td><td>うち左記以外のスケジュールで募集</td><td>合計（内訳までは決めていない）</td></tr>
<tr><td>正社員（数値記入）</td><td>人</td><td>人</td><td>人</td><td>人</td><td>人</td></tr>
<tr><td rowspan="2"></td><td rowspan="2">春季一括勤務開始（問9の③で1を選択）</td><td colspan="3">複数回勤務開始（問9の③で2を選択）</td><td rowspan="2">通年勤務開始（問9の③で3を選択）</td></tr>
<tr><td>うち4月又は3月の定められた日に勤務開始</td><td>うち左記以外の日に勤務開始</td><td>合計（内訳までは決めていない）</td></tr>
<tr><td>正社員（数値記入）</td><td>人</td><td>人</td><td>人</td><td>人</td><td>人</td></tr>
</table>

問 11 平成 30 年春の新規大卒採用の正社員の採用予定人員（募集人員）をお答えください。「多様な正社員」の採用を予定しているときは、「正社員（多様な正社員を除く）」と「多様な正社員（地域限定正社員、職務限定正社員、勤務時間限定正社員）」とに分けてお答えください。

	正社員 (限定されない)	地域限定 正社員	職務限定 正社員	勤務時間限定 正社員
採用予定人数 （数値記入）	人	人	人	人
他に同時に限定される要素があれば、お答えください（該当するものすべてに○）				
1. 地域			1	1
2. 職務		2		2
3. 勤務時間		3	3	
4. その他		4	4	4
5. 他にはない		5	5	5
採用の決定権限は地域拠点にありますか（該当するもの 1 つに○をつけてください）				
1. 権限がある	1	1	1	1
2. 権限がない	2	2	2	2
→採用の決定権限が地域拠点にない場合、今後地域拠点に権限を与えることで採用枠が増える可能性はありますか。増加する場合は、おおよそどの程度の増加が見込まれますか。				
1. 増加する	1	1	1	1
増える採用枠 （数値記入）	人	人	人	人
2. 増加しない	2	2	2	2

問 12 平成 30 年春の新規大卒の採用者のなかに、問 11 の多様な正社員以外で限定される要素のある正社員はいますか。（該当するもの 1 つに○をつけてください）

1	いる	2	いない

付問 問 12 で 1 を選ばれた場合は、具体的にご記載ください。

Ⅲ　中途採用について

問 13　平成 28 年度（2016 年 4 月 1 日～2017 年 3 月 31 日）に、正社員の中途採用を行っていますか。

※他企業からの出向は、中途採用に含めません。

※非正規労働者から正社員に転換した場合は、中途採用に含めます。

1	募集・採用ともに行った　⇒付問 1－1 へ
2	募集はしたが、採用までには至らなかった　⇒付問 1－1 へ
3	募集はしていないが、採用を行った　⇒付問 1－1 へ
4	募集・採用ともに行っていない　⇒付問 2 へ

付問 1－1　問 13 で 1～3 を選ばれた方にお訊きします。正社員の中途採用を行う理由は何ですか。（該当する主な理由に 3 つまで○をつけてください）

1	専門分野の高度な知識やスキルを持つ人が欲しいから
2	高度なマネジメント能力、豊富なマネジメントの経験がある人が欲しいから
3	顧客層に合った人材が欲しいから
4	高度とか専門とかではなくてよいので仕事経験が豊富な人が欲しいから
5	新卒の採用をしていない／募集したが採用できなかったから
6	新卒採用だけでは補充できないから
7	その他（　　　　　　　　　　　　　　　　　　）

付問 1－2　問 13 で 1～3 を選ばれた方にお訊きします。正社員の中途採用で求める人材像・イメージがあれば、それは何ですか。（該当する主な理由に 3 つまで○をつけてください）

1	専門分野の高度な知識・スキルがある人
2	専門分野の一定度の知識・スキルがある人
3	高度なマネジメント能力・豊富なマネジメントの経験がある人
4	一定度のマネジメント能力・経験がある人
5	自社への理解度が高い人（過去に自社に勤務経験があるなど）
6	幅広い経験がある人
7	ポテンシャルがある人
8	高年齢層（豊富な経験がある）の人
9	若年層の人
10	その他（　　　　　　　　　　　　　　　　　　）

付問 2　問 13 で 4 を選ばれた方にお訊きします。どのような環境が整えば正社員の中途採用を行えると考えますか。（該当する主な理由に 3 つまで○をつけてください）

1	社内の賃金制度、人事異動・配置などのキャリアパスの整備
2	採用方針の変更（新卒一括採用のみとする方針の変更など）
3	採用のための人員配置（採用担当部署を設置するなど）
4	中途採用者への教育訓練や研修制度の充実
5	求める能力・資格を持つ人材の応募増加
6	人材紹介会社などの採用経路の確保
7	公的機関（自治体やハローワークなど）による相談・支援の充実
8	その他（　　　　　　　　　　　　　　　　　　　　　　）
9	とくに中途採用を考えていない

※中途採用を実施されていない場合は、「**4. 貴社について**」へお進みください。

問 14 最近 3 年間における正社員の中途採用について、該当するものすべてに○をつけてください。

1	退職した高年齢者の後を補充するための採用が増えた
2	20 代の応募・採用が増えた
3	30 代、40 代の中堅層の応募・採用が増えた
4	50 代の応募・採用が増えた
5	60 代の応募・採用が増えた
6	子育てを終えた女性の再就業としての応募・採用が増えた
7	高い技能や技術を持った人の応募・採用が増えた
8	その他（　　　　　　　　　　　　　　　　　　　　　　）
9	とくにない

問 15 平成 28 年度（2016 年 4 月 1 日～2017 年 3 月 31 日）の中途採用の採用人員をお答えください。
※正社員とは、直接雇用で雇用期間の定めがなく、貴社で正社員や正職員等と呼ばれている方を指し、多様な正社員（地域限定正社員、職務限定正社員、勤務時間限定正社員）を含みます。

	正社員	非正社員
採用人数（数値記入）	人	人

問 16 平成 28 年度（2016 年 4 月 1 日～2017 年 3 月 31 日）の中途採用の正社員の採用人員をお答えください。「多様な正社員」の採用を予定しているときは、「正社員（多様な正社員を除く。）」と「多様な正社員（地域限定正社員、職務限定正社員、勤務時間限定正社員）」とに分けてお答えください

	正社員（限定されない）	地域限定正社員	職務限定正社員	勤務時間限定正社員
採用人数（数値記入）	人	人	人	人
他に同時に限定される要素があれば、お答えください（該当するものすべてに○）				
1. 地域			1	1
2. 職務		2		2
3. 勤務時間		3	3	
4. その他		4	4	4
5. 他にはない		5	5	5
採用の決定権限は地域拠点にありますか（該当するもの 1 つに○をつけてください）				
1. 権限がある	1	1	1	1
2. 権限がない	2	2	2	2
採用の決定権限が地域拠点にない場合、今後地域拠点に権限を与えることで採用枠が増える可能性はありますか。増加する場合は、おおよそどの程度の増加が見込まれますか。				
1. 増加する	1	1	1	1
増える採用枠（数値記入）	人	人	人	人
2. 増加しない	2	2	2	2

問 17 中途採用の採用者のなかに、問 16 の多様な正社員以外で限定される要素のある正社員はいますか。（該当するもの 1 つに○をつけてください）

1	いる	2	いない

付問　問 17 で 1 を選ばれた場合は、具体的にご記載ください。

問18 中途採用を実施する上で、工夫されていることや取り組まれていることはありますか。(該当するものすべてに○をつけてください)

1	募集時に職務内容を明確化
2	多様な正社員制度の導入
3	社会人向けのインターンシップ（就業体験）実施
4	能力見極めのための期間採用、その後の正社員転換と適正賃金の設定
5	カムバック制度・キャリアリターン制度（学業・転職等による理由で退職した社員に再雇用の道を開く仕組み）の導入
6	育児・介護支援制度等の利活用のしやすさの紹介
7	兼業・副業を認めている
8	入社後に上司・同僚になる社員を選考段階で紹介
9	転職者が不利にならないよう制度に工夫（休暇の取得、昇格ルールなど）
10	会社内での中途採用に対する理解の促進
11	その他（　　　　　　　　　　　　　　　　）
12	とくにない

問19 問18で○をつけたものについて、具体的内容を記載してください。

問20 中途採用を実施する際の主な募集・採用方法について教えてください。
(該当するものすべてに○をつけてください。また2～5については、利用している社数についても記載してください。)

1	自社ホームページ	
2	人材紹介会社	社
3	求人媒体（WEB媒体）	社
4	求人媒体（紙媒体）	社
5	人材派遣会社	社
6	ハローワーク	
7	その他（　　　　　　　　　　　　　　　　）	

問 21 平成 28 年度（2016 年 4 月 1 日～2017 年 3 月 31 日）の中途採用について、すべての正社員（限定付正社員を含む）の

①計画上の採用予定人数の職種別内訳をお答えください。職種の具体的内容は、別添の一覧表をご覧ください。

②実際に中途採用した人数についても職種別にお答えください。

③各々の職種別の中途採用の主な年齢層をお答えください。年齢区分は下記の a～f から選択（3 つまで）してください。採用実績ベースでご記載ください。

＜年齢層の区分＞

a）20 代　b) 30 代　c) 40 代　d) 50 代　e) 60 代　f) 70 代以上

④各々の職種別の中途採用に求める人材についてお答えください。求める人材の区分は下記のア）～コ）から選択（3 つまで）してください。なお、コ）その他を選択された場合には具体的な内容を記載してください。

＜求める人材の区分＞

ア）専門分野の高度な知識・スキルがある	カ）幅広い経験がある
イ）専門分野の一定度の知識・スキルがある	キ）ポテンシャルがある
ウ）高度なマネジメント能力、多数のマネジメントの経験がある	ク）高年齢層（豊富な経験等がある）の人
エ）一定度のマネジメント能力・経験がある	ケ）若年層の人
オ）自社への理解度が高い（過去に自社の勤務経験があるなど）	コ）その他 （　　　　　　　　　　　）

	①計画上の採用予定人数（数値記入）	②実際の採用人数（数値記入）	③年齢層の区分（a から f を記入）	④求める人材（アからコを記入）
(回答例) 4. 販売の職業	10 人	8 人	b, c, d	オ, カ, キ
↓以下にご記入ください				
1. 管理的職業	人	人		
2. 専門的・技術的職業	人	人		
3. 事務的職業	人	人		
4. 販売の職業	人	人		
5. サービスの職業	人	人		
6. 保安の職業	人	人		
7. 農林漁業の職業	人	人		
8. 生産工程の職業	人	人		
9. 輸送・機械運転の職業	人	人		
10. 建設・掘削の職業	人	人		
11. 運搬・清掃・包装等の職業	人	人		
12. その他	人	人		

問 22 平成 25 年度（2013 年 4 月 1 日～2014 年 3 月 31 日）～平成 27 年度（2015 年 4 月 1 日～2016 年 3 月 31 日）の各年度において、正社員の採用者に占める中途採用の割合がどの程度であったかお答えください。（数値記入）

	平成 25（2013）年度	平成 26（2014）年度	平成 27（2015）年度
正社員採用者に占める中途採用の割合	約　　　　　%	約　　　　　%	約　　　　　%

問 23 正社員の採用者に占める中途採用の割合について、今後の見込みを教えてください。

1	増やしていく
2	変わらない
3	減らしていく　⇒付問へ

付問　問23で3を選ばれた方にお訊きします。中途採用の割合を減らしていく理由は何ですか。（該当するもの 3 つまで○をつけてください）

1	社内の賃金制度、人事異動・配置などのキャリアパスが十分に整備されていない
2	新規学卒採用に重点を置きたい
3	教育訓練や研修制度が十分に整備されていない
4	求める能力・資格を持つ人材の応募が多くない
5	人材紹介会社などの採用経路が十分に確保できない
6	中途採用について相談できる機関が少ない
7	その他（　　　　　　　　　　　　　　　　）

問 24 今後、正社員の採用者に占める新規学卒と中途採用の割合をどの程度にしたいとお考えですか。正社員の採用者全体に占める中途採用の割合でお答えください。（数値記入）

約　　　　　　　　%

Ⅳ　貴社の概要について

問 25 貴社の設立年をお答えください。（数値記入）

西暦　　　　　　　　年

問 26 貴社の本社（本店・本所）のある都道府県をお答えください。

都道府県

問 27 本社（本店・本所）のある都道府県以外に事業所（支社、支店、支所、営業所、工場等）はありますか。（該当するもの1つに○をつけてください）

1	ある	2	同じ都道府県にしかない	3	事業所（支社等）はない

↓

付問 事業所や拠点のあるのはどこですか。（該当するものすべてに○をつけてください）

北海道・東北		1. 北海道　2. 青森県　3. 岩手県　4. 宮城県　5. 秋田県　6. 山形県　7. 福島県
関東		8. 茨城県　9. 栃木県　10. 群馬県　11. 埼玉県　12. 千葉県　13. 東京都　14. 神奈川県
甲信越・北陸		15. 新潟県　16. 富山県　17. 石川県　18. 福井県　19. 長野県　20. 山梨県
中部・東海		21. 静岡県　22. 岐阜県　23. 愛知県　24. 三重県
近畿		25. 滋賀県　26. 京都府　27. 大阪府　28. 兵庫県　29. 奈良県　30. 和歌山県
中国・四国		31. 岡山県　32. 広島県　33. 鳥取県　34. 島根県　35. 山口県　36. 徳島県　37. 香川県　38. 愛媛県　39. 高知県
九州・沖縄		40. 福岡県　41. 佐賀県　42. 長崎県　43. 熊本県　44. 大分県　45. 宮崎県　46. 鹿児島県　47. 沖縄県
海外	アジア	50. 中国　51. 韓国　52. 東南アジア　53. インド　54. 中近東　55. その他
	ヨーロッパ	56. ロシア　57. 東欧　58. 西欧　59. 中欧　60. 北欧
	米州	61. アメリカ　62. その他北米　63. 中南米
	豪州	64. オーストラリア　65. ニュージーランド
	アフリカ	66. 北アフリカ（地中海沿岸）　67. その他のアフリカ

問 28 貴社の業種をお答えください。(もっとも近いと思われるもの1つに○をつけてください)

1	鉱業，採石業，砂利採取業	9	不動産業，物品賃貸業
2	建設業	10	学術研究，専門・技術サービス業
3	製造業	11	宿泊業，飲食サービス業
4	電気・ガス・熱供給・水道業	12	生活関連サービス業，娯楽業
5	情報通信業	13	教育，学習支援業
6	運輸業，郵便業	14	医療，福祉
7	卸売業，小売業	15	複合サービス事業
8	金融業，保険業	16	その他のサービス業

問 29 貴社はどの業界に属しているとお考えですか。(もっとも近いと思われるもの1つに○をつけてください)

※「サービス・インフラ（その他)」には、不動産、運輸、エネルギー、飲食、医療・福祉、対個人サービス、対事業所サービス、教育等が含まれます。

1	メーカー（食品)	10	金融（地銀・信金)
2	メーカー（化粧品)	11	金融（保険)
3	メーカー（アパレル)	12	金融（その他)
4	メーカー（電気・電子機器)	13	サービス・インフラ（旅行・ホテル)
5	メーカー（機械)	14	サービス・インフラ（その他)
6	メーカー（その他)	15	ソフトウェア・通信
7	商社	16	広告・出版・マスコミ・芸能
8	流通・小売	17	官公庁・公社・団体
9	金融（銀行・証券)	18	1〜17 以外のその他

問 30 2017 年 5 月 30 日現在の従業員数をお答えください。

※正社員とは、直接雇用で雇用期間の定めがなく、貴社で正社員や正職員等と呼ばれている方を指し、多様な正社員（地域限定正社員、職務限定正社員、勤務時間限定正社員）を含みます。

	従業員数	うち女性の人数
正社員（数値記入)	人	人
非正社員（数値記入)	人	人

問 31 最近 3 年間の従業員数の増減傾向は、次のどれに当てはまりますか。(該当するもの1つに○をつけてください)

1	20%以上増えた	2	5〜19%程度増えた	3	±5%の範囲のほぼ横ばい
4	5〜19%程度減った	5	20%以上減った		

問 32 今後 3 年間において、従業員数の増減見込みは、次のどれに当てはまりますか。(該当するもの 1 つに○をつけてください)

1	20%以上増える	2	5〜19%程度増える	3	±5%の範囲のほぼ横ばい
4	5〜19%程度減る	5	20%以上減る	6	なんともいえない

問 33 貴社には、売上高や経常利益といった財務指標がありますか。(該当するもの 1 つに○をつけてください)

1	ある	2	ない

↓

付問 財務指標があると回答された方のみにお訊ねします。平成 25(2013)年度と平成 28(2016)年度における売上高と経常利益をお答えください。(単位は百万円としてご記入ください)

	平成 25 (2013) 年度	平成 28 (2016) 年度
売上高 (数値記入)	百万円	百万円
経常利益 (数値記入)	百万円	百万円

新規学卒者の通年採用や秋季採用、および中途採用に関しての工夫や取り組みについて、追加的なヒアリングにご協力いただけますか。

1	協力してもよい	2	協力しない

↓

○ご協力いただける場合は、連絡先を教えてください。

貴社名 :

ご住所 :

ご所属 : TEL :

お名前 : E-mail :

質問は以上です。ご記入が終わりましたら、同封の返信用封筒に入れ、平成 29 (2017) 年 7 月 28 日までにご投函ください。ご協力いただき、誠にありがとうございました。

○職種の内訳一覧

管理的職業（管理職）
専門的・技術的職業
研究者
農林水産技術者
製造技術者
建築・土木・測量技術者
情報処理・通信技術者
その他の技術者(例：放射線利用機器取扱技術者，地質調査技術者，作業環境測定士等）
医師,歯科医師
獣医師
薬剤師
保健師，助産師
看護師(准看護師含む）
医療技術者
その他の保健医療の職業(例：栄養士，あん摩マッサージ指圧師，はり師，医療監視員等）
保育士
保育士以外の社会福祉の専門的職業
法務の職業
経営・金融・保険専門の職業
教育の職業
著述家，記者，編集者
美術家，デザイナー，写真家，映像撮影者
その他の専門的職業(例：音楽家，舞台芸術家，図書館司書，カウンセラー(医療・福祉施設を除く)，個人教師，職業スポーツ従事者，通信機器操作従事者，ヘッドハンター，調律師等）
事務的職業
一般事務員
会計事務員
生産関連事務員
営業・販売関連事務員
外勤事務員
運輸・郵便事務員
事務用機器操作の職業
販売の職業
商品販売の職業（店長を含む）
販売類似、営業の職業

サービスの職業
家庭支援サービスの職業
介護サービスの職業
保健医療サービスの職業
生活衛生のサービスの職業
飲食物調理の職業
接客・給仕の職業(店長、支配人を含む）
居住施設・ビル等の管理人
その他のサービスの職業(例：旅行・観光案内人，物品一時預り人，広告宣伝員，葬儀師等）
保安の職業
農林漁業の職業
生産工程の職業
生産設備制御・監視の職業
金属材料製造、金属加工、金属溶接・溶断の職業
製品製造・加工処理の職業（金属材料製造、金属加工、金属溶接・溶断の職業を除く）
機械組立の職業
機械整備・修理の職業
製品検査の職業
機械検査の職業
生産関連・生産類似の職業
輸送・機械運転の職業
鉄道運転の職業
自動車運転の職業
船舶・航空機運転の職業
その他の輸送の職業(例：車掌，鉄道輸送関連業務，甲板員，船舶機関員等）
定置・建設機械運転の職業
建設・採掘の職業
建設躯体工事の職業
建設の職業（建設躯体工事の職業を除く）
電気工事の職業
土木、採掘の職業
運搬・清掃・包装等の職業
運搬の職業
清掃の職業
包装及びその他の運搬・清掃・包装等の職業
「その他の運搬・清掃・包装等の職業」(例：機械掃除，官庁・学校・会社などの雑務,選別工等）

JILPT　調査シリーズ　No.179
企業の多様な採用に関する調査
定価（本体 2,300 円＋税）

発行年月日　2018 年 3 月 23 日
編集・発行　独立行政法人　労働政策研究・研修機構
〒177-8502　東京都練馬区上石神井4-8-23
（照会先）　研究調整部研究調整課　TEL:03-5991-5104
（販　売）　研究調整部成果普及課　TEL:03-5903-6263
FAX:03-5903-6115
印刷・製本　有限会社　正陽印刷
　ISBN978-4-538-86182-1　Printed in Japan

＊調査シリーズ全文はホームページで提供しております。（URL:http://www.jil.go.jp/）